BENSON MATES

ELEMENTARE LOGIK

(Prädikatenlogik der ersten Stufe)

VANDENHOECK & RUPRECHT IN GÖTTINGEN

Moderne Mathematik in elementarer Darstellung

9

Herausgegeben von

A. Kirsch (Göttingen) und H. G. Steiner (Karlsruhe)

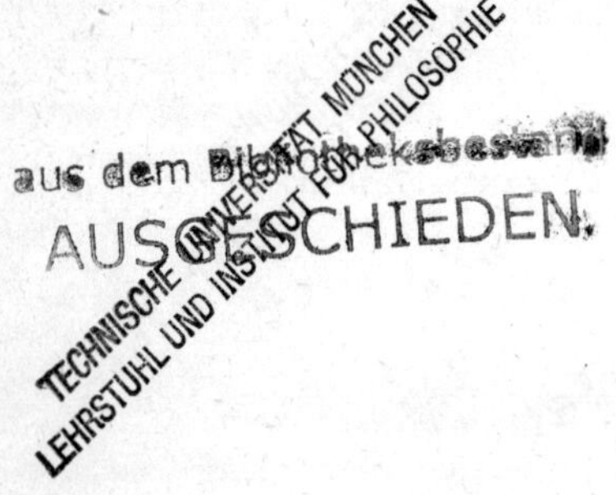

Aus dem Amerikanischen übersetzt von Anneliese Oberschelp

This translation of "Elementary Logic" (1st Edition, 1965)
is published by arrangement with Oxford University Press.

Vorwort

Als elementare Logik im technischen Sinne des Wortes bezeichnet man denjenigen Teil der mathematischen Logik oder Logistik, in dem man die Termini ‚Für alle …' und ‚Es gibt ein …' nur auf Individuen anwendet und nicht auch auf Klassen von Individuen oder auf Eigenschaften. Sie ist sowohl das Kernstück der Logik als auch das einfachste Teilgebiet, das zugleich eine Vielzahl nicht trivialer Anwendungen erlaubt; infolgedessen ist sie hervorragend als Studienobjekt für Anfänger geeignet.

Das vorliegende Lehrbuch ist als Einführung in die elementare Logik gedacht. Inhalt, Aufbau und Darstellungsweise sind in starkem Maße von gewissen Wunschvorstellungen bestimmt (oder besser: verursacht) worden, über die der Leser zu Beginn unterrichtet werden sollte. Der Leitgedanke ist der, daß auch eine einführende Behandlung dieses Themas sich in einen strengen Rahmen einfügen sollte. Der Lernende wendet sich diesem Gegenstand in der berechtigten Erwartung zu, daß hier, wenn überhaupt irgendwo, Klarheit und Exaktheit vorherrschen werden. Findet er dann auch hier Schlamperei und Ungenauigkeit an entscheidenden Stellen, so fühlt er sich mit Recht enttäuscht und im Stich gelassen. Selbstverständlich bilde ich mir nicht ein, der erste Lehrbuchschreiber zu sein, der Strenge schätzt; auch bin ich nicht davon überzeugt, bisher noch nie Anlaß zu dieser Art von Enttäuschung gegeben zu haben; meine Anstrengungen in dieser Richtung finden jedoch ihren Niederschlag an vielen charakteristischen Stellen dieses Buches.

Als ersten Schritt, um den erwünschten Grad von Klarheit zu erzielen, habe ich mich bemüht, in den formalen Entwicklungen hinreichend exakte Definitionen für jeden der in Frage stehenden wesentlichen Begriffe zu geben; darunter finden sich die Begriffe Aussage, Interpretation, Wahrheit (in bezug auf eine Interpretation), Folgerung, Gültigkeit, Widerspruchsfreiheit, Tautologie und Ableitung. Die Notwendigkeit dieser Definitionen hat den Stil des Buches geprägt. Typisch für die Behandlung eines bestimmten Themas ist eine kurze Einleitung, an die sich Definitionen anschließen. Dann folgen zahlreiche Beispiele und erläuternde Kommentare. Beim ersten Durchlesen werden manche der Definitionen recht undurchsichtig erscheinen, doch hoffe ich, daß die zusätzlichen Erläuterungen und Beispiele sie verständlich machen werden. Zumindest aber kann auf sie Bezug genommen werden, und sie werden den, der nach diesem Buch lehrt, in die Lage versetzen, einschlägige Fragen zu beantworten.

Für den Autodidakten wird dieses Buch noch zu knapp sein. Es bringt eine gewisse Menge grundlegenden Materials, das für einen Dozenten bei der Vorbereitung irgendeiner Art von Einführungsvorlesung von Nutzen sein wird. Gewiß werden weitere Erklärungen der fundamentalen Begriffe notwendig sein; es müssen auch noch mehr Beispiele für formalisierte Theorien gebracht werden; welche dabei ausgewählt werden, hängt von den Interessen und auch von der Vorbildung der Studenten ab. Auch sollte keine einführende Behandlung dieses Gegenstandes darauf verzichten, die logistische Methode als solche eingehend zu diskutieren. Jedem Lehrer werden noch weitere Themen einfallen, die er behandeln möchte; wenn er dabei nicht gleichzeitig herausfindet, daß er zuviel aus diesem Buche weglassen muß, dann hat das Buch seinen Zweck erfüllt.

Die ersten beiden Kapitel sind einleitenden Bemerkungen gewidmet, die wir für den im folgenden zu entwickelnden Formalismus benötigen. Auch gehen wir hier auf einige philosophische Fragen ein, die dazu dienen mögen, eine ‚intuitive Grundlage‘ für das folgende abzugeben. Die Kapitel 3 und 4 beschreiben Grammatik und Semantik einer ziemlich einfachen Kunstsprache und führen zu einer Definition der logischen Folgerung für Aussagen dieser Sprache. Die zugehörige Definition der Wahrheit für diese Aussagen ermöglicht es, die grundlegende Verwirrung zu vermeiden, die unweigerlich auftritt, wenn man die sogenannten aussagenlogischen Verknüpfungen mit Hilfe von Wahrheitstafeln ‚definiert‘ und sie dann zwischen Aussageformen benutzt (wie in ‚$\wedge x\,(Fx \vee Gx)$‘, während man gleichzeitig den Studenten einprägt, daß nur Aussagen wahr oder falsch sein können.

Das fünfte Kapitel, das vielleicht das am wenigsten befriedigende in diesem Buche ist, versucht ein wenig, auf die Probleme einzugehen, die entstehen, wenn man Aussagen der natürlichen Sprache mit Hilfe der Kunstsprache ‚symbolisieren‘ will. Hier ist besondere Vorsicht vonnöten, wenn man nicht Dinge behaupten will, die irreführend oder einfach falsch sind. Ich habe mich verpflichtet gefühlt, nicht den Weg zu wählen, bei dem man Verknüpfungen und Quantoren des formalen Systems als Abkürzungen für die entsprechenden Worte und Redewendungen der natürlichen Sprache ansieht und formale Aussagen als Schemata für Aussagen der natürlichen Sprache beschreibt. Charakteristisch für diesen Weg ist die Vorstellung, daß logische Wörter wie ‚wenn … so‘, ‚oder‘ und ‚nicht‘ in der Alltagssprache verschwommen und vieldeutig sind und daß der Logiker in jedem Fall einen ganz bestimmten Sinn auswählt und damit das formale Gegenstück auszeichnet. Solche Ansprüche sind schwach in ihrer Begründung und meiner Meinung nach wahrscheinlich falsch. Allgemein habe ich versucht, klar herauszustellen, daß wir zwar in einem gewissen Ausmaße Aussagen der natürlichen Sprache in unser formales System übersetzen können, daß bei diesem Prozeß aber häufig ein ernstzunehmender Bruch entsteht. Es kann nicht nur vorkommen, daß ein übersetzter Schluß formal unkorrekt ist, während das Original dem intuitiven Empfinden nach korrekt ist, sondern es gibt auch Fälle, in denen die übersetzte Version formal korrekt ist, während das Original intuitiv unkorrekt ist. Der Preis dafür, daß ich auf diesen Punkt ausdrücklich aufmerksam mache, besteht vermutlich darin, daß der befriedigende und pädagogisch vielleicht ganz nützliche Eindruck verlorengeht, die Logiker besäßen ein esoterisches Verfahren, die Korrektheit von Schlüssen innerhalb der natürlichen Sprache zu testen.

Kapitel 6 befaßt sich mit formalen Tautologien. Es will dem Studenten ein einfaches Verfahren liefern, mit dem er entscheiden kann, ob eine beliebige Aussage der Prädikatenlogik tautologisch ist oder nicht. Außerdem bringen wir ein sehr einfaches System von Deduktionsregeln, das mit einer großen Zahl von Tautologien vertraut machen und gleichzeitig Übung im Deduzieren vermitteln soll.

Kapitel 7 enthält ein ähnliches, aber komplizierteres System von Regeln des natürlichen Schließens für den gesamten Prädikatenkalkül. Als ich dieses System entwarf, hatte ich u. a. folgendes im Sinn:

(a) Unter Logik versteht man in erster Linie ein System von Ableitungsregeln, die typisch sind für ihre Anwendung in außerlogischen Gebieten, und nicht so sehr ein axiomatisches System logischer Wahrheiten. Man sieht unschwer ein, daß Logik — verwendet man sie bei tatsächlichem Schließen, sei es in der Politik oder in der Mathematik — selten darin besteht, daß man logische Wahrheiten effektiv ins Spiel bringt. Aus diesen und anderen Gründen habe ich mich entschlossen, das Hauptgewicht auf Systeme natürlichen Schließens zu legen (im Gegensatz zur axiomatischen Methode).

(b) Ein Schluß ist — im eigentlichen Sinne des Wortes — ein System von Aussagesätzen und nicht ein System von Bedingungen,

d. h. Aussageformen. Nur Aussagen können Wahrheitswerte haben, und nur Aussagen können in erster Linie zueinander in der Relation einer logischen Folgerung stehen. Das ist neben weniger wichtigen Erwägungen, die technische Fragen betreffen, der Hauptgrund für die Entscheidung, Formeln mit freien Variablen nicht in den Zeilen einer Ableitung zuzulassen.

(c) Da traditionsgemäß jedes System der Logik im wesentlichen den Sinn hat, schwer zu durchschauende Deduktionen in Ketten einfacherer Ableitungen aufzulösen, erscheint es wünschenswert, daß jede Grundableitungsregel in dem Sinne korrekt ist, daß sie, angewandt auf wahre Prämissen, nur eine wahre Conclusio ergeben kann. Diese Forderung schließt bequeme Regeln aus, die sonst auch hätten eingeführt werden können.

(d) Eng mit dem Vorangegangenen hängt folgende Forderung an den Aufbau einer korrekten Ableitung zusammen: wenn man die Ableitung an irgendeiner Stelle unterbricht, dann soll die letzte Aussage, die behauptet wurde, eine logische Folgerung aus den Prämissen sein, die bis zu dieser Stelle benutzt wurden. Mit anderen Worten: jedes Anfangsstück einer korrekten Ableitung soll selbst eine korrekte Ableitung sein. Diese Forderung ist automatisch erfüllt, wenn (c) erfüllt ist, und in der Praxis bringt sie viele Vorteile. Wenn der Anfänger, der gerade ein solches System lernt, sich z.B. bei jedem Schritt vergewissert, ob das, was er soeben hingeschrieben hat, intuitiv eine Folgerung aus den Prämissen ist, so hat er immer eine grobe Kontrolle darüber, ob er die Ableitungsregeln korrekt angewandt hat. Man kann auch die Korrektheit eines solchen Systems sehr leicht einsehen: da keine einzige Regel von wahren Prämissen zu einer falschen Conclusio führen kann, gilt offensichtlich dasselbe, wenn mehrere dieser Regeln hintereinander angewendet werden.

Das achte Kapitel bringt weitere allgemeine Eigenschaften der im 7. Kapitel eingeführten Ableitungsregeln. Es kann ausgelassen werden, ohne daß die Gefahr eines Bruches besteht; allerdings bietet der Stoff, der sich mit Dualität und Normalform befaßt, dem Studenten wertvolles Übungsmaterial im Umgang mit Quantoren. Im Kapitel 9 wird die Kunstsprache, die bis jetzt so einfach wie möglich gehalten wurde, um die Aufmerksamkeit nicht vom Wesentlichen abzulenken, um Identität und Funktionszeichen erweitert. Kapitel 10 ist einer axiomatischen Darstellung der elementaren Logik (mit Identität) gewidmet. Damit spiegelt es das historische Interesse der Logiker an der Tatsache wider, daß die Prinzipien der Logik selbst wieder im Rahmen eines deduktiven Systems dargestellt werden können. Kapitel 11 gibt Beispiele für formalisierte Theorien. Darin bringe ich auch eine Darstellung der aristotelischen Theorie der Syllogismen, und ich habe mich bemüht, mich dabei so eng wie möglich an Aristoteles' eigene Behandlung dieses Gegenstandes zu halten. Das letzte Kapitel gibt einen historischen Überblick und enthält unter anderem eine wörtliche Übersetzung des aristotelischen Textes, auf den die Formalisierung des Kapitels 11 gegründet ist. Ich hoffe, daß der historische Stoff den Studenten vor der fälschlichen Meinung bewahren wird, die moderne symbolische Logik sei eine modische Spielerei, die sich anmaßt, die rechtmäßige Stelle der ‚traditionellen Logik' einzunehmen. Letztere hat — seltsam genug — nur eine kurze ‚Tradition', während viele Methoden und Gedanken, die die moderne Logik auszeichnen (z.B. Formalisierung und der Gebrauch von Variablen, Axiomatisierung der logischen Wahrheiten, Konstruktion vollständiger Systeme von Ableitungsregeln usw.) zurückzuverfolgen sind bis in die Zeiten des Aristoteles und der Stoiker, die vor zweitausenddreihundert Jahren wirkten.

Meinen Freunden und Kollegen, darunter David Rynin, Ernest Adams, William Craig, John Myhill, David Shwayder, Leon Henkin, Richard Montague, Donald Kalish, Rudolf Grewe, Leon Miller und ganz besonders Gebhard Fuhrken und Dana Scott, möchte ich meinen Dank aussprechen für die Anregung und Hilfe, die sie mir reichlich zukommen ließen. Jedermann, der die Bücher von W. V. Quine, Alonzo Church, Patrick Suppes und Irving Copi kennt, wird merken, in welch beträchtlichem Maße sie mir als Vorlage dienten. In dem historischen Kapitel habe ich mich auf die Schriften von William und Martha Kneale, Philotheus Boehner, Ernest A. Moody, Alonzo Church und I. M. Bocheński gestützt. Vor allem aber möchte ich zum Ausdruck bringen, wieviel ich Alfred Tarski verdanke. Die Tiefe, Breite und Klarheit von Tarskis logischem Werk sind eine Quelle der Inspiration für jeden, der sich ernsthaft mit diesem Gegenstand befaßt. Gedanken von ihm — wenn auch abgewandelt und verdünnt — finden sich überall in diesem Buch.

Zur deutschen Fassung möchte ich hinzufügen, daß ich mich der sehr sorgfältigen und sachkundigen Übersetzerin, Frau Dr. Anneliese Oberschelp, zu größtem Dank verpflichtet fühle.

Berkeley, Kalifornien *Benson Mates*

Inhalt

Einleitung

Dieses Kapitel soll nur einen informellen und intuitiven Einblick in die Gegenstände geben, mit denen sich die Logik befaßt. Irgendeine solche Einführung ist gewiß notwendig, denn sonst läuft der Anfänger später Gefahr, gar nicht zu begreifen, worauf die formalen Entwicklungen hinauslaufen. Wir müssen aber von vornherein dazusagen, daß die Logiker untereinander sich keineswegs darüber einig sind, wie man auf die offensichtlich fundamentalen Fragen, die hier angeschnitten werden, antworten soll. Über die formalen Entwicklungen selbst besteht bemerkenswert weitgehende Übereinstimmung; doch jede Frage, die den Punkt ,worum es überhaupt geht' berührt, bringt Antworten hervor, die sehr voneinander abweichen.

Als Beispiel: Geht es in der Logik darum, wie die Menschen denken, oder darum, wie sie denken sollten, oder um keins von beiden? Befaßt sie sich hauptsächlich mit der Sprache oder mit der außersprachlichen Welt? Soll man in den künstlichen Sprachen der Logiker vereinfachte, aber in wesentlichen Punkten zutreffende *Modelle* natürlicher Sprachen sehen; oder sind sie als *Ersatz* für natürliche Sprachen gedacht; oder soll man ihren Nutzen noch in irgendeiner anderen Weise erklären?

Zweifellos muß man sich diesen Problemen, wenn sie auch recht vage formuliert sind, gelegentlich stellen. Der Anfänger sollte sich jedoch darüber im klaren sein, daß ihre Bedeutung in der Praxis nicht so groß ist, wie es zunächst den Anschein hat. Der Frage des Neulings: „Was ist Mathematik?" oder „Was ist Physik?" kann man vielleicht am besten in folgender Weise entgegnen: „Die Antwort magst Du Dir selber geben, *nachdem* Du erfahren hast, was Mathematiker und Physiker tun." Dasselbe gilt für die Logik. Zwar hoffen wir, daß unsere informellen Erläuterungen den Weg für ein Verständnis der späteren technischen Durchführung ebnen, doch sind wir uns auch darüber klar, daß der Lernende, wenn er letztere verarbeitet hat, auf Grund seiner eigenen philosophischen Haltung dazu kommen kann, gewisse Teile der nun folgenden Einführung als falsch oder gar als unvernünftig zu verwerfen.

1. Worum es in der Logik geht

Die Logik untersucht die *Folgerungsbeziehung,* die zwischen den Prämissen (Annahmen) und der Conclusio (Behauptung) eines korrektes Schlusses besteht. Man sagt, man schließe in *korrekter*[1]) (oder gültiger) Weise, wenn die Conclusio aus den Prämissen *folgt*; ist dies nicht der Fall, so ist der Schluß *unkorrekt*. In einigen Fällen, vor allem in den Schemata, die in traditionellen Logikbüchern zu finden sind, ist die Korrektheit oder Unkorrektheit offensichtlich. Niemand hat Schwierigkeiten einzusehen, daß in dem folgenden Schluß

> Alle Menschen sind sterblich;
>
> Alle Griechen sind Menschen;
>
> Also sind alle Griechen sterblich

die Conclusio aus den Prämissen folgt. In anderen Fällen muß man unter Umständen ein wenig nachdenken, wie z.B. in dem folgenden Fall:

> Es gibt genau 136 Apfelsinenkisten im Supermarkt;
>
> Jede Kiste enthält mindestens 140 Apfelsinen;
>
> Keine Kiste enthält mehr als 166 Apfelsinen;
>
> Also gibt es in dem Supermarkt mindestens 6 Kisten,
>   die dieselbe Anzahl von Apfelsinen enthalten.

---

[1]) In der englischsprachigen Literatur wird hierfür das Wort ‚sound' gebraucht (Anm. d. Übers.).

In manchen Fällen kann die Frage nach der Korrektheit wirklich außerordentlich schwierig zu entscheiden sein. So hat z.B. noch niemand die nötigen Entdeckungen gemacht, um zu entscheiden, ob der folgende Schluß mit einer Prämisse

> Die Zahl der Sterne ist gerade und größer als 4;
> Also ist die Anzahl der Sterne die Summe zweier Primzahlen

korrekt ist.

Man beachte, daß die Schwierigkeit in dem letzten Beispiel, das in wesentlichen Merkmalen typisch für eine große Klasse von Fällen ist, nicht etwa von der Unbestimmtheit herrührt, die in der Prämisse oder in der Conclusio stecken mag. Die Behauptung, auf die es ankommt, nämlich, daß jede gerade Zahl größer als vier die Summe zweier Primzahlen ist, wird *klar* sein. Das Problem besteht darin, herauszufinden, ob diese Behauptung *wahr* ist. Natürlich stoßen wir oft auf Schlüsse, über deren Korrektheit wir nichts aussagen können, weil sie unklar oder gar zweideutig formuliert sind. Die Klärung der Bedeutung einer Aussage ist manchmal eine nützliche und notwendige geistige Tätigkeit, und die Logik kann dabei Hilfe leisten. Desungeachtet wollen wir aber mit Nachdruck betonen, daß die Frage, ob ein vorliegender Schluß korrekt oder unkorrekt ist, nicht automatisch beantwortet ist, sobald man eine klare Vorstellung davon hat, was Annahmen und Behauptung bedeuten.

2. Korrektheit und Wahrheit

Unter einem Schluß verstehen wir ein System von Aussagesätzen (ein und derselben Sprache); einer dieser Aussagesätze wird als *Conclusio* (Behauptung), die übrigen werden als *Prämissen* (Annahmen) bezeichnet. Das erste der obigen Beispiele ist demnach ein System von drei Aussagesätzen, von denen der zuletzt angeführte Aussagesatz die Conclusio und die beiden davorstehenden die Prämissen sind; das zweite Beispiel besteht aus vier Aussagesätzen; wieder ist der letzte die Conclusio. Im letzten Fall liegt ein Schluß vor, der aus einer einzigen Prämisse und einer Conclusio besteht. Eigentlich gibt es keinen Grund, warum wir nicht auch Fälle mit unendlich vielen Prämissen betrachten sollten; nur ist in einem solchen Fall der Ausdruck ‚Schluß‘ nicht mehr angemessen. Zum Beispiel könnten wir fragen, ob der Aussagesatz

Jede positive ganze Zahl ist kleiner als die Anzahl der Sterne

aus den (unendlich vielen) Aussagen

1 ist kleiner als die Anzahl der Sterne,
2 ist kleiner als die Anzahl der Sterne,
3 ist kleiner als die Anzahl der Sterne,

.

.

.

folgt, d. h. ob der fragliche Aussagesatz aus der Klasse aller Aussagesätze folgt, die man erhält, wenn man in dem Ausdruck ‚x ist kleiner als die Anzahl der Sterne' ‚x' durch eine arabische Ziffer, die eine ganze positive Zahl bedeutet, ersetzt.

Später werden wir sehen, daß es auch nützlich ist, Fälle zu betrachten, in denen die Anzahl der Prämissen Null ist.

Ein *Satz* wird von traditionellen Grammatikern als ein sprachliches Gebilde definiert, das einen vollständigen Gedanken darstellt. Trotz der offensichtlich in ihr enthaltenen Mängel ist diese Definition unserem gegenwärtigen Vorhaben angemessen; wir wollen ja, daran sei noch einmal erinnert, dem Lernenden nur eine vorläufige Bekanntschaft auf intuitiver Grundlage mit dem Stoff der Logik vermitteln. Normalerweise teilt man Sätze in Aussage-, Frage-, Befehlssätze usw. ein. Charakteristisch für Aussagesätze ist, daß sie wahr oder falsch sind, und daher sind sie es, die für den Logiker in erster Linie interessant sind. (Statt ‚Aussagesatz' werden wir künftig einfach den Terminus ‚Aussage' benutzen.)

Das Kriterium für die Korrektheit eines Schlusses wird gewöhnlich mit Hilfe der Begriffe ‚wahr' und ‚möglich' formuliert — über diese beiden Begriffe werden wir später noch mehr zu sagen haben — und zwar in der folgenden Weise: Ein Schluß ist dann und nur dann korrekt, wenn es nicht möglich ist, daß seine Prämissen wahr und die Conclusio falsch sind. Selbstverständlich ist hier das Wort ‚möglich' entscheidend. Es kümmert uns nicht, ob die Prämissen oder die Conclusio tatsächlich falsch *sind*; für die Korrektheit wird nur gefordert, daß die Conclusio wahr sein müßte, *wenn* die Prämissen wahr sind. Wir können dasselbe Kriterium auch noch in anderer Weise formulieren: ein Schluß ist dann und nur dann korrekt, wenn jeder denkbare Umstand, unter dem die Prämissen wahr wären, auch die Conclusio wahr machen würde. Demnach kann es neben solchen korrekten Schlüssen, in denen Prämissen und Conclusio wahr sind, auch Schlüsse geben, die ebenfalls völlig korrekt sind, die aber eine oder mehrere falsche Prämissen und (oder) eine falsche Conclusio enthalten. So sind z.B. alle Bestandteile des korrekten Schlusses

> Alle Menschen sind klug;
> Alle Primaten sind Menschen;
> Also sind alle Primaten klug

falsche Aussagen. Es ist auch keineswegs so, daß falsche Prämissen bei einem korrekten Schluß immer zu einer falschen Conclusio führen müssen; z.B. ist

> Alle Senatoren sind alt;
> Alle Achtziger sind Senatoren;
> Also sind alle Achtziger alt

korrekt, obwohl die Prämissen falsch und die Conclusio wahr sind. In allen diesen Fällen sehen wir, daß die Conclusio wahr sein müßte, wenn die Prämissen wahr *wären* — ganz gleich, wie die Wahrheitswerte der einzelnen Aussagen tatsächlich sind — und das genügt für die Korrektheit. Die einzige Kombination von Wahrheitswerten, die in einem korrekten Schluß *nicht* vorkommen kann, liegt vor, wenn die Prämissen wahr und die Conclusio falsch sind. Denn wenn die Prämissen eines Schlusses tatsächlich wahr sind und wenn die Conclusio falsch ist, dann ist es ja auch möglich (milde gesagt), daß die Prämissen wahr und die Conclusio falsch sind. Also ist dieser Schluß unkorrekt. Unkorrektheit kann ihrerseits mit allen Kombinationen von Wahrheitswerten verbunden sein; die folgenden Beispiele illustrieren einige der Möglichkeiten:

> Einige Menschen sind klug;
> Einige Primaten sind Menschen;
> Also sind einige Primaten klug.

(Das ist ein unkorrekter Schluß mit wahren Prämissen und wahrer Conclusio.)

> Einige Professoren sind Schweden;
> Einige Norweger sind Professoren;
> Also sind einige Norweger Schweden.

(Unkorrekter Schluß mit wahren Prämissen und falscher Conclusio.)

> Jeder, der den Stoff versteht, bekommt eine gute Note;
> Also versteht jeder den Stoff, der eine gute Note bekommt.

(Unkorrekter Schluß mit falscher Prämisse und falscher Conclusio.)

Jeder, der in der ältesten Demokratie Europas lebt, lebt in Zürich;

Also lebt jeder in Europas ältester Demokratie, der in Zürich lebt.

(Unkorrekter Schluß mit falscher Prämisse und wahrer Conclusio.)

All dies zeigt, daß die Korrektheit eines Schlusses nicht einfach von den Wahrheitswerten von Prämissen und Conclusio abhängt. Sie garantiert nur, daß die Conclusio wahr ist, *falls* die Prämissen wahr sind; sie garantiert nicht, daß auch nur eine einzige Prämisse tatsächlich wahr ist, und sie liefert uns auch keine Information über den Wahrheitswert der Conclusio, falls eine oder mehrere Prämissen falsch sind.

3. Korrektheit und Analytizität

Mit dem Begriff des korrekten Schlusses ist der Begriff der *analytischen Aussage* eng verbunden. Eine Aussage ist dann und nur dann analytisch, wenn sie nicht falsch sein kann. Oder, was auf dasselbe hinausläuft: eine Aussage ist dann und nur dann analytisch, wenn man sich keine Umstände vorstellen kann, unter denen sie falsch sein würde. Die Aussage

Sokrates starb im Jahre 399 v. Chr., oder Sokrates starb nicht im Jahre 399 v. Chr.

ist analytisch, denn sie ist wahr, unabhängig von Sokrates oder sonst jemandem. Dagegen ist die Aussage

Sokrates starb im Jahre 399 v. Chr.

zwar wahr, aber nicht analytisch. Man kann nämlich leicht Umstände angeben, unter denen sie falsch würde.

Ehe wir uns weiter mit dem Begriff der analytischen Aussage befassen, wollen wir noch den Zusammenhang zwischen Analytizität und Korrektheit klären. Dazu bedienen wir uns zweckmäßigerweise einer besonderen Terminologie. Eine Aussage der Gestalt

Wenn . . ., so - - -

in der die leeren Stellen mit gewissen Aussagen ausgefüllt werden, nennt man eine *Subjunktion*; die Aussage, die dem Wörtchen ‚wenn' unmittelbar folgt, heißt *Antezedenz*, die Aussage nach dem ‚so' *Suk-zedenz*. Liegt nun ein Schluß mit endlich vielen Prämissen vor, dann bilden wir die *zugehörige Subjunktion*, indem wir zunächst alle Prämissen durch die Konjunktion ‚und' verbinden. Die so entstandene Aussage ist dann das Antezedenz; als Sukzedenz nehmen wir die Conclusio. Nun können wir den Zusammenhang zwischen Korrektheit und Analytizität wie folgt formulieren; ein Schluß mit endlich vielen Prämissen ist dann und nur dann korrekt, wenn die zugehörige Subjunktion analytisch ist. So ist z.B. der erste der obigen Schlüsse dann und nur dann korrekt, wenn die Subjunktion

> Wenn alle Menschen sterblich sind und alle Griechen Menschen,
> so sind alle Griechen sterblich

analytisch ist (und das ist sie).

Wir sollten vielleicht nicht von ‚*dem*' Zusammenhang, sondern eher von ‚*einem*' Zusammenhang zwischen Korrektheit und Analytizität sprechen, denn es gibt noch die folgende interessante Beziehung: eine Aussage ist dann und nur dann analytisch, wenn sie nicht Conclusio eines unkorrekten Schlusses sein kann. Mit anderen Worten: Eine analytische Aussage ist Folgerung aus *jeder* beliebigen Menge von Prämissen, und umgekehrt ist eine jede Aussage mit dieser Eigenschaft auch analytisch. Denn nehmen wir einmal an, eine gewisse Aussage S sei analytisch, und betrachten wir einen Schluß, der S als Conclusio hat. Der Schluß ist dann und nur dann korrekt, wenn es nicht möglich ist, daß die Prämissen wahr und die Conclusio — nämlich S — falsch werden. S kann aber nicht falsch werden, da S analytisch ist, und demnach ist es offensichtlich unmöglich, daß gleichzeitig die Prämissen wahr und die Conclusio falsch sind. Also ist der Schluß korrekt. Wenn S andererseits Folgerung aus *jeder* beliebigen Menge von Prämissen ist, dann ist S auch Folgerung aus einer Menge von Prämissen, die nur aus analytischen Aussagen besteht. Also wird S unter allen Umständen, unter denen diese analytischen Aussagen wahr sind, wahr sein, d. h. aber, unter allen Umständen schlechthin, und das bedeutet, daß S analytisch ist. Also ist S genau dann analytisch, wenn S Folgerung aus jeder beliebigen Menge von Prämissen ist. Beispiel: die analytische Subjunktion von Seite 19 ist eine Folgerung von

> Gras ist grün,

denn selbstverständlich gibt es keine Umstände, unter denen diese Aussage wahr und die Subjunktion falsch wäre, denn es gibt überhaupt gar keine Umstände, unter denen die Subjunktion falsch sein könnte.

Da die mathematischen Wahrheiten als Musterbeispiele für analytische Aussagen angesehen werden, müssen wir uns auf Grund der vorangegangenen Betrachtungen darüber klar sein, daß ein Schluß mit einer mathematischen Wahrheit als Conclusio nicht unkorrekt sein kann. Das zeigt, daß wir die Begriffe ‚korrekter Schluß' und ‚Beweis' nicht gut einander gleichsetzen können; einen Beweis für einen mathematischen Satz zu finden, erfordert mehr, als einen korrekten Schluß aufzustellen, der als Prämissen nur mathematische Wahrheiten und als Conclusio die gegebene Aussage hat.

Die obige Charakterisierung der Analytizität mit Hilfe des Begriffs ‚möglich' wird meistens dem Philosophen G. W. Leibniz (1646—1716) zugeschrieben, doch wurde sie keineswegs von ihm als erstem verwendet. Nach der Leibnizschen Lehre ist die Welt, in der wir leben, nur eine von unendlich vielen möglichen Welten, die auch existieren könnten. Sie ist allerdings (aus Gründen, die hier nicht relevant sind) die *beste* aller möglichen Welten, und daher wurde gerade sie von Gott bei der Schöpfung ausgewählt. Nun führt die Unterscheidung zwischen der tatsächlich existierenden Welt und den verschiedenen anderen möglichen Welten zu einer damit zusammenhängenden Unterscheidung zwischen verschiedenen Aussagen. Wenn man sagt, eine Aussage sei wahr, so sagt man damit, sie sei wahr in der tatsächlich existierenden Welt. Einige der wahren Aussagen jedoch sind nicht nur in der tatsächlich existierenden Welt wahr, sondern auch in allen anderen möglichen Welten, und zwar sind das gerade die analytischen Aussagen (die auch manchmal ‚Vernunftwahrheiten', ‚notwendige Wahrheiten' oder ‚ewige Wahrheiten' genannt werden).

Aussagen, die in der tatsächlichen Welt, aber nicht in allen möglichen Welten wahr sind, heißen ‚synthetisch' (oder auch ‚Tatsachenwahrheiten', ‚zufällige Wahrheiten', ‚kontingente Wahrheiten'). Naturgesetze rechnet man dieser Art von Aussagen zu, denn obwohl sie die tatsächliche Welt in bemerkenswerter Allgemeinheit beschreiben, sind doch zahlreiche Welten denkbar, in denen sie nicht gelten. Die Wahrheiten der Mathematik und der Logik dagegen hält man für wahr in allen möglichen Welten, einschließlich der tatsächlichen Welt. So gibt es zum Beispiel keine mögliche Welt, in der die Aussage ‚1 + 1 = 2' falsch wäre. (Denkt man darüber nach, ob das wirklich der Fall ist, so muß man folgendes beachten: es geht hier um die Frage, ob es — wenn der Sinn von ‚1 + 1 = 2' gegeben ist — eine mögliche Welt gibt, in der diese Aussage in diesem Sinne falsch ist. der Umstand, daß ‚1 + 1 = 2‘ falsch wäre, wenn beispielsweise die Ziffer ‚2‘ die Zahl 3 bezeichnet, ist hier nicht relevant.)

Leibniz erklärt oft Möglichkeit und Notwendigkeit mit Hilfe des Begriffs ‚denkmöglich‘: eine Aussage ist eine notwendige Wahrheit, wenn das Gegenteil (dessen, was sie behauptet) denkunmöglich ist. Er möchte jedoch dieses Wort in einem ‚nicht-psychologischen‘ Sinne verwendet wissen; er meint nicht jene Denkmöglichkeit, die im Spiele ist, wenn wir sagen, daß der eine sich etwas denken kann, was ein anderer sich nicht denken kann. So erklärt er ‚denkbar‘ folgendermaßen: ein gewisser Sachverhalt ist denkbar, wenn aus der Annahme, er läge vor, kein Widerspruch folgt. Natürlich haben wir damit unseren Zirkel geschlossen: von logischer Folgerung über Analytizität, Möglichkeit, Denkbarkeit wieder zu logischer Folgerung. Allerdings ist in unseren nicht formalen Erläuterungen ein solcher Zirkelschluß keine Katastrophe, denn ein solcher Zirkel von Erklärungen kann sehr wohl eine ‚Vorstellung davon geben‘, was überhaupt erklärt werden soll, und er kann zumindest einige Zusammenhänge zwischen den beteiligten Begriffen aufweisen.

4. Zwischenbemerkungen

An dieser Stelle könnten einige Erläuterungen, was wir mit dem bisher Gesagten meinen und was wir damit nicht meinen, ganz nützlich sein. Wenn wir sagen, daß jede Aussage wahr oder falsch ist, dann unterscheiden wir genau zwischen ‚wahr‘ und als ‚wahr bekannt‘. Wenn man von einer Aussage weiß, daß sie wahr ist, dann ist sie sicherlich wahr; darüber hinaus sind aber noch viele Aussagen wahr, ohne daß man es weiß. In entsprechender Weise müssen wir ‚falsch‘ von ‚unsinnig‘ unterscheiden. Ob eine Aussage wahr oder falsch ist, hängt nicht unbedingt damit zusammen, ob sie — unter gewissen Umständen ausgesprochen — unsinnig oder irreführend wirkt.

Wenn beispielsweise nur ein einziger in ein Examen hineingegangen und dann dabei durchgefallen ist, so ist es wahrscheinlich irreführend, aber trotzdem wahr zu behaupten: „Alle Examenskandidaten sind durchgefallen“. Wahrheit ist auch nicht unvereinbar mit dem, was man manchmal ‚logischen Unsinn‘[1]) nennt. Man wird es ‚logischen Unsinn‘ nennen, wenn Schmidt z.B. sagt:

Er ist weggegangen, aber ich glaube es nicht.

----

¹) Im Original: ‚logical oddity‘ (Anm. d. Übers.).

Doch wird jeder zugeben, daß ein anderer wahrheitsgemäß sagen kann:

> Er ist weggegangen, aber Schmidt glaubt es nicht,

oder auch, daß Schmidt selbst später (im Hinblick auf dieselbe Situation) der Wahrheit gemäß sagen kann:

> Er war weggegangen, aber ich habe es nicht geglaubt.

Also kann Schmidt offensichtlich auch die erste der drei Aussagen wahrheitsgemäß machen. In den meisten Fällen glaubt man natürlich an das, was man sagt, und wenn nicht, dann versucht man, es zu verbergen. Daher ist es schwierig (wenn auch nicht unmöglich), sich Umstände auszudenken, unter denen ein mit Vernunft begabtes Wesen die zitierte Aussage machen würde[1]).

Aber das hat wenig zu tun mit der Frage, ob es nun Umstände gibt, unter denen die besprochene Aussage *wahr* wäre oder nicht.

Zu dem Begriff ‚möglich‘ sei als erstes vermerkt, daß wir ihn nicht in dem Sinne verwenden, in dem das Unmögliche dasjenige ist, für das ein smarter amerikanischer Geschäftsmann nur etwas mehr Zeit braucht. Hingegen wollen wir — mit vielleicht fraglichem Erfolg — versuchen, zwischen technisch, physikalisch und logisch Möglichem zu unterscheiden. Etwas ist technisch möglich, wenn es beim gegenwärtigen Stand der Technik ein Verfahren dafür gibt. Es ist physikalisch möglich, wenn die Annahme, es träte ein, nicht im Widerspruch zu den (idealisierenden) Naturgesetzen steht.

Mit fortschreitender Technik werden immer mehr Dinge technisch möglich; allerdings findet dieser Fortschritt immer im Rahmen des physikalisch Möglichen statt. Manches, das physikalisch möglich ist, ist derzeit noch technisch unmöglich — und bleibt es vielleicht für immer. Das logisch Mögliche ist umfassender als selbst das physikalisch Mögliche. Ein Ereignis ist dann logisch möglich, wenn die Annahme, es träte ein, mit den Gesetzen der Logik verträglich ist. Wenn eine Sache technisch unmöglich, aber physikalisch möglich ist, dann dürfen

---

[1]) Wir wollen versuchen, eine Situation zu beschreiben, in der diese Aussage wahrheitsgemäß gemacht werden könnte. Er ist tatsächlich weggegangen, doch Schmidt glaubt es nicht. Trotzdem ruft Schmidt uns (weiß der Himmel, warum) an, um uns die (vermeintlich) falsche Nachricht mitzuteilen, daß er weg ist. Am Telefon sagt Schmidt also: „Er ist weggegangen“; dann legt er die Hand auf die Muschel und sagt mit schiefem Lächeln zu seiner Frau: „Aber ich glaube es nicht!“.

wir hoffen, daß eines Tages ein kluger Kopf doch noch einen Weg zu ihr finden wird. Wenn etwas dagegen physikalisch unmöglich ist, dann wird kein noch so einfallsreicher Geschäftsmann, Ingenieur oder Wissenschaftler es jemals zustande bringen. Wenn etwas auch logisch unmöglich ist, dann müssen wir auch den Schöpfer in diese Liste aufnehmen (so könnte die Fortsetzung der Geschichte jedenfalls lauten . . .).

Weiterhin müssen wir noch erklären, warum wir *Aussagen* zu den Gegenständen der Logik erklärt haben. Für manche Ohren hört es sich vielleicht merkwürdig an, wenn wir sagen, eine Aussage sei wahr oder falsch, und in der historischen Entwicklung hat es immer wieder Vorschläge gegeben, statt dessen von Behauptungen, Propositionen, Gedanken oder Urteilen zu sprechen[1]). Wenn diese Gegenstände aber so sind, wie sie von ihren Fürsprechern beschrieben werden, so scheinen sie bei nüchterner Betrachtung einen ernstzunehmenden Nachteil zu haben: sie existieren gar nicht.

Aber selbst wenn sie existierten, so gäbe es dennoch eine Reihe von Überlegungen, die unser Arbeiten mit Aussagen rechtfertigt. Eine Aussage ist, zumindest in der geschriebenen Form, ein Gegenstand, dessen Gestalt sinnlicher Wahrnehmung leicht zugänglich ist. So sind

Es regnet

und

It is raining

ein Paar von Aussagen, die — wenn auch synonym — trotzdem gut unterscheidbar sind. Ganz allgemein finden wir, daß wir uns über viele Eigenschaften, an denen der Logiker interessiert ist, durch bloßes Hinsehen Klarheit verschaffen können, sofern wir uns nur mit Aussagen befassen. Nur einigermaßen gutes Augenlicht ist im Gegensatz zu metaphysischem Scharfsinn erforderlich, um zu entscheiden, ob eine Aussage einfach oder zusammengesetzt, bejahend oder verneinend ist, oder ob sie eine andere Aussage als Teilaussage enthält. Auch die uralte und heikle Frage, ob die Conclusio eines korrekten Schlusses immer schon irgendwie in den Prämissen enthalten ist, läßt sich leicht behandeln, wenn wir es nur mit Aussagen zu tun haben.

---

[1]) Da die Terminologie im Deutschen nicht ganz einheitlich ist, seien noch die Bezeichnungen im Original genannt: sentence (Aussage), statement (Behauptung), proposition (Proposition), thought (Gedanke), judgment (Urteil) (Anm. d. Übers.).

Die Dinge liegen jedoch ganz anders, wenn wir dieselben Fragen für Propositionen, Behauptungen, Gedanken und Urteile beantworten wollen. Propositionen, so heißt es, stellen Sinn oder Bedeutung der Aussagen dar. Sie sind sogenannte Abstracta und sollen als solche keinen Raum einnehmen, kein Licht reflektieren, weder Anfang noch Ende haben usw. Gleichzeitig nimmt man an, daß jede Proposition eine *Struktur* habe, von der ihre logischen Eigenschaften wesentlich abhängen. Wollten wir Logik von diesem Standpunkt aus betreiben, so wäre es unumgänglich, ein Verfahren zu kennen, mit dem wir im gegebenen Fall diese Struktur herausfinden könnten. Leider wurde dafür nie eine einfache Methode angegeben. Da alle darin übereinstimmen, daß Aussagen von gänzlich verschiedener Gestalt und Struktur denselben Sinn haben können, dürfen wir die Struktur einer Proposition nicht mit der Struktur einer zugehörigen Aussage verwechseln; doch läßt eine Durchsicht der Literatur kaum Zweifel, daß gerade eine solche Verwechslung häufig stattfindet. Manchmal indessen wird angeraten, sich nicht auf Sinneswahrnehmungen zu verlassen, sondern sich statt dessen unmittelbar mit dem ‚geistigen Auge' die Proposition anzusehen. Für den, der zugibt, daß er so etwas nicht kann, ist man traditionell mit einer wenig schmeichelhaften Diagnose schnell zur Hand. Doch wenn alle Rhetorik am Ende ist, bleibt uns wieder das Problem, wie man in der Praxis die Struktur einer Proposition herausfinden soll, die von einer gegebenen Aussage ausgedrückt wird.

Entsprechende Schwierigkeiten tauchen auf, wenn es um Behauptungen geht; obwohl sie angeblich von Propositionen verschieden sind, bilden sie offensichtlich nur ein anderes Haus derselben Sippe. Ihre Fürsprecher teilen uns mit, daß wir eine Behauptung aufstellen, wenn wir unter gewissen günstigen Umständen eine Aussage machen; ‚eigentlich' ist nur die Behauptung, nicht die verwendete Aussage, wahr oder falsch. Dieselbe Aussage mit jeweils derselben Bedeutung kann verschiedene Behauptungen aufstellen. Wenn ich z.B. sage

Er hat die Wahl gewonnen

und mich dabei auf Mr. Kennedy beziehe, so stelle ich eine gewisse Behauptung auf. Wenn ich dasselbe im Hinblick auf Mr. Nixon sage, so ist es eine andere. Andererseits kann man mit verschiedenen Aussagen, die jeweils voneinander verschiedenen Sinn haben, ein und dieselbe Behauptung aufstellen. Wenn ich z.B. sage

Kennedy hat die Wahl gewonnen,

dann stelle ich dieselbe Behauptung wie früher auf, als ich das Wörtchen
‚er‘ im Hinblick auf Kennedy verwandte, aber ich habe eine andere
Aussage mit einem anderen Sinn benutzt. Wie im Fall der Propositionen kann man also die Struktur einer Behauptung nicht einfach
dadurch bestimmen, daß man sich die Aussage ansieht, mit der sie
aufgestellt wurde. Dennoch haben die Freunde von Behauptungen
keine Hemmungen, sie als singulare, universelle oder partikulare, als
konjunktive, hypothetische, bejahende, verneinende, notwendige,
kontingente usw. Behauptungen zu klassifizieren, oder zu sagen, sie
hätten die ‚Subjekt-Prädikat-Form‘, oder einige von ihnen hätten
dieselbe Form wie andere, oder sie ‚enthielten Kennzeichnungen‘
usw.

Ähnliche Bemerkungen ließen sich *mutatis mutandis* zu Gedanken
oder Urteilen machen. Gedanken haben, außer daß sie an der Ver-
gänglichkeit von Propositionen und Behauptungen teilhaben, noch
einen weiteren Nachteil, nimmt man sie als Objekte der Logik. Denn
wenn es in der Logik um Gedanken geht, dann sind die logischen
Gesetze doch wohl ‚Denkgesetze‘, und die Logik wird ein Stückchen
altmodischer Psychologie. Entweder sind die Gesetze Beschreibungen,
wie Menschen denken (in diesem Fall sind sie falsch), oder wie
Menschen denken sollten (dann sind sie auch falsch). Urteile ihrerseits
sind vielleicht die zwielichtigsten unter den Kandidaten. Nach einem
Autor (und man findet kaum zwei, die übereinstimmen) ist ein Urteil
eine „Tätigkeit des Geistes, und sie besteht darin, zwei Begriffe oder
Ideen von Objekten, die man durch einfache Wahrnehmung erhält,
miteinander zu vergleichen und festzustellen, ob sie übereinstimmen
oder voneinander verschieden sind". Von diesem Gesichtspunkt aus
befaßt sich die Logik mit einem „Geistesakt, Schließen genannt, der
uns befähigt, von gewissen Urteilen ausgehend, neue zu bilden, ohne
noch einmal auf die realen Objekte zurückzugreifen"[1]). Sicherlich ist
aber die Frage, ob wir, wenn wir einen gewissen geistigen Akt vollzogen haben, in der Lage sind, einen weiteren auszuführen, eine
Frage psychologischer Tatsachen; und so würden also alle Fragen
betreffend die Korrektheit oder Unkorrektheit von Schlüssen wieder
zu Fragen über Tatsachen, die beantwortet werden können, wenn
man die geistigen Prozesse von Menschen studiert. Eine solche Auffassung von Logik ist aber unmöglich in Einklang zu bringen mit
dem, was Logiker (einschließlich ‚Urteilslogiker‘) tatsächlich tun.

---

[1]) Jevons, W. S., Elementary Lessons in Logic, London 1909, pp. 12, 14.

Im gegenwärtigen Zusammenhang lohnt es sich nicht, die ganze Angelegenheit noch weiter zu verfolgen, denn vieles von dem, was wir über die logischen Eigenschaften von Aussagen sagen werden, läßt sich sowieso ohne weiteres auf Propositionen, Behauptungen, Gedanken und Urteile übertragen. Hauptsächlich werden wir Aussagen wie

Es ist regnerisch

und

Er ist hier

vermeiden, Aussagen also, die so ‚ichbezogene‘ Wörter wie ‚hier‘, ‚jetzt‘, ‚dies‘, ‚er‘, ‚du‘, ‚ist‘ (im Sinne von ‚ist jetzt‘) enthalten und deren Wahrheitswert davon abhängt, wann, wo und von wem sie ausgesprochen werden. Derartige Abhängigkeit kann gewöhnlich vermieden werden, indem man Aussagen benutzt, in denen Person, Zeit und Ort genau angegeben werden, z.B.

> Am 28. Dezember 1961 um 16 Uhr hat es in Berkeley, Kalifornien geregnet

oder

> Präsident Kennedy war am 24. Juli 1961 in Wien.

Wenn wir uns auf relativ unzweideutige Aussagen ohne ichbezogene Wörter beschränken, dann werden wahrscheinlich die folgenden Äquivalenzen im großen ganzen akzeptiert werden können: eine Aussage ist dann und nur dann wahr, wenn die Behauptung, die gewöhnlich damit aufgestellt wird, wahr ist. Gedanken und Urteile können analog behandelt werden. Wenn also der Lernende schon philosophische Skrupel dagegen erworben hat zu sagen, eine Aussage sei wahr oder falsch, dann mag er eben eine der angegebenen Äquivalenzen verwenden; in allen anderen Fällen darf er das Ganze getrost vergessen.

5. Logische Form

Eine der offenkundigsten und doch wichtigsten Tatsachen, analytische Aussagen betreffend, hat Aristoteles herausgefunden, der ganz am Anfang der Logikgeschichte steht. Wir meinen das folgende: Wenn eine bestimmte Aussage analytisch ist, dann sind in sehr vielen Fällen alle Aussagen, die dieselbe ‚logische Form‘ haben, ebenfalls analytisch. Beispiele sollen das verdeutlichen. Wir nehmen die analytische Aussage

Sokrates starb 399 v. Chr., oder Sokrates starb nicht 399 v. Chr.

Diese Aussage bleibt wahr und sogar analytisch, wenn ihre Teilaussage ‚Sokrates starb 399 v. Chr.‘ an beiden Stellen, wo sie vorkommt, durch irgendeine andere Aussage ersetzt wird. So sind die Aussagen

Aristoteles starb 399 v. Chr., oder Aristoteles starb nicht 399 v. Chr.
Aristoteles war der Lehrer Alexanders, oder Aristoteles war nicht
   der Lehrer Alexanders
Plato lehrte Alexander, oder Plato lehrte Alexander nicht
Kennedy gewann die Wahl, oder Kennedy gewann die Wahl nicht

alle analytisch, und weiterhin jede Aussage der Form

A oder nicht A.

Des weiteren sind die Aussagen

Wenn Gras grün ist und Schnee weiß ist, so ist Schnee weiß
Wenn Rosen rot sind und Schnee weiß ist, so ist Schnee weiß
Wenn Rosen rot sind und Gras grün ist, so ist Gras grün
Wenn Aristoteles Alexander lehrte und wenn Alexander dumm
   war, so war Alexander dumm

analytisch, und mit ihnen alle Aussagen der Form

Wenn S und T, so T.

Noch andere Beispiele liefert die analytische Subjunktion, die dem ersten Schluß aus Abschnitt 1 entspricht, und mit ihr alle Subjunktionen der Form

Wenn jedes B ein C ist und jedes A ein B ist, so ist jedes A ein C.

Wenn eine analytische Aussage wie in jedem dieser Fälle die Eigenschaft hat, daß jede andere Aussage mit derselben Form ebenfalls analytisch ist, dann wollen wir sagen, daß sie *analytisch vermöge ihrer logischen Form* oder *formal analytisch* ist.

Damit nicht jemand auf den Gedanken kommt, daß jede analytische Aussage formal analytisch ist, wollen wir schnell noch das abgenutzte Beispiel

Kein Junggeselle ist verheiratet

hinzufügen, das analytisch ist, obwohl viele andere Aussagen derselben
Form, wie z.B.

Kein Senator ist verheiratet

es nicht sind.

Wenn auch nicht jede analytische Aussage formal analytisch ist,
so scheint doch die etwas schwächere Behauptung plausibel, daß
jede analytische Aussage entweder selbst formal analytisch ist oder
aus einer formal analytischen Aussage zu gewinnen ist, in der man
gewisse Bestandteile durch synonyme ersetzt. Die Aussage

Kein Junggeselle ist verheiratet

läßt sich z.B. aus der Aussage

Kein unverheirateter Mann ist verheiratet

d. h. aus der Aussage

Kein Mann, der nicht verheiratet ist, ist verheiratet

gewinnen, indem man ‚Junggeselle' an die Stelle des Synonyms ‚unverheirateter Mann' setzt; und die letzte dieser Aussage ist formal
analytisch, denn jede Aussage der Form

Kein A, das nicht ein B ist, ist ein B

ist analytisch.

Im Hinblick auf den Zusammenhang zwischen Korrektheit und
Analytizität können wir nun eine entsprechende Einteilung korrekter
Schlüsse vornehmen. Einmal gibt es diejenigen Schlüsse, die vermöge
ihrer logischen Form korrekt sind, und dann solche, die aus ersteren
gewonnen werden, indem man gewisse Bestandteile durch Synonyme
ersetzt. Demnach ist jeder Schluß der Form

Jedes B ist ein C;
Jedes A ist ein B;
Also ist jedes A ein C

korrekt und gehört zu dem ersten Typ der obigen Einteilung. Der
Schluß

Schmidt ist Junggeselle;
Also ist Schmidt nicht verheiratet

ist ebenfalls korrekt und gehört zu dem zweiten Typ, denn man kann
ihn aus einem Schluß der Form

x ist ein B, das kein C ist;
Also ist x kein C

gewinnen, indem man für ‚Junggeselle‘ ‚ein Mann, der nicht verheiratet ist‘ einsetzt.

Der Begriff der logischen Form hat also offensichtlich eine zentrale Bedeutung für uns; ebenso offensichtlich bedarf dieser Begriff aber noch weitgehender Klärung. Wir benötigen brauchbare Kriterien, um die logische Form einer vorliegenden Aussage aufzeigen zu können. Leider machen die Unregelmäßigkeiten natürlicher Sprachen das Auffinden solcher Kriterien schwierig, wenn nicht gar unmöglich; nur für künstliche Sprachen haben wir reale Erfolgsaussichten.

Wir wollen uns noch einmal einige der Ausdrücke ansehen, die wir zur Beschreibung der logischen Form von Aussagen benutzt haben:

S oder nicht S

Wenn S und T, so T

Wenn jedes B ein C ist und jedes A ein B, dann ist jedes A ein C

Kein A, das kein B ist, ist ein B

x ist ein B, das kein C ist.

In den ersten beiden Fällen erhält man bestimmte Aussagen, indem man die Buchstaben ‚S‘ und ‚T‘ durch Aussagen ersetzt. Diese und alle anderen Buchstaben, die für denselben Zweck benutzt werden, wollen wir *Aussagebuchstaben* nennen. In den nächsten beiden Fällen muß man allgemeine Bezeichnungen (z.B. ‚Mensch‘, ‚Sterblicher‘. ‚Professor‘, ‚Schwede‘) und keine Aussagen einsetzen, um konkrete Aussagen zu erhalten. Die Buchstaben ‚A‘, ‚B‘, ‚C‘ und alle anderen für denselben Zweck wollen wir *Klassenbuchstaben* nennen. Im letzten Beispiel benutzten wir den Buchstaben ‚x‘, für den Namen von Individuen wie ‚Sokrates‘, ‚Aristoteles‘, ‚Alexander‘ oder Beschreibungen von Individuen wie ‚der Lehrer Alexanders‘, ‚der Schüler Platos‘ eingesetzt werden sollen. Buchstaben, für die Ausdrücke, die Individuen bezeichnen, eingesetzt werden sollen, heißen *Individuenbuchstaben*. Wir wollen auch gleich noch den Begriff ‚*Matrix*‘ einführen, um damit die formalen Ausdrücke selbst bezeichnen zu können: eine Matrix ist ein Ausdruck, der aus sogenannten *logischen Wörtern* (wie z.B. ‚und‘, ‚oder‘, ‚wenn …, so‘, ‚nicht‘, ‚alle (jeder)‘ ‚ist‘) und Aussage-, Klassen- und Individuenbuchstaben aufgebaut ist, und zwar derart, daß eine Aussage entsteht, wenn man an die Stelle der Buchstaben Ausdrücke der entsprechenden Art setzt.

So können wir nun sagen, daß eine Aussage formal analytisch ist, wenn sie zu einer Matrix gehört, aus der man nur analytische Aussagen gewinnen kann. Man beachte, daß der Matrixbegriff, der hier die entscheidende Rolle spielt, abhängig ist von der Liste der zugelassenen logischen Wörter; unglücklicherweise kommt bei der Frage, welche Wörter als logische Wörter anzusehen sind und welche nicht, ein großes Maß an Willkür ins Spiel.

Manchmal definiert man die formal analytischen Aussagen auch als Einsetzungsresultate solcher Matrizen, deren Resultate alle *wahr* sind. Der Vorteil dieses Vorgehens liegt darin, daß dabei Analytizität mit Hilfe des Begriffs ‚wahr' erklärt wird, der verhältnismäßig klar ist. Der wesentlichste Nachteil liegt in der zugrundeliegenden Voraussetzung, die Sprache enthalte für jedes Objekt einen Namen oder eine Beschreibung und für jede Eigenschaft ein entsprechendes Prädikat. (Denn sonst könnten ja gerade die namenlosen Objekte oder Eigenschaften diejenigen Objekte oder Eigenschaften sein, für die die Matrix falsch sein würde.) Diese Annahme ist jedoch aus mehreren Gründen nicht plausibel.

Der soeben beschriebene Vorschlag hat jedoch eine wichtige Variante, die die erwähnte Schwierigkeit umgeht. Wir können eine Aussage dann als analytisch vermöge ihrer logischen Form definieren, wenn sie Einsetzungsresultat einer Matrix ist, die nur wahre Resultate liefert, ganz gleich wie man die verschiedenen vorkommenden Individuen-, Klassen- und Aussagebuchstaben interpretiert, die in ihr vorkommen; einen Buchstaben zu interpretieren heißt dabei, ihm ein geeignetes Objekt (ein Individuum, eine Klasse oder einen Wahrheitswert) als Wert zuzuordnen. So liefert die Matrix

$$x \text{ ist ein } A, \text{ oder } x \text{ ist nicht ein } A$$

nur wahre Aussagen, unabhängig davon, welches Individuum dem ‚x' und welche Individuenklasse dem ‚A' zugeordnet wird, und somit ist jedes ihrer Resultate analytisch vermöge seiner logischen Form. Diese Methode, formale Analytizität mit Hilfe des Begriffs ‚liefert bei einer Interpretation nur wahre Resultate' zu erklären, wird nun in unseren späteren Ausführungen weiter benutzt werden.

6. Künstliche Sprachen

In den letzten Jahren sind ‚künstliche' oder ‚formale' Sprachen ein unentbehrliches Hilfsmittel für beinahe alle ernsthaften Logikstudien geworden. Die Idee, solche Sprachen zu konstruieren, geht mindestens bis auf Leibniz zurück; der erste wirklich erfolgreiche

Entwurf wurde aber erst von dem deutschen Logiker Gottlob Frege in seiner *Begriffsschrift* (1879) dargelegt.

Man war sich immer darüber klar, daß ein *gewisses* Maß an Formalisierung unvermeidbar sei, wollte man den Gegenstand überhaupt in die Hand bekommen. Schon Aristoteles mußte für seine Untersuchungen eine bestimmte stilisierte Sprache einführen, denn auch die einfachsten der sogenannten ‚Gesetze der formalen Logik‘ müssen ein wenig zurechtgerückt werden, wenn man sie auf eine natürliche (geschriebene) Sprache anwendet. Obwohl z.B. die Aussage

Alle Menschen sind sterblich, oder nicht alle Menschen sind sterblich

ein exaktes Einsetzungsresultat der Matrix

$$S \text{ oder nicht } S$$

ist, d. h. obwohl man sie aus der Matrix gewinnen kann, indem man ‚alle Menschen sind sterblich‘ an die Stelle des ‚S‘ setzt (allerdings ist auch hier eine kleine Abänderung notwendig: einmal müssen wir den Anfangsbuchstaben ‚a‘ von ‚alle‘ groß und einmal klein schreiben!), ist die Aussage

Sokrates ist sterblich, oder Sokrates ist nicht sterblich

genaugenommen nicht ein solches Resultat. Im Falle dieser speziellen Matrix rührt die Schwierigkeit von folgender Tatsache her: eine Aussage wird zwar im Deutschen im allgemeinen einfach dadurch verneint, daß man das Wörtchen ‚nicht‘ einfügt, aber es gibt keine einfache Regel, an welcher Stelle es einzufügen ist. Wir verneinen die Aussage ‚Sokrates ist sterblich‘, indem wir das ‚nicht‘ gleich hinter dem Verb einfügen, doch wenn wir ‚alle Menschen sind sterblich‘ in gleicher Weise zu verneinen versuchen, kommt

Alle Menschen sind nicht sterblich

heraus, gewünscht ist dagegen die viel schwächere Aussage

Nicht alle Menschen sind sterblich.

Um die Aussage

Schmidt knackte den Tresor, und Meier steuerte das Fluchtauto

zu verneinen, muß man entweder die Phrase ‚es ist nicht der Fall, daß …‘ vorausschicken oder umformen:

Schmidt knackte den Tresor nicht, oder Meier steuerte nicht das Fluchtauto.

(Denkt man sich dieses Beispiel in englischer Sprache gegeben, so sähe man, daß man einen so einfachen Satz wie ‚Smith cracked the safe' keineswegs nur durch Einfügen des Wörtchens ‚not' verneinen könnte!).

Wenn wir also sagen, daß alle Aussagen der Form

$$S \text{ oder nicht } S$$

analytisch sind, so meinen wir damit solche Fälle wie

> Alle Menschen sind sterblich, oder nicht alle Menschen sind sterblich
>
> Sokrates ist sterblich, oder Sokrates ist nicht sterblich
>
> Schmidt knackte den Tresor, und Meier steuerte das Fluchtauto; oder es ist nicht der Fall, daß Schmidt den Tresor knackte und Meier das Fluchtauto steuerte.

Im Grunde haben also nur relativ wenige Aussagen genaugenommen die fragliche Form.

Zugeständnisse dieser Art muß man auch bei anderen Matrizen machen, und sie sind eher die Regel als die Ausnahme. Es ist klar, daß es für natürliche Sprachen im allgemeinen — wenn überhaupt — nur wenige Matrizen gibt, die nur analytische Aussagen als Einsetzungsresultate im buchstäblichen Sinne haben.

Wenn wir also versuchten, formale Logik in einer natürlichen Sprache zu entwickeln, so sähen wir uns selbst in einfachsten Fällen außerstande, in exakter Weise vorzugehen. Ein Ausweg, der auf der Hand liegt und der von fast allen modernen Logikern gewählt wird, liegt darin, eine künstliche Sprache zu konstruieren, deren Grammatik einfacher ist und die im Gegensatz zu natürlichen Sprachen keine Ausnahmen zuläßt. Mit einer solchen Sprache erscheint es hoffnungsvoll, den Begriff der formalen Analytizität in befriedigend exakter Weise charakterisieren zu wollen. Nach einem weiteren einleitenden Kapitel wollen wir diesen Weg einschlagen.

ÜBUNGEN

1. Man versuche zu entscheiden, welche der folgenden Aussagen analytisch, synthetisch (d. h. wahr, aber nicht analytisch) oder falsch sind. Bei den analytischen Aussagen stelle man fest, welche formal analytisch sind und welche nicht. Man diskutiere die Fälle, in denen Zweideutigkeit oder Verschwommenheit kritisch werden.

(a) Die Einwohnerzahl Berkeleys liegt über 100 000.

(b) Einige Konzertpianisten sind Franzosen.

(c) Jeder schwarze Hund ist ein Hund.

(d) Jeder als Verbrecher Verdächtigte ist ein Verbrecher.

(e) Jeder als Verbrecher Verdächtigte ist ein Verdächtigter.

(f) Alle Raben sind schwarz.

(g) Wenn zwei Menschen Brüder sind, so sind sie Geschwister.

(h) Wenn ein Mann größer als ein zweiter ist, so ist der zweite kleiner als der erste.

(i) Was hochsteigt muß wieder herunter kommen.

(j) Zwei Körper können nicht zu gleicher Zeit am gleichen Ort sein.

(k) Auf englisch bezeichnet ‚England' England.

(l) Für alle positiven ganzen Zahlen x, y, z gilt: wenn $x < y$, so $x + z < y + z$.

2. Der folgende Schluß wurde im Mittelalter benutzt, um zu zeigen, daß aus einem Widerspruch *jede* beliebige Aussage folgt, und er ist tatsächlich *formal* in Ordnung.

(1) Sokrates existiert, und Sokrates existiert nicht.	Prämisse
(2) Sokrates existiert.	Aus (1)
(3) Sokrates existiert, oder der Stock steht in der Ecke.	Aus (2)
(4) Sokrates existiert nicht.	Aus (1)
(5) Der Stock steht in der Ecke.	Aus (3) und (4).

Erscheint dieser Schluß im intuitiven Sinne korrekt? An welcher Stelle ggfs. nicht? Man versuche, ähnlich zu schließen und ‚Sokrates existiert, oder Sokrates existiert nicht' aus ‚Der Stock steht in der Ecke' abzuleiten.

3. Man gebe, wenn möglich, ein Beispiel für

(a) eine Matrix, die analytische und nicht-analytische Einsetzungsresultate hat;

(b) eine Matrix, die nur analytische Einsetzungsresultate hat;

(c) eine Matrix, die kein einziges analytisches Einsetzungsresultat hat;

(d) zwei Matrizen, derart daß alle Einsetzungsresultate der ersten Einsetzungsresultate der zweiten sind, aber nicht umgekehrt;

(e) einen korrekten Schluß mit wahren Prämissen, aber falscher Conclusio;

(f) einen unkorrekten Schluß mit ‚2 + 2 = 4' als Conclusio;

(g) einen Schluß mit ‚2 + 2 = 4' als Conclusio, der nicht formal korrekt ist;

(h) einen korrekten Schluß mit einer Prämisse, der korrekt bleibt, wenn man Prämisse und Conclusio durch die jeweilige Verneinung ersetzt;

(i) zwei Schlüsse, von denen der eine korrekt und der andere unkorrekt ist und die beide eine falsche und eine wahre Prämisse und eine wahre Conclusio haben.

4. Welche der folgenden Generalisierungen sind korrekt?

(a) Für je drei Aussagen R, S und T gilt: wenn R aus S folgt und S aus T, so folgt R aus T.

(b) Für je zwei Aussagen R und S gilt: wenn R aus S folgt, so folgt S aus R.

(c) Für je zwei Aussagen R und S gilt: wenn R aus S folgt, so folgt nicht S aus nicht R.

(d) Für drei beliebige Aussagen R, S und T gilt: wenn R aus S und T folgt, so folgt nicht T aus S und nicht R.

(e) Für drei beliebige Aussagen R, S und T gilt: wenn R aus S und T folgt, so folgt (wenn S, so R) aus T allein.

(f) Für drei beliebige Aussagen R, S und T gilt: wenn R aus S und auch aus nicht S folgt, so folgt R aus T.

2. KAPITEL

Weitere einleitende Bemerkungen

1. *Verwenden und meinen*
2. *Variablen*
3. *Aussageformen*
4. *Mengen*
5. *Objektsprache und Metasprache*

In diesem Kapitel behandeln wir mehrere Gegenstände, denen wir, ehe wir mit dem Studium formaler Sprachen beginnen können, unsere Aufmerksamkeit noch widmen müssen. Zuerst befassen wir uns mit dem Unterschied, ob wir einen sprachlichen Ausdruck *verwenden* (um damit auf etwas Bezug zu nehmen) oder ob wir ihn *meinen* (d. h. über ihn sprechen). Unser zweites Thema sind die *Variablen*; da sie in unserem Buch eine hervorragende Rolle spielen, ist es unumgänglich notwendig, daß ihre Verwendung durch und durch klar ist. Variablen sind einfach Buchstaben des Alphabets; was wir dafür *einsetzen*, sind Namen oder andere sinnvolle Kennzeichnungen, und ihre *Werte* schließen alle Objekte ein, die durch diese Ausdrücke benannt sind. Im dritten Abschnitt erklären wir den Begriff der *Aussageform*. Grob gesagt ist eine Aussageform entweder eine Aussage oder ein Ausdruck, den wir aus einer Aussage gewinnen können, indem wir an allen oder an einigen Stellen Namen durch Variablen ersetzen. Aussageformen sind nützlich im Hinblick auf unseren vierten Gegenstand, die *Mengen*. Da wir in der künstlichen Sprache Prädikate so definieren werden, daß sie sich auf Mengen oder Relationen beziehen, ist es notwendig, an dieser Stelle diese Begriffe kurz und auf intuitiver Basis zu beschreiben. Schließlich weisen wir noch auf den Unterschied zwischen *Objektsprache* und *Metasprache* hin, d. h. auf den Unterschied zwischen der Sprache, *über* die wir reden (in einer bestimmten Situation), und der Sprache, *in* der wir reden.

1. Verwenden und meinen

Für ein Verständnis moderner Behandlungsweisen der Logik ist es unbedingt notwendig, den Unterschied zwischen *verwenden* und *meinen* zu kennen. Man muß scharf unterscheiden können zwischen Fällen, in denen über einen gewissen sprachlichen Ausdruck gesprochen wird — in denen er also *gemeint* wird — und zwischen solchen Fällen, in denen er *verwendet* wird (vielleicht um damit etwas anderes zu meinen). Das impliziert, einen gleich scharfen Unterschied zwischen Namen und dem, was sie benennen, zu machen.

Wenn wir ein Objekt meinen (oder wenn wir darüber sprechen), so verwenden wir gewöhnlich einen sprachlichen Ausdruck, der dieses Objekt benennt oder in sonst einer Weise darauf Bezug nimmt. In der Regel ist der Name oder der sonstwie verwendete Ausdruck nicht dasselbe wie das Ding, auf das mit dem Namen Bezug genommen wird. Wenn wir z.B. über den Campanile sprechen, dann verwenden wir natürlich das *Wort* ‚Campanile‘ und nicht den Campanile selbst.

Meistens besteht gar keine Gefahr, den Namen mit dem benannten Ding zu verwechseln, doch tauchen oft dann Schwierigkeiten auf, wenn das benannte Ding etwas Abstraktes ist, das nicht mit den Sinnen wahrgenommen werden kann. Während somit niemand Schwierigkeiten hat, den Campanile von dem Wort ‚Campanile‘ zu unterscheiden, neigt man dazu, Zahlen (die, wie man mich lehrte, nicht durch sinnliche Wahrnehmung erfaßt werden können) mit Ziffern oder anderen Darstellungen zu verwechseln. Man ist versucht zu glauben, daß z.B. 12 und $7 + 5$ zwei nah verwandte (gleiche), aber trotzdem verschiedene (nicht identische) Zahlen sind.

Sorgfalt ist auch dann angebracht, wenn die gemeinten Objekte selbst sprachliche Ausdrücke sind. Wenn wir von einem Wort oder einem anderen sprachlichen Ausdruck reden, dann werden wir i. a. uns an diese Regel halten, die auch für den Fall gilt, daß das in Rede stehende Objekt etwas Außersprachliches ist: wir werden einen Namen oder eine andere Kennzeichnung des Gegenstandes verwenden und nicht ihn selbst. Häufig bildet man einen Namen für einen vorliegenden sprachlichen Ausdruck, indem man diesen Ausdruck einfach in Anführungsstriche setzt. Zum Beispiel bezeichnet

‚Die Ilias‘

die Überschrift

Die Ilias,

die ihrerseits wieder ein großes Epos bezeichnet. Wenn wir von der Überschrift reden wollen, verwenden wir einen Namen für die Überschrift und nicht die Überschrift selbst; so können wir sagen

> ,Die Ilias' ist eine kurze Überschrift.

Nach unserer oben gesetzten Regel würde Weglassen der Anführungsstriche bedeuten, daß wir über die Ilias und nicht über ihren Namen reden.

Eine andere gute Möglichkeit, einen Namen für einen sprachlichen Ausdruck zu bilden, besteht darin, diesen Ausdruck einfach in eine Zeile für sich zu setzen; drei Beispiele hierfür sieht man in diesem Paragraphen, und wie vielleicht schon offenkundig wurde, wird diese Möglichkeit im vorliegenden Buch häufig angewendet.

In gewöhnlichen Texten vertraut man natürlich auf den Zusammenhang und auf gesunden Menschenverstand, um herauszufinden, wann ein Ausdruck verwendet oder wann er gemeint wird. Wenn wir

> DER VORNAME VON FRAU LUXEMBURG WAR ROSA

lesen, dann fassen wir das selbstverständlich im Sinne von

> DER VORNAME VON FRAU LUXEMBURG WAR ,ROSA'

auf, weil sonst Unsinn herauskommt. Wenn wir aber Logik treiben, dann ist es von Vorteil, sich so eng wie möglich an die besprochene Konvention zu halten: wenn wir ein Objekt meinen, dann sollen wir einen Namen oder eine andere Kennzeichnung dieses Objektes verwenden und nicht lediglich das Objekt selbst. Das Wörtchen ,lediglich' wurde hier eingefügt, um den wenigen Fällen Rechnung zu tragen, in denen ein Name oder eine Kennzeichnung des Objektes das Objekt als Teil enthält wie z.B. in dem Ausdruck ,Bertrand Russells Name'.

2. Variablen

Die Verwendung von Variablen geht bis auf Aristoteles zurück. Heutzutage findet man sie in allen möglichen technischen und nicht technischen Zusammenhängen von der Mathematik bis zur Operette:

> See how the Fates their gifts allot,
> For A is happy — B is not.
> Yet B is worthy, I dare say,
> Of more prosperity than A.
>
> (Aus dem ,Mikado' von Gilbert und Sullivan)

Am besten sieht man in Variablen einfach Buchstaben des Alphabets und nicht etwa Dinge, die veränderlich sind (oder Namen von Dingen, die veränderlich sind). Man verwendet sie für viele Zwecke, einer der wichtigsten ist, die Formulierung allgemeiner Sachverhalte zu vereinfachen. Wenn z.B. ein Jurist alle Fälle eines bestimmten Typs diskutieren will, so verwendet er vielleicht Buchstaben an Stelle von Namen für bestimmte Personen, wie z.B. in:

> A schließt mit B einen Vertrag ab. B stirbt nach einiger Zeit und hinterläßt C als einzigen Erben. Nachdem C dem A ein Jahr lang Zeit gelassen hat, um seine Vertragsverpflichtungen zu erfüllen, entschließt er sich zu klagen. In der Zwischenzeit hat A seinen Konkurs angemeldet, und ...

Das bedeutet jetzt natürlich nicht, daß es hier um drei unbekannte Personen A, B und C geht, deren Identität später vielleicht einmal festgestellt wird. Es bedeutet auch nicht, daß hier drei *veränderliche* Personen A, B und C in einen komplizierten Handel verwickelt sind. Es bedeutet nur, daß drei Personen, bekannt oder nicht bekannt, veränderlich oder konstant, wenn sie in der hier beschriebenen Beziehung zueinander stehen, dann auch noch in irgendwelchen anderen Relationen zueinander stehen (die hier nicht mehr erwähnt wurden).

Nehmen wir an, ein Mathematiker wolle einen allgemeinen Satz aufstellen, für den

$$6(4 + 3) = 6 \cdot 4 + 6 \cdot 3$$

und

$$8(1 + 9) = 8 \cdot 1 + 8 \cdot 9$$

Spezialfälle sind. Dann könnte er schreiben

$$a(b + c) = a \cdot b + a \cdot c.$$

Versuchen wir, denselben Sachverhalt ohne die Hilfe von Variablen oder etwas Ähnlichem darzustellen, so wird das Resultat schwerfällig und unklar:

> Wenn drei beliebige, nicht notwendig verschiedene Zahlen gegeben sind, so ist das Produkt aus der ersten Zahl und der Summe der beiden anderen Zahlen gleich der Summe der Produkte aus der ersten Zahl und der zweiten bzw. dritten Zahl.

Wir haben schon früher erwähnt, daß Variablen noch einen anderen Sinn erfüllen als Allgemeinheit auszudrücken, doch darauf brauchen wir jetzt nicht im einzelnen einzugehen. Zwei Fragen aber sollte man

immer beantworten können, wenn man Variablen benutzt: was soll
für sie *eingesetzt* werden, und welches sind ihre *Werte*? (Die Werte
einer Variablen sind dabei all die Objekte, deren Namen oder Kennzeichnungen man sinnvollerweise für die Variable einsetzen kann.)
In dem Ausdruck

> Wenn x zum Präsidenten gewählt wird, dann wird x vier Jahre
> im Amt sein

wären für die Variable ,x' in natürlicher Weise die Namen von
Personen einzusetzen (z.B. ,Goldwater', ,Stevenson', ,Kennedy',
,Rockefeller') und man dächte nicht an Namen von Zahlen (z.B.
,6', ,3 + 4'). Die entsprechenden Werte wären Personen und nicht
etwa Zahlen. Andererseits wären in

$$x + y = y + x$$

für ,x' und ,y' normalerweise Ziffern einzusetzen oder andere Kennzeichnungen von Zahlen, und die Werte von ,x' und ,y' wären Zahlen.
Natürlich sind das Fragen der Konvention, und die Konventionen
können von Autor zu Autor und von Text zu Text variieren.

In unserer Beschreibung künstlicher Sprachen werden wir manchmal
auf gewisse Symbole Bezug nehmen müssen, ebenso wie auf Formeln
oder andere Ausdrücke, die aus diesen Symbolen aufgebaut sind.
Wenn wir uns also auf ein bestimmtes Symbol oder auf einen bestimmten Ausdruck beziehen wollen, dann genügt es im allgemeinen,
als Namen hierfür einfach das Symbol (bzw. den Ausdruck) in Anführungsstrichen zu verwenden; z.B. können wir sagen

> ,$\vee$' ist eine logische Konstante.

Manchmal aber muß man allgemein über alle Ausdrücke einer gewissen Form sprechen, und in solchen Fällen ist die Verwendung von
Variablen zweckmäßig. Wenn wir z.B. den folgenden Sachverhalt

> Wenn zwei beliebige, nicht notwendig verschiedene Formeln ge-
> geben sind, dann erhalten wir wieder eine Formel, wenn wir
> zunächst eine linke Klammer, dann die erste Formel, dann das
> Symbol ,$\vee$', dann die zweite Formel und schließlich eine rechte
> Klammer hinschreiben

kurz und knapp zum Ausdruck bringen wollen, dann können wir das
mit Variablen in folgender Weise bewerkstelligen:

(1) Wenn φ und ψ Formeln sind, dann ist auch ($\varphi \vee \psi$) eine Formel.

(Hier sind für ‚φ‘ und ‚ψ‘ Namen von Ausdrücken der betrachteten künstlichen Sprache einzusetzen, und ihre Werte sind dementsprechend die Ausdrücke selbst.)

Als Beispiel für (1) könnte das folgende auftreten:

(2)   Wenn ‚F^1a‘ und ‚G^1b‘ Formeln sind, so ist auch ‚$(F^1a \lor G^1b)$‘ eine Formel.

Wir müssen allerdings bemerken, daß wir diesen Spezialfall nicht im strengen Sinne dadurch erhalten, daß wir in (1) ‚‚F^1a‘‘ für ‚φ‘ und ‚‚G^1a‘‘ für ‚ψ‘ einsetzen, denn das ergäbe den unsinnigen Satz

(3)   Wenn ‚F^1a‘ und ‚G^1b‘ Formeln sind, so ist auch (‚F^1a‘ $\lor$ ‚G^1b‘) eine Formel.

Um das gewünschte Ergebnis zu erhalten, vereinbaren wir (für späteren Bezug) noch zweierlei: (i) wenn logische Konstanten unserer künstlichen Sprache (z.B. Symbole wie ‚$\lor$‘ oder Klammern) zusammen mit Namen oder Variablen auftreten, die auf Ausdrücke dieser Sprache Bezug nehmen, dann wollen wir diese Konstanten als Namen für sich selbst ansehen; (ii) um einen zusammengesetzten Ausdruck zu bilden, setzen wir einfach Namen oder Variablen für Teilausdrücke nebeneinander. Nach diesen Vereinbarungen ist (1) eine Abkürzung für

(1′)   Wenn φ und ψ Formeln sind, dann erhalten wir wieder eine Formel, wenn wir ‚(‘, dann φ, dann ‚$\lor$‘, dann ψ und dann ‚)‘ hinschreiben.

Setzen wir jetzt ‚‚F^1a‘‘ für ‚φ‘ und ‚‚G^1b‘‘ für ‚ψ‘ ein, so erhalten wir aus (1′)

(2′)   Wenn ‚F^1a‘ und ‚G^1b‘ Formeln sind, so erhalten wir wieder eine Formel, wenn wir ‚(‘, dann ‚F^1a‘, dann ‚$\lor$‘, dann ‚G^1b‘ und dann ‚)‘ hinschreiben.

Das kann dann wieder in (2) umformuliert werden.

Der Anfänger wird noch nicht die volle Bedeutung dieser Konventionen erfassen können; das wird erst dann der Fall sein, wenn er unsere künstlichen Sprache kennengelernt hat und mit der Art und Weise vertraut geworden ist, wie wir Variablen zu ihrer Beschreibung einsetzen; vielleicht liest er dann diesen Abschnitt noch einmal durch.

3. Aussageformen

Wir wenden uns jetzt weniger technischen Dingen zu und wollen zwischen zwei Weisen unterscheiden, auf denen ein Name oder eine Kennzeichnung in einer Aussage vorkommen kann. Betrachten wir den folgenden Schluß:

> Der Mann, der das Verbrechen beging, trug einen Revolver.
> Schmidt ist der Mann, der das Verbrechen beging.
> Also trug Schmidt einen Revolver.

Dieser Schluß ist korrekt, denn wenn die zweite Prämisse wahr ist, dann treffen der Name ‚Schmidt‘ und die Kennzeichnung ‚der Mann, der das Verbrechen beging‘ auf dieselbe Person zu, und dementsprechend sagen die erste Prämisse und die Conclusio genau dasselbe über dieselbe Person aus. Jetzt wollen wir aber den folgenden Schluß betrachten:

> Meier weiß, daß der Mann, der das Verbrechen beging, einen
>   Revolver trug.
> Schmidt ist der Mann, der das Verbrechen beging.
> Also weiß Meier, daß Schmidt einen Revolver trug.

Man sieht leicht, daß dieser Schluß im Gegensatz zum vorhergehenden nicht korrekt ist. Denn selbst wenn die Prämissen wahr sind, könnte es sein, daß Meier nicht *weiß*, daß Schmidt der Mann ist, der das Verbrechen begangen hat, und daher kann man vernünftigerweise nicht schließen, daß Meier wußte, daß Schmidt einen Revolver trug.

Der Unterschied zwischen diesen beiden Fällen ist typisch dafür, daß Wörter, die Ausdrücken wie ‚weiß, daß‘, ‚glaubt, daß‘, ‚fragt sich, ob‘, ‚es ist notwendig, daß‘ und ähnlichen folgen, im allgemeinen nicht denselben logischen Gesetzen gehorchen wie Wörter, die nicht im Einflußbereich solcher Ausdrücke stehen.

Wir wollen sagen, daß ein Name oder eine Kennzeichnung in einer Aussage *direkt* oder *extensional vorkommt*, wenn sich der Wahrheitswert der Aussage nicht dadurch verändert, daß man diesen Namen (bzw. diese Kennzeichnung) durch einen anderen Namen (bzw. eine andere Kennzeichnung) desselben Objektes ersetzt[1]). Demnach tritt

---

[1]) M. a. W. kommt ein Name oder eine Kennzeichnung N in einer Aussage S dann und nur dann direkt vor, wenn für jede Aussage S' und für jeden Namen bzw. jede Kennzeichnung N' folgendes gilt: wenn man S' aus S erhält, indem man überall dort, wo N auftritt, N durch N' ersetzt, dann ist die Subjunktion

$$\text{Wenn } N = N', \text{ so } S \text{ genau dann, wenn } S'$$

analytisch.

die Kennzeichnung ‚der Mann, der das Verbrechen beging‘ in der
Aussage

 Der Mann, der das Verbrechen beging, trug einen Revolver

direkt auf, denn der Wahrheitswert ändert sich nicht, wenn man diese
Kennzeichnung durch einen anderen Namen oder eine andere Kenn-
zeichnung desselben Mannes — z.B. durch ‚Schmidt‘ — ersetzt.
Dagegen kommt dieselbe Kennzeichnung in

 Meier weiß, daß der Mann, der das Verbrechen beging, einen
  Revolver trug

nicht direkt vor, denn der Wahrheitswert dieser Aussage kann sich
sehr wohl umkehren, wenn ein anderer Name oder eine andere Kennzeichnung desselben Mannes eingesetzt wird. Andere Beispiele: in
der zweiten Prämisse des ersten wie des zweiten Schlusses kommen
beide Male der Name und die Kennzeichnung direkt vor; in der
Conclusio des ersten Schlusses, aber nicht in der des zweiten, kommt
der Name ‚Schmidt‘ direkt vor.

 Man beachte, daß Aussagen wie

 ‚Mark Twain‘ ist ein Pseudonym

ein etwas anderes Problem darstellen. Wir werden sagen, daß hier
die Wörter ‚Mark Twain‘ nicht nur nicht direkt vorkommen, sondern
daß sie überhaupt nicht vorkommen. Ganz allgemein denken wir uns
einen Ausdruck, der aus einem anderen Ausdruck in Anführungsstrichen besteht, als eine Einheit, so daß

 Mark Twain

in

 ‚Mark Twain‘

gar nicht vorkommt, ebenso wenig wie ‚Art‘ in ‚General MacArthur‘
oder ‚men‘ in ‚Samuel Clemens‘ vorkommt. Der Name in Anführungsstrichen

 ‚Mark Twain‘

kommt natürlich direkt in der erwähnten Aussage vor, denn solange
wir ihn nur durch einen anderen Namen oder eine andere Kennzeichnung desselben Namens ersetzen, ändert sich der Wahrheitswert nicht. Wenn wir ihn also durch die Kennzeichnung ‚der Name,

unter dem Samuel Clemens seine Bücher veröffentlichte' ersetzen, erhalten wir

> Der Name, unter dem Samuel Clemens seine Bücher veröffentlichte, ist ein Pseudonym,

und diese Aussage hat denselben Wahrheitswert wie die Aussage, in der die Ersetzung vorgenommen wurde.

Die Unterscheidung zwischen dem direkten und dem indirekten (oder intensionalen) Vorkommen von Namen benötigen wir zur Definition des Begriffs ‚Aussageform', der in dem folgenden Abschnitt über Mengen wesentlich ist. Eine *Aussageform* ist ein Ausdruck, der entweder selbst eine Aussage ist, oder den man aus einer Aussage gewinnen kann, indem man an allen oder einigen Stellen, wo Namen direkt vorkommen, diese Namen durch Variablen ersetzt (und man kann sie nicht aus irgendeiner anderen Aussage erhalten, indem man Namen, die indirekt vorkommen, durch Variablen ersetzt). Demnach sind

> x trug einen Revolver
> Schmidt trug einen Revolver
> x ist y
> Schmidt ist y
> x weiß, daß der Mann, der das Verbrechen beging,
> einen Revolver trug

alles Aussageformen, dagegen

> x weiß, daß y einen Revolver trug
> x glaubt, daß y ein z ist
> Meier glaubt, daß Schmidt z ist
> Es ist unmöglich, daß x ein y ist

nicht.

Wir wollen nun eine Aussageform wie

$$x + 6 < 8$$

betrachten. Grundsätzlich kann man auf zweierlei Weise aus diesem Ausdruck eine Aussage (in ‚Logikerdeutsch') gewinnen. Wir können ‚x' überall, wo es vorkommt, durch den Namen oder die Kennzeichnung einer Zahl ersetzen und so Aussagen wie

$$1 + 6 < 8, \qquad (4 + 10) + 6 < 8,$$
$$2 + 6 < 8, \qquad 2^{10} + 6 < 8$$
$$3 + 6 < 8,$$

erhalten. Oder wir können einen sogenannten *Quantor* vor die Aussageform setzen. Quantoren sind Satzteile wie

Für jedes y gilt, daß ...

und

Es gibt ein x derart, daß ...

Den ersten nennt man einen *Allquantor*, den zweiten einen *Existenzquantor*. Mit diesem Verfahren erhalten wir die falsche Aussage

Für jedes x gilt, daß $x + 6 < 8$

und die wahre Aussage

Es gibt ein x derart, daß $x + 6 < 8$.

Wir werden den Gebrauch von Quantoren, der in der Mathematik nichts Ungewöhnliches ist, auf alle möglichen Zusammenhänge ausdehnen. Beispielsweise sehen wir in

Es gibt ein x derart, daß x derzeit Präsident der USA ist

eine wahre Aussage, die behauptet, daß mindestens eine Person z. Zt. Präsident der USA ist, während die Aussage

Für jedes x gilt, daß x derzeit Präsident der USA ist

falsch ist, denn sie behauptet, daß alles und jedes Präsident ist.

Manchmal kommen mehrere Quantoren hintereinander vor, wie in

Für jedes x gibt es ein y derart, daß $x \neq y$,

(eine wahre Aussage) oder in

Es gibt ein y derart, daß für jedes x gilt, daß $x \neq y$

(falsch). Die erste dieser Aussagen besagt wahrheitsgemäß, daß, welcher Gegenstand auch immer in Betracht steht, ein von ihm verschiedener existiert; die zweite besagt, daß ein gewisser Gegenstand von allen Gegenständen (einschließlich sich selbst) verschieden ist.

Manchmal werden Ausdrücke ausgesprochen, die eigentlich nur Aussageformen, aber keine Aussagen sind. In vielen Fällen soll der Ausdruck dann offensichtlich so verstanden werden, als ob eine Anzahl von Allquantoren davorstünde, die die fraglichen Variablen binden. So soll i. a.

$$a \cdot (b + c) = a \cdot b + a \cdot c$$

so verstanden werden, als ob dort

Für alle Zahlen a, b, c gilt: $a \cdot (b + c) = a \cdot b + a \cdot c$

stünde.

Diese Interpretation trifft aber nicht immer zu. So wird beispielsweise die Aussageform

$$x^2 - 4 = 0$$

i. a. nicht als Kurzfassung der falschen Aussage

Für jede Zahl x gilt, daß $x^2 - 4 = 0$

verstanden. Eine genaue Untersuchung dieser Frage würde uns jedoch jetzt zu weit vom Wege wegführen.

In der Aussageform

$$x < 6$$

muß man notwendigerweise entweder etwas für ‚x‘ einsetzen oder einen der Quantoren ‚Für jedes x gilt, daß …‘ oder ‚Es gibt ein x derart, daß …‘ davorsetzen, um eine Aussage zu erhalten. In der Aussageform

Es gibt ein x derart, daß $x < y$

ist es dementsprechend notwendig, entweder für y etwas einzusetzen oder über y zu quantifizieren, wenn man eine Aussage erhalten möchte; man beachte jedoch, daß ‚x‘ an den beiden Stellen, wo es auftritt, unverändert bleiben kann. So ist

Es gibt ein x derart, daß $x < 6$

eine Aussage, ebenso wie

Für jedes y gibt es ein x derart, daß $x < y$.

Aus diesen Beispielen ersehen wir, daß es zweierlei Vorkommen von Variablen in Aussageformen geben kann: (1) einmal kann eine Variable in der Weise vorkommen, daß Einsetzung oder Quantifizierung notwendig ist, um eine Aussage zu erhalten, und dann gibt es (2) noch die anderen Fälle. Das erste Auftreten nennt man *frei*, in den übrigen Fällen heißt es *gebunden*.

In der Aussageform

Es gibt ein x derart, daß $x < y$

beispielsweise ist ‚x‘ an beiden Stellen, wo es vorkommt, gebunden, und ‚y‘ tritt einmal frei auf. In

Für jedes x und für jedes y gilt, daß $x + y = y + x$,

das so, wie es ist, eine Aussage darstellt, kommen die Variablen nur gebunden vor. In

$$x < 6, \text{ und für jedes } x \text{ gilt, daß } x < y$$

kommen ‚x‘ an der ersten Stelle und ‚y‘ frei vor, an den beiden übrigen Stellen ist ‚x‘ gebunden. Denn wenn wir Ziffern an die Stellen des freien Vorkommens setzen, erhalten wir z.B. die Aussage

$$5 < 6, \text{ und für jedes } x \text{ gilt, daß } x < 1.$$

Man beachte, daß auf Grund unserer Vereinbarung über das ‚Vorkommen‘ die Variable ‚x‘ in der Aussageform „‚x‘ ist ein Buchstabe des Alphabets" überhaupt nicht auftritt und daher weder frei noch gebunden vorkommt.

Wir wollen nun annehmen, daß in einer gegebenen Aussageform nur die Variable ‚x‘ frei vorkommt. Dann wollen wir sagen, daß ein bestimmtes Objekt diese Aussageform *erfüllt*, wenn wir eine wahre Aussage erhalten, dadurch daß wir an allen Stellen, wo ‚x‘ frei vorkommt, für ‚x‘ einen Namen oder eine Kennzeichnung dieses Objekts einsetzen. So wird die Aussageform

$$4 < x \text{ und } x < 9$$

von den Zahlen 5, 6, 7 und 8 erfüllt, aber nicht von den Zahlen 3 oder 10. In ähnlicher Weise erfüllen die Senatoren Morse und Douglas die Form

$$x \text{ war 1962 Mitglied des Senats der USA,}$$

während die Herren Stevenson und Nixon es nicht tun. Falls in einer Aussageform genau zwei Variablen frei vorkommen (wobei jede mehrfach vorkommen darf), dann sagen wir, daß geordnete Paare von Objekten die Form erfüllen oder nicht. Die Variablen werden dann in alphabetischer Reihenfolge geordnet. So erfüllt z.B. das Paar, das aus den natürlichen Zahlen 3 und 6 in dieser Reihenfolge besteht, die Form

$$x < y,$$

während das entgegengesetzte Paar, aus 6 und 3 bestehend, sie nicht erfüllt. Das zweite Paar, aber nicht das erste erfüllt die Form

$$y < x.$$

Wenn drei Variablen frei vorkommen, müssen wir geordnete Tripel von Objekten betrachten. Das Tripel, das aus 3, 5, 7 besteht, erfüllt die Form

$$x < y \text{ und } y < z,$$

denn

$$3 < 5 \text{ und } 5 < 7$$

ist wahr, aber das Tripel aus 3, 5, 3 erfüllt sie nicht, denn

$$3 < 5 \text{ und } 5 < 3$$

ist falsch.

Ein weiterer nützlicher Begriff ist der der *Kennzeichnungsform*. Kennzeichnungsformen verhalten sich zu Kennzeichnungen wie Aussageformen zu Aussagen. Demnach wird aus

der Lehrer von x

die Kennzeichnung

der Lehrer Alexanders des Großen,

wenn man für ‚x‘ den Namen ‚Alexander der Große‘ einsetzt. Wie im Fall von Aussagen müssen wir bei Kennzeichnungen zwischen direktem und indirektem Vorkommen der in ihnen enthaltenen Namen und Kennzeichnungen unterscheiden. Wir sagen, daß ein Name oder eine Kennzeichnung in einer Kennzeichnung K *direkt* vorkommt, wenn die Bedeutung von K sich nicht verändert, falls man einen anderen Namen oder eine andere Kennzeichnung einsetzt, die sich auf dasselbe Objekt bezieht. So bezeichnet die oben zitierte Kennzeichnung weiterhin Aristoteles, wenn wir die Komponente ‚Alexander der Große‘ durch irgendeinen anderen Namen oder irgendeine andere Kennzeichnung derselben Person ersetzen, beispielsweise wenn wir ‚Philipps Sohn und Nachfolger‘ einsetzen. Dann erhalten wir

der Lehrer von Philipps Sohn und Nachfolger.

Andererseits verwandelt sich die Kennzeichnung

der britische Monarch, der wissen wollte, ob Scott der Autor von Waverley ist

(die Georg IV. bezeichnet) in die Kennzeichnung

der britische Monarch, der wissen wollte, ob Scott Scott ist,

und diese bezeichnet nicht mehr Georg IV., wenn man für die Kennzeichnung ‚der Autor von Waverley‘ den Namen ‚Scott‘ oder einen anderen Ausdruck einsetzt, der sich auf dieselbe Person bezieht. Genau wie im Fall der Aussagen kommen also Wörter, die hinter

Phrasen der Art ‚weiß, daß‘, ‚glaubt, daß‘, ‚fragt sich, ob‘ und vielen
anderen stehen, auch in Kennzeichnungen nicht immer direkt vor.
Im Hinblick auf diese Situation definieren wir eine *Kennzeichnungsform* als einen Ausdruck, der entweder selbst eine Kennzeichnung ist
oder den man aus einer Kennzeichnung gewinnen kann, indem man
an allen oder einigen Stellen, wo Namen oder Kennzeichnungen
direkt vorkommen, diese durch Variablen ersetzt (und man kann sie
nicht aus irgendeiner anderen Kennzeichnung erhalten, indem man
Namen, die indirekt vorkommen, durch Variablen ersetzt).

Beispiele für Kennzeichnungsformen:

$$\text{der Sohn von } x$$
$$\text{die Königin von } x$$
$$x + y$$
$$x^2$$
$$\text{das einzige Kind von } x \text{ und } y.$$

Beispiele für Ausdrücke, die im Gegensatz zu den vorhergehenden
keine Kennzeichnungsformen sind:

die Person, von der man glaubt, daß sie x gesehen hat
der Zeuge, der angab, daß x zugegen war
der erkannte Komplice des x
der wichtige Lehrsatz, von dem man glaubt, daß x ihn bewiesen
  hat.

4. Mengen

Der Begriff der *Menge* oder *Klasse* ist so fundamental, daß wir, um
ihn zu erklären, eigentlich nur Synonyme und Beispiele angeben
können. Zu den Synonymen gehören ‚Ansammlung‘, ‚Haufen‘, ‚Gesamtheit‘ (im Französischen ‚ensemble‘, im Englischen ‚set‘). So
können wir sagen, daß jede Ansammlung von Objekten eine Menge
darstellt, aber das liefert vermutlich nicht mehr Information, als
wenn wir sagen, daß jede Menge von Objekten eine Ansammlung
darstellt. Keines der Synonyme ist genau zutreffend. Wenn wir z.B.
das Wort ‚Ansammlung‘ benutzen, dann unterstellen wir dabei, daß
wir die Objekte ansammeln, d. h. zusammenbringen, es ist aber für
den Mengenbegriff ganz und gar nicht wesentlich, daß die Objekte
sich in gegenseitiger Nähe befinden. Die einzige befriedigende Methode,
den Mengenbegriff zu charakterisieren ist wohl, ihn durch ein Axiomen-

system festzulegen, aber im Augenblick muß eine intuitive Beschreibung genügen.

Die Objekte, die zusammen eine Menge bilden, nennt man die *Elemente* der Menge. Jede Menge ist durch ihre Elemente eindeutig bestimmt; m. a. W. Mengen, die über dieselben Elemente verfügen, sind identisch. Gewöhnlich benutzt man das Symbol ‚$\in$' an Stelle des Ausdrucks ‚ist Element von', so daß die Aussage

$$7 \in P,$$

wenn P die Menge der Primzahlen ist, bedeutet, daß sieben ein Element der Menge der Primzahlen ist, d. h. daß sieben eine Primzahl ist.

Mengen stehen in engem Zusammenhang zu Aussageformen mit einer freien Variablen; mit einer gewissen Berechtigung dürfen wir sagen, daß es zu jeder Aussageform mit einer freien Variablen eine Menge gibt, deren Elemente genau diejenigen Objekte sind, die diese Form erfüllen. So gibt es zu der Aussageform

$$x \text{ ist ein Mensch}$$

die Menge der Menschen; zu der Aussageform

$$x \text{ ist eine gerade natürliche Zahl, und } x \text{ ist teilbar durch } 3$$

gibt es die Menge der geraden natürlichen Zahlen, die durch 3 teilbar sind. Allerdings gibt es in dieser Weise nicht zu jeder Menge eine Aussageform, denn man kann zeigen, daß es mehr Mengen als Aussageformen gibt.

Wir wollen noch weitere Beispiele für Mengen betrachten. Da gibt es die Menge, deren Elemente alle die Objekte sind, die die Aussageform

$$x \text{ ist von } x \text{ verschieden}$$

erfüllen. Offensichtlich hat diese Menge gar keine Elemente; man nennt sie die *leere* Menge und bezeichnet sie durch das Symbol ‚Λ'[1]). Da Mengen durch ihre Elemente eindeutig bestimmt sind, gibt es genau eine solche Menge, und wir dürfen wirklich von *der* leeren Menge sprechen. Entsprechend ist die *Allmenge* ‚V' die Menge aller Objekte, die die Aussageform

$$x \text{ ist mit } x \text{ identisch}$$

---

[1]) Die leere Menge wird in der Literatur auch sehr häufig durch das Symbol ‚$\varnothing$' bezeichnet (Anm. d. Übers.).

4 Mates, Elementare Logik

erfüllen. Wenn weiterhin der Name N eines Gegenstandes gegeben ist, dann können wir eine zugehörige Aussageform bilden, indem wir N an die freie Stelle des Ausdrucks

$$x \text{ ist mit } \ldots \text{ identisch}$$

schreiben. Die Menge aller Elemente, die diese Aussageform erfüllen, besteht genau aus einem Element, nämlich dem Gegenstand, dessen Name N ist. So gibt es also zu der Aussageform

$$x \text{ ist mit Sokrates identisch}$$

die Menge, deren einziges Element Sokrates ist. Diese Menge bezeichnen wir durch

$$\{Sokrates\}.$$

Wenn nun N und N' Namen von Gegenständen sind, dann können wir eine Aussageform bilden, indem wir N bzw. N' an die freien Stellen des folgenden Ausdrucks setzen:

$$x \text{ ist mit } \ldots \text{ identisch, oder } x \text{ ist mit - - - identisch.}$$

Die Menge aller Elemente, die diese Aussageform erfüllen, hat höchstens zwei Elemente, und man nennt sie ein Paar. Wenn die Namen ‚Sokrates‘ und ‚Plato‘ gegeben sind, dann erhalten wir die Menge

$$\{Sokrates, Plato\},$$

oder was dasselbe ist

$$\{Plato, Sokrates\}.$$

Allgemein verwenden wir das Symbol

$$\{x\}$$

an Stelle der Kennzeichnungsform ‚die Menge, deren einziges Element x ist‘, und entsprechend

$$\{x, y\}$$

an Stelle der Kennzeichnungsform ‚die Menge, deren einzige Elemente x und y sind‘ und so weiter für jede endliche Zahl endlich oft vorkommender Variablen, Namen oder Kennzeichnungen. Demnach ist

$$\{6, 8\}$$

die Menge mit den beiden einzigen Elementen sechs und acht und

$$\{6, 8, 2, 6\}$$

die Menge, deren Elemente genau die Zahlen sechs, acht, zwei und sechs sind, und das ist natürlich dasselbe wie die Menge, deren Elemente genau die Zahlen sechs, acht und zwei sind. Wir haben also

$$\{6,\, 8,\, 2,\, 6\} = \{6,\, 8,\, 2\}.$$

Jetzt wollen wir einige Beziehungen zwischen Mengen ins Auge fassen. Wenn jedes Element einer Menge A auch Element einer Menge B ist, d. h. wenn es kein Element von A gibt, das nicht auch Element von B ist, dann sagen wir, daß A *Teilmenge* von B ist, oder daß B die Menge A *enthält*; symbolisch[1])

$$A \subset B.$$

Aus der Bedeutung von ‚ist Teilmenge von‘ folgt für beliebige Mengen A, B und C:

(1) $\Lambda \subset A$
(2) $A \subset A$
(3) $A \subset V$
(4) wenn $A \subset B$ und $B \subset A$, so $A = B$
(5) wenn $A \subset B$ und $B \subset C$, so $A \subset C$.

Aus Mengen kann man auf verschiedene Weisen neue Mengen gewinnen. Wenn A und B Mengen sind, dann verstehen wir unter der *Vereinigung* von A und B, symbolisch

$$A \cup B$$

diejenige Menge, die genau die Elemente enthält, die zu A oder zu B oder zu A und B gehören. Der *Durchschnitt* von A und B, symbolisch

$$A \cap B$$

ist die Menge, deren Elemente sowohl zu A als auch zu B gehören. Unter dem *Komplement* von A, symbolisch

$$A',$$

verstehen wir die Menge aller Dinge, die nicht zu A gehören. Mit Hilfe dieser Operationen können wir weitere Gesetze über Mengen formulieren. Wenn also A, B und C drei beliebige Mengen sind, so gilt:

(6) $A \cup B = B \cup A$
(7) $A \cap B = B \cap A$

---

[1]) Man beachte, daß das hier eingeführte Zeichen ‚$\subset$‘ häufig im Sinne von „… ist Teilmenge von - - -, aber nicht identisch mit - - -‘ verwendet wird.

(8) $A \subset A \cup B$

(9) $A \cap B \subset A$

(10) $V' = \Lambda$

(11) $\Lambda' = V$

(12) $A \cup \Lambda = A$

(13) $A \cup V = V$

(14) $A \cap \Lambda = \Lambda$

(15) $A \cap V = A$

(16) $A \cup A = A$

(17) $A \cap A = A$

(18) $A \cup A' = V$

(19) $A \cap A' = \Lambda$

(20) $A'' = A$

(21) $A \cup (B \cup C) = (A \cup B) \cup C$

(22) $A \cap (B \cap C) = (A \cap B) \cap C$

(23) $A \cup (B \cap C) = (A \cup B) \cap (A \cup C)$

(24) $A \cap (B \cup C) = (A \cap B) \cup (A \cap C)$

(25) $A \cup (A \cap B) = A$

(26) $A \cap (A \cup B) = A$

(27) $(A \cup B)' = A' \cap B'$

(28) $(A \cap B)' = A' \cup B'$

(29) $A \subset B$ dann und nur dann, wenn $A \cup B = B$

(30) wenn $A = B'$, so $B = A'$

(31) $A \cup B \subset C$, wenn $A \subset C$ und $B \subset C$

(32) $C \subset A \cap B$, wenn $C \subset A$ und $C \subset B$

(33) wenn $B \subset C$, so $A \cup B \subset A \cup C$

(34) wenn $B \subset C$, so $A \cap B \subset A \cap C$.

Aufmerksame Leser haben vielleicht bemerkt, daß das Wort ‚Objekt' (bzw. ‚Ding') in unserer bisherigen Diskussion über den Mengenbegriff eine wesentliche Rolle spielte, obwohl es zweifellos eine recht vage Bezeichnung ist. Wir haben diese Verschwommenheit sogar zu einem gewissen Grade ausgenutzt. Der springende Punkt ist, daß wir das Wort ‚Objekt' *nicht* in dem Sinne benutzen, daß *alles und jedes* ein Objekt ist, obwohl wir andererseits nichts dagegen haben, dieses Wort im Hinblick auf körperliche Dinge, auf Zahlen, geometrische Figuren, Gedanken, Gefühle, geistige und seelische Dinge, Gottheiten und zahllose andere Sachen anzuwenden, nach deren Existenz man zweifelnd fragen könnte. Auf die Frage, ob jede Menge von Objekten wieder ein Objekt ist, können wir jedoch an dieser Stelle keine klare Antwort geben. Der Grund ist folgender. Wir haben früher gesagt, daß alle Objekte, die eine Aussageform mit einer freien Variablen erfüllen, eine Menge bilden. Sei nun K die Menge aller Objekte, die

$$A \text{ ist nicht Element von } A$$

erfüllen. Dann enthält K alle Objekte (und nur solche Objekte), die nicht Element von sich selbst sind. Falls K selbst ein Objekt wäre, dann hätten wir das unannehmbare Ergebnis, daß K genau dann ein Element von K ist, wenn K nicht Element von K ist. Dieses Resultat nennt man nach dem englischen Philosophen und Logiker Bertrand Russell die *Russellsche Antinomie*. Um sie und ihre Varianten zu vermeiden, sind wir gezwungen, auf die eine oder andere Weise von dem Weg abzuweichen, der sich zweifellos zunächst als natürlichster Zugang anbietet. Von den möglichen Alternativen haben wir diejenige ausgewählt, die auf die Annahme verzichtet, jede Menge könnte selbst Element einer Menge sein, d. h. jede Menge wäre (in unserer Terminologie) ein ‚Objekt‘.

Den Begriff der *Relation* behandeln wir analog zu dem der Menge. Wir fassen Relationen als spezielle Mengen auf. Jede Menge von geordneten Paaren von Objekten soll eine *zweistellige* Relation sein, jede Menge geordneter Tripel von Objekten eine *dreistellige* Relation, jede Menge geordneter Quadrupel eine *vierstellige* Relation, allgemein jede Menge geordneter n-Trupel von Objekten eine *n-stellige* Relation. Ein geordnetes Paar gehört genau dann zu einer zweistelligen Relation R, wenn das erste Objekt zu dem zweiten in der Relation R steht, entsprechend in den anderen Fällen.

Wir wollen für ‚das geordnete Paar, an dessen erster Stelle x und an dessen zweiter Stelle y steht‘ die Bezeichnung

$$\langle x, y \rangle$$

verwenden, und entsprechend

$$\langle x, y, z \rangle$$

für ‚das geordnete Tripel mit x an erster, y an zweiter und z an dritter Stelle‘ und so weiter für jedes endliche geordnete Tupel. Man beachte: zwar gilt

$$\{x, y\} = \{y, x\}$$

für je zwei Objekte x und y, aber

$$\langle x, y \rangle = \langle y, x \rangle$$

ist *falsch*, es sei denn, x und y sind identisch. Wir müssen also das geordnete von dem ungeordneten Paar unterscheiden. Man kann allerdings das geordnete Paar als (ungeordnetes) Paar von (ungeordneten) Paaren definieren, und zwar auf folgende Weise:

$$\langle x, y \rangle = \{\{x, x\}, \{x, y\}\}.$$

Wenn wir also annehmen, daß alle Paare (d. h. zweielementigen Mengen) von Objekten wieder Objekte sind, dann dürfen wir auch von Mengen geordneter Paare sprechen. In ähnlicher Weise kann das geordnete Tripel mit Hilfe geordneter Paare definiert werden:

$$\langle x, y, z \rangle = \langle\langle x, y \rangle, z \rangle,$$

das geordnete Quadrupel mit Hilfe geordneter Paare und Tripel:

$$\langle x, y, z, u \rangle = \langle\langle x, y, z \rangle, u \rangle,$$

usw. Unsere Annahme, daß Paare von Objekten wieder Objekte sind, reicht also aus, um für jedes n n-stellige Relationen definieren zu können.

Wir wollen nun eine Aussageform mit zwei freien Variablen betrachten, z.B.:

$$x \text{ und } y \text{ sind natürliche Zahlen, und } x < y.$$

Alle geordneten Paare, die diese Aussageform erfüllen, bilden zusammen eine zweistellige Relation, die man gewöhnlich die ‚Kleiner-Relation' zwischen natürlichen Zahlen nennt. Für beliebige x und y wird das Paar $\langle x, y \rangle$ genau dann zu der Relation gehören, wenn x und y natürliche Zahlen sind und wenn $x < y$. Die Paare

$$\langle 1, 2 \rangle, \langle 2, 10 \rangle, \langle 5, 8329 \rangle, \langle 6 + 4, 11 \rangle$$

gehören zu dieser Kleiner-Relation, die Paare

$$\langle 2, 1 \rangle, \langle 2, 2 \rangle, \langle 2^{10}, 1000 \rangle, \langle \text{Laurel, Hardy} \rangle$$

dagegen nicht.

Oder betrachten wir eine Aussageform mit drei freien Variablen:

$$x, y \text{ und } z \text{ sind natürliche Zahlen, und } x < y, \text{ und } y < z.$$

Zu dieser Aussageform haben wir eine Menge geordneter Tripel natürlicher Zahlen, d. h. eine dreistellige Relation zwischen natürlichen Zahlen. Zu ihr gehören die Tripel

$$\langle 1, 2, 3 \rangle, \langle 1, 26, 10^2 \rangle,$$

aber nicht die Tripel

$$\langle 2,\,1,\,3 \rangle,\ \langle 2,\,26,\,26 \rangle,\ \langle \text{Byron, Keats, Shelley} \rangle.$$

Eine Relation ist, da sie eine Menge ist, durch ihre Elemente eindeutig bestimmt. Man beachte, daß wir die Relation mit der Menge *identifizieren*. Also sind zwei Relationen, die zwischen genau denselben Objekten bestehen, identisch. Das entspricht vielleicht nicht ganz dem gewöhnlichen Gebrauch des Begriffs ‚Relation' oder ‚Beziehung'. Weiterhin wollen wir daran erinnern, daß die Existenz einer Relation nicht davon abhängt, ob sie durch eine Aussageform beschrieben werden kann. Wenn es auch (in geeignet gewählten Mengen) Relationen gibt, die ‚kleiner als', ‚Vater von', ‚Bruder von', ‚zwischen', ‚links von' usw. ebenso wie

> jüngere Schwester der Schwiegermutter von

und

> Quadrat der kleinsten natürlichen Zahl, die größer ist als das Vierfache der positiven Kubikwurzel von

entsprechen, so können wir doch nicht erwarten, daß ein solcher Ausdruck für jede Relation zur Verfügung steht. *Jede beliebige* Menge geordneter Paare ist eine zweistellige Relation. So ist z.B. die Menge, die aus den drei Paaren

$$\langle 1,\,2 \rangle,\ \langle 2,\,1 \rangle,\ \langle 2,\,2 \rangle$$

besteht, eine zweistellige Relation, und ebenso die Menge der Paare

$$\langle \text{Eisenhower, Rockefeller} \rangle,\ \langle \text{Kennedy, Johnson} \rangle$$
$$\langle \text{Goldwater, Stevenson} \rangle.$$

Ebenso ist jede beliebige Menge geordneter Tripel eine dreistellige Relation, ganz gleich, ob es für sie einen vernünftigen kurzen Namen gibt oder nicht; ja, es braucht überhaupt keinen Namen für sie zu geben, weder auf deutsch oder englisch noch in irgendeiner anderen Sprache. Allgemein ist jede beliebige Menge geordneter n-Tupel eine n-stellige Relation.

Im Falle zweistelliger Relationen empfiehlt sich eine spezielle Bezeichnungsweise: wir schreiben

$$x\,R\,y$$

an Stelle von

$$\langle x,\,y \rangle \in R,$$

und entsprechend für andere Variablen, Namen und Kennzeichnungen.
So wollen wir auch

$$1 < 2$$

schreiben und nicht

$$\langle 1, 2 \rangle \in <.$$

Unter dem *linken Bereich* einer zweistelligen Relation R wollen wir
die Menge aller Objekte x verstehen, zu denen es ein y gibt mit $x R y$.
Entsprechend besteht der *rechte Bereich* einer Relation aus der Menge
aller Objekte y, zu denen es ein x gibt mit $x R y$. Die Vereinigung von
linkem Bereich und rechtem Bereich bildet das *Feld* der Relation R.

Da Relationen Mengen sind, sind auch die Vereinigung und der
Durchschnitt (aber nicht das Komplement) n-stelliger Relationen
wieder n-stellige Relationen. Für zweistellige Relationen gibt es noch
eine Operation von Bedeutung. Die zweistellige Relation S ist dann
und nur dann die *Konverse* zu der zweistelligen Relation R, symbolisch

$$S = \breve{R},$$

wenn für alle Objekte x und y gilt:

$$x R y \text{ genau dann, wenn } y S x.$$

Wenn also S konvers zu R ist, dann gehört das Paar $\langle x, y \rangle$ genau dann
zu R, wenn das entgegengesetzte Paar $\langle y, x \rangle$ zu S gehört.

Diejenigen zweistelligen Relationen, die *Funktionen* sind, sind von
ganz besonderem Interesse. Eine zweistellige Relation R ist dann und
nur dann eine Funktion, wenn für alle Objekte x, y, z gilt:

$$\text{wenn } x R y \text{ und } x R z, \text{ so } y = z.$$

Wenn eine zweistellige Relation R und ihre konverse Relation beide
Funktionen sind, dann nennt man R eine *umkehrbar eindeutige* (oder
eineindeutige) Funktion. Solche Relationen braucht man zur Definition
der *Gleichmächtigkeit*: eine Menge A ist *gleichmächtig* wie die Menge B
(d. h. A hat dieselbe Anzahl von Elementen wie B) dann und nur
dann, wenn es eine umkehrbar eindeutige Funktion R gibt mit A
als linkem und B als rechtem Bereich.

Der Begriff der *n-stelligen Operation* ist eine natürliche Erweiterung
des Begriffs der Funktion. Eine $(n + 1)$-stellige Relation R ist eine
n-stellige Operation in Bezug auf einen Bereich D dann und nur dann,
wenn es zu jedem n-Tupel $\langle x_1, x_2, \ldots, x_n \rangle$ von Objekten aus D genau
ein Objekt y aus D gibt, so daß $\langle x_1, x_2, \ldots, x_n, y \rangle \in R$.

Hiermit beenden wir unsere Einführung über Mengen. Um die Grammatik und die verschiedenen möglichen Interpretationen unserer künstlichen Sprache beschreiben zu können, brauchen wir einige Begriffe aus der Mengenlehre; später können wir dann unsere künstliche Sprache dazu benützen, diese Begriffe auf exaktere Weise zu charakterisieren. Das sieht so aus, als wollten wir versuchen, uns am eigenen Zopf aus dem Sumpf zu ziehen, aber vielleicht paßt ein anderer Vergleich doch besser: wir verwenden eine schadhafte Maschine, um eine bessere zu bauen, die wir dann dazu benutzen können, die alte zu überholen.

5. Objektsprache und Metasprache

Immer wenn wir eine Sprache dazu benutzen, um über eine andere Sprache zu reden, nennen wir die letztere die *Objekt-* und die erste die *Metasprache*. Im Falle einer auf englisch geschriebenen griechischen Grammatik ist also Griechisch die Objektsprache und Englisch die Metasprache, im Falle einer auf englisch geschriebenen englischen Grammatik ist Englisch sowohl Objekt- als auch Metasprache. Wie diese Beispiele zeigen, ist die Unterscheidung eine relative und keine absolute: was in dem einen Zusammenhang Metasprache ist, kann in einem anderen Objektsprache sein, und ein und dieselbe Sprache kann gleichzeitig beides sein. In jedem der folgenden Kapitel wird die künstliche Sprache Objektsprache sein und Deutsch die Metasprache (ergänzt um einige technische Ausdrücke). Manchmal, wie in Kapitel 5, werden die künstliche und die deutsche Sprache Objektsprache sein und Deutsch die Metasprache.

Variablen der Metasprache nennen wir *metasprachliche Variablen*; wir werden dafür meistens griechische und deutsche Buchstaben verwenden. Diese metasprachlichen Variablen darf man nicht mit den Variablen der zur Diskussion stehenden künstlichen Sprachen durcheinanderbringen. Ausdrücke wie

$$(\varphi \vee \psi)$$

sind Kennzeichnungsformen der Metasprache. Wenn man ihre Variablen ersetzt durch Namen für Ausdrücke der Objektsprache, erhalten wir Kennzeichnungen von Ausdrücken der Objektsprache. Wenn wir also in der obigen Kennzeichnungsform ‚φ‘ durch „F^1a‘‘

und ‚ψ‘ durch „G^1b‘‘ ersetzen, so erhalten wir einen metasprachlichen Ausdruck der folgenden Kennzeichnung:

> das Ergebnis, das man erhält, wenn man ‚(‘, dann ‚F^1a‘, dann ‚∨‘, dann ‚G^1b‘ und dann ‚)‘ schreibt,

und diese kennzeichnet den Ausdruck

$$(F^1a \vee G^1b)$$

der Objektsprache.

ÜBUNGEN

1. Welche der folgenden Aussagen sind wahr, wenn Anführungsstriche so verwendet werden, wie wir es im Abschnitt 1 dieses Kapitels empfohlen haben?
   - (a) ‚Die Ilias‘ ist auf deutsch geschrieben.
   - (b) ‚Die Ilias‘ ist ein Epos.
   - (c) ‚Morgenstern‘ und ‚Abendstern‘ bezeichnen denselben Planeten.
   - (d) Der Morgenstern ist derselbe wie der Abendstern.
   - (e) ‚$7 + 5$‘ = ‚12‘.
   - (f) Der Ausdruck „der Campanile‘‘ fängt mit einem Anführungsstrich an.
   - (g) Der Ausdruck „der Haifisch‘‘ kann als Subjekt eines englischen Satzes verwendet werden.

2. Man setze in den folgenden Ausdrücken Anführungsstriche nach unserer Konvention, so daß wahre Aussagen entstehen.
   - (a) Saulus ist ein anderer Name für Paulus.
   - (b) Mark Twain war ein Pseudonym für Samuel Clemens.
   - (c) $2 + 2 = 4$ ist analytisch.
   - (d) $2 + 2 = 4$ wird benannt durch $2 + 2 = 4$, was wiederum durch $2 + 2 = 4$ benannt wird.
   - (e) Obwohl x der 24. Buchstabe eines geläufigen Alphabets ist, haben manche Autoren gesagt, daß x die Unbekannte ist.
   - (f) Das Lied A-sitting On a Gate nennt man Ways and Means, obwohl sein Name The Aged Aged Man ist, was wiederum Haddock’s Eyes genannt wird[1]).
   - (g) Der Anführungsname Henry ist Anführungsname eines Anführungsnamens und beginnt daher mit zwei linken Anführungsstrichen.

3. Man entscheide in jedem der folgenden Fälle, ob eine Aussageform, eine Kennzeichnungsform oder keins von beiden vorliegt.
   - (a) x ist klug.
   - (b) ‚x‘ ist ein Buchstabe des Alphabets.
   - (c) der jüngste Bruder von x.

---

[1]) Aus: ‚Through the Looking-glass‘ von L. Carroll (Anm. d. Übers.).

(d) Der Mann, der die Diamanten an x gab.

(e) x ist älter als der Bruder von y.

(f) Man hält x für verantwortlich für den Verlust von y.

(g) Die meisten Menschen billigen x.

(h) Es ist unmöglich, daß $x = 5 + 7$.

(i) Wenn $x < 6$, so ist es unmöglich, daß $x = 5 + 7$.

(j) die einzige positive natürliche Zahl kleiner als 2.

(k) die einzige positive natürliche Zahl kleiner als das Quadrat von x.

(l) x beabsichtigt, y zu kaufen.

(m) Ponce de Leon jagte x nach.

(n) $2 + 2 = 4$, oder Ponce de Leon jagte x nach.

(o) Columbus war Italiener, oder Ponce de Leon jagte x nach.

4. Wieviele Variablen kommen in den folgenden Aussageformen frei vor?

(a) $x < 6$.

(b) $x < y$.

(c) $x + y = x + z$ genau dann, wenn $y = z$.

(d) Es gibt ein x, so daß für alle y gilt: $x + y = z$.

(e) $y + 1 = x$, und für jedes z gilt $x < z$.

(f) Wenn für jedes x gilt, daß $x + 1 = 1 + x$, so gibt es ein y mit $y + 1 = 1 + y$.

5. Zu jeder der folgenden Aussageformen gebe man ein Objekt an, das sie erfüllt:

(a) x ist Senator der USA.

(b) $x + 1 = 4$.

(c) x ist ein Buchstabe des griechischen Alphabets.

(d) x ist der 24. Buchstabe des englischen Alphabets.

(e) Die derzeitige Königin von England hat x Kinder.

(f) $x$mal ist keinmal.

(g) x schrieb *Die Räuber*.

(h) $x \cdot x = x$.

6. Zu jeder der folgenden Aussageformen gebe man ein geordnetes Paar an, das sie erfüllt:

(a) x und y sind Städte, und x liegt nördlich von y.

(b) x und y sind Städte, und y liegt nördlich von x.

(c) y ist die Frau des Premierministers von x.

(d) $x + y < x + 6$.

(e) x und y sind Städte, und x ist von y weiter entfernt als y von San Francisco.

7. Sei $A = \{4, 6\}$

$B = \{1, 3, 5, 7, 9\}$

$C = $ die Menge der positiven ganzen Zahlen, die Primzahlen sind

$D = \{1, 2 + 2, 2 + 1, 7\}$

$E = \{2, 8\}$

$F = $ die Menge aller Objekte, die ‚x ist eine positive ganze Zahl, und $x < 10$‘ erfüllen.

$$G = \{4\}$$
$$H = \{1\}$$
$$K = \{8\}$$

(a) Welche der folgenden Aussagen sind wahr?

(1) $G \subset A$ (5) $B \subset C$

(2) $G \cup H \subset D$ (6) $A \cap D \subset G \cup H$

(3) $(A \cup B) \cup E = F$ (7) $B \subset F$

(4) $(F \cap C) \cap K = B$ (8) $A \cap B = \Lambda.$

(b) Man gebe die folgenden Mengen an:

(1) $A \cup B$ (3) $A \cap C$ (5) $A \cap (B \cup C)$ (7) $D \cap \Lambda$

(2) $A \cap B$ (4) $B \cap C$ (6) $H \cap (B \cup C)$ (8) $D \cap E.$

8. Die Differenz zweier Mengen A und B, symbolisch, $A \sim B$', definiert man wie folgt:

$$A \sim B = A \cap B'.$$

(a) Welche der folgenden Beziehungen gelten für beliebige Mengen A, B und C?

(1) $A \sim B = B \sim A$

(2) $(A \sim B) \sim C = A \sim (B \sim C)$

(3) $A \sim \Lambda = A$

(4) $A \sim V = \Lambda$

(5) $A \sim (B \cup C) = (A \sim B) \cup C$

(6) $A \sim (B \cap C) = (A \sim B) \cup (A \sim C)$

(b) Welche der folgenden gelten für die Mengen aus Aufgabe 7?

(1) $B \sim A = B \sim \Lambda$

(2) $(G \cup H) \sim H \subset B$

(3) $D \sim A \subset B$

(4) $A \sim C = A$

9. Man gebe alle zweistelligen Relationen R an, deren Feld in $\{1, 2\}$ enthalten ist. Welche davon ist die Kleiner-Relation für Elemente aus $\{1, 2\}$? Wie viele verschiedene zweistellige Relationen können zwischen Elementen der n-elementigen Menge K bestehen? (Das Feld dieser Relationen soll also in K enthalten sein!)

10. Man gebe ein Beispiel an für

(a) eine Aussage, in der auf das Wort ‚Sokrates‘ Bezug genommen wird, ohne daß der Ausdruck ,,Sokrates‘‘ benutzt wird;

(b) eine Aussage, in der ‚Boston‘ sowohl verwendet als auch gemeint wird;

(c) eine Aussage, in der Zahlen gemeint sind;

(d) eine Aussage, die Variablen enthält, unter deren Werten Städte vorkommen;

(e) eine Kennzeichnungsform, die eine Variable enthält, für die man einen in der Form enthaltenen Ausdruck einsetzen kann;

(f) eine Aussageform ohne ‚oder‘, die genau zwei Objekte erfüllen;

(g) eine Aussageform ohne ‚oder‘, der genau drei Objekte, die keine Zahlen sind, genügen;

(h) zwei verschiedene Aussageformen, die von genau denselben Objekten erfüllt werden.

3. KAPITEL

Die formalisierte Sprache $\mathfrak{L}$

1. *Die Grammatik der Sprache $\mathfrak{L}$*
2. *Erläuterungen und Beispiele*
3. *Zusätzliches zur syntaktischen Terminologie*
4. *Bezeichnungstechnische Absprachen*

Wir geben in diesem Kapitel die Beschreibung einer formalisierten Sprache, die wir *die Sprache $\mathfrak{L}$* nennen wollen; in bezug auf diese Sprache studieren wir dann denjenigen Teil der Logik, den man mit einem Terminus technicus als *elementare Logik* oder als *Prädikatenkalkül erster Stufe* bezeichnet. Obwohl diese Sprache, wie wir sehen werden, ein angemessenes Hilfsmittel zur Formulierung einer großen Vielfalt von Theorien ist, ist ihre Grammatik im großen ganzen viel einfacher als die einer natürlichen Sprache. In der Tat kann man die Grammatik von $\mathfrak{L}$ auf ein paar Seiten darstellen, und das geschieht im ersten Abschnitt dieses Kapitels. Im zweiten Abschnitt bringen wir Beispiele und Erläuterungen, die zur Klärung dessen beitragen sollen, was wir mit den Definitionen des ersten Abschnitts beabsichtigen. Der dritte Abschnitt enthält Zusätzliches zur metasprachlichen Terminologie, die die syntaktische Beschreibung von Formeln und anderen Ausdrücken erleichtern soll. Schließlich treffen wir noch einige bezeichnungstechnische Absprachen, die uns in der Praxis viel Schreibarbeit mit Indizes und Klammern ersparen sollen.

1. Die Grammatik der Sprache $\mathfrak{L}$

Die *Ausdrücke* der Sprache $\mathfrak{L}$ werden dargestellt von Zeichenreihen (endlicher Länge), die wir folgendermaßen klassifizieren:

A. *Variablen.* Variablen sind die kleinen, kursiv geschriebenen Buchstaben von ‚*u*‘ bis ‚*z*‘, evtl. mit arabischen Ziffern (die für positive ganze Zahlen stehen) als unteren Indizes.

B. *Konstanten*.

(i) Die *logischen Konstanten* bestehen aus den sieben Symbolen:

$$\neg \quad \vee \quad \wedge \quad \rightarrow \quad \leftrightarrow \quad \bigvee \quad \bigwedge .$$

(ii) Die *nicht-logischen Konstanten* teilen wir in zwei Klassen ein:

    (a) *Prädikate;* das sind große kursiv geschriebene Buchstaben, evtl. mit Ziffern als oberen oder unteren Indizes.

    (b) *Individuenkonstanten;* das sind kleine, kursiv geschriebene Buchstaben von ‚*a*‘ bis ‚*t*‘, evtl. mit Ziffern als unteren Indizes.

C. *Gliederungszeichen:* ( ).

Ein *n-stelliges Prädikat* ist ein Prädikat, das eine Ziffer für die positive ganze Zahl n als oberen Index hat.

Ein *Aussagebuchstabe* ist ein Prädikat ohne oberen Index.

Ein *Individuensymbol* ist eine Variable oder eine Individuenkonstante.

Unter einer *atomaren Formel* verstehen wir entweder einen Aussagebuchstaben oder (für beliebiges positives n) ein n-stelliges Prädikat, hinter dem eine Reihe von n Individuensymbolen stehen.

Eine *Formel* ist ein Ausdruck, der entweder selbst eine atomare Formel ist oder den man aus atomaren Formeln aufbaut, indem man endlich oft folgende Regeln anwendet:

(i) Wenn φ eine Formel ist, so ist auch $\neg \varphi$ eine Formel.

(ii) Wenn φ und ψ Formeln sind, so sind auch $(\varphi \vee \psi)$, $(\varphi \wedge \psi)$, $(\varphi \rightarrow \psi)$ und $(\varphi \leftrightarrow \psi)$ Formeln.

(iii) Wenn φ eine Formel ist und β eine Variable, so sind auch $\bigwedge \beta \varphi$ und $\bigvee \beta \varphi$ Formeln.

Ferner sagt man, daß ein Vorkommen einer Variablen β in einer Formel φ *gebunden* ist, wenn das Vorkommen in einer Teilformel von φ der Gestalt $\bigwedge \beta \psi$ oder $\bigvee \beta \psi$ liegt; in allen anderen Fällen *ist es frei*.

Unter einer *Aussage* verstehen wir schließlich eine Formel, in der keine Variable frei vorkommt.

2. Erläuterungen und Beispiele

Wir wollen jetzt einige Erläuterungen und Beispiele zu der knappen obigen Aufzählung hinzufügen. Zunächst wollen wir einmal festhalten, daß wir zwar bisher den Symbolen und Formeln von 𝔏 noch keinen

Sinn zugeordnet haben (manche Autoren sprechen in diesem Stadium lieber von einem ‚nicht interpretierten Kalkül' anstatt von einer Sprache), daß wir die Sprache 𝔏 aber offensichtlich nach dem Modell einer natürlichen Sprache aufgebaut haben. Den Wörtern ‚nicht', ‚oder', ‚und', ‚wenn … so' und ‚dann und nur dann, wenn' der natürlichen Sprache entsprechen die Symbole ‚¬', ‚∨', ‚∧', ‚→' und ‚↔' der Kunstsprache. Namen und andere Subjektkennzeichnungen der natürlichen Sprache, z.B. ‚Sokrates', werden von den Individuenkonstanten von 𝔏 dargestellt; und Prädikate der natürlichen Sprache, z.B. ‚ist der Lehrer des Lehrers von Aristoteles' von den Prädikaten von 𝔏. Den Aussageformen entsprechen die Formeln von 𝔏. (Dagegen enthält 𝔏 keine Gegenstücke der Kennzeichnungsformen; die etwas reichhaltigere Sprache 𝔏', die später noch eingeführt wird, unterscheidet sich genau in diesem Punkte von 𝔏.)

Die formalen Ausdrücke $\wedge\,\beta$ und $\vee\,\beta$ stellen den All- und den Existenzquantor dar, und die Aussagen von 𝔏 sollen die Gegenstücke der Aussagen der natürlichen Sprache sein.

Wir haben hier ziemlich vage von Gegenstücken geredet. Es ist schwierig, diesen Begriff zu präzisieren, und in dem gegenwärtigen frühen Stadium wollen wir uns darauf beschränken, eine Warnung auszusprechen: man hüte sich davor, die Gegenstücke einfach als Abkürzungen im Sinne einer Art von Stenographie für die entsprechenden Ausdrücke der natürlichen Sprache zu halten. Sicher dürfen wir ‚∧' als ‚und', ‚∨' als ‚oder' und sogar ‚→' als ‚wenn … so' *lesen*. Aber ernstliche Verwirrung entsteht, wenn wir so tun, als handle es sich dabei um Synonyme. Zu gegebener Zeit wird der ganze Komplex der Wahrheitsbedingungen für Aussagen von 𝔏 behandelt werden; erst danach ist es möglich, der Frage, ob diese oder jene Aussage von 𝔏 (bzgl. einer Interpretation der in ihr vorkommenden Symbole) dieselben Wahrheitsbedingungen wie eine Aussage der natürlichen Sprache hat, einen Sinn beizumessen.

Tatsächlich kommt dann dabei heraus, daß die formale Aussage

$$(\varphi \wedge \psi)$$

dieselben Wahrheitsbedingungen wie die Aussage

$$S \text{ und } S'$$

der deutschen Sprache hat, wenn die formalen Aussagen φ und ψ jeweils dieselben Wahrheitsbedingungen haben wie die beiden Aussagen S und S' der deutschen Sprache. In diesem Umfange und in diesem Sinn dürfen wir sagen, daß ,$\wedge$' und ,und' dieselbe Bedeutung haben. Dasselbe Resultat, aber mit noch mehr Vorbehalten und Einschränkungen, wird sich für die übrigen Symbole und Ausdrücke von $\mathfrak{L}$ ergeben, und das rechtfertigt dann die übliche Lesart. Aber wir müssen noch einmal darauf hinweisen, daß die zentralen Begriffe auf rein formale Weise definiert worden sind, d. h. so, daß jede Aussage, jede Formel, Variable oder jeder andere Ausdruck als solcher einfach durch seine Form identifiziert werden kann, ohne daß man berücksichtigt, ,ob sie einen vollständigen Gedanken darstellt', ,ob sie für ein Individuum steht', usw.

Die folgenden Beispiele werden von Nutzen sein:

Beispiele für Variablen von $\mathfrak{L}$:

$$x \quad y \quad z_1 \quad u_{26} \quad v_{398}.$$

Beispiele für Zeichen, die keine Variablen von $\mathfrak{L}$ sind

$$x_0 \quad x_{IV} \quad x' \quad \varphi \quad \psi \quad \alpha \quad \beta \quad \Gamma \quad \Delta \quad F.$$

Beispiele für Individuenkonstanten von $\mathfrak{L}$:

$$a \quad a_1 \quad b_{16} \quad c_4 \quad t_{28}.$$

Beispiele für Zeichen, die keine Individuenkonstanten von $\mathfrak{L}$ sind:

$$3 \quad \text{,}a\text{'} \quad \text{Scott} \quad a_0.$$

Beispiele für Prädikate von $\mathfrak{L}$:

$$F \quad G_1 \quad G_1^2 \quad G^4 \quad H_{22}^{16} \quad M_{312}^{16}.$$

Die ersten beiden der gerade genannten Prädikate sind Aussagebuchstaben, das dritte ist ein zweistelliges, das vierte ein vierstelliges, und das fünfte und sechste sind sechzehnstellige Prädikate. Alle Beispiele für Variablen und Individuenkonstanten sind natürlich ebensogut Beispiele für Individuensymbole.

Beispiele für atomare Formeln von $\mathfrak{L}$:

$$F \quad G_1 \quad G_1^2 ab \quad G^4 x_1 y a_2 a_2 \quad H_{16}^1 x.$$

Beispiele für Zeichen, die keine atomaren Formeln von $\mathfrak{L}$ sind:

$$x \quad y \quad F x_1 \quad x \text{ ist blau} \quad (F \vee G).$$

Wir kommen jetzt zur Definition der ,Formel' und wollen dazu noch bemerken, daß man diesen Begriff auch folgendermaßen definieren kann:

(1)   Alle atomaren Formeln sind Formeln.

(2)   Wenn man das Negationszeichen (,$\neg$') vor eine Formel setzt, so kommt wieder eine Formel heraus.

(3)   Wenn man zwischen zwei (nicht notwendig verschiedene) Formeln ein Dach, einen Keil, einen Pfeil oder einen Doppelpfeil stellt und das Ganze in Klammern einschließt, so erhält man wieder eine Formel.

(4)   Wenn α eine Variable ist, so erhält man wieder eine Formel, wenn man einen der Ausdrücke $\wedge\, \alpha$ und $\vee\, \alpha$ vor eine Formel setzt.

(5)   Man kann nur durch Anwendung der Regeln (1)—(4) Formeln erhalten.

Jetzt wollen wir einige Beispiele angeben. Da die Ausdrücke

$$F \quad G_1 \quad H^1 x \quad G_1^2 xy \quad G_1^2 aa$$

atomare Formeln sind, sind sie definitionsgemäß auch Formeln. Indem wir (i) anwenden, erhalten wir die Formeln

$$\neg\, F \quad \neg\, G_1^2 xy\,.$$

Anwendung von (ii) liefert Formeln wie

$$(\neg\, F \rightarrow G_1^2 aa) \quad (G_1^2 xy \leftrightarrow G_1^2 aa)\,,$$

und (iii) läßt uns beispielsweise die Formeln

$$\wedge\, x H^1 x \quad \vee\, x (G_1^2 xy \leftrightarrow G_1^2 aa) \quad \wedge\, y (\neg\, F \rightarrow G_1^2 aa)$$

gewinnen. Nochmalige Anwendung von (i) ergibt die beiden Formeln

$$\neg\, \vee\, x (G_1^2 xy \leftrightarrow G_1^2 aa) \quad \neg\, \neg\, G_1^2 xy\,,$$

und wenn wir in dieser Weise fortfahren, können wir schließlich so komplexe Formeln wie z. B.

$$\neg\, \wedge\, x \vee\, y (\neg\, \vee\, x\, (G_1^2 xy \leftrightarrow G_1^2 aa) \wedge (\neg\, G_1^2 xy \rightarrow \wedge\, y\, (\neg\, F \rightarrow G_1^2 aa)))$$

aufbauen.

Als Gegenbeispiele sollen hier noch ein paar Gebilde angegeben werden, die nicht Formeln von $\mathfrak{L}$ sind:

$$F x \quad F \vee G \quad (\varphi \vee \psi) \quad F_1^2 xyz \quad F_1^2 x_0\,.$$

Um das freie oder gebundene Vorkommen von Variablen in einer Formel zu erläutern, wollen wir die folgende Formel betrachten:

(1) $(\wedge\, x (F_1^2 xa \rightarrow \vee\, y (F_1^2 xy \wedge G_1^2 zy)) \vee F_1^2 xa)\,.$

In dieser Formel kommt die Variable „x" viermal vor: zunächst dreimal gebunden, aber beim vierten Mal frei. An erster Stelle kommt „x" in (1) gebunden vor, weil „x" innerhalb von (1) im Innern der Formel

$$(2) \qquad \wedge x(F_1^2 xa \to \vee y(F_1^2 xy \wedge G_1^2 zy))$$

vorkommt, und diese Formel ist von der Gestalt $\wedge \alpha \psi$, wobei α gleich „x" ist und ψ den Teil von (2) darstellt, der „$\wedge x$" folgt. Beim zweiten und dritten Mal kommt „x" in (1) aus demselben Grund gebunden vor. Beim vierten Mal jedoch tritt sie frei auf, denn sie kommt innerhalb von (1) nicht im Innern einer Formel vor, die mit „$\wedge x$" oder „$\vee x$" anfängt. Die Variable „y" kommt in (1) dreimal vor, und jedesmal gebunden; die Variable „z" tritt einmal, und zwar frei, auf. Denn obwohl „z" im Innern von (2) und auch im Innern von

$$(3) \qquad \vee y(F_1^2 xy \wedge G_1^2 zy)$$

innerhalb von (1) auftritt, so steht sie doch nicht im Innern einer Formel, die mit „$\wedge z$" oder „$\vee z$" anfängt. Die Individuenkonstante „a" kommt zweimal vor, aber bei Individuenkonstanten sprechen wir weder von freiem noch von gebundenem Vorkommen. In gleicher Weise sprechen wir bei keiner anderen Variablen als bei „x", „y" oder „z" davon, daß sie frei oder gebunden in (1) vorkommt. Übrigens: da in dieser Formel wenigstens eine Variable frei vorkommt, handelt es sich hier nicht um eine Aussage.

Anfänger lassen sich manchmal durch folgenden Umstand verwirren: obwohl „x" beim zweiten Mal in „$\wedge x F^1 x$" gebunden vorkommt, tritt es in „$F^1 x$" doch frei auf, wenn auch „$F^1 x$" ein Teil von „$\wedge x F^1 x$" ist. Der Punkt, auf den es hier ankommt, ist folgender: der Begriff des freien bzw. gebundenen Vorkommens ist ein relativer und kein absoluter: eine Variable tritt frei oder gebunden *relativ zu einer gegebenen Formel* auf; ein und dasselbe Vorkommen einer Variablen kann frei in Bezug auf die eine und gebunden in Bezug auf die andere Formel sein. Möglicherweise wird die Verwirrung noch vergrößert durch die Unklarheit, die den Begriff des *Vorkommens* umgibt. Hätten wir nicht Hemmungen, den ganzen Aufbau komplizierter zu machen, so würden wir diesen schwammigen Begriff aufgeben und statt dessen die dreistellige Relation „α ist an n-ter Stelle in φ gebunden" einführen, wobei „α" Variablen als Werte hat, „φ" Formeln und „n" positive ganze Zahlen. Eine solche Definition würde alles Gerede über „Vorkommen" überflüssig machen, aber sie ist ziemlich kompliziert; in-

folgedessen hoffen wir, mit der bereits gegebenen Definition aus-
zukommen.

Wir wollen noch einmal ausdrücklich darauf hinweisen, daß nur
die Ausdrücke ‚$\wedge\,\alpha$' und ‚$\vee\,\alpha$' die Variable α binden können; die
Variable ‚y' kommt also in der Formel ‚$\wedge\,xF^1y$' frei vor.

3. Zusätzliches zur syntaktischen Terminologie

Die syntaktische Beschreibung von Formeln und anderen Ausdrücken
wird wesentlich erleichtert durch etwas zusätzliche Terminologie.
Unsere Wortwahl wird beeinflußt durch die Art und Weise, wie wir
später die Formeln von $\mathfrak{L}$ interpretieren werden, aber man beachte,
daß die Verwendbarkeit dieser Termini technici wie die der früher eingeführten nur durch die äußere Gestalt der in Frage stehenden
Formeln bestimmt wird. Beispiele werden wieder den Definitionen
folgen.

φ und ψ seien Formeln und α eine Variable. Dann nennt man

1) $\neg\,\varphi$ die *Negation* von φ;
2) $(\varphi \wedge \psi)$ die *Konjunktion* von φ und ψ;
3) $(\varphi \vee \psi)$ die *Disjunktion* von φ und ψ;
4) $(\varphi \rightarrow \psi)$ die *Subjunktion* mit φ als *Antezedenz* und ψ als
   Sukzedenz;
5) $(\varphi \leftrightarrow \psi)$ die *Bisubjunktion* von φ und ψ;
6) $\wedge\,\alpha\varphi$ die *Generalisierung* von φ bezüglich α;
7) $\vee\,\alpha\varphi$ die *Partikularisierung* von φ bezüglich α.

Die Symbole ‚$\wedge$', ‚$\vee$', ‚$\rightarrow$', ‚$\leftrightarrow$' und ‚$\neg$' nennt man die *aussagenlogischen Verknüpfungen* oder *Junktoren*.

Ein *Allquantor* ist ein Ausdruck der Form ‚$\wedge\,\alpha$', wobei α eine
Variable ist.

Ein *Existenzquantor* ist ein Ausdruck der Form ‚$\vee\,\alpha$', wobei α eine
Variable ist.

Eine Formel, die keine atomare Formel ist, nennt man *allgemein*,
wenn sie mit einem All- oder Existenzquantor beginnt; sonst heißt
sie *molekular*.

Eine Aussage ist eine *Aussage des Aussagenkalküls* (kurz: eine
AK-Aussage oder AK-Formel), wenn sie kein Individuensymbol
enthält.

Man sagt, daß eine Formel ψ in einer Formel φ *gebunden* vorkommt,
wenn sie echt enthalten ist in (aber nicht identisch ist mit) einer Teil-

formel von φ der Gestalt $\wedge\,\alpha\vartheta$ oder $\vee\,\alpha\vartheta$; sonst sagt man, daß sie *frei* vorkommt. Diese Definition darf man nicht durcheinanderbringen mit der ähnlich lautenden Definition des freien und gebundenen Vorkommens von Variablen. Man beachte, daß das Auftreten von $\wedge\,\alpha$ oder $\vee\,\alpha$ eine darauf folgende Formel binden kann, selbst wenn die Variable α in dieser Formel überhaupt nicht vorkommt.

Schließlich, wenn φ eine Formel ist, α eine Variable und β ein Individuensymbol, so ist $\varphi\alpha/\beta$ das Ergebnis, das man erhält, wenn man α überall dort, wo es in φ frei vorkommt, durch β ersetzt.

Zur Illustrierung der hier beschriebenen Terminologie wollen wir einiges davon zur Beschreibung der langen Formel (1) verwenden, die wir ursprünglich im Zusammenhang mit freiem und gebundenem Vorkommen von Variablen studiert hatten. Diese Formel ist eine Disjunktion, eine der Komponenten der Disjunktion ist die atomare Formel ‚F_1^2xa‘, die andere ist die Generalisierung bezüglich ‚x‘ einer Subjunktion. Das Antezedenz dieser Subjunktion ist die Formel ‚F_1^2xa‘; Sukzedenz ist eine mit dem Existenzquantor bzgl. ‚y‘ quantifizierte Konjunktion mit den Komponenten ‚F_1^2xy‘ und ‚G_1^2zy‘. In derselben Formel ist das erste Vorkommen von ‚F_1^2xa‘ gebunden (man beachte, daß es auch dann noch gebunden wäre, wenn der vorhergehende Quantor nicht ‚$\wedge\,x$‘, sondern ‚$\wedge\,y$‘ lautete) und das zweite frei. Die Formel

$$\vee\,y(F_1^2xy \wedge G_1^2zy)$$

tritt gebunden auf, aber

$$\wedge\,x(F_1^2xa \rightarrow \vee\,y(F_1^2xy \wedge G_1^2zy))$$

kommt frei vor, was man auch von der ganzen Formel sagen kann. Der Terminus ‚echt enthalten in‘ bedeutet ‚enthalten in, aber nicht identisch mit‘; wenn wir sagen, daß eine Formel in einer anderen Formel enthalten ist, dann lassen wir damit insbesondere auch zu, daß die beiden Formeln identisch sind; wenn wir aber sagen, daß die eine *echt* in der anderen enthalten ist, so schließen wir damit aus, daß die beiden identisch sind.

Beispiele für atomare Aussagen:

$$F^1a \quad G_2^4abab \quad H_1^6abc_2c_2ba.$$

Beispiele für allgemeine Aussagen:

$$\wedge\,xF^1x \quad \wedge\,x\,\vee\,y(F_1^2xy \wedge G_2^3yxb).$$

Beispiele für molekulare Aussagen:

$$(F \vee G) \quad (\wedge\, xF^1x \,\wedge\, \vee\, yG^1y) \quad \neg\,\neg\, P.$$

Schließlich: wenn φ für ‚F^1x‘ steht, α für ‚x‘ und β für ‚a‘, so ist $\varphi\alpha/\beta$ ‚F^1a‘. Wenn φ für ‚F^2xa‘, α für ‚x‘ und β für ‚a‘ steht, so ist $\varphi\alpha/\beta$ ‚F^2aa‘. Wenn φ für ‚$(F^1x \vee \wedge xF^1x)$‘ steht, α für ‚x‘ und β für ‚b‘, so ist $\varphi\alpha/\beta$ ‚$(F^1b \vee \wedge xF^1x)$‘. Wenn φ für ‚$\wedge xF^1x$‘ steht, α für ‚x‘ und β für ‚a‘, so ist $\varphi\alpha/\beta$ ‚$\wedge xF^1x$‘, und wenn φ für ‚F^1a‘ steht, α für ‚x‘ und β für ‚b‘, so ist $\varphi\alpha/\beta$ ‚F^1a‘.

4. Bezeichnungstechnische Absprachen

Wenn wir Formeln hinschreiben, dann werden wir gelegentlich die äußeren Klammern weglassen, aber nur, wenn Mißverständnisse nicht möglich sind, wie man so sagt. Außerdem und unter denselben Vorbehalten wird es häufig bequem sein, obere und/oder untere Indizes an Prädikaten wegzulassen. Z.B. können wir

$$\wedge\, xFx \rightarrow Fa$$

statt

$$(\wedge\, xF^1x \rightarrow F^1a)$$

schreiben, jedoch *nicht* an Stelle von

$$(\wedge\, xF^1_1x \rightarrow F^1_2a).$$

Wir müssen uns immer darüber im klaren sein, daß wir unsere formalen Regeln und Definitionen nur auf vollständig hingeschriebene Formeln anwenden können. Obwohl also der erste Ausdruck, den wir in diesem Abschnitt hingeschrieben haben, mit einem Allquantor beginnt, ist die Aussage, für die er als Abkürzung steht, keine allgemeine Aussage, denn *diese* fängt *nicht* mit einem Quantor an!

ÜBUNGEN

1. Man wende die Definition der ‚Formel‘ buchstabengetreu an (d. h. man berücksichtige nicht die Klammer- und Indexersparungsregeln) und stelle in jedem der folgenden Fälle fest, a) ob der vorliegende Ausdruck eine Formel ist, b) ob er eine Aussage ist, c) ob er eine atomare Aussage, eine allgemeine Aussage, eine molekulare Aussage oder nichts von alledem ist, d) ob ‚x‘ frei vorkommt, e) ob ‚x‘ gebunden vorkommt.

Man stelle die Antworten in Form einer Tabelle dar.

(1) $F^1 x$

(2) $\bigwedge x F^1 x$

(3) $F^1 a$

(4) $\bigwedge x F^1 a$

(5) $\neg \bigwedge x F^1 x \vee F^1 a$

(6) $(\bigwedge x F_1^1 x \to F_1^1 a)$

(7) $\bigwedge x \bigwedge y (F^1 x y \to F^1 y x)$

(8) $(\bigvee x \bigwedge y G_1^2 x y \to \bigwedge y \bigvee x G_1^2 x y)$

(9) $(\bigwedge x F^1 x \vee \neg F^1 x)$

(10) $\bigwedge x (F_1^1 x \vee \neg F_1^1 x)$

(11) $(F^1 a \to (\neg F^1 a \to F^1 a))$

(12) $(P \to \bigwedge x P)$

(13) $(((F^1 a \leftrightarrow F^1 x) \leftrightarrow F^1 a) \leftrightarrow F^1 x)$

(14) $(\neg F^1 a) \wedge (\neg F^1 b)$.

2. Es sei α ,x', β ,b'; man schreibe $\varphi\alpha/\beta$ hin, wenn φ die obige Formel (1) ist. Dasselbe mache man für $\varphi = (6)$, $\varphi = (9)$, $\varphi = (12)$, $\varphi = (13)$.

3. Man gebe ein Beispiel für

(a) eine Formel, in der ,x' und ,y' frei vorkommen;

(b) eine Aussage, die mit einem Allquantor beginnt;

(c) eine Aussage, die eine Konjunktion ist; die Komponenten der Konjunktion sollen Disjunktionen sein, deren Komponenten Aussagebuchstaben oder Negationen von Aussagebuchstaben sind;

(d) eine Formel, in der keine Individuensymbole vorkommen;

(e) eine Formel, die die Generalisierung der Partikularisierung einer Subjunktion ist;

(f) eine Formel, die keine Aussage ist, aber Aussagen als Teile enthält.

(g) eine Formel, die eine Aussage ist, aber keine anderen Aussagen als Teile enthält.

4. Man setze Anführungsstriche, so daß das Folgende wahr wird:

Obwohl α keine Variable und β kein Individuensymbol von $\mathfrak{L}$ ist, gibt es α, β und φ derart, daß α eine Variable von $\mathfrak{L}$ und β eine Individuenkonstante von $\mathfrak{L}$, φ eine Formel von $\mathfrak{L}$ und $\varphi\alpha/\beta$ dasselbe wie φ ist.

5. Für jede der folgenden Bedingungen gebe man ein Paar verschiedener, d. h. nicht-identischer Formeln φ und ψ an, die sie erfüllen.

(a) Die Formel φ erhält man, wenn man in ψ an allen Stellen, wo ,x' frei vorkommt, ,x' durch ,a' ersetzt, und ψ erhält man, indem man ,a' überall, wo es in φ vorkommt, durch ,x' ersetzt.

(b) Die Formel φ erhält man, wenn man in ψ an allen Stellen, wo ,x' frei vorkommt, ,x' durch ,a' ersetzt, und ψ erhält man nicht dadurch, daß man in φ überall, wo ,a' vorkommt, ,a' durch ,x' ersetzt.

(c) φ ist wie ψ, außer daß ,y' in φ dort, aber nicht nur dort, wo ,x' in ψ frei auftritt, frei vorkommt.

6. Man zeige, daß die beiden folgenden Bedingungen für alle Formeln φ und ψ äquivalent sind.

(a) φ ist wie ψ, außer daß ,y' in φ an genau den Stellen frei vorkommt, wo ,x' in ψ frei vorkommt.

(b) φ ist wie ψ, außer daß ,y' in φ an den Stellen frei vorkommt, an denen in ψ ,x' frei vorkommt, und ,y' kommt in ψ nicht frei vor.

4. KAPITEL

Interpretationen und Gültigkeit

1. *Interpretationen der Sprache 𝔏*
2. *Wahrheit*
3. *Gültigkeit, Folgerung, Widerspruchsfreiheit*

Bei der Wahl der Symbole und Redeweisen und bei der Verwendung der Wörter ‚Prädikat‘, ‚Aussage‘ usw. haben wir immer an die Möglichkeit gedacht, den Ausdrücken von 𝔏 eine Bedeutung zuzuordnen. Dieses Kapitel hier ist nun solchen Zuordnungen (oder Interpretationen, wie wir sagen werden) und einigen wesentlichen Begriffen gewidmet, die mit ihrer Hilfe definiert werden können. Am wichtigsten sind die Begriffe ‚Folgerung‘ und ‚Gültigkeit‘. Eine Aussage von 𝔏 ist gültig, wenn sie immer wahr bleibt, ganz gleich, welche Bedeutung man ihren nicht-logischen Konstanten zuordnet, mit anderen Worten: wenn ihr Wahrheitswert nur von den semantischen Eigenschaften ihres logischen Rahmens abhängt. Eine bestimmte Aussage ist dann und nur dann eine Folgerung aus einer anderen, wenn die zugehörige Subjunktion gültig ist.

Wir bringen den erwähnten Stoff in der folgenden Reihenfolge: Zunächst definieren wir den Begriff einer Interpretation der Sprache 𝔏. Dann erklären wir, was wir eigentlich meinen, wenn wir davon sprechen, daß eine Aussage von 𝔏 relativ zu einer Interpretation wahr ist. Die gültigen Aussagen werden dann als diejenigen Aussagen definiert, die bei jeder Interpretation wahr sind, und damit hängen die Definitionen zusammen, die wir für ‚Folgerung‘ und ‚Widerspruchsfreiheit‘ geben. Schließlich stellen wir noch die wichtigsten Eigenschaften der so definierten Begriffe zusammen.

1. Interpretationen der Sprache 𝔏

Wir wollen die Situation zunächst etwas grob umreißen und dann
größere Präzision anstreben. Es sei eine Aussage φ von 𝔏 gegeben;
eine Interpretation ordnet dann jeder nicht-logischen Konstanten,
die in φ vorkommt, eine Bedeutung zu. Individuenkonstanten werden
Individuen (aus einer jeweils zugrundegelegten Grundmenge[1])) zugeordnet, einstelligen Prädikaten Eigenschaften (oder genauer:
Mengen) von Individuen, zweistelligen Prädikaten zweistellige Relationen zwischen Individuen, dreistelligen Prädikaten dreistellige Relationen zwischen Individuen usw., und Aussagebuchstaben Wahrheitswerte. Bei einer derartigen Interpretation besagt eine atomare
Aussage, daß die Individuen, die ihren Individuenkonstanten zugeordnet werden, untereinander in der Relation stehen, die ihrem
Prädikat zugeordnet wird (oder, falls die atomare Aussage aus einem
Aussagebuchstaben besteht, so repräsentiert sie den Wahrheitswert,
der ihm zugeordnet wurde). Wenn dann noch zusätzlich die in φ vorkommenden logischen Konstanten so verstanden werden, wie es unter
Logikern üblich ist (d. h. ‚∨‘ als ‚oder‘, ‚¬‘ als ‚nicht‘, ‚∧‘ als ‚Für
alle . . .‘ usw.), dann sehen wir, daß φ wahr oder falsch, und damit
zumindest sinnvoll, ist.

Ein paar Beispiele sollen verdeutlichen, was hier angestrebt wird.
Wir nehmen die Aussage ‚$D^1 s$‘. Wenn bei einer speziellen Interpretation 𝔍 mit der Menge aller Menschen als Grundmenge der
Individuenkonstanten ‚s‘ Sokrates zugeordnet wird und dem Prädikat
‚D^1‘ die Menge aller Menschen, die im Jahre 399 v. Chr. starben, dann
besagt die Aussage ‚$D^1 s$‘ bei dieser Interpretation, daß Sokrates zu
der Menge aller Menschen gehört, die im Jahre 399 v. Chr. gestorben
sind, und dementsprechend ist sie wahr. Ferner besagt die Aussage
‚¬ $D^1 s$‘ bei dieser Interpretation, daß Sokrates nicht im Jahre
399 v. Chr. starb, und somit ist sie falsch. Bei derselben Interpretation
besagt die Aussage ‚$D^1 s \vee \neg D^1 s$‘, daß Sokrates im Jahre 399 v. Chr.
starb oder daß er nicht im Jahre 399 v. Chr. starb, und diese Aussage
ist wieder wahr. Entsprechend besagt die Aussage ‚$\vee x D^1 x$‘ bei dieser
Interpretation, daß irgend jemand im Jahre 399 v. Chr. starb, und
das ist wahr, wohingegen ‚$\wedge x D^1 x$‘ besagt, daß jedermann im Jahre
399 v. Chr. starb, und das ist falsch.

Als nächstes wollen wir eine andere Interpretation 𝔍′ betrachten,
die ‚s‘ das Individuum Sir Walter Scott zuordnet und ‚D^1‘ die Menge

______

[1]) Im amerikanischen Original: ‚universe of discourse‘ (Anm. d. Übers.).

aller Menschen, die *The Daffodils* geschrieben haben. Bei dieser Interpretation ist ‚D^1s‘ falsch, ‚$\neg\, D^1s$‘ wahr; ‚$D^1s \vee \neg\, D^1s$‘ ist wahr; ‚$\vee\, xD^1x$‘ ist wahr; ‚$\wedge\, xD^1x$‘ ist falsch. Wir sehen also, daß sich der Wahrheitswert einer Aussage ändern kann, wenn wir von einer Interpretation zu einer anderen übergehen; und in den meisten Fällen wird eine solche Änderung auch tatsächlich eintreten.

Es gibt jedoch auch Aussagen, deren Wahrheitswert sich beim Übergang von einer Interpretation zu einer andern nicht ändert. So ist beispielsweise die Aussage ‚$(D^1s \vee \neg\, D^1s)$‘, die wir bei $\mathfrak{F}$ und bei $\mathfrak{F}'$ als wahr erkannt haben, auch bei jeder beliebigen anderen Interpretation wahr. Denn ganz gleich, welches Individuum ‚s‘ und welche Menge ‚D^1‘ zugeordnet wird, die vorliegende Aussage besagt immer, daß das Individuum zur Menge gehört oder nicht, und das ist immer wahr. Aussagen, die bei jeder Interpretation wahr sind, nennt man ‚gültige‘ Aussagen von $\mathcal{L}$. Solche Aussagen bilden eher die Ausnahme als die Regel, aber trotzdem spielen sie in der Logik eine entscheidende Rolle.

Wir wollen uns nun um eine etwas sorgfältigere Darstellung des skizzierten Stoffes bemühen. Es erweist sich als praktisch, den Begriff ‚Interpretation‘ so zu fassen, daß eine Interpretation einer jeden nicht-logischen Konstanten der Sprache $\mathcal{L}$ eine Bedeutung zuordnet und nicht nur den wenigen, die zufällig in der Aussage vorkommen, für die man sich gerade interessiert. Eine Interpretation unserer künstlichen Sprache zu geben bedeutet also folgendes: (1) es ist ein nicht-leerer Bereich (Menge) $\mathfrak{B}$ als Grundmenge auszuzeichnen; (2) jeder Individuenkonstanten ist ein Element von $\mathfrak{B}$ zuzuordnen; (3) jedem n-stelligen Prädikat ist eine n-stellige Relation (Menge von geordneten n-Tupeln von Elementen aus $\mathfrak{B}$) zuzuordnen; (4) jedem Aussage-buchstaben ist einer der Wahrheitswerte W (wahr) oder F (falsch) zuzuordnen.

Eine *Interpretation* von $\mathcal{L}$ besteht also aus einem nicht-leeren Bereich $\mathfrak{B}$ und aus einer Zuordnung, die jeder Individuenkonstanten von $\mathcal{L}$ ein Element von $\mathfrak{B}$, jedem n-stelligen Prädikat eine n-stellige Relation (zwischen Elementen von $\mathfrak{B}$) und jedem Aussagebuchstaben einen der Wahrheitswerte W oder F zuweist. (In dieser Definition verstehen wir unter einer einstelligen Relation eine Menge von Elementen aus $\mathfrak{B}$, unter einer zweistelligen Relation eine Menge von geordneten Paaren von Elementen aus $\mathfrak{B}$, unter einer dreistelligen Relation eine Menge von geordneten Tripeln von Elementen aus $\mathfrak{B}$, usw.)

In den Definitionen der Begriffe ‚gültig‘ und ‚wahr‘, die später folgen werden, bezieht man sich auf *alle* Interpretationen eines bestimmten Typs. Um die volle Bedeutung dieser Bezugnahme zu erfassen, sollte der Lernende sich stets klarmachen, daß *jede* nicht-leere Menge als Bereich einer Interpretation gewählt werden kann und daß *jede n*-stellige Relation zwischen Elementen des Bereichs als Kandidat für die Belegung eines jeden n-stelligen Prädikats in Frage kommt. Der Bereich braucht keine Menge zu sein, die man mit einem natürlich klingenden Namen benennen kann, wie z.B. die Menge der Menschen oder die Menge der geraden natürlichen Zahlen; er kann auch die Menge $\{0, 4, 327\}$ sein oder die Menge, deren einzige Elemente William Shakespeare und Albert Einstein sind. Auch die Mengen und Relationen, die den Prädikaten zugeordnet werden, brauchen keine natürlich klingenden Namen zu haben wie ‚kleiner als‘, ‚Vater von‘. Wenn der Bereich z.B. $\{0, 4, 327\}$ wäre, könnten wir dem zweistelligen Prädikat ‚F^2‘ etwa die zweistellige Relation

$$\{\langle 0, 4\rangle, \langle 4, 0\rangle, \langle 327, 327\rangle\}$$

zuordnen, oder die zweistellige Relation

$$\{\langle 0, 4\rangle\},$$

oder die zweistellige Relation Λ, oder die zweistellige Relation, die aus *allen* geordneten Paaren besteht, die man aus den Elementen des Bereichs bilden kann. Man beachte auch, daß eine Interpretation ein und dieselbe Relation verschiedenen Prädikaten zuordnen kann (allerdings kann es nie vorkommen, daß ein Prädikat mit mehreren Relationen belegt wird). Ähnliche Bemerkungen gelten für Individuenkonstanten und Aussagebuchstaben. Ich betone diese Dinge hier deshalb so ausdrücklich, weil unter Anfängern ein natürlicher Trend in die Richtung besteht, nur solche Mengen und Relationen zu berücksichtigen, für die es in der Alltagssprache prägnante und geläufige Bezeichnungen gibt.

2. Wahrheit

Als nächstes wollen wir klarstellen, was wir damit sagen wollen, daß eine Aussage von $\mathfrak{L}$ wahr oder falsch im Hinblick auf eine vorliegende Interpretation von $\mathfrak{L}$ ist. M. a. W., wir bemühen uns, eine exakte Definition für die Redeweise

$$\varphi \text{ ist wahr bei der Interpretation } \mathfrak{F}$$

zu geben, wobei die Werte von ‚φ' Aussagen von $\mathfrak{L}$ sind und die Werte von ‚$\mathfrak{I}$' Interpretationen von $\mathfrak{L}$.

Die vollständige Definition ist ziemlich lang, und die Aussagen, in denen Quantoren vorkommen, bringen einige Komplikationen mit sich. Bevor wir die Definition *als Ganzes* bringen, wollen wir uns überlegen, wie sie lauten *würde*, wenn wir uns auf Aussagen ohne Quantoren beschränken würden.

Wie aus den Definitionen von ‚Aussage' und ‚Formel' klar ersichtlich, ist eine Aussage von $\mathfrak{L}$, die keine Quantoren enthält, entweder eine atomare Aussage oder aus atomaren Aussagen mit Hilfe der aussagenlogischen Verknüpfungen zusammengesetzt. (Im Gegensatz dazu brauchen Aussagen mit Quantoren diese Eigenschaft nicht zu haben; so ist z. B. die Aussage ‚$\vee\, x(Fx \wedge Gx)$' nicht atomar, und sie enthält auch keine atomare Aussage als Teilaussage.) Wenn wir also im Hinblick auf eine vorliegende Interpretation $\mathfrak{I}$ die Voraussetzungen angeben, unter denen atomare Aussagen wahr sind, und dann auch noch sagen, wie der Wahrheitswert einer molekularen Aussage von den Wahrheitswerten ihrer Teilaussagen abhängt, dann haben wir bereits festgelegt, wann eine Aussage ohne Quantoren im Hinblick auf $\mathfrak{I}$ wahr ist.

Eine solche Definition würde folgendermaßen lauten: Sei $\mathfrak{I}$ eine Interpretation und φ eine quantorenfreie Aussage von $\mathfrak{L}$.

1) Wenn φ ein Aussagebuchstabe ist, so ist φ bei $\mathfrak{I}$ dann und nur dann wahr, wenn $\mathfrak{I}$ der Aussage φ den Wahrheitswert W zuordnet.

2) Wenn φ atomar und kein Aussagebuchstabe ist, so ist φ bei $\mathfrak{I}$ dann und nur dann wahr, wenn die Objekte, die $\mathfrak{I}$ den Individuenkonstanten von φ zuordnet, untereinander (in der Reihenfolge, in der die entsprechenden Individuenkonstanten in φ vorkommen) in der Relation stehen, die $\mathfrak{I}$ dem Prädikat von φ zuordnet.

3) Wenn $\varphi = \neg\, \psi$, so ist φ bei $\mathfrak{I}$ dann und nur dann wahr, wenn ψ bei $\mathfrak{I}$ nicht wahr ist.

4) Wenn $\varphi = (\psi \vee \chi)$, wobei ψ und χ Aussagen sind, so ist φ bei $\mathfrak{I}$ dann und nur dann wahr, wenn ψ oder χ oder beide bei $\mathfrak{I}$ wahr sind.

5) Wenn $\varphi = (\psi \wedge \chi)$, wobei ψ und χ Aussagen sind, so ist φ bei $\mathfrak{I}$ dann und nur dann wahr, wenn sowohl ψ als auch χ bei $\mathfrak{I}$ wahr sind.

6) Wenn $\varphi = (\psi \rightarrow \chi)$, wobei ψ und χ Aussagen sind, so ist φ bei $\mathfrak{I}$ dann und nur dann wahr, wenn ψ bei $\mathfrak{I}$ nicht wahr ist oder χ bei $\mathfrak{I}$ wahr ist oder wenn beides der Fall ist.

7) Wenn $\varphi = (\psi \leftrightarrow \chi)$, wobei ψ und χ Aussagen sind, so ist φ bei $\mathfrak{I}$ dann und nur dann wahr, wenn ψ und χ entweder beide wahr oder beide falsch sind.

Ferner ist φ bei $\mathfrak{I}$ dann und nur dann *falsch*, wenn φ bei $\mathfrak{I}$ nicht wahr ist.

Bevor wir uns bestimmte Beispiele anschauen, wollen wir die Definition so umschreiben, daß Schwierigkeiten, die durch die Bezeichnungsweise vielleicht entstanden sind, nach Möglichkeit abgebaut werden.

Nach Punkt 1 ist eine atomare Aussage, die nur aus einem Aussagebuchstaben besteht, dann und nur dann bei einer Interpretation als wahr anzusehen, wenn die Interpretation dem Buchstaben den Wert W zuordnet. In diesem Fall scheint die Definition trivial zu sein. Punkt 2 befaßt sich mit den verbleibenden atomaren Aussagen, von denen jede aus einem n-stelligen Prädikat besteht, dem n (nicht notwendig verschiedene) Individuenkonstanten folgen. (Offensichtlich kann eine atomare Aussage keine Variablen enthalten.) Er besagt, daß eine atomare Aussage dieser Gestalt bei einer vorliegenden Interpretation wahr ist, wenn die Objekte, die den einzelnen Individuenkonstanten zugeordnet sind, gerade in der Relation stehen, die dem Prädikat zugewiesen wurde. Punkt 3 sagt aus, daß die Negation einer Aussage bei einer Interpretation dann und nur dann wahr ist, wenn die Aussage selbst bei dieser Interpretation nicht wahr (d. h. falsch) ist. Punkt 4 besagt, daß eine Disjunktion zweier Aussagen dann und nur dann wahr ist, wenn eine der Komponenten oder alle beide wahr sind; Punkt 5, daß eine Konjunktion dann und nur dann wahr ist, wenn beide Komponenten wahr sind; Punkt 6, daß eine Subjunktion dann und nur dann wahr ist, wenn das Antezedenz falsch oder das Sukzedenz wahr oder alles beides der Fall ist; und Punkt 7, daß eine Bisubjunktion dann und nur dann wahr ist, wenn beide Teile gleichzeitig dieselben Wahrheitswerte aufweisen.

Wichtig ist, daß jede quantorenfreie Aussage unter einen der sieben Punkte fallen muß, da sie notwendigerweise entweder eine atomare Aussage ist oder eine molekulare Zusammensetzung aus kürzeren Aussagen. Wenn sie unter Punkt 1 oder 2 fällt, dann werden die Voraussetzungen für ihre Wahrheit explizit angegeben; wenn sie aber unter einen der Punkte 3—7 fällt, dann wird die Entscheidung darüber, ob sie bei einer vorliegenden Interpretation wahr oder falsch ist, zurückgeführt auf entsprechende Entscheidungen betreffend einfacher aufgebaute Aussagen. Diese einfacheren Aussagen fallen wieder unter einen der Punkte 1—7; da aber jede Aussage nur endlich viele Verknüpfungen enthalten kann, ist die Frage, ob die ursprüngliche Aussage bei einer gegebenen Interpretation wahr oder falsch ist, irgendwann einmal zurückgeführt auf die entsprechende Frage für atomare Aussagen, und damit befassen sich Punkt 1 und 2 explizit.

Soviel zur Umschreibung und allgemeinen Erläuterung. Jetzt wollen wir uns ansehen, wie sich diese Definition auf spezielle Beispiele anwenden läßt. Dazu müssen wir einige Interpretationen von $\mathfrak{L}$ angeben und einige Aussagen betrachten. Also sei $\mathfrak{J}$ eine Interpretation mit den positiven ganzen Zahlen als Bereich, die nicht-logischen Konstanten folgende Bedeutungen zuordnet:

G^1: Menge der geraden positiven ganzen Zahlen

U^1: Menge der ungeraden positiven ganzen Zahlen

P^1: Menge der Primzahlen

K^2: zweistellige Relation, die zwischen positiven ganzen Zahlen $\mathfrak{m}$ und $\mathfrak{n}$ besteht, wenn $\mathfrak{m} < \mathfrak{n}$; d. h. die Relation ‚kleiner als'

I^2: die zweistellige Identitätsrelation zwischen positiven ganzen Zahlen

S^3: dreistellige Relation, die zwischen positiven ganzen Zahlen $\mathfrak{m}$, $\mathfrak{n}$, $\mathfrak{p}$ besteht, wenn $\mathfrak{m} + \mathfrak{n} = \mathfrak{p}$

M^3: dreistellige Relation, die zwischen positiven ganzen Zahlen $\mathfrak{m}$, $\mathfrak{n}$ und $\mathfrak{p}$ besteht, wenn $\mathfrak{m} \cdot \mathfrak{n} = \mathfrak{p}$

a_1: 1 $P : W$

a_2: 2 $Q : F$

a_3: 3 $R : W$

.

.

.

(Man beachte, daß hier im strengen Sinne keine Interpretation von $\mathfrak{L}$ gegeben wurde, denn über die Bedeutung der meisten nicht-logischen Konstanten von $\mathfrak{L}$ wird nichts ausgesagt. Später wird sich jedoch herausstellen, daß die Beantwortung der Frage, ob eine Aussage bei einer vorliegenden Interpretation wahr oder falsch ist, nur davon abhängt, welche Bedeutung die Interpretation den tatsächlich in dieser Aussage vorkommenden Konstanten zuordnet.)

Nun wollen wir uns mit der Aussage

$$(1) \qquad\qquad K a_1 a_2$$

befassen. Sie ist atomar und besteht nicht aus einem Aussagebuchstaben; also findet hier Punkt 2 seine Anwendung. Punkt 2 ergibt, daß ‚$K a_1 a_2$‘ bei $\mathfrak{I}$ dann und nur dann wahr ist, wenn die Objekte, die $\mathfrak{I}$ ‚a_1‘ und ‚a_2‘ zuordnet (d. h. die positiven Zahlen 1 und 2) untereinander in der Relation stehen, die $\mathfrak{I}$ ‚K‘ zuordnet (d. h. in der Relation ‚kleiner als‘). M. a. W. ‚$K a_1 a_2$‘ ist bei $\mathfrak{I}$ dann und nur dann wahr, wenn $1 < 2$. Entsprechend ist ‚$K a_2 a_1$‘ bei $\mathfrak{I}$ dann und nur dann wahr, wenn $2 < 1$, und ‚$K a_1 a_1$‘ ist bei $\mathfrak{I}$ dann und nur dann wahr, wenn $1 < 1$.

Als nächstes betrachten wir die Aussage

$$(2) \qquad\qquad K a_1 a_2 \lor K a_2 a_1 .$$

Diese Aussage ist eine Disjunktion; Punkt 4 muß angewandt werden. Er besagt, daß ‚$K a_1 a_2 \lor K a_2 a_1$‘ bei $\mathfrak{I}$ dann und nur dann wahr ist, wenn ‚$K a_1 a_2$‘ bei $\mathfrak{I}$ wahr ist oder wenn ‚$K a_2 a_1$‘ bei $\mathfrak{I}$ wahr ist oder wenn beides zutrifft. Wenn wir die Bedingungen verwenden, die wir soeben für diese atomaren Aussagen erhalten haben, so erhalten wir das Ergebnis: ‚$K a_1 a_2 \lor K a_2 a_1$‘ ist bei $\mathfrak{I}$ dann und nur dann wahr, wenn $1 < 2$ oder $2 < 1$ oder wenn beides zutrifft.

Auf dieselbe Weise erhalten wir, wenn wir Punkt 6, 3 und 2 anwenden, daß

$$(3) \qquad\qquad K a_1 a_2 \rightarrow \neg\, K a_2 a_1$$

bei $\mathfrak{I}$ dann und nur dann wahr ist, wenn $1 \not< 2$ oder $2 \not< 1$. (Vorausgesetzt, daß ‚wenn … so‘ im sogenannten extensionalen Sinne als Junktor verstanden wird, können wir dieselbe Bedingung auch so ausdrücken: ‚wenn $1 < 2$, so $2 \not< 1$‘.)

Für die Aussage

$$(4) \qquad\qquad (S a_2 a_2 a_5 \land S a_2 a_2 a_4) \rightarrow I a_4 a_5$$

erhalten wir, wenn wir Punkt 6, 5 und 2 anwenden, das folgende Resultat: (4) ist bei $\mathfrak{I}$ dann und nur dann wahr, wenn folgendes gilt: wenn $2 + 2 = 5$ und $2 + 2 = 4$, so $4 = 5$.

Nach diesen Vorbereitungen können wir nun an die Hauptaufgabe dieses Abschnittes herangehen, nämlich definieren, was es heißt, daß Aussagen (einschließlich solcher, die Quantoren enthalten) ‚bei $\mathfrak{I}$ wahr‘ sind. Der Quantoren wegen benötigen wir einen Hilfsbegriff, den wir wie folgt definieren: $\mathfrak{I}$ und $\mathfrak{I}'$ seien Interpretationen von $\mathfrak{L}$, und β sei eine Individuenkonstante; $\mathfrak{I}$ heißt β-*Variante* von $\mathfrak{I}'$ dann und nur dann, wenn $\mathfrak{I}$ und $\mathfrak{I}'$ sich höchstens darin unterscheiden, was sie β zuordnen. (Insbesondere bedeutet das — darauf sei noch hingewiesen — daß $\mathfrak{I}$ und $\mathfrak{I}'$ denselben Bereich besitzen, wenn $\mathfrak{I}$ eine β-Variante von $\mathfrak{I}'$ ist.)

Jetzt können wir die Definition der Redeweise *wahr bei* $\mathfrak{I}$ formulieren. Es handelt sich hier wie bei dem bereits behandelten eingeschränkten Fall um eine rekursive Definition: sie gibt explizit die Voraussetzungen an, unter denen die einfachsten Aussagen wahr sind, und sagt dann, wie der Wahrheitswert einer komplizierter aufgebauten Aussage von den Wahrheitswerten einfacherer Aussagen (die jetzt nicht notwendig Teilaussagen sein müssen) abhängt. Sei also φ irgendeine Aussage von $\mathfrak{L}$, α eine Variable und β die erste[1]) Individuenkonstante, die nicht in φ vorkommt.

1) Wenn φ ein Aussagebuchstabe ist, so ist φ bei $\mathfrak{I}$ dann und nur dann wahr, wenn φ bei $\mathfrak{I}$ der Wert W zugeordnet wird.

2) Wenn φ atomar und kein Aussagebuchstabe ist, so ist φ bei $\mathfrak{I}$ dann und nur dann wahr, wenn die Objekte, die $\mathfrak{I}$ den Individuenkonstanten von φ zuordnet, untereinander (in der Reihenfolge, in der die entsprechenden Individuenkonstanten in φ vorkommen) in der Relation stehen, die $\mathfrak{I}$ dem Prädikat von φ zuordnet.

3) Wenn $\varphi = \neg\, \psi$, so ist φ bei $\mathfrak{I}$ dann und nur dann wahr, wenn ψ bei $\mathfrak{I}$ nicht wahr ist.

4) Wenn $\varphi = (\psi \lor \chi)$, wobei ψ und χ Aussagen sind, so ist φ bei $\mathfrak{I}$ dann und nur dann wahr, wenn ψ oder χ oder beide wahr sind.

5) Wenn $\varphi = (\psi \land \chi)$, wobei ψ und χ Aussagen sind, so ist φ bei $\mathfrak{I}$ dann und nur dann wahr, wenn sowohl ψ als auch χ bei $\mathfrak{I}$ wahr sind.

6) Wenn $\varphi = (\psi \rightarrow \chi)$, wobei ψ und χ Aussagen sind, so ist φ bei $\mathfrak{I}$ dann und nur dann wahr, wenn ψ bei $\mathfrak{I}$ nicht wahr ist oder χ bei $\mathfrak{I}$ wahr ist oder wenn beides der Fall ist.

7) Wenn $\varphi = (\psi \leftrightarrow \chi)$, wobei ψ und χ Aussagen sind, so ist φ bei $\mathfrak{I}$ dann und nur dann wahr, wenn ψ und χ entweder beide wahr oder beide falsch bei $\mathfrak{I}$ sind.

---

[1]) Wir nehmen an, daß die Individuenkonstanten wie folgt angeordnet sind: $a, b, \ldots, t, a_1, b_1, \ldots, t_1, a_2, b_2, \ldots, t_2, \ldots$

8) Wenn $\varphi = \wedge\, \alpha\psi$, so ist φ bei $\mathfrak{J}$ dann und nur dann wahr, wenn $\psi\alpha/\beta$ bei jeder β-Varianten von $\mathfrak{J}$ wahr ist.

9) Wenn $\varphi = \vee\, \alpha\psi$, so ist φ bei $\mathfrak{J}$ dann und nur dann wahr, wenn $\psi\alpha/\beta$ bei mindestens einer β-Varianten von $\mathfrak{J}$ wahr ist.

Ferner ist φ *bei* $\mathfrak{J}$ dann und nur dann *falsch*, wenn φ bei $\mathfrak{J}$ nicht wahr ist.

(Anstatt zu sagen, φ sei bei $\mathfrak{J}$ wahr oder φ sei bei $\mathfrak{J}$ falsch, sagt man auch manchmal, $\mathfrak{J}$ *ordne φ den Wahrheitswert W bzw. F zu.* Oder man sagt nicht, φ sei wahr bei $\mathfrak{J}$, sondern man sagt, $\mathfrak{J}$ sei ein *Modell* für φ oder $\mathfrak{J}$ *erfülle* φ. Diese Terminologie dehnt man auch auf Aussagenmengen Γ aus; wenn man sagt, $\mathfrak{J}$ erfülle Γ, so meint man damit, daß jede Aussage aus Γ bei $\mathfrak{J}$ wahr ist.)

Auch hierzu wollen wir schnell Erläuterungen und Beispiele bringen. Die soeben formulierte Definition unterscheidet sich von der früheren für den eingeschränkten Fall nur durch die Punkte 8 und 9, die auf allgemeine Aussagen zutreffen. Eine jede solche Aussage besteht aus einem Quantor $\wedge\, \alpha$ oder $\vee\, \alpha$, und dahinter folgt eine Formel ψ, in der außer α keine Variable frei vorkommt. (Wenn nämlich doch noch eine andere Variable als α in ψ frei vorkäme, dann wäre weder $\wedge\, \alpha\psi$ noch $\vee\, \alpha\psi$ eine Aussage; denn abgesehen von α bleibt jede in ψ frei vorkommende Variable auch dann frei, wenn ein Präfix $\wedge\, \alpha$ oder $\vee\, \alpha$ vor diese Formel gesetzt wird.) Wenn wir also in ψ die Variable α überall dort, wo sie frei vorkommt, durch die Individuenkonstante β ersetzen (wir wählen für β die erste nicht in ψ auftretende Individuenkonstante, um die Situation festzulegen), so ist das Ergebnis eine Aussage ψ' (nämlich $\psi\alpha/\beta$). Im Gegensatz zu der Formel ψ hat nun die Aussage ψ' bei jeder Interpretation einen bestimmten Wahrheitswert. Darüber hinaus ist ψ' einfacher als $\wedge\, \alpha\psi$ oder $\vee\, \alpha\psi$, wenn wir die Anzahl der Verknüpfungen und Quantoren als Maß für die Kompliziertheit einer Formel nehmen. Also haben wir etwas gewonnen, wenn wir die Frage, ob $\wedge\, \alpha\psi$ bzw. $\vee\, \alpha\psi$ wahr oder falsch ist, zurückführen auf die Frage, ob ψ' wahr oder falsch ist, und das ist gerade der Inhalt von Punkt 8 und 9. Gemäß 8 ist $\wedge\, \alpha\psi$ bei einer Interpretation $\mathfrak{J}$ genau dann wahr, wenn ψ' nicht nur bei $\mathfrak{J}$, sondern auch bei jeder β-Varianten von $\mathfrak{J}$ wahr ist; entsprechend besagt Punkt 9, daß $\vee\, \alpha\psi$ bei $\mathfrak{J}$ genau dann wahr ist, wenn ψ' bei $\mathfrak{J}$ oder bei irgendeiner β-Varianten von $\mathfrak{J}$ wahr ist.

Wir wollen einmal sehen, wie sich diese Bedingungen auswirken, wenn sie auf konkrete Fälle angewandt werden. $\mathfrak{J}$ sei die Interpretation, die wir im Zusammenhang mit der eingeschränkten Definition gegeben haben. Wir betrachten jetzt die Aussage

$$(5) \qquad \vee y K a_2 y.$$

Punkt 9 besagt, daß (5) genau dann wahr bei $\mathfrak{J}$ ist, wenn ‚$K a_2 a$‘ (welches das Ergebnis ist, wenn wir ‚y‘ überall, wo es in ‚$K a_2 y$‘ frei auftritt, durch ‚a‘ ersetzen; a ist die erste Individuenkonstante, die nicht in ‚$K a_2 y$‘ vorkommt) bei einer gewissen ‚a‘-Varianten von $\mathfrak{J}$ wahr ist. Nun bestehen die ‚a‘-Varianten von $\mathfrak{J}$ definitionsgemäß aus $\mathfrak{J}$ und aus allen weiteren Interpretationen, die sich von $\mathfrak{J}$ nur durch die Belegung von ‚a‘ unterscheiden. Eine ‚a‘-Variante von $\mathfrak{J}$ ist z.B. gleich $\mathfrak{J}$, außer daß sie die ganze Zahl 2 neben ‚a_2‘ auch noch ‚a‘ zuordnet; eine andere ordnet der Konstanten ‚a‘ (neben ‚a_3‘) die Zahl 3 zu, usw. Ganz gleich, welche ganze Zahl $\mathfrak{n}$ ausgewählt wird, es gibt eine ‚a‘-Variante von $\mathfrak{J}$, die diese Zahl der Konstanten ‚a‘ zuordnet, und darüber hinaus wird ‚$K a_2 a$‘ bei dieser ‚a‘-Varianten wahr sein dann und nur dann, wenn $2 < \mathfrak{n}$. Nehmen wir an, $\mathfrak{J}_2$ sei die ‚a‘-Variante von $\mathfrak{J}$, die ‚a‘ die Zahl 2 zuordnet. Dann ist ‚$K a_2 a$‘ bei $\mathfrak{J}_2$ genau dann wahr, wenn $2 < 2$. $\mathfrak{J}_6$ sei die ‚a‘-Variante von $\mathfrak{J}$, die ‚a‘ die Zahl 6 zuordnet. Dann ist ‚$K a_2 a$‘ bei $\mathfrak{J}_6$ genau dann wahr, wenn $2 < 6$. Ist allgemein für jede positive ganze Zahl $\mathfrak{n}$ $\mathfrak{J}_\mathfrak{n}$ diejenige ‚a‘-Variante von $\mathfrak{J}$, die die Zahl $\mathfrak{n}$ ‚a‘ zuordnet, dann ist ‚$K a_2 a$‘ genau dann wahr bei $\mathfrak{J}_\mathfrak{n}$, wenn $2 < \mathfrak{n}$.

Daraus ersehen wir, daß ‚$K a_2 a$‘ bei einer ‚a‘-Varianten von $\mathfrak{J}$ dann und nur dann wahr ist, wenn es eine positive ganze Zahl $\mathfrak{n}$ gibt mit $2 < \mathfrak{n}$; m. a. W., (5) ist bei $\mathfrak{J}$ dann und nur dann wahr, wenn es eine positive ganze Zahl $\mathfrak{n}$ gibt mit $2 < \mathfrak{n}$. Das stimmt natürlich mit der beabsichtigten Auffassung des Existenzquantors überein.

Im Zusammenhang mit Punkt 8 wollen wir

$$(6) \qquad \wedge x \vee y K x y$$

betrachten. Diese Aussage hat die Gestalt $\wedge \alpha \psi$, wobei $\alpha = $ ‚x‘ und $\psi = $ ‚$\vee y K x y$‘, und Punkt 8 ist anwendbar. Darin wird uns gesagt, daß (6) bei $\mathfrak{J}$ dann und nur dann wahr ist, wenn ‚$\vee y K a y$‘ bei jeder ‚a‘-Varianten von $\mathfrak{J}$ wahr ist. Ähnliche Überlegungen wie bei (5) führen zu dem Ergebnis, daß ‚$\vee y K a y$‘ gerade dann bei einer ‚a‘-Varianten $\mathfrak{J}_\mathfrak{m}$ von $\mathfrak{J}$ wahr ist, wenn die ganze Zahl $\mathfrak{m}$ kleiner als eine andere ganze Zahl ist. Daher ist ‚$\vee y K a y$‘ dann und nur dann bei *allen* ‚a‘-Varianten von $\mathfrak{J}$ wahr, wenn es zu *jeder* ganzen Zahl $\mathfrak{m}$ eine ganze Zahl $\mathfrak{n}$ gibt mit $\mathfrak{m} < \mathfrak{n}$. Infolgedessen haben wir wieder in

Übereinstimmung mit unseren Absichten das Ergebnis, daß (6) bei $\mathfrak{F}$ dann und nur dann wahr ist, wenn es zu jeder positiven ganzen Zahl $\mathfrak{m}$ eine positive ganze Zahl $\mathfrak{n}$ gibt mit $\mathfrak{m} < \mathfrak{n}$.

Wir hoffen natürlich, daß diese Diskussion dem Anfänger helfen wird zu verstehen, was mit ‚wahr bei $\mathfrak{F}$‘ gemeint ist. Ferner hoffen und erwarten wir, daß er bald den springenden Punkt dieser Definition erfassen wird, so daß er es nicht mehr nötig hat, sie auf so mühsame Art anzuwenden, wie wir es eben vorgeführt haben. Wenn wirklich komplizierte Aussagen vorliegen, dann ist ein Menschenleben nämlich zu kurz für eine schrittweise Anwendung der Definition.

Letzten Endes findet diese Definition ihre hauptsächliche Rechtfertigung in dem Umstand, daß sie einen exakten Bezugspunkt darstellt; von ihm ausgehend, können wir verschiedene allgemeine und fundamentale Prinzipien aufstellen, die häufig angewandt werden. Einige davon werden im folgenden aufgezählt (wir beschränken uns fürs erste immer noch auf Aussagen und kürzen ‚wahr bei $\mathfrak{F}$‘ und ‚falsch bei $\mathfrak{F}$‘ mit ‚wahr‘ und ‚falsch‘ ab:

1) Eine Negation ist dann und nur dann wahr, wenn das, was negiert wird, falsch ist.

2) Eine Disjunktion ist dann und nur dann wahr, wenn mindestens eine ihrer Komponenten wahr ist.

3) Eine Konjunktion ist dann und nur dann wahr, wenn beide Komponenten wahr sind.

4) Eine Subjunktion ist dann und nur dann wahr, wenn entweder das Antezedenz falsch oder das Sukzedenz wahr oder beides gleichzeitig der Fall ist.

5) Eine Bisubjunktion ist dann und nur dann wahr, wenn beide Teile denselben Wahrheitswert haben.

6) Wenn eine Generalisierung $\wedge\,\alpha\varphi$ wahr ist, dann ist $\varphi\alpha/\beta$ für jede Konstante β wahr. (Die Umkehrung gilt nicht.)

7) Wenn $\varphi\alpha/\beta$ für eine gewisse Konstante β wahr ist, dann ist $\vee\,\alpha\varphi$ wahr. (Auch hier gilt die Umkehrung nicht.)

Vielleicht sollten wir im Vorbeigehen noch kurz erwähnen, daß es auch einen Weg gibt, die Wahrheit allgemeiner Aussagen zu definieren, der die mit dem Begriff der β-Varianten verbundenen Schwierigkeiten vermeidet. Man denkt dabei daran, z.B.

$$\wedge\, x F x$$

dann und nur dann als wahr zu definieren, wenn alle Aussagen

$$Fa, Fb, \ldots, Ft, Fa_1, Fb_1, \ldots, Ft_1, Fa_2, \ldots$$

wahr sind. Wir wollen dieser Alternative einige Überlegungen widmen und hoffen, damit die von uns gewählte Methode weiter zu erhellen.

Zuerst beachte man, daß der Weg nur dann intuitiv plausibel ist, wenn jedes Objekt der Grundmenge von mindestens einer Konstanten in der Liste

$$a, b, \ldots, t, a_1, b_1, \ldots, t_1, a_2, b_2, \ldots, t_2, a_3, \ldots$$

benannt wird, Sonst könnte es nämlich geschehen, daß zwar alle oben zitierten ‚F-Aussagen' wahr sind, daß es aber trotzdem ein Objekt in dem Bereich gibt, das nicht zu der Menge gehört, die ‚F' zugeordnet wird. In diesem Fall würden wir sicher nicht gern sagen, daß

$$\wedge\, xFx$$

wahr wäre. Dies bedenkend wollen wir aus der Gesamtheit aller Interpretationen diejenigen Interpretationen $\mathfrak{J}$ aussondern, die die Eigenschaft haben, daß sie jedem Element des Bereiches eine Konstante als Namen zuordnen. (Zu jedem Element gibt es also eine Individuenkonstante, der gerade dieses Element als Bedeutung zugeordnet wird.) Diese Interpretationen wollen wir *vollständige Interpretationen* nennen. Dann können Punkt 8 und 9 der Definition von ‚wahr bei $\mathfrak{J}$' wie folgt ersetzt werden:

8') Wenn $\varphi = \wedge\, \alpha\psi$, so ist φ genau dann wahr bei $\mathfrak{J}$, wenn jede Aussage $\psi\alpha/\beta$, wobei β eine Individuenkonstante ist, bei $\mathfrak{J}$ wahr ist.

9') Wenn $\varphi = \vee\, \alpha\psi$, so ist φ genau dann wahr bei $\mathfrak{J}$, wenn irgendeine Aussage $\psi\alpha/\beta$, wobei β eine Individuenkonstante ist, bei $\mathfrak{J}$ wahr ist.

Man kann für jede Aussage φ zeigen, daß φ bei allen vollständigen Interpretationen dann und nur dann wahr ist (‚wahr' im Sinne der oben abgeänderten Definition), wenn φ bei allen Interpretationen wahr ist (‚wahr' jetzt im Sinne unserer ‚offiziellen' Definition). Da wir aber bei der Anwendung von $\mathfrak{L}$ nicht dadurch eingeschränkt sein wollen, daß wir nur solche Bereiche zulassen, für die es in $\mathfrak{L}$ genug Individuenkonstanten gibt, wollen wir bei derjenigen Definition bleiben, die nicht voraussetzt, daß jedes Objekt in dem Bereich einen Namen hat. Es könnte z.B. wünschenswert sein, in $\mathfrak{L}$ die Theorie der reellen Zahlen zu formulieren, obwohl es, wie Cantor in einem berühmt gewordenen Beweis gezeigt hat, nicht möglich ist, eine eindeutige Zuordnung zwischen der Menge der reellen Zahlen und der Menge der Individuenkonstanten von $\mathfrak{L}$ herzustellen.

3. Gültigkeit, Folgerung, Widerspruchsfreiheit

Da wir inzwischen wissen, was ‚wahr bei einer Interpretation‘ bedeutet, können wir jetzt drei der wichtigsten logischen Begriffe definieren.

Eine Aussage φ ist *gültig* (oder *logisch wahr*) dann und nur dann, wenn φ bei jeder Interpretation wahr ist.

Eine Aussage φ ist eine *Folgerung* aus einer Menge Γ von Aussagen dann und nur dann, wenn es keine Interpretation gibt, bei der alle Aussagen von Γ wahr sind, φ jedoch falsch ist.

Eine Menge Γ von Aussagen ist *widerspruchsfrei* (oder *erfüllbar*) dann und nur dann, wenn es eine Interpretation gibt, bei der alle Aussagen von Γ wahr sind.

(Anstatt zu sagen, die Aussage φ sei eine Folgerung aus $\{\psi\}$, d. h. eine Folgerung aus der Menge, die nur aus der Aussage ψ besteht, sagen wir normalerweise einfach, φ sei eine Folgerung von ψ. Entsprechend sagen wir im allgemeinen nicht, $\{\varphi\}$ bzw. $\{\varphi, \psi\}$ sei widerspruchsfrei, sondern wir sagen, φ sei widerspruchsfrei bzw. φ stehe nicht im Widerspruch zu ψ.)

Diese Definitionen sagen uns nun zwar, was die entscheidenden Begriffe ‚gültig‘, ‚widerspruchsfrei‘ und ‚Folgerung‘ *bedeuten* (natürlich in bezug auf die künstliche Sprache $\mathfrak{L}$), sie befähigen uns aber offensichtlich noch nicht, auf der Stelle zu entscheiden, welche Aussagen gültig sind, oder was eine Folgerung woraus ist, oder welche Mengen von Aussagen widerspruchsfrei sind. Sie liefern uns nur eine Grundlage, von der aus wir künftig das Problem, wie Entscheidungen der erwähnten Art zu treffen sind, studieren können.

Es zeigt sich, daß unsere Definition von ‚gültig‘ grob gesprochen auf das Folgende hinausläuft: eine Aussage φ ist dann und nur dann gültig, wenn φ wahr wird, ganz gleich welche Menge wir als Grundmenge auszeichnen und in welcher Weise wir geeignete Objekte den nicht-logischen Konstanten von φ zuordnen. (Handelt es sich um Individuenkonstanten, dann sind die ‚geeigneten Objekte‘ Elemente der Grundmenge, geht es um n-stellige Prädikate, dann sind es n-stellige Relationen zwischen Elementen der Grundmenge, und handelt es sich um Aussagebuchstaben, so sind es Wahrheitswerte.) Um also zu zeigen, daß eine vorliegende Aussage φ *nicht* gültig ist, genügt es, eine nicht-leere Menge $\mathfrak{B}$ und eine Zuordnung geeigneter Objekte zu den nicht-logischen Konstanten anzugeben, derart daß φ falsch wird. Das bedeutet aber einfach, eine Interpretation hinreichend detailliert in bezug auf φ so anzugeben, daß φ falsch wird.

Wir geben hier einige Beispiele für gültige Aussagen:

$$\wedge\, xFx \to Fa$$
$$Fa \to (\wedge\, xFx \to Fa)$$
$$\wedge\, x(Fx \vee (Gx \wedge Hx)) \leftrightarrow (\wedge\, x(Fx \vee Gx) \wedge \wedge\, x(Fx \vee Hx))$$
$$(P \to \vee\, y \wedge\, x(Fxy \vee \neg\, Fxy)).$$

Weitere Beispiele bringen wir im Kapitel 7, Abschnitt 5 in der Liste der logischen Theoreme.

Beispiele für Aussagen, die nicht gültig sind:

$$Fa$$
$$\vee\, xFx$$
$$(Fa \to Ga) \to (\neg\, Fa \to \neg\, Ga)$$
$$\wedge\, xFx \vee \wedge\, x \neg\, Fx$$
$$\wedge\, x \vee\, yFxy \to \vee\, y \wedge\, xFxy.$$

Für jede dieser Aussagen können wir leicht eine Interpretation angeben, bei der die entsprechende Aussage falsch wird.

Beispiele für Folgerungen (in jedem Fall ist die letzte Aussage einer Gruppe eine Folgerung aus der Menge der verbleibenden Aussagen der Gruppe):

(1) $\wedge\, x(Fx \to Gx)$
   $\wedge\, x(Gx \to Hx)$
   $\wedge\, x(Fx \to Hx)$

(2) $\wedge\, x(Fx \to Gx)$
   Fa
   Ga

(3) $\wedge\, xFx$
   $\vee\, xFx$

(4) $\wedge\, x(Fx \to \vee\, y(Gy \wedge Hxy))$
   $\wedge\, y(Gy \to \neg\, Hay)$
   $\neg\, Fa$

(5) $Fa \wedge \neg\, Fa$
   Hb

Beispiele für Widerspruchsfreiheit (jede Gruppe stellt eine widerspruchsfreie Menge von Aussagen dar):

(1) $\wedge\, x(Fx \to Gx)$
      $\neg\, \vee\, x\, Gx$

(2) $\wedge\, x(Fx \to \vee\, y(Gy \wedge Hxy))$
      $\wedge\, x \wedge y(Gy \to \neg\, Hxy)$

(3) $\wedge\, x(Fx \vee Gx)$

(4) $\vee\, xFx$.

Die folgenden allgemeinen Theoreme, die wir auf Grund unserer verschiedenen Definitionen aufstellen können, sollen dazu beitragen, das bisher Besprochene weiter zu erhellen. Ferner sind sie vielleicht ein Zeugnis dafür, daß die Eigenschaften, die die von uns definierten formalen Begriffe aufweisen, analog zu denen sind, die die entsprechenden intuitiven Begriffe haben.

1) Für jede Aussage φ gilt: wenn φ eine Folgerung aus der Menge Γ von Aussagen ist, und wenn jede Aussage aus Γ eine Folgerung aus der Menge Δ von Aussagen ist, so ist auch φ eine Folgerung aus Δ.

2) Für jede Aussage φ gilt: φ ist dann und nur dann eine Folgerung aus der leeren Menge, wenn φ gültig ist.

3) Für alle Aussagen φ, ψ_1, ψ_2, ..., ψ_n gilt: φ ist dann und nur dann eine Folgerung aus $\{\psi_1, \psi_2, \ldots, \psi_n\}$, wenn die Aussage $((\ldots(\psi_1 \wedge \psi_2)$ $\wedge \cdots \wedge \psi_n) \to \varphi)$ gültig ist.

4) Für jede Aussage φ gilt: wenn φ zu der Menge Γ von Aussagen gehört, dann ist φ eine Folgerung aus Γ.

5) Für jede Aussage φ gilt: wenn φ eine Folgerung aus der Menge Γ von Aussagen ist, so ist φ eine Folgerung aus jeder Aussagenmenge, die Γ als Teilmenge hat.

6) Für jede Aussage φ gilt: φ ist eine Folgerung aus der Aussagenmenge Γ, erweitert um das Element ψ, dann und nur dann, wenn $(\psi \to \varphi)$ eine Folgerung aus Γ allein ist.

7) Wenn zwei Interpretationen $\mathfrak{I}$ und $\mathfrak{I}'$ denselben Bereich haben und wenn sie den in einer vorliegenden Aussage φ auftretenden nichtlogischen Konstanten jeweils dasselbe Objekt zuordnen, so ist φ dann und nur dann bei $\mathfrak{I}$ wahr, wenn sie bei $\mathfrak{I}'$ wahr ist.

8) Wenn die Aussagen φ und φ' übereinstimmen, außer daß in φ die paarweise verschiedenen Individuenkonstanten γ_1, γ_2, ..., γ_n an den Stellen auftreten, wo in φ' jeweils die paarweise verschiedenen Indi-

viduenkonstanten $\beta_1, \beta_2, \ldots, \beta_n$ vorkommen, und wenn die Interpretationen $\mathfrak{I}$ und $\mathfrak{I}'$ übereinstimmen, außer daß $\mathfrak{I}$ den $\gamma_1, \gamma_2, \ldots, \gamma_n$ jeweils das zuordnet, was $\mathfrak{I}'$ den $\beta_1, \beta_2, \ldots, \beta_n$ zuordnet, so ist φ bei $\mathfrak{I}$ dann und nur dann wahr, wenn φ' bei $\mathfrak{I}'$ wahr ist.

9) Für jede Formel φ, jede Variable α und jede Individuenkonstante β gilt: wenn $\varphi\alpha/\beta$ eine Aussage ist, so ist sie eine Folgerung aus $\wedge\,\alpha\varphi$.

10) Für jede Formel φ, jede Variable α und jede Individuenkonstante β gilt: wenn $\varphi\alpha/\beta$ eine Folgerung aus der Aussagenmenge Γ ist und wenn β weder in φ noch in einem Element von Γ vorkommt, so ist $\wedge\,\alpha\varphi$ eine Folgerung aus Γ.

11) Für jede Formel φ und jede Variable α gilt: wenn $\vee\,\alpha\varphi$ eine Aussage ist, so ist sie eine Folgerung aus $\neg\,\wedge\,\alpha\,\neg\,\varphi$, und umgekehrt.

12) Für jede Formel φ, für jede Variable α und jede Individuenkonstante β gilt: wenn $\vee\,\alpha\varphi$ eine Aussage ist, so ist sie eine Folgerung aus $\varphi\alpha/\beta$.

13) Für jede Aussage φ, für jede Formel ψ, für jede Variable α und für jede Individuenkonstante β gilt: wenn $(\psi\alpha/\beta \rightarrow \varphi)$ eine Folgerung aus der Aussagenmenge Γ ist und wenn β weder in φ, noch in ψ, noch in irgendeinem Element von Γ vorkommt, so ist $(\vee\,\alpha\psi\rightarrow\varphi)$ eine Folgerung aus Γ.

14) Für jede Aussage φ gilt: wenn φ eine Folgerung aus der Aussagenmenge Γ ist und wenn jede Aussage aus Γ gültig ist, so ist auch φ gültig.

15) Für jede Formel φ, für jede Variable α und für jede nicht in φ vorkommende Individuenkonstante β gilt: $\varphi\alpha/\beta$ ist dann und nur dann gültig, wenn $\wedge\,\alpha\varphi$ gültig ist.

16) Für jede Aussage φ gilt: φ ist dann und nur dann gültig, wenn $\neg\,\varphi$ nicht erfüllbar ist.

17) Für jede Aussage φ und für jede (auch unendliche) Aussagenmenge Γ gilt: φ ist dann und nur dann eine Folgerung aus Γ, wenn es eine endliche Teilmenge Γ' von Γ gibt, derart daß φ eine Folgerung aus Γ' ist.

18) Wenn eine Aussage $\wedge\,\alpha\psi$ mit einer Aussage $\wedge\,\alpha'\psi'$ übereinstimmt, außer daß die Variable α in $\wedge\,\alpha\psi$ genau an den Stellen vorkommt, an denen in $\wedge\,\alpha'\psi'$ die Variable α' vorkommt, so ist $\wedge\,\alpha\psi$ eine Folgerung aus $\wedge\,\alpha'\psi'$, und umgekehrt.

19) $\mathfrak{J}$ sei eine Interpretation, $\mathfrak{B}$ ihr Bereich und Δ eine Menge von Individuenkonstanten. Wenn durch $\mathfrak{J}$ jedes Element von $\mathfrak{B}$ mindestens einer Konstante aus Δ zugeordnet wird und wenn $\varphi\alpha/\beta$ für alle Konstanten β aus Δ bei $\mathfrak{J}$ wahr ist, so ist $\wedge\,\alpha\varphi$ wahr bei $\mathfrak{J}$.

In diesem Stadium können wir natürlich nicht erwarten, daß der Anfänger in der Lage ist, jede der aufgezählten Behauptungen zu beweisen. Aber er sollte sie verstehen können und eine tiefere intuitive Einsicht in die in diesem Kapitel definierten Begriffe erhalten. Die Beweise einiger Behauptungen (z.B. 1—6, 11, 14, 16 und 18) sind einfach. So läßt sich 2 beispielsweise wie folgt verifizieren:

φ sei eine beliebige Aussage, von der wir annehmen, daß sie eine Folgerung aus der leeren Menge Λ sei. Ferner sei $\mathfrak{J}$ irgendeine Interpretation. Trivialerweise sind alle Elemente von Λ wahr bei $\mathfrak{J}$, denn Λ hat ja gar keine Elemente. Also ist φ wahr bei $\mathfrak{J}$, denn φ ist eine Folgerung aus Λ. Also ist φ bei jeder Interpretation wahr, d. h. gültig. Wir setzen nun voraus, φ sei gültig. Dann ist φ bei jeder Interpretation wahr; also gibt es keine Interpretation, bei der alle Elemente von Λ wahr sind, φ jedoch nicht wahr ist. Also ist φ eine Folgerung aus Λ.

Als ein weiteres Beispiel betrachten wir Nummer 6, das sogenannte Deduktionstheorem. φ und ψ seien Aussagen und Γ eine Menge von Aussagen. φ ist nun eine Folgerung aus Γ vereinigt mit $\{\psi\}$ dann und nur dann, wenn es keine Interpretation gibt, bei der alle Aussagen von Γ wahr sind, ψ wahr ist, aber φ falsch ist. Das tritt aber dann und nur dann ein, wenn es keine Interpretation gibt, bei der alle Aussagen von Γ wahr sind, $(\psi \to \varphi)$ aber falsch ist, und das besagt wiederum, daß $(\psi \to \varphi)$ eine Folgerung aus Γ ist. Also ist φ dann und nur dann eine Folgerung aus Γ vereinigt mit $\{\psi\}$, wenn $(\psi \to \varphi)$ eine Folgerung aus Γ allein ist.

Punkt 7 ist vielleicht intuitiv klar; zu beweisen ist er am besten mit einer Methode, die wir erst später behandeln werden. Dasselbe gilt für das fundamentale Theorem 8. Aus 8 erhält man leicht 9, 10, 15 und 19. 12 und 13 verifiziert man am besten mit unseren Beweisen der abgeleiteten Regeln PA und BB aus Kapitel 7. Punkt 17 folgt als Korollar aus der Tatsache, daß φ aus Γ mittels der in Kapitel 7 angegebenen Regeln ableitbar ist, wenn φ eine Folgerung aus Γ ist.

Nachdem wir nun Interpretation und Wahrheit behandelt haben, sind wir besser in der Lage, die semantischen Beziehungen zwischen der künstlichen Sprache $\mathfrak{L}$ und den Umgangssprachen zu untersuchen. Damit befaßt sich das nächste Kapitel.

ÜBUNGEN

Ohne die Behauptungen 1—19 von Abschnitt 3 zu benutzen, zeige man:

1. daß jede Aussage eine Folgerung aus φ ist, wenn $\neg\,\varphi$ gültig ist;

2. daß jede Aussage eine Folgerung aus $\{\varphi, \psi\}$ ist, wenn $\{\varphi, \psi\}$ eine widerspruchsvolle Menge ist;

3. daß φ eine Folgerung aus jeder Aussagenmenge ist, wenn φ eine gültige Aussage ist;

4. daß die Aussage ψ dann und nur dann eine Folgerung aus der Aussage φ ist, wenn $(\varphi \rightarrow \psi)$ gültig ist;

5. daß φ mit sich selbst widerspruchsvoll ist, wenn $\neg\,\varphi$ eine gültige Aussage ist.

6. Man gebe eine Interpretation $\mathfrak{I}$ an, derart daß ,Fa' bei jeder ,a'-Varianten von $\mathfrak{I}$ wahr ist.

7. Unter Bezug auf Kapitel 3, Übung 1 gebe man eine Interpretation an,

   a) bei der (3) wahr ist,   c) bei der (6) wahr ist,
   b) bei der (3) falsch ist,   d) bei der (10) wahr ist.

8. Ebenfalls unter Bezug auf Kapitel 3, Übung 1 erläutere man, warum es keine Interpretation geben kann, bei der (6) falsch ist. Dasselbe für (10).

9. In jedem der folgenden Fälle gebe man eine Interpretation an, bei der die an letzter Stelle stehende Aussage falsch ist, während die übrigen wahr sind (auf diese Weise wird also gezeigt, daß die letzte Aussage keine Folgerung aus den übrigen Aussagen ist).

   a) $Ga \rightarrow Fa$ e) $\bigwedge x(Fx \vee Gx)$
      $\neg\,Ga$ $\bigwedge xFx \vee \bigwedge xGx$
      $\neg\,Fa$

   b) $\bigwedge x(Hx \rightarrow Gx)$ f) $Ga \rightarrow Fa$
      $\bigwedge x(Fx \rightarrow Gx)$ Fa
      $\bigvee x(Fx \wedge Hx)$ Ga

   c) $\bigvee xFx$ g) $\bigwedge xFx \rightarrow Ga$
      $\bigvee xGx$ $\bigwedge x(Fx \rightarrow Ga)$
      $\bigvee x(Fx \wedge Gx)$

   d) $\bigwedge x \bigvee yFxy$ h) $(P \rightarrow (Q \rightarrow R))$
      $\bigvee y \bigwedge xFxy$ $(P \rightarrow (R \rightarrow Q))$

10. Man zeige, daß die folgenden Mengen von Aussagen widerspruchsfrei sind.

    a) $\bigwedge x \bigvee yFxy$ b) $\bigwedge x(Px \vee Qx) \rightarrow \bigvee xRx$
       $\bigwedge x(Gx \rightarrow \bigvee yFyx)$ $\bigwedge x(Rx \rightarrow Qx)$
       $\bigvee xGx$ $\bigvee x(Px \wedge \neg\,Qx)$
       $\bigwedge x \neg\,Fxx$

    c) $\bigwedge x \neg\,Fxx$
       $\bigwedge x \bigwedge y \bigwedge z((Fxy \wedge Fyz) \rightarrow Fxz)$
       $\bigwedge x \bigvee yFxy$

11. Wie viele Elemente muß der Bereich einer jeden Interpretation haben, bei der die folgende Aussage wahr ist:

$$Fa \wedge \neg\, Fb\, ?$$

Man schreibe eine Aussage hin, die erfüllbar ist und die nur bei solchen Interpretationen wahr ist, in deren Bereich mindestens drei Elemente sind.

Man schreibe eine Aussage hin, die erfüllbar ist und die nur bei solchen Interpretationen wahr ist, deren Bereich unendlich viele Elemente enthält. (Hinweis: man beachte Übung 10c!)

12. Man erläutere, warum es keine Interpretation geben kann, bei der die folgende Aussage falsch ist:

$$(P \to Q) \vee (Q \to R).$$

5. KAPITEL

Übersetzung der natürlichen Sprache in die Sprache $\mathfrak{L}$

1. *Einleitung*
2. *Interpretation und Übersetzung*
3. *Übersetzung der Quantoren und der aussagenlogischen Verknüpfungen*

Das nächste Problem, dem wir unsere Aufmerksamkeit zuwenden, ist die Übersetzung von Aussagen der natürlichen Sprache in Aussagen der Sprache $\mathfrak{L}$. Da die Aussagen von $\mathfrak{L}$ nicht in einem absoluten Sinne wahr oder falsch sind, sondern nur relativ zu einer vorliegenden Interpretation, leuchtet es ein, daß die Aufgabe, für spezielle Aussagen der natürlichen Sprache Übersetzungen zu finden, in entsprechender Weise auf eine Interpretation relativiert werden muß. Durch die Betrachtung einer Reihe von Beispielen möchten wir klar herausstellen, daß das Übersetzungsproblem aber auch dann noch nicht eindeutig festgelegt ist, wenn wir eine ganz bestimmte Interpretation vorgeben; verschiedene Weisen, ein und dieselbe Interpretation anzugeben, führen zu verschiedenen Übersetzungen ein und derselben Aussage der natürlichen Sprache. Infolgedessen müssen wir zum Zweck von Übersetzungen die Art und Weise, Interpretationen anzugeben, standardisieren; das kann z.B. mit Hilfe des Begriffs des ‚Prädikats der deutschen Sprache‘ geschehen. Dennoch bleibt es praktisch unmöglich, für die Übersetzung der natürlichen Sprache in die künstliche systematische Regeln anzugeben. Im Gegensatz zur künstlichen Sprache $\mathfrak{L}$ hat nämlich die natürliche Sprache keine einfache und regelmäßige Grammatik, und im großen ganzen erlernen wir sie durch Übung und nicht durch Unterweisung. Der Sinn ihrer Ausdrücke hängt wesentlich vom Zusammenhang ab, während ein Ausdruck von $\mathfrak{L}$ relativ zu einer vorliegenden Interpretation immer und überall dasselbe bezeichnet.

In der Praxis erweist sich der folgende Ratschlag als viel nützlicher, als man es bei seinen offensichtlichen Unzulänglichkeiten zunächst erwarten würde: wenn man eine Aussage der natürlichen Sprache in die künstliche Sprache $\mathfrak{L}$ übersetzen will, dann frage man sich als erstes, was diese Aussage der natürlichen Sprache sagt, und dann bemühe man sich, eine Aussage von $\mathfrak{L}$ zu finden, die relativ zu einer Standardbeschreibung einer bestimmten Interpretation so weit wie möglich dasselbe besagt.

1. Einleitung

Wie wir in Kapitel 4 gesehen haben, legt jede Interpretation von $\mathfrak{L}$ für alle Aussagen von $\mathfrak{L}$ Wahrheitsbedingungen fest. Zumindest in diesem Zusammenhang darf man sagen, daß eine Interpretation jeder Aussage von $\mathfrak{L}$ eine Bedeutung gibt. Wenn wir also ‚wahr bei $\mathfrak{F}$‘ so anwenden, wie wir es definiert haben, können wir Behauptungen wie die folgenden aufstellen: Für jede Interpretation $\mathfrak{F}$ gilt:

(1) ‚Ds‘ ist dann und nur dann bei $\mathfrak{F}$ wahr, wenn das Objekt, das $\mathfrak{F}$ der Konstanten ‚s‘ zuordnet, zu der Menge gehört, die $\mathfrak{F}$ ‚D‘ zuordnet;

(2) ‚$\neg\, Ds$‘ ist dann und nur dann bei $\mathfrak{F}$ wahr, wenn das Objekt, das $\mathfrak{F}$ der Konstanten ‚s‘ zuordnet, nicht zu der Menge gehört, die $\mathfrak{F}$ ‚D‘ zuordnet;

(3) ‚$\vee\, xDx$‘ ist bei $\mathfrak{F}$ dann und nur dann wahr, wenn irgendein Element des Bereichs von $\mathfrak{F}$ auch zu der Menge gehört, die $\mathfrak{F}$ ‚D‘ zuordnet;

(4) ‚$Ds \rightarrow \vee\, xDx$‘ ist dann und nur dann bei $\mathfrak{F}$ wahr, wenn das Objekt, das $\mathfrak{F}$ der Konstanten ‚s‘ zuordnet, nicht zu der Menge gehört, die $\mathfrak{F}$ ‚D‘ zuordnet, oder wenn irgendein Element aus dem Bereich von $\mathfrak{F}$ auch zu der Menge gehört, die $\mathfrak{F}$ ‚D‘ zuordnet, oder wenn beides zutrifft.
usw.

Wenn eine bestimmte Interpretation $\mathfrak{F}$ so gegeben ist, daß das Folgende ohne Benutzung weiteren Tatsachenwissens gezeigt werden kann:

Die Menge der Menschen bildet den Bereich von $\mathfrak{F}$,
Sokrates ist das Objekt, das $\mathfrak{F}$ ‚s‘ zuordnet,
Die Menge aller Menschen, die in 399 v. Chr. starben, ist die
    Menge, die $\mathfrak{F}$ ‚D‘ zuordnet,

dann erhalten wir noch als weitere Folgerungen aus der Definition:

(1′) ‚Ds‘ ist dann und nur dann wahr bei $\mathfrak{I}$, wenn Sokrates in 399 v. Chr. starb;

(2′) ‚$\neg\,Ds$‘ ist dann und nur dann wahr bei $\mathfrak{I}$, wenn Sokrates nicht in 399 v. Chr. starb;

(3′) ‚$\vee\,xDx$‘ ist dann und nur dann wahr bei $\mathfrak{I}$, wenn irgend jemand in 399 v. Chr. starb;

(4′) ‚$Ds \rightarrow \vee\,xDx$‘ ist dann und nur dann wahr bei $\mathfrak{I}$, wenn folgendes wahr ist: wenn Sokrates in 399 v. Chr. starb, so ist irgend jemand in 399 v. Chr. gestorben (dabei ist ‚wenn … so‘ im Sinne von ‚nicht … oder‘ verstanden).

Wenn die Interpretation $\mathfrak{I}$ vollständig in dieser Weise gegeben wäre, dann könnten wir im Prinzip zu jeder Aussage φ von $\mathfrak{L}$ ein zutreffendes konkretes Beispiel für das Schema

$$(W) \qquad X \text{ ist dann und nur dann wahr bei } \mathfrak{I}, \text{ wenn } p$$

gewinnen, wobei ‚X‘ durch einen Namen für φ und ‚p‘ durch eine gewisse Aussage S der natürlichen Sprache zu ersetzen ist. Die Aussage S gibt auf deutsch die Voraussetzungen an, unter denen φ relativ zu der Interpretation $\mathfrak{I}$ wahr ist, und in diesem Rahmen haben S und φ dieselbe Bedeutung.

Die uns in diesem Kapitel gestellte Aufgabe kann nun grob wie folgt charakterisiert werden: es ist ein Weg zu finden, deutsche Aussagen in die formale Sprache $\mathfrak{L}$ zu *übersetzen*. Zu einer vorgelegten deutschen Aussage suchen wir eine Möglichkeit, eine formale Aussage zu bilden, die soweit wie möglich dieselbe Bedeutung hat.

Man sieht sofort, daß diese Forderung keinen Sinn hat, solange die Sprache $\mathfrak{L}$ nicht interpretiert ist. Als Minimum müßte man von einer Übersetzung erwarten, daß wahre Aussagen in wahre und falsche Aussagen in falsche übersetzt werden; Aussagen von $\mathfrak{L}$ haben überhaupt keinen Wahrheitswert, es sei denn in bezug auf eine Interpretation. Sobald aber eine Interpretation $\mathfrak{I}$ gegeben ist, könnte es möglich sein, zu einer bestimmten deutschen Aussage S eine formale Aussage φ zu finden, die zumindest teilweise den Ansprüchen an eine Übersetzung von S in die Sprache $\mathfrak{L}$ genügt.

Zugegebenermaßen steckt in dem Bisherigen viel Verschwommenes; vor einer weiteren Analyse ist es aber vielleicht ganz lehrreich, sich einige Beispiele für die Art von Übersetzung anzusehen, die wir in der Praxis erwarten. $\mathfrak{I}$ sei die auf Seite LL gegebene Interpretation, und wir wollen die Aussagen ‚2 ist gerade‘, ‚$2 < 3$‘, ‚$2 + 3 = 5$‘ und ‚2 ist nicht ungerade‘ betrachten. Ihre Übersetzungen lauten entsprechend ‚$G^1 a_2$‘, ‚$K^2 a_2 a_3$‘, ‚$S^3 a_2 a_3 a_5$‘ und ‚$\neg\, U^1 a_2$‘. Entsprechend liefert das Schema (W)

‚$G^1 a_2$‘ ist dann und nur dann bei $\mathfrak{I}$ wahr, wenn 2 gerade ist,

‚$K^2 a_2 a_3$‘ ist dann und nur dann bei $\mathfrak{I}$ wahr, wenn $2 < 3$,

‚$S^3 a_2 a_3 a_5$‘ ist dann und nur dann bei $\mathfrak{I}$ wahr, wenn $2 + 3 = 5$,

‚$\neg\, U^1 a_2$‘ ist dann und nur dann bei $\mathfrak{I}$ wahr, wenn 2 nicht gerade ist,

wie man auf der Basis der gegebenen Interpretation und der Punkte 2 und 3 der Definition von ‚wahr bei $\mathfrak{I}$‘ feststellen kann.

Erwartungsgemäß zeigen komplizierte Fälle größere Schwierigkeiten in der Behandlung. Wir wollen noch ein paar Beispiele betrachten:

(1)   Jede Primzahl ist ungerade.

$\wedge\, x(P x \to U x)$.

Hier müssen wir die Grundvoraussetzung machen, daß wir über positive ganze Zahlen sprechen. Selbstverständlich ist die angegebene formale Aussage auch eine Übersetzung der Aussagen ‚alle Primzahlen sind ungerade‘ und ‚Primzahlen sind immer ungerade‘. Wenn wir uns nicht auf die Grundvoraussetzung stützen, erhalten wir ‚jede prime positive ganze Zahl ist ungerade‘, ‚alle primen positive ganzen Zahlen sind ungerade‘, ‚jede positive ganze Zahl, die Primzahl ist, ist ungerade‘, ‚alle positiven ganzen Zahlen, die prim sind, sind ungerade‘, ‚eine positive ganze Zahl ist ungerade, wenn sie eine Primzahl ist‘, ‚welche positive ganze Zahl auch immer wir nehmen, sie ist entweder prim oder ungerade oder beides‘ und ungezählte weitere Fassungen derselben Aussage. Allgemein wird jede Aussage der Form

Jedes A ist ein B

durch eine entsprechende Aussage der Form

$$\wedge\, \alpha(\varphi \to \psi)$$

dargestellt. Wir müssen allerdings daran erinnern, daß die zuletzt genannte Aussage bei $\mathfrak{I}$ wahr sein wird, wenn $\wedge\, \alpha \neg\, \varphi$ oder $\wedge\, \alpha \psi$ bei $\mathfrak{I}$ wahr ist; dagegen erscheint es zweifelhaft, ob man die zuerst genannte als wahr ansehen wird, wenn die A entsprechende Menge

leer ist oder die B entsprechende die gesamte Grundmenge ausmacht.

Man vergleiche auch die beiden Aussagen

(2) Jede positive ganze Zahl ist ungerade,
$$\wedge\, x\, U x.$$

Wenn die Menge A also zufällig die gesamte Grundmenge umfaßt,
erhält die Aussage

$$\text{Jedes } A \text{ ist ein } B$$

eine etwas einfachere Übersetzung.

(3) Einige Primzahlen sind ungerade,
$$\vee\, x(P x \wedge U x).$$

Allgemein wird eine Aussage der Form

$$\text{Einige } A \text{ sind } B$$

durch eine entsprechende Aussage der Form

$$\vee\, \alpha(\varphi \wedge \psi)$$

dargestellt. Man beachte, daß es nicht ausreicht, die Aussage

$$\vee\, \alpha(\varphi \to \psi)$$

zu verwenden; sie ist viel zu schwach, sie ist ja äquivalent zu

$$\vee\, \alpha(\neg\, \varphi \vee \psi)$$

und damit auch zu

$$\vee\, \alpha \neg\, \varphi \vee \vee\, \alpha\psi.$$

(4) Einige positive ganze Zahlen sind ungerade,
$$\vee\, x\, U x.$$

(5) Keine Primzahl ist ungerade,
$$\wedge\, x(P x \to \neg\, U x) \quad \text{oder} \quad \neg\, \vee\, x(P x \wedge U x).$$

Im folgenden wird ‚ganze Zahl‘ im Sinne von ‚positive ganze Zahl‘
verwendet.

(6) Keine ganze Zahl ist gleichzeitig gerade und ungerade,
$$\neg\, \vee\, x(G x \wedge U x).$$

(7) 1 ist kleiner als jede ganze Zahl,
$$\wedge\, x\, K a_1 x.$$

(8) 1 ist kleiner als jede andere ganze Zahl,

$$\wedge\, x\,(\neg\, I a_1 x \to K a_1 x).$$

(9) Zu jeder ganzen Zahl gibt es eine größere ganze Zahl,

$$\wedge\, x \vee y\, K x y.$$

Wir haben hier ‚größer als‘ mit Hilfe eines Prädikats ausgedrückt, das eigentlich die Übersetzung von ‚kleiner als‘ ist; wir haben damit ein Beispiel gegeben, wie eine Übersetzung von dem zur Verfügung stehenden Vokabular abhängen kann. Hätten wir ein zweistelliges Prädikat ‚H‘, das relativ zu $\mathfrak{J}$ ‚größer als‘ darstellt, so könnten wir unsere Aussage mit

$$\wedge\, x \vee y\, H y x$$

übersetzen, doch mit den vorhandenen Prädikaten können wir nur

$$\wedge\, x \vee y\, K x y$$

erreichen. Der Unterschied mag klein erscheinen, aber er macht sich bemerkbar, wenn wir nur mit dem Prädikat ‚K‘ versuchen wollten, ‚Für je zwei positive ganze Zahlen gilt: wenn die erste größer ist als die zweite, so ist die zweite kleiner als die erste‘ zu übersetzen.

(10) Es gibt eine ganze Zahl, die größer als jede ganze Zahl ist,

$$\vee\, y \wedge x\, K x y$$

(11) Es gibt eine ganze Zahl, die größer als jede von ihr verschiedene ganze Zahl ist,

$$\vee\, y \wedge x\,(\neg\, I x y \to K x y).$$

(12) Wenn das Produkt zweier ganzer Zahlen gerade ist, so ist mindestens eine von ihnen gerade,

$$\wedge\, x \wedge y \wedge z\,((M x y z \wedge G z) \to (G x \vee G y)).$$

(13) Das Produkt zweier gerader ganzer Zahlen ist stets ein Vielfaches von 4,

$$\wedge\, x \wedge y \wedge z\,((G x \wedge G y) \wedge M x y z) \to \vee w\, M w a_4 z).$$

(14) Jede gerade ganze Zahl größer als 4 ist die Summe zweier Primzahlen,

$$\wedge\, x\,((G x \wedge K a_4 x) \to \vee y \vee z\,(S y z x \wedge (P y \wedge P z))).$$

(15) Jede ganze Zahl größer als 1 ist (ohne Rest) durch eine Primzahl teilbar,

$$\wedge\, x\,(K a_1 x \to \vee y \vee z\,(P y \wedge M y z x)).$$

(16) Es gibt keine größte Primzahl,

$$\wedge\, x(Px \to \vee\, y(Py \wedge Kxy)).$$

(17) Zu jedem Paar von Primzahlzwillingen gibt es ein größeres Paar von Primzahlzwillingen,

$$\wedge\, x \wedge y(((Px \wedge Py) \wedge (Sxa_2y \vee Sya_2x)) \to$$
$$\vee z \vee w((Kxz \wedge Kyw) \wedge (Pz \wedge Pw)) \wedge (Sza_2w \vee Swa_2z))).$$

(18) Zu jeder Primzahl der Form $p^2 + 1$ gibt es eine größere Primzahl derselben Form,

$$\wedge\, x((Px \wedge \vee y \vee z(Myyz \wedge Sa_1zx)) \to$$
$$\vee w((Pw \wedge Kxw) \wedge \vee y \vee z(Myyz \wedge Sa_1zw))).$$

Obwohl es eine mühsame Arbeit wäre, könnten wir in jedem dieser Fälle ebenfalls zeigen, wie sie sich in das Schema (*W*) einordnen.

Damit wir noch zu einer anderen Gruppe von Beispielen gelangen, sei nun eine Interpretation gegeben, die die Menge aller Personen aus *David Copperfield* als Bereich hat (wir nehmen an, diese Menge sei nicht leer!) und die in der folgenden Weise den nicht-logischen Konstanten Bedeutungen zuordnet:

I^1: die Menge derjenigen, die Einspruch erheben

W^1: die Menge derer, die willens sind

P^1: die Menge derer, die aus ihren finanziellen Schwierigkeiten herauskommen

H^2: die zweistellige Relation, die zwischen zwei Personen $\mathfrak{m}$ und $\mathfrak{n}$ besteht, wenn $\mathfrak{m}$ $\mathfrak{n}$ heiraten wird

F^2: die zweistellige Relation, die zwischen zwei Personen $\mathfrak{m}$ und $\mathfrak{n}$ besteht, wenn $\mathfrak{m}$ ein Freund von $\mathfrak{n}$ ist

L^2: die zweistellige Relation, die zwischen zwei Personen $\mathfrak{m}$ und $\mathfrak{n}$ besteht, wenn $\mathfrak{m}$ an $\mathfrak{n}$ Geld verleihen wird

a: Agnes m: Micawber
b: Barkis p: Peggotty
h: Heep

Auf dieser Grundlage erhalten wir das folgende:

(19) Heep ist willens, Agnes jedoch nicht,

$$Wh \wedge \neg Wa.$$

(20) Wenn Barkis willens ist, wird Peggotty ihn heiraten,

$$Wb \to Hpb.$$

An diesem Beispiel wird ein Problem sichtbar, das häufig, vor allem zusammen mit nicht-mathematischen Aussagen, auftritt. Die beiden Teile unserer deutschen Aussage sind zeitbezogen, und zwar nicht auf irgendeine beliebige Zeit, sondern sie sind untereinander zeitbezogen. Der Sinn ist doch zumindest der folgende: wenn Barkis zu einer Zeit t (vielleicht der gegenwärtigen) willens ist, dann wird Peggotty ihn zu einer Zeit t', die nach t kommt, heiraten. Daß unsere Formel diesem Umstand nicht Rechnung trägt, erkennt man an der Tatsache, daß zwar

$$\neg\, Hpb \to \neg\, Wb$$

eine Folgerung aus der Formel (20) ist, der deutsche Satz

> Wenn Peggotty Barkis nicht heiraten wird, so ist er nicht willens

folgt aber nicht unbedingt aus der Aussage (20)!

Die Moral liegt hier, wie der Anfänger vielleicht ahnt, darin, daß wir nicht versuchen sollten, gewöhnliche Aussagen dieser Art zu übersetzen, wenn uns nicht eine Interpretation zur Verfügung steht, die die nötigen Zeitbezüge ermöglicht. Ein bißchen Nachdenken zeigt jedoch, daß die Schwierigkeiten im wesentlichen bleiben, auch wenn solche Zeitbezüge möglich sind. Schließlich geht es hier nicht nur darum, daß es für jeden Zeitpunkt gilt, daß Barkis zu diesem Zeitpunkt nicht willens ist oder daß Peggotty ihn zu einem späteren Zeitpunkt heiraten wird, sondern hier liegt auch noch ein gewisser Kausalzusammenhang vor. Ob wir, wenn wir nur Quantoren und extensional verstandene aussagenlogische Verknüpfungen zulassen, in der Lage sind, in adäquater und prägnanter Weise diese Art von Zusammenhang auszudrücken, ist eine Frage, die schnell in tiefliegende philosophische Probleme hineinführt. Im Augenblick plädieren wir dafür, unsere Aufgabe als eine praktische Aufgabe aufzufassen und uns bei der Übersetzung einfach darum zu bemühen, mit den verfügbaren Mitteln das Beste zu erreichen.

(21) Wenn Barkis willens ist, wird Peggotty ihn heiraten, falls nicht jemand Einspruch erhebt,

$$Wb \to (\neg\, \vee\, xIx \to Hpb).$$

(22) Wenn niemand Einspruch erhebt, wird Agnes Heep heiraten oder Heep wird kein Geld an Barkis verleihen,

$$\neg\, \vee\, xIx \to (Hah \,\vee\, \neg\, Lhb).$$

(23) Micawber wird nur dann aus seinen finanziellen Schwierigkeiten herauskommen, wenn ihm ein Freund Geld leihen
wird,

$$Pm \rightarrow \vee\, x(F\,xm \wedge L\,xm).$$

(24) Heep wird niemandem Geld leihen, der ein Freund von
Micawber ist,

$$\wedge\, x(F\,xm \rightarrow \neg\, L\,hx).$$

(25) Obwohl jedermann willens ist, wird niemand irgend
jemanden heiraten, wenn nicht Micawber seine finanziellen
Schwierigkeiten loswird,

$$\wedge\, x\,W\,x \wedge (\neg\, Pm \rightarrow \wedge\, x \wedge y \neg\, H\,xy).$$

(26) Barkis wird Geld an Micawber verleihen, wenn Heep nicht
Einspruch erhebt, und wer auch immer Einspruch erheben
mag, er ist kein Freund von Micawber,

$$(\neg\, Ih \rightarrow L\,bm) \wedge \wedge\, x(I\,x \rightarrow \neg\, F\,xm).$$

(27) Jeder hat einen Freund, der Geld von einem von Micawbers
Freunden leihen wird, falls nicht Micawber Einspruch
erhebt,

$$\wedge\, x \vee y(F\,yx \wedge \vee z(F\,zm \wedge (\neg\, Im \rightarrow L\,zy))).$$

Für jedes dieser Paare könnte man wieder zeigen, daß sie in das
Schema (W) passen.

2. Interpretation und Übersetzung

Über die Frage, in welchem Maße die Aussagen von $\mathfrak{L}$ durch eine Interpretation von $\mathfrak{L}$ sinnvoll oder bedeutungsvoll werden, verschafft man
sich am besten mit Hilfe Gottlob Freges bekannter Unterscheidung
zwischen Sinn und Bedeutung sprachlicher Ausdrücke Klarheit. Unter
die Überschrift ‚sprachlicher Ausdruck‘ fallen hierbei Namen, Kennzeichnungen, Prädikatausdrücke und vollständige Aussagen. Nach
Frege ist der Sinn eines solchen Ausdrucks sein Inhalt; man muß den
Sinn erfassen, um den Ausdruck, wenn er benutzt wird, zu verstehen.
(In eine ähnliche Richtung weist die Beschreibung, die die alten
Stoiker für den Sinn griechischer Rede geben: ‚er ist das, was Griechen,
aber nicht Barbaren erfassen, wenn griechisch gesprochen wird‘.) Die
Bedeutung andererseits wird durch das Objekt (bzw. die Objekte)
dargestellt, auf das sich der Ausdruck bezieht. So haben der ‚Morgen-

stern' und der ‚Abendstern' dieselbe Bedeutung, nämlich den Planeten Venus, aber ihr Sinn ist verschieden. Der erste Ausdruck hat nach Frege etwa den Sinn: ‚das hell leuchtende Objekt, das morgens am östlichen Himmel erscheint', der zweite jedoch nicht. Wenn der Sinn eines Ausdrucks gegeben ist, dann liegt damit seine Bedeutung eindeutig fest; die Umkehrung gilt jedoch, wie das Beispiel eben zeigt, nicht.

Nach Freges Ansicht müssen Sinn und Bedeutung noch zwei weitere Bedingungen erfüllen:

a) Die Bedeutung eines zusammengesetzten Ausdrucks ist eine Funktion der Bedeutungen seiner Teile. Wenn, mit anderen Worten, ein Teil eines zusammengesetzten Ausdrucks gegen einen Ausdruck ausgetauscht wird, der dieselbe Bedeutung hat, so ändert sich die Bedeutung des Ganzen dadurch nicht.

b) Das Entsprechende gilt für den Sinn eines zusammengesetzten Ausdrucks.

Diese beiden Prinzipien erhärten zusammen mit einigen auf der Hand liegenden Tatsachen über den Sinn spezieller Ausdrücke die Behauptung, daß man Sinn und Bedeutung nicht in plausibler Weise miteinander identifizieren kann. Die beiden Aussagen

(1) Morgenstern und Abendstern sind dasselbe,

(2) Morgenstern und Morgenstern sind dasselbe

haben nämlich offensichtlich nicht denselben Sinn, denn die zweite bringt eine Trivialität zum Ausdruck, die erste aber nicht. Trotzdem haben, wie bereits bemerkt, die Ausdrücke ‚Morgenstern' und ‚Abendstern' dieselbe Bedeutung; wenn Sinn und Bedeutung dasselbe wären, hätten sie auch denselben Sinn. Auf Grund des Prinzips b) könnte man sie dann in (1) gegeneinander austauschen, ohne daß sich der Sinn ändert, und (1) und (2) hätten dann denselben Sinn. In derselben Weise könnten wir mit Prinzip a) zu dem Ergebnis gelangen, daß (1) und (2) dieselbe Bedeutung haben, und auch dann könnten Sinn und Bedeutung nicht miteinander übereinstimmen.

In die letzte Betrachtung ging die Bedeutung einer Aussage ein. Nach Frege besteht die Bedeutung einer Aussage aus ihrem Wahrheitswert und ihr Sinn aus einer Proposition oder einem Gedanken, wenn die Aussage für sich steht oder als Komponente in einer größeren Aussage vorkommt. So haben (1) und (2) dieselbe Bedeutung, obwohl sie sich in ihrem Sinn unterscheiden.

(Vielleicht fragt sich der Leser in Erinnerung an unsere früher ausgedrückten Zweifel, ob denn so etwas wie Propositionen überhaupt existiert [beinahe dieselben Zweifel sind auch bei Wahrheitswerten berechtigt], wieso wir es nun wagen, solche Dinge bei einer ‚Klärung‘ des Gegenstandes zu verwenden. Die Antwort lautet so, daß man das Wesentliche in Freges Standpunkt auch ohne metaphysische Annahmen über die Existenz solcher Dinge wie Propositionen zum Ausdruck bringen kann. Beispielsweise können wir das Prinzip b) wie folgt umformulieren: wenn zwei Ausdrücke S und T synonym und zwei Ausdrücke U und V übereinstimmen, außer daß in U S vorkommt, wo V T enthält, dann sind auch U und V synonym. Da die Nicht-Existenz von Propositionen und Ähnlichem von uns in keiner Weise verlangt, die Existenz von Paaren synonymer Ausdrücke zu leugnen, können wir den größten Teil von Freges Semantik akzeptieren, ohne daß wir seiner Metaphysik zustimmen. Ähnlich nachsichtig können wir mit anderen Autoren sein, die ‚Propositionen‘ verwenden, sofern diese in ähnlicher Weise eliminiert werden können.)

Man könnte meinen, daß man der Fregeschen Theorie in folgender Weise ein Gegenbeispiel entgegensetzen könnte:

(3) Jemand fragt sich, ob der Morgenstern dasselbe ist wie der Abendstern,

(4) Jemand fragt sich, ob der Morgenstern dasselbe ist wie der Morgenstern.

Es scheint vernüftig anzunehmen, (3) sei wahr und (4) sei falsch, d. h. (3) und (4) hätten verschiedene Bedeutungen, obwohl Prinzip a) das Gegenteil festzustellen scheint. Frege löst solcherlei Schwierigkeiten, indem er verneint, daß ein vorliegender Ausdruck, in welchem Zusammenhang auch immer er auftreten mag, stets denselben Sinn hat. Tatsächlich, sagt er, habe ein sprachlicher Ausdruck, der Redeweisen wie ‚glaubt, daß‘, ‚weiß, daß‘, ‚fragt sich, ob‘ usw. folgt, als Bedeutung das, was normalerweise seinen Sinn ausmacht, und als Sinn irgend etwas anderes. Wenn also Aussage (1) für sich allein steht, hat sie als Bedeutung ihren Wahrheitswert und als Sinn eine gewisse Proposition; wenn sie aber in (3) vorkommt, hat sie als Bedeutung diese Proposition. Entsprechend bedeutet der Ausdruck ‚Morgenstern‘, wenn er in der für sich allein stehenden Aussage (1) vorkommt, den Planeten Venus; in (3) aber hat er als Bedeutung den Sinn, der ihm in (1) zukommt. Man beachte auch, daß der Sinn dieses Ausdrucks in (3) ein anderer ist als der in (1), da seine Bedeutung in

(3) von der in (1) verschieden ist und der Sinn die Bedeutung eindeutig bestimmt.

Frege unterscheidet demnach zwischen dem *gewöhnlichen* oder *direkten* Sinn (bzw. der gewöhnlichen oder direkten Bedeutung) eines Ausdrucks und dem ‚*ungeraden*‘ oder *indirekten* Sinn (bzw. der ‚ungeraden‘ oder indirekten Bedeutung), wobei die indirekte Bedeutung dasselbe ist wie der direkte Sinn. Wie der Leser bemerkt haben wird, ist unser Begriff des direkten Vorkommens eines Namens oder einer Kennzeichnung (vgl. Kapitel 2) eng mit der hier besprochenen Fregeschen Unterscheidung verwandt. Allerdings ist es gelegentlich möglich, daß ein Name zwar direkt vorkommt, jedoch einen ‚indirekten Sinn‘ in der Fregeschen Terminologie hat; dazu betrachte man z.B. die Aussageform (n) der Übung 3 auf Seite 59.

Wenn wir nun zu dem Zusammenhang zwischen Interpretation und Bedeutung zurückkehren, so erkennen wir, daß eine Interpretation zwar für jedes Prädikat, für jede Individuenkonstante und für jede Aussage von $\mathfrak{L}$ eine Bedeutung festlegt, aber damit noch keinen Sinn bestimmt. Natürlich schränkt sie durch die Zuordnung einer Bedeutung die Menge dessen, was möglicherweise einen Sinn des Ausdrucks darstellen könnte, ein. Wenn also z.B. bei der Interpretation $\mathfrak{I}$ der Individuenkonstante ‚a_2‘ die Bedeutung 2 gegeben wird, so kann sie zwar den Sinn ‚die einzige gerade Primzahl‘ oder ‚die positive Quadratwurzel von 4‘ haben, aber nicht den Sinn ‚die positive Quadratwurzel von 9‘. Allerdings ist das für unsere Zwecke nicht ausreichend. Um nämlich entscheiden zu können, ob eine formale Aussage φ eine zufriedenstellende Übersetzung der deutschen Aussage S ist, müssen wir auf irgendeine Weise φ auch einen Sinn und nicht nur eine Bedeutung zuordnen.

Es ist wohl ziemlich klar, daß wir das in der Tat immer stillschweigend getan haben. Wir haben ja gefordert, daß eine formale Aussage φ, die bei einer Interpretation $\mathfrak{I}$ als Übersetzung von S in Frage kommen soll, unter Berücksichtigung unserer Definition von ‚wahr bei $\mathfrak{I}$‘ und verschiedener Synonyme der natürlichen Sprache in das Schema (W) einzuordnen sein muß. Es ist wichtig zu bemerken, daß wir die *Art und Weise,* in der $\mathfrak{I}$ beschrieben ist, wesentlich ausnutzen, wenn wir das Schema (W) auf einen Einzelfall anwenden; mit anderen Worten, wenn ein und dieselbe Interpretation auf verschiedene Weisen ‚gegeben‘ ist, können wir sehr verschiedenartige Aussagen der deutschen Sprache erhalten, die alle derselben Aussage der künstlichen Sprache entsprechen. Nehmen wir z.B. einmal an, die auf Seite 77 beschriebene Interpretation sei nur in einem Punkte auf eine etwas andere Weise gegeben: statt

$$a_2 : 2$$

stünde

$$a_2 : \text{die einzige gerade Primzahl.}$$

An Stelle von

‚$K^2 a_2 a_3$ ist dann und nur dann wahr bei $\mathfrak{J}$, wenn 2 kleiner als 3 ist‘ erhielten wir dann aus der Definition von ‚wahr bei $\mathfrak{J}$‘ und der früheren Beschreibung von $\mathfrak{J}$

> ‚$K^2 a_2 a_2$ ist dann und nur dann wahr bei $\mathfrak{J}$, wenn die einzige gerade Primzahl kleiner als 3 ist‘.

Also würden wir dazu gebracht, ‚$K^2 a_2 a_3$‘ als Übersetzung der deutschen Aussage ‚die einzige gerade Primzahl ist kleiner als 3‘ anzusehen, während sie früher bei derselben Interpretation die Übersetzung von ‚2 ist kleiner als 3‘ darstellte. Wir sehen also, daß unser Verfahren die Frage, ob eine formale Aussage φ eine adäquate Übersetzung der deutschen Aussage S ist, nicht nur auf eine Interpretation $\mathfrak{J}$, sondern auch auf eine spezielle Beschreibung von $\mathfrak{J}$ relativiert.

Natürlich müssen wir, wenn wir eine Interpretation *liefern*, irgendwie deutlich machen, welche Objekte wir welchen Konstanten zuordnen, und ein naheliegender Weg dafür besteht darin, für jede in Frage kommende Konstante einen deutschen Ausdruck anzugeben, der das zugeordnete Objekt kennzeichnet. Als wir die oben besprochene Zahleninterpretation $\mathfrak{J}$ angaben, benutzten wir einen Namen oder eine Kennzeichnung der Zahl 2, um klarzumachen, welches Objekt wir der Konstanten ‚a_2‘ zuordnen, und wir kennzeichneten die ‚K^2‘ zugeordnete Relation durch eine Redeweise wie z.B. ‚ist kleiner als‘. Diese Redeweisen haben jedoch nicht nur eine Bedeutung, sondern auch einen Sinn. Wir haben von diesem Umstand Gebrauch gemacht, indem wir stillschweigend annahmen, daß die Ausdrücke der deutschen Sprache, die wir bei der Beschreibung einer Interpretation verwendeten, den in Frage stehenden nicht-logischen Konstanten nicht nur eine Bedeutung, sondern auch einen Sinn geben. So haben wir angenommen, daß

$$K^2 a_2 a_3$$

nicht nur dann und nur dann wahr ist, wenn die einzige gerade Primzahl kleiner als 3 ist, sondern daß sie auch den Sinn hat, daß die einzige gerade Primzahl kleiner als 3 ist.

Übersetzungsfragen werden also einen etwas präziseren Charakter annehmen, wenn wir die fragliche Interpretation auf eine standardisierte Weise angeben. Dieser Standardweg soll folgendermaßen aussehen: der Bereich soll durch einen Namen oder durch eine Kennzeichnung einer nicht-leeren Menge angegeben werden; die Bedeutungen der in Frage kommenden nicht-logischen Konstanten sollen wie folgt angegeben werden: a) Bedeutungen für Aussagebuchstaben durch deutsche Aussagen; b) Bedeutungen für Individuenkonstanten durch deutsche Namen oder kennzeichnende Redeweisen; c) Bedeutungen für Prädikatkonstanten durch deutsche Prädikate. Den Begriff des ‚Prädikats der deutschen Sprache' bilden wir nach Quine: ein Prädikat der deutschen Sprache sieht aus wie eine Aussage der deutschen Sprache, nur daß die Zahlenmarke ‚①', oder die Zahlenmarken ‚①' und ‚②', oder die Zahlenmarken ‚①', ‚②' und ‚③' usw. an solchen Stellen stehen, wo Namen oder Kennzeichnungen direkt vorkommen. Auf diese Weise ist jedes der folgenden Gebilde ein Prädikat der deutschen Sprache:

$$① < ②$$

$$② < ① \text{ oder } ① < ③$$

Wenn ② ein Bruder des besten Freundes von ① ist, so stehen
    Frank und ② in einer gewissen Beziehung zueinander;

aber

    ① möchte wissen, ob ② zum Abendessen kommt

ist kein Prädikat und

$$① < ③$$

auch nicht.

Von den Zahlenmarken, die in einem Prädikat der deutschen Sprache vorkommen, zeigt diejenige mit der höchsten Ziffer die *Stellenzahl* des Prädikats an, und bei einer Interpretation muß natürlich das Prädikat der deutschen Sprache dieselbe *Stellenzahl* wie das formale Prädikat, das es interpretiert, haben. Zur Verdeutlichung dieser Konventionen geben wir jetzt die Interpretation von Seite **77** noch einmal in standardisierter Weise an:

    $\mathfrak{B}$: die Menge der positiven ganzen Zahlen
    G^1: ① ist gerade
    U^1: ① ist ungerade
    P^1: ① ist eine Primzahl
    K^2: ① < ②

I^2: ① = ②
S^3: ① + ② = ③
M^3: ① · ② = ③
a_1: 1 P: 1 = 1
a_2: 2 Q: 1 ≠ 1
a_3: 3 R: 1 = 1

Für die Übersetzung deutscher Aussagen relativ zu $\mathfrak{F}$ sagen nun die in dieser Liste erscheinenden Zeilen zweierlei aus. So gibt

$$S^3: \text{①} + \text{②} = \text{③}$$

z.B. an, daß a) die Interpretation $\mathfrak{F}$ der Konstanten ‚S^3' die Menge aller geordneten Tripel positiver ganzer Zahlen zuordnet, die das Prädikat der deutschen Sprache ‚① + ② = ③' erfüllen (das natürlich in Wirklichkeit eine Aussageform ist) und b) daß der Sinn von ‚S^2' mit dem des Prädikats der deutschen Sprache übereinstimmt.

3. Übersetzung der Quantoren und der aussagenlogischen Verknüpfungen

Bis jetzt haben wir in erster Linie die Interpretation der nicht-logischen Konstanten von $\mathfrak{L}$ besprochen. Jetzt wollen wir uns mit den aussagenlogischen Verknüpfungen und den Quantoren befassen. Diese zeigen, wie aus der Definition von ‚wahr bei $\mathfrak{F}$' ersichtlich, nicht ganz dasselbe Verhalten wie ihre Gegenstücke in der natürlichen Sprache. Zum Teil, aber auch nur zum Teil, liegt das an der Unbestimmtheit oder Mehrdeutigkeit dieser Gegenstücke. Der wichtigste Unterschied ergibt sich vielleicht aus der Tatsache, daß wir die aussagenlogischen Verknüpfungen von $\mathfrak{L}$ *extensional* oder als Junktoren interpretieren. Das bedeutet folgendes: der Wahrheitswert einer Aussage, die mit Hilfe von aussagenlogischen Verknüpfungen aus anderen Aussagen aufgebaut ist, hängt einzig und allein von den Wahrheitswerten ab, den die (gerade vorliegende) Interpretation diesen Teilaussagen zuordnet. Da aber in der Umgangssprache Wörter wie ‚oder', ‚und', ‚wenn ... so' nicht immer (wenn überhaupt jemals) extensional gebraucht werden, ist ihre Darstellung durch die Junktoren stets mehr oder weniger fragwürdig.

Im Falle von ‚∧' und ‚und' sind die Unterschiede wohl am geringsten. $\mathfrak{J}$ sei eine Interpretation, und φ und ψ seien Aussagen, dann ist die Aussage $(\varphi \wedge \psi)$ bei $\mathfrak{J}$ genau in dem Falle wahr, wenn beide Komponenten bei $\mathfrak{J}$ wahr sind, sonst ist sie falsch. Das entspricht recht gut dem Gebrauch von ‚und' in der Umgangssprache, obwohl letzteres manchmal im Sinne von ‚und dann' verwandt wird, so daß ‚er putzte sich die Zähne und ging ins Bett' durchaus verschieden ist von ‚er ging ins Bett und putzte sich die Zähne'. Manchmal steht ‚und' auch zwischen Namen wie in der Aussage ‚2 und 4 sind gerade Zahlen'; in solchen Fällen machen wir die Aussage zu einer Konjunktion aus zwei oder mehreren Aussagen von $\mathfrak{L}$: in diesem Beispiel ergibt sich

$$Ga_2 \wedge Ga_4.$$

(In manchen Fällen jedoch wie in ‚David und Agnes werden getraut' würde eine solche Umwandlung den Sinn radikal ändern.)

Die Verknüpfung ‚∨' liefert ein neues Problem. Eine Disjunktion ist bei einer vorliegenden Interpretation genau dann wahr, wenn mindestens eine der beiden Komponenten wahr ist. Mit dem Sinn von ‚∨' ist es also durchaus verträglich, daß in einer wahren Disjunktion beide Komponenten wahr sind. Bei unserer Zahleninterpretation wäre das folgende ein solcher Fall:

$$Ka_1a_2 \vee Ka_1a_2.$$

Natürlich gibt es auch wahre Disjunktionen, bei denen es nicht möglich ist, daß beide Komponenten wahr sind, z.B.

$$Ka_1a_2 \vee \neg\, Ka_1a_2.$$

In Fällen wie hier ist jedoch die Möglichkeit, daß beide Komponenten wahr sind, ausgeschlossen — zwar nicht auf Grund des Sinns von ‚∨', aber auf Grund des Sinns von ‚Ka_1a_2' und ‚$\neg\, Ka_1a_2$'. Da das deutsche Wort ‚oder' beinahe immer zwischen Aussagen steht, die wegen ihres Inhalts oder gewisser unausgesprochener Annahmen nicht gleichzeitig wahr sein können, läßt sich schwer entscheiden, ob dieses Wort im ‚ausschließenden' Sinne verwandt wird (was einige Logiker behaupten) oder ob es analog zu ‚∨' im ‚nicht-ausschließenden' Sinne auftritt.

Wenn wir die Verknüpfung ‚→' als Gegenstück zu den Wörtern ‚wenn ... so' ansehen, so müssen wir uns doch über einige wichtige Unterschiede im klaren sein. Wir benutzen diese Verknüpfung extensional, und zwar folgendermaßen: eine Subjunktion ist bei einer vorliegenden Interpretation $\mathfrak{J}$ genau dann wahr, wenn entweder das

Antezedenz bei $\mathfrak{F}$ falsch oder das Sukzedenz wahr oder beides der Fall ist. Bezüglich unserer Zahleninterpretation sind die Aussagen

$$U a_2 \to G a_2$$
$$U a_2 \to G a_2$$
$$\neg\, U a_2 \to G a_2$$

alle wahr. Ebenfalls wahr sind

$$\wedge\, x((G x \wedge U x) \to G x)$$
$$\wedge\, x((G x \wedge U x) \to \neg\, G x)$$
$$\wedge\, x(G x \to (G x \vee U x))$$
$$\wedge\, x(\neg\, G x \to (G x \vee U x)).$$

Dagegen ist

$$G a_2 \to U a_2$$

falsch, wie man auch hoffen möchte. Nun dürfte wohl sicher sein, daß ‚wenn … so‘ in der Umgangssprache so gut wie nie in diesem extensionalen Sinn verwendet wird. Aber gerade in diesem Fall ist es schwierig herauszufinden, was man unter dem Sinn (falls man überhaupt von *dem* Sinn sprechen kann) dieser umgangssprachlichen Redewendung versteht. Manchmal wird angeführt, der oben beschriebene extensionale Sinn sei eine Art ‚kleinstes gemeinsames Vielfaches‘. Denn wenn eine ‚wenn … so‘-Aussage in irgendeinem gewöhnlichen Sinne wahr ist, dann ist ihre Übersetzung mit ‚→‘ bei der passenden Interpretation ebenfalls wahr. Das heißt jedoch nicht, daß wir immer dann, wenn wir ‚wenn … so‘ mit ‚→‘ übersetzen, unsere Behauptung abschwächen, also weniger behaupten. So ist z.B. die Aussage $\neg\, (P \to Q)$ als Übersetzung der Aussage ‚Es ist nicht der Fall, daß die Russen zurückstecken, wenn die Amerikaner fest bleiben‘ zu stark, denn ‚P‘ ist zwar eine Folgerung aus der ersten Aussage, doch wird niemand behaupten wollen, daß ‚die Amerikaner werden fest bleiben‘ aus der zweiten folgt. Auf jeden Fall steht fest, daß die Eigenschaft von ‚wenn … so‘-Aussagen, wahr oder falsch zu sein, nicht nur von den Wahrheitswerten, sondern im allgemeinen wenigstens zum Teil auch von inhaltlichen Zusammenhängen zwischen den Einzelaussagen abhängt. Da letzteres für die Verknüpfung ‚→‘ nicht zutrifft, können wir hier nur eine recht geringe Übereinstimmung erwarten.

Was das Wort ‚nicht‘ angeht, so kann man dagegen hauptsächlich einwenden, daß die Art und Weise, wie es umgangssprachlich verwendet wird, häufig seine logische Rolle verschleiert. So soll ‚alle Tage ist kein Sonntag‘ offenbar bedeuten: ‚nicht jeder Tag ist ein Sonntag‘, so daß das formale Gegenstück etwa

$$\neg \wedge x(T\,x \to S\,x)$$

lautet und nicht

$$\wedge x(T\,x \to \neg\, S\,x).$$

Ein anderes Beispiel: angenommen wir übersetzen ‚Meier wird sicher gewinnen‘ mit ‚$W\,m$‘, so müssen wir achtgeben, ‚Meier wird sicher nicht gewinnen‘ nicht mit ‚$\neg\,W\,m$‘ zu formalisieren, denn das würde nur bedeuten, daß es nicht sicher ist, ob Meier gewinnen wird (und vielleicht auch nicht sicher ist, ob er nicht gewinnen wird). Weiterhin kann es vorkommen, daß keine der beiden Aussagen ‚ich wünsche nicht, daß er kommt‘ und ‚ich wünsche, daß er kommt‘ wahr ist (wenn es mir nämlich gleichgültig ist), und infolgedessen können keine Aussage von $\mathfrak{L}$ und ihre Negation angemessene Übersetzungen dieser Aussagen sein.

Es soll auch bemerkt werden, daß häufig eine aussagenlogische Verknüpfung oder ein Quantor in einer Übersetzung auftaucht, während das umgangssprachliche Pendant im Original nicht erscheint. So kommen ‚$\to$‘ und ‚$\wedge$‘ in den üblichen Formalisierungen von ‚alle Menschen sind sterblich‘ und ‚einige Menschen sind sterblich‘ vor; ‚$\neg$‘ erscheint, wenn wir ‚wir haben keine Bananen‘, ‚nichts ist kälter als Eis‘, ‚ich gehe, es sei denn, er kommt‘ usw. formalisieren; ein Allquantor wird benutzt, wenn man Aussagen wie ‚ein Pfadfinder ist aufmerksam‘ symbolisiert (ein anderer Fall liegt, wie Quine bemerkt hat, in der Aussage ‚eine Dame ist anwesend‘ vor); usw. In einem jeden solchen Fall aber gibt es eine Aussage der Umgangssprache, die die entsprechende aussagenlogische Verknüpfung oder den entsprechenden Quantor enthält und die mit der formalen Aussage sinngemäß mindestens so gut übereinstimmt wie das Original.

Die natürliche Sprache enthält eine ganze Reihe von Verknüpfungen, die offensichtlich nicht extensional verwendet werden, und weitere, die man als Grenzfälle einordnen muß. Die Wörter ‚da‘ und ‚weil‘ sind Beispiele für den ersten Typ. In der Aussage

Meier hat gewonnen, weil Schmidt disqualifiziert wurde

ist der Wahrheitswert des Ganzen nicht vollständig durch die Wahrheitswerte der Teile bestimmt. Zwar ist die Gesamtaussage tatsächlich falsch, wenn eine oder beide Komponenten falsch sind, doch im Fall, daß beide wahr sind, ist der Wahrheitswert des Ganzen damit noch nicht festgelegt. Die Verknüpfungen ‚aber‘, ‚obwohl‘ und ‚es sei denn‘ scheinen dagegen Grenzfälle zu sein. Aussagen der Form

$$- - - \text{ obwohl } \ldots$$

oder

$$- - - \text{ aber } \ldots$$

können für unsere Zwecke als Äquivalent zu den entsprechenden Aussagen der Form

$$- - - \text{ und } \ldots$$

angesehen werden, und in ähnlicher Weise betrachten wir Aussagen der Form

$$- - - \text{ es sei denn } \ldots$$

als äquivalent zu den entsprechenden Aussagen der Form

$$\text{wenn nicht } \ldots, \text{ so } - - -.$$

Schließlich müssen wir noch einige Bemerkungen zu dem All- und zu dem Existenzquantor machen. Wir haben schon früher festgelegt, daß ‚$\lor x$‘ ‚es gibt (in dem Bereich) mindestens ein Objekt, derart daß‘ darstellt, und somit entspricht es nicht ganz genau dem ‚einige‘. Man bedenke auch, daß hintereinander vorkommende Quantoren, grob gesprochen, sich nicht auf verschiedene Objekte des Bereichs beziehen müssen. Damit z.B. die Aussage

$$\land x \land y (K\,x\,y \lor K\,y\,x)$$

bei unserer schon früher benutzten Interpretation wahr wird, müßte gelten, daß jede positive ganze Zahl kleiner als sie selbst ist. Denn aus dieser Aussage folgt

$$K\,a\,a \lor K\,a\,a$$

und daraus wieder

$$K\,a\,a.$$

Sie liest sich am besten: ‚für jede ganze Zahl x und für jede ganze Zahl $y \ldots$‘ und nicht ‚für je zwei ganze Zahlen x und $y \ldots$‘. Ähnliche Beobachtungen gelten für Existenzquantoren. Die Aussage

$$\lor x \lor y\, I\,x\,y$$

bringt nicht den Widerspruch zum Ausdruck, daß es *zwei* Dinge gibt, die trotzdem miteinander identisch sind, sondern nur die Trivialität, daß irgend etwas mit irgend etwas identisch ist.

In einer allgemeinen Aussage der Form $\wedge\,\alpha\varphi$ oder $\vee\,\alpha\varphi$ von $\mathfrak{L}$ können wir die Variable α überall, wo sie vorkommt, durch eine Variable ersetzen, die noch nicht in φ auftritt. Die Übersetzung einer solchen Aussage wird von der Ersetzung der Variablen nicht berührt werden. Unter Punkt (1) auf Seite 94 hätten wir auch

$$\wedge\,y(Py \to Uy)$$

oder

$$\wedge\,z(Pz \to Uz)$$

verwenden können; alle diese Formeln haben dieselben Wahrheitsbedingungen und dieselben Übersetzungen.

Gewisse Verknüpfungen der natürlichen Sprache erfordern zu ihrer korrekten Übersetzung Quantoren. So hat im Deutschen das Wort ‚wenn‘ häufig die Bedeutung von ‚immer wenn‘, z.B. in der Aussage

Wenn Meier Trompete spielt, werden die Nachbarn verrückt.

Der Wahrheitswert dieser Aussage hängt sicher nicht nur von den Wahrheitswerten der beiden Komponenten

Meier spielt Trompete

und

Die Nachbarn werden verrückt

ab, denn letztere scheinen sich nur auf die Gegenwart zu beziehen, während die zusammengesetzte Aussage einen allgemeineren Charakter hat. Um in Beispielen wie diesen die passende Übersetzung zu finden, müssen wir eine Variable einführen, die Zeitmomente als Werte hat. Bei einer wie folgt gegebenen Interpretation:

$\mathfrak{B}$: die Menge der Zeitmomente
M: Zur Zeit ① spielt Meier Trompete
N: Zur Zeit ① werden die Nachbarn verrückt

.
.

erhielten wir als Übersetzung die Aussage

$$\wedge\,x(Mx \to Nx),$$

und das ist eine allgemeine und nicht eine molekulare Aussage.

Manchmal sind auch die Verknüpfungen ‚falls‘ und ‚immer wenn‘ synonym, z.B. in

Falls es wärmer als 25° C ist, bekommen die Kinder hitzefrei, und folglich müßte auch hier in der Übersetzung ein Quantor vorkommen. Andererseits kommen im Deutschen auch Aussagen der Art

> Immer wenn das Quadrat einer reellen Zahl kleiner als eins ist, ist auch die Zahl selbst kleiner als eins

vor, in denen man zwar ‚immer wenn' sagt, im Grunde aber gar keinen zeitlichen Bezug beabsichtigt, sondern ‚immer wenn' im Sinne von ‚wenn ... so' verwendet. Allerdings deutet das ‚immer' hier auch einen allgemeinen Sachverhalt an, wie auch in der Aussage

> Die Winkelsumme im Dreieck ist immer gleich zwei rechten Winkeln.

Zusammenfassend können wir sagen, daß wir eine ganze Reihe von Dingen bedenken müssen, wenn wir zwischen der Umgangssprache und der formalen Sprache hin und her übersetzen. Einige der wichtigsten Punkte sind die folgenden:

(1) Ausdrücke von $\mathfrak{L}$ können nur relativ zu einer Interpretation Bedeutung oder gar Sinn haben, und folglich sind Übersetzungs- und Formalisierungsversuche nutzlos, wenn nicht irgendwie eine Interpretation gegeben ist.

(2) Wenn eine Interpretation vorliegt, kann man für jede formale Aussage eine Art ‚Standardübersetzung' erhalten, und zwar mit Hilfe der Definition von ‚wahr bei $\mathfrak{J}$'; wenn aber dieselbe Interpretation auf verschiedene Weisen gegeben wird, kann man bei diesem Verfahren zu verschiedenen, nicht-synonymen Übersetzungen ein und derselben formalen Aussage gelangen. Diese Unterschiede können nicht nur von der Art herrühren, wie wir die den nicht-logischen Konstanten von $\mathfrak{L}$ zugeordneten Objekte beschreiben, sondern auch von der Art, wie wir zufällig den Bereich beschrieben haben. Die Frage, ob eine vorliegende Übersetzung oder Symbolisierung ‚korrekt' ist, relativiert man also am besten auf eine *in einer bestimmten Weise gegebene* Interpretation.

(3) Wir können nicht erwarten, daß ein allzu einfacher Zusammenhang zwischen der Form einer gewöhnlichen Aussage und der ihres Gegenstücks in $\mathfrak{L}$ besteht. Sogar Aussagen der Form

$$S \text{ und } T$$

werden nicht immer bestmöglich durch Aussagen der Form

$$(\varphi \wedge \psi)$$

dargestellt, und Aussagen der Form

$$\text{Wenn } S, \text{ so } T$$

haben vielleicht nur selten Gegenstücke der Form

$$(\varphi \to \psi).$$

(4) Es kann vorkommen, daß zwei formale Aussagen φ und ψ auseinander folgen (wir sagen dann, sie seien äquivalent), und trotzdem sind die beiden nicht gleich gute Übersetzungen ein und derselben Aussage der natürlichen Sprache. So wird z.B. ‚3 ist eine Primzahl' geeignet übersetzt mit

$$Pa_3,$$

aber nicht mit

$$\neg \, \neg \, Pa_3,$$

obwohl diese beiden Aussagen äquivalent sind. Auf der anderen Seite ist es aber wohl nicht möglich, daß zwei Aussagen adäquate Symbolisierungen ein und derselben Aussage, aber trotzdem nicht äquivalent sind. Das könnte nur vorkommen, wenn die zu symbolisierende Aussage mehrdeutig wäre.

Alle diese Schwierigkeiten lassen die Aufgabe, zur Symbolisierung von Aussagen der natürlichen Sprache präzise und praktisch verwendbare Regeln anzugeben, hoffnungslos erscheinen. Zumindest in den komplizierteren Fällen können wir nur den nichtssagend klingenden Rat geben: man frage sich nach dem Sinn der Aussage der natürlichen Sprache und versuche dann, eine Aussage von $\mathfrak{L}$ zu finden, die relativ zu der vorliegenden Interpretation so weit wie möglich denselben Sinn hat. Der Anfänger wird, wenn er ein wenig Erfahrungen gesammelt hat, herausfinden, daß er mit diesem Rat in einer Vielzahl von Fällen erfolgreich sein wird. Allerdings vertrauen wir auch darauf, daß er nicht nur Geschick im Symbolisieren entwickelt, sondern gleichzeitig seinen Blick dafür schärft, inwiefern seine Formeln den Originalen nicht gerecht werden.

ÜBUNGEN

1. Man symbolisiere die folgenden Aussagen unter Verwendung der gegebenen Interpretation.

$\mathfrak{B}$ = die Menge aller Menschen

V : ① ist Vater von ②

M : ① ist Mutter von ②

E : ① ist der Ehemann von ②

S : ① ist die Schwester von ②

B: ① ist der Bruder von ②

m: Maria

h: Harry

b: Wilhelm

a: Arthur

(a) Jedermann hat einen Vater.

(b) Jedermann hat einen Vater und eine Mutter.

(c) Wer einen Vater hat, hat auch eine Mutter.

(d) Harry ist Vater.

(e) Harry ist Großvater.

(f) Alle Großväter sind Väter.

(g) Harry ist ein Elternteil.

(h) Alle Väter sind Eltern.

(i) Alle Großväter sind Eltern.

(j) Harry ist ein Ehemann.

(k) Maria ist eine Ehefrau.

(l) Alle Ehemänner sind Gatten.

(m) Harry und Maria sind miteinander verheiratet.

(n) Wilhelm ist Marias Schwager.

(o) Arthur ist Wilhelms Großvater väterlicherseits.

(p) Maria ist Arthurs Tante.

(q) Jede unverheiratete Tante ist eine Schwester von irgend jemand.

(r) Kein Onkel ist gleichzeitig Tante.

(s) Alle Brüder sind Geschwister.

(t) Ein Großvater kann nicht Mutter sein.

2. Man symbolisiere die folgenden Aussagen unter Verwendung der gegebenen Interpretation.

$\mathfrak{B}$ = die Menge der Berge und Hügel

H: ① ist höher als ②

B: ① ist ein Berg

I: ① ist identisch mit ②

E: ① ist in England

W: ① ist in Wales

S: ① ist in Schottland

s: Snowdon

b: Ben Nevis

(a) Snowdon ist ein Berg in Wales.

(b) Ben Nevis ist nicht in England oder Wales, aber er ist höher als Snowdon.

(c) Zu jedem Berg in England gibt es einen höheren Berg in Schottland.

(d) Es gibt Berge in Schottland, die höher sind als alle Berge in England oder Wales.

(e) Kein Berg ist höher als er selbst.

(f) Es gibt weder in England noch in Wales zwei Berge, von denen jeder höher ist als der andere.

(g) Ben Nevis ist mindestens so hoch wie Snowdon.

(h) Jeder Berg, der mindestens so hoch wie Ben Nevis ist, ist mindestens so hoch wie Snowdon.

(i) Es gibt in Schottland neben Ben Nevis noch mindestens einen weiteren Berg, der höher ist als alle Berge in England und Wales.

(j) Es gibt mindestens zwei Berge in England.

(k) Zu jedem Berg in England gibt es mindestens noch zwei höhere in Schottland.

(l) Jeder Berg, der höher als alle Berge in England ist, ist höher als einige der Berge in Wales.

(m) Wenn Snowdon mindestens so hoch wie Ben Nevis ist, so ist jeder Berg, der mindestens so hoch wie Snowdon ist, auch mindestens so hoch wie Ben Nevis.

(n) Snowdon ist nur dann in England, wenn Ben Nevis in Wales ist.

(o) Wenn auch Snowdon nur in England ist, wenn Ben Nevis in Wales ist, ist es nicht der Fall, daß Snowdon in England ist, wenn Ben Nevis in Wales ist.

(p) Es gibt keine Berge in England, Schottland oder Wales; Snowdon und Ben Nevis sind nur Hügel.

3. Unter Verwendung der gegebenen Interpretation symbolisiere man die Prämissen und die Conclusio eines jeden der folgenden Schlüsse. In jedem Fall gebe man an, ob die formale Aussage, die der Conclusio entspricht, eine Folgerung aus den formalen Aussagen ist, die den Prämissen entsprechen. $\mathfrak{B} = $ die Menge der Spieler einer Fußballmannschaft

$M:$ ① ist Stürmer
$V:$ ① ist Verteidiger
$S:$ ① schießt ein Tor
$F:$ ① ist ein Freund von ②
$B:$ ① spielt den Ball zu ②
$c:$ Crabb
$j:$ Jones
$r:$ Robinson
$s:$ Samson

(a) Weder Samson noch Freunde von Samson schießen ein Tor. Entweder schießt Samson ein Tor, oder Jones schießt ein Tor. Also ist Jones kein Freund von Samson.

(b) Nur Verteidiger spielen den Ball zu Robinson. Crabb schießt nur dann ein Tor, wenn Samson den Ball Robinson zuspielt und Robinson ein Stürmer ist. Crabb schießt ein Tor. Also ist Samson ein Verteidiger.

(c) Alle Freunde von Samson sind Freunde von Jones. Jeder Freund von Robinson ist ein Freund von Samson. Wenn also Crabb ein Freund von Robinson ist, ist irgendwer ein Freund von Jones.

(d) Wenn Samson Stürmer ist, ist Crabb Verteidiger. Wenn weder Robinson noch Jones Stürmer sind, ist Crabb kein Verteidiger. Samson ist Stürmer, wenn es überhaupt einer ist. Wenn also jemand Stürmer ist, ist Jones es nicht.

(e) Kein Stürmer, der kein Tor schießt, hat Freunde. Robinson und Jones sind beide Stürmer. Jeder Stürmer, der den Ball Jones zuspielt, schießt kein Tor. Wenn also Robinson den Ball Jones zuspielt, dann ist Jones kein Freund von Robinson.

6. KAPITEL

Tautologien

1. *Einleitung*
2. *Definition von ‚Tautologie'*
3. *Tautologische AK-Aussagen; Wahrheitstafeln*
4. *Entscheidungsverfahren für Tautologien*
5. *Weitere Eigenschaften*
6. *Ableitungsregeln für AK-Aussagen*

In diesem Kapitel widmen wir unsere Aufmerksamkeit ganz bestimmten gültigen Aussagen, den sogenannten Tautologien. Eine Tautologie ist eine gültige Aussage, deren Gültigkeit nur von den semantischen Eigenschaften der aussagenlogischen Verknüpfungen abhängt (und nicht von denen der Quantoren). Nach einem einleitenden Abschnitt geben wir exakte Definitionen der wichtigsten hier zum Tragen kommenden Begriffe. Dann beschreiben wir das traditionelle Wahrheitstafelverfahren, mit dem wir entscheiden können, ob eine vorliegende AK-Aussage (vgl. Seite 67) tautologisch ist oder nicht. Als nächstes wird gezeigt, wie man Aussagen, die keine AK-Aussagen sind, über ihre assoziierten AK-Aussagen testen kann. Im letzten Abschnitt geben wir einige Ableitungsregeln an, mit denen wir alle AK-Tautologien (und nur solche) als Theoreme erhalten können.

1. Einleitung

Seit der Antike haben Logiker ein besonderes Interesse an analytischen Aussagen, deren Analytizität allein auf der Bedeutung der aussagenlogischen Verknüpfungen beruht. Dazu gehören z.B. Aussagen wie

(1) Alle Menschen sind sterblich, oder nicht alle Menschen sind sterblich,

(2) Schnee ist weiß, oder Schnee ist nicht weiß,

(3) Adam zeugte Seth, oder Adam zeugte Seth nicht;

diese Beispiele fallen unter den *Satz vom ausgeschlossenen Dritten* (*Tertium non datur*). Analytisch sind ferner

(4) Nicht beides: alle Menschen sind sterblich, und nicht alle Menschen sind sterblich,

(5) Nicht beides: Schnee ist weiß, und Schnee ist nicht weiß,

(6) Nicht beides: Adam zeugte Seth, und Adam zeugte Seth nicht;

diese Aussagen sind Beispiele für den *Satz vom Widerspruch*. Weiterhin gibt es natürlich noch unendlich viele verschiedenartige tautologische Aussagen.

Das entscheidende Merkmal aller dieser Aussagen liegt darin, daß ihre Eigenschaft, wahr zu sein, nur aus den logischen Eigenschaften von ‚oder‘, ‚und‘, ‚nicht‘, usw. folgt; sie ist ganz unabhängig davon, welchen Sinn ‚alle‘, ‚einige‘, oder Begriffe wie ‚Menschen‘, ‚sterblich‘ usw. haben. So würden beispielsweise in (1) und (4) die Wahrheitswerte gleich bleiben, selbst wenn ‚alle‘ den Sinn von ‚kein‘, ‚Menschen‘ den von ‚Elektronen‘ und ‚sterblich‘ den von ‚positiv geladen‘ hätte. (Im Gegensatz dazu betrachte man die Aussage

Wenn alle Menschen sterblich sind und alle Griechen Menschen, so sind alle Griechen sterblich;

diese Aussage ist ebenfalls analytisch, doch hängt hier die Analytizität von dem Sinn von ‚alle‘ ab.)

Die formalen Gegenstücke dieser Aussagen der natürlichen Sprache nennt man ‚Tautologien‘ oder ‚tautologische Aussagen‘. Vorläufig und ein wenig ungenau können wir die Tautologien von $\mathfrak{L}$ als diejenigen gültigen Aussagen charakterisieren, deren Gültigkeit nur von den logischen Eigenschaften der aussagenlogischen Verknüpfungen abhängt. Mit anderen Worten: es sind diejenigen Aussagen, deren Gültigkeit auf Grund der Punkte 1—7 der Definition von ‚wahr bei $\mathfrak{J}$‘ verifiziert werden kann (Seite 79).

So können wir z.B. leicht die Gültigkeit von

$$(7) \qquad \wedge x F x \vee \neg \wedge x F x$$

verifizieren, wenn wir bedenken, daß jede Interpretation der Formel ‚$\wedge x F x$‘ entweder den Wert W oder F zuordnen wird und damit in jedem Fall den Wert W der Formel (7). Entsprechend schließen wir bei

$$(8) \qquad \neg (\wedge x F x \wedge \neg \wedge x F x)$$

und bei

(9) $(\wedge\, xFx \to Fa) \vee (Fa \to \wedge\, xFx),$

aber nicht bei

(10) $\wedge\, xFx \to Fa$

oder bei

(11) $Fa \to \vee\, xFx.$

Um die Gültigkeit von (10) und (11) zu verifizieren, müßten wir von den Punkten 8 und 9 der Definition von ‚wahr bei $\mathfrak{J}$' Gebrauch machen, denn in diesen Fällen sind neben den logischen Eigenschaften der aussagenlogischen Verknüpfungen auch die der Quantoren wesentlich.

2. Definition von ‚Tautologie'

Man sieht wohl unmittelbar ein, daß eine atomare Aussage nicht tautologisch sein kann. In der Tat ist keine atomare Aussage gültig, also erst recht nicht tautologisch. Und ebenso offensichtlich hängt die Frage, ob eine allgemeine Aussage relativ zu einer Interpretation wahr oder falsch ist, von der Bedeutung ab, die den Quantoren in den Punkten 8 und 9 der Definition von ‚wahr bei $\mathfrak{J}$' gegeben wird; somit ist keine allgemeine Aussage tautologisch. Die verbleibenden molekularen Aussagen werden aus atomaren und (oder) aus allgemeinen Teilaussagen mit Hilfe der aussagenlogischen Verknüpfungen aufgebaut. Also ist eine Tautologie wirklich eine Aussage, die sich immer als wahr erweist, ganz gleich welche Wahrheitswerte ihren atomaren oder allgemeinen Teilen zugeordnet werden.

Zur Formulierung der exakten Definition einer Tautologie verwenden wir den Hilfsbegriff der ‚normalen Belegung' von Aussagen von $\mathfrak{L}$ mit Wahrheitswerten. Intuitiv gesprochen ist eine normale Belegung von Aussagen mit Wahrheitswerten eine solche Belegung, die die aussagenlogischen Verknüpfungen so berücksichtigt, daß die Behauptungen 1—5 von Seite 82 richtig sind. Unsere Definition lautet demnach folgendermaßen:

Eine Belegung $\mathfrak{N}$ aller Aussagen von $\mathfrak{L}$ mit den Wahrheitswerten W und F heißt dann und nur dann *normal*, wenn für jede Aussage von $\mathfrak{L}$ folgendes gilt:

1) $\mathfrak{N}$ belegt φ mit genau einem der Wahrheitswerte W oder F, und

2) wenn $\varphi = \neg\, \psi$, so belegt $\mathfrak{N}$ φ mit W dann und nur dann, wenn $\mathfrak{N}$ ψ nicht mit W belegt, und

3) wenn $\varphi = (\psi \lor \chi)$, wobei ψ und χ Aussagen sind, so belegt $\mathfrak{N}$ φ mit W dann und nur dann, wenn $\mathfrak{N}$ ψ mit W belegt oder wenn $\mathfrak{N}$ χ mit W belegt oder wenn beides der Fall ist, und

4) wenn $\varphi = (\psi \land \chi)$, wobei ψ und χ Aussagen sind, so belegt $\mathfrak{N}$ φ mit W dann und nur dann, wenn $\mathfrak{N}$ ψ und χ mit W belegt, und

5) wenn $\varphi = (\psi \rightarrow \chi)$, wobei ψ und χ Aussagen sind, so belegt $\mathfrak{N}$ φ mit W dann und nur dann, wenn $\mathfrak{N}$ ψ mit F oder χ mit W belegt oder wenn beides zutrifft, und

6) wenn $\varphi = (\psi \leftrightarrow \chi)$, wobei ψ und χ Aussagen sind, so belegt $\mathfrak{N}$ φ mit W dann und nur dann, wenn $\mathfrak{N}$ ψ und χ W zuordnet oder wenn $\mathfrak{N}$ beide Aussagen mit F belegt.

(Wenn wir also die nicht-molekularen Aussagen von $\mathfrak{L}$ in beliebiger Weise mit Wahrheitswerten belegen, so können wir diese Belegung zu einer normalen Belegung fortsetzen, indem wir die Belegung der molekularen Aussagen von $\mathfrak{L}$ in Übereinstimmung mit den obigen Punkten 1—6 festlegen; jede normale Belegung von Aussagen von $\mathfrak{L}$ kann auf diese Weise erzeugt werden.)

Eine Aussage φ ist nun eine *Tautologie* dann und nur dann, wenn ihr bei jeder normalen Belegung der Aussagen von $\mathfrak{L}$ mit Wahrheitswerten der Wahrheitswert W zugeordnet wird.

Ferner ist eine Aussage φ dann und nur dann *tautologische Folgerung* aus einer Menge Γ von Aussagen, wenn φ bei jeder normalen Belegung, die allen Aussagen von Γ den Wert W zuordnet, ebenfalls den Wahrheitswert W erhält.

Eine Menge Γ von Aussagen ist dann und nur dann *aussagenlogisch widerspruchsfrei*, wenn es mindestens eine normale Belegung gibt, die allen Elementen von Γ den Wert W zuordnet.

Eine Menge Γ von Aussagen ist dann und nur dann *aussagenlogisch widerspruchsvoll*, wenn sie nicht aussagenlogisch widerspruchsfrei ist.

Gestützt auf das Vorangegangene ist das Folgende leicht einzusehen:

(a) Eine Aussage φ ist dann und nur dann tautologische Folgerung aus der leeren Menge, wenn φ tautologisch ist;

(b) Eine Aussage φ ist dann und nur dann tautologische Folgerung aus der Aussagenmenge $\{\psi_1, \psi_2, \ldots, \psi_n\}$, wenn die Subjunktion $((\ldots (\psi_1 \land \psi_2) \land \ldots \land \psi_n) \rightarrow \varphi)$ tautologisch ist.

Es gilt sogar die folgende etwas schärfere Behauptung, aber sie ist weniger leicht zu verifizieren:

(c) Eine Aussage φ ist dann und nur dann tautologische Folgerung aus einer (endlichen oder unendlichen) Aussagenmenge Γ, wenn entweder

(i) Γ leer und φ tautologisch ist, oder

(ii) es Aussagen $\psi_1, \psi_2, \ldots, \psi_n$ gibt, die zu Γ gehören, derart daß $((\ldots(\psi_1 \wedge \psi_2) \ldots \wedge \psi_n) \to \varphi)$ tautologisch ist.

Behauptung c) geht insofern über a) und b) hinaus, als sie zusätzlich folgenden Satz enthält: wenn eine Aussage φ tautologische Folgerung aus einer unendlichen Aussagenmenge Γ ist, dann ist sie tautologische Folgerung aus einer endlichen Teilmenge von Γ.

Jede tautologische Aussage ist gültig, da die Zuordnung zwischen Wahrheitswerten und Aussagen von $\mathfrak{L}$ bei einer Interpretation $\mathfrak{I}$ eine normale Belegung ist. Aus demselben Grunde ist φ Folgerung aus der Aussagenmenge Γ, wenn φ tautologische Folgerung aus Γ ist. Andererseits gibt es gültige Aussagen, die nicht tautologisch sind (‚$\wedge\, xFx \to Fa$‘ ist ein Beispiel dafür), und es gibt Folgerungen, die keine tautologischen Folgerungen sind.

3. Tautologische AK-Aussagen; Wahrheitstafeln

Wir haben jetzt zwar eine exakte Definition der Tautologie, aber noch wissen wir nicht, welche Aussagen tautologisch sind und welche nicht. Wir brauchen einen systematischen Überblick mit zahlreichen Beispielen. Bei der Herstellung dieses Überblicks sind einige zusätzliche Tatsachen, die aus der gegebenen Definition folgen, ganz nützlich.

Da Tautologien diejenigen gültigen Aussagen sein sollen, deren Gültigkeit nicht von den Quantoren abhängt, ist klar, daß eine quantorenfreie Aussage dann und nur dann tautologisch ist, wenn sie gültig ist:

I. Für jede Aussage φ gilt: wenn φ keine Quantoren enthält, so ist φ dann und nur dann tautologisch, wenn φ gültig ist.

Da insbesondere alle AK-Aussagen quantorenfrei sind, gilt

I'. Eine AK-Aussage ist dann und nur dann tautologisch, wenn sie gültig ist.

Die tautologischen AK-Aussagen verdienen wegen der folgenden Eigenschaft besonderes Interesse:

> II. Eine Aussage φ ist dann und nur dann tautologisch, wenn es eine tautologische AK-Aussage ψ gibt, derart daß φ ein Einsetzungsresultat von ψ ist.

Dabei ist ‚Einsetzungsresultat‘ wie folgt definiert:

Eine Aussage φ ist dann und nur dann ein *Einsetzungsresultat* einer AK-Aussage ψ, wenn φ dadurch entsteht, daß man Aussagebuchstaben von ψ durch Aussagen ersetzt, wobei allerdings gefordert ist, daß nicht ein und derselbe Aussagebuchstabe, der an verschiedenen Stellen vorkommt, jeweils durch verschiedene Aussagen ersetzt wird.

Daß II korrekt ist, kann man intuitiv an einigen Beispielen einsehen. Wenn wir uns den Schluß ansehen, mit dem wir früher verifiziert haben, daß

$$\wedge\, xFx \vee \neg \wedge xFx$$

tautologisch ist, so erkennen wir, daß wir genau denselben Schluß auf

$$P \vee \neg P$$

anwenden können. Wir brauchen nur ‚$\wedge\, xFx$‘ überall durch ‚P‘ zu ersetzen. Entsprechend verifizieren wir, daß

$$(\wedge\, xFx \rightarrow Fa) \vee (Fa \rightarrow \wedge xFx)$$

tautologisch ist. Dabei schließen wir wie folgt. Jede Interpretation ordnet ‚Fa‘ den Wert W oder F zu; wenn sie ‚Fa‘ F zuordnet, dann ordnet sie der rechten Komponenten und damit der ganzen Aussage W zu; wenn sie aber ‚Fa‘ W zuordnet, dann wird die linke Komponente und damit wieder die ganze Aussage mit W belegt. Genauso könnten wir verifizieren, daß

$$(P \rightarrow Q) \vee (Q \rightarrow P)$$

tautologisch ist. Allgemein gilt: wann immer wir ohne Benutzung der Punkte 8 und 9 verifizieren können, daß eine Interpretation eine Aussage φ mit W belegt, ganz gleich welche Wahrheitswerte sie Teilaussagen von φ zuordnet, können wir einen entsprechenden Schluß für eine AK-Aussage bilden, von der φ ein Einsetzungsresultat ist.

Diese Bemerkungen stellen natürlich noch keinen *Beweis* für II dar, sie sollen II nur plausibel machen. Prinzip II ermöglicht uns, die Frage, ob eine Aussage φ tautologisch ist, zurückzuführen auf die Frage, ob eine gewisse AK-Aussage, von der φ ein Einsetzungsergebnis ist, tautologisch ist. In diesem Zusammenhang ist es daher besonders vorteilhaft, ein Verfahren zu kennen, mit dem man entscheiden kann, ob eine bestimmte AK-Aussage eine Tautologie ist oder nicht.

Das Verfahren, das wir jetzt beschreiben wollen, nennt man die *Wahrheitstafelmethode*, und sie wird manchmal dem Philosophen Ludwig Wittgenstein (1889—1951) zugeschrieben; in Wirklichkeit ist sie aber ungefähr zwei Jahrtausende älter. Sie beruht auf folgender Überlegung. Die einzigen nicht-logischen Konstanten in AK-Aussagen sind Aussagebuchstaben; demnach baut sich jede AK-Aussage aus Aussagebuchstaben durch sukzessive Anwendung der in den Punkten (i) und (ii) von Seite 62 beschriebenen Operationen auf. Wenn wir uns — dies bedenkend — noch einmal die Definition der normalen Belegung ansehen, erkennen wir, daß der Wahrheitswert, den eine normale Belegung einer AK-Aussage zuordnet, vollständig durch die Wahrheitswerte bestimmt ist, die sie den Aussagebuchstaben zuordnet.

Wir nehmen nun an, eine AK-Aussage φ enthielte n verschiedene Aussagebuchstaben, wobei $n \geq 1$. Dann ist es nur auf 2^n verschiedene Weisen möglich, diesen n Buchstaben Wahrheitswerte W oder F zuzuordnen. (Dem ersten Buchstaben wird W oder F zugeordnet; zu jeder dieser beiden (2^1) Möglichkeiten gibt es zwei Möglichkeiten, dem zweiten Buchstaben einen Wert zuzuweisen, also gibt es insgesamt vier ($= 2^2$) Möglichkeiten, W oder F den beiden ersten Buchstaben zuzuordnen; zu jeder dieser vier Möglichkeiten gibt es zwei Möglichkeiten, dem dritten Buchstaben einen Wert zuzuordnen, also können die ersten drei Buchstaben auf acht ($= 2^3$) verschiedene Weisen belegt werden, usw.) Wenn wir uns nacheinander diese 2^n Möglichkeiten vornehmen und jeweils ausrechnen, welchen Wahrheitswert eine normale Belegung in diesem Fall der Gesamtausgabe zuordnen müßte, so verifizieren wir schließlich entweder, daß jede normale Belegung der Aussage φ den Wert W zuordnet oder daß eine oder mehrere normale Belegungen φ den Wert F zuweisen.

Will man mit dem oben beschriebenen Verfahren AK-Aussagen testen, so empfiehlt es sich, die wesentliche Information in einer sogenannten *Wahrheitstafel* übersichtlich darzustellen. Am besten erklären wir das an Hand einiger Beispiele:

$P,\ Q$	$((P \to Q) \vee (Q \to P))$			$P,\ Q$	$((P \to Q) \to (Q \to P))$		
$W\ \ W$	W	W	W	$W\ \ W$	W	W	W
$W\ \ F$	F	W	W	$W\ \ F$	F	W	W
$F\ \ W$	W	W	F	$F\ \ W$	W	F	F
$F\ \ F$	W	W	W	$F\ \ F$	W	W	W

Figur 1　　　　　　　　　　　　Figur 2

Die Figur 1 stellt eine Wahrheitstafel für die AK-Aussage ‚$((P \to Q) \vee (Q \to P))$‘ dar; sie zeigt, daß diese Aussage eine Tautologie ist. Sie ist eine Abkürzung für die folgenden vier Punkte:

1) Jede normale Belegung, die ‚P‘ und ‚Q‘ den Wert W gibt, ordnet den Wert W auch den Aussagen ‚$(P \to Q)$‘, ‚$(Q \to P)$‘ und ‚$((P \to Q) \vee (Q \to P))$‘ zu

2) Jede normale Belegung, die ‚P‘ den Wert W und ‚Q‘ den Wert F gibt, ordnet ‚$(P \to Q)$‘ den Wert F und den beiden Aussagen ‚$(Q \to P)$‘ und ‚$((P \to Q) \vee (Q \to P))$‘ den Wert W zu.

3) Jede normale Belegung, die ‚P‘ den Wert F und ‚Q‘ den Wert W gibt, ordnet ‚$(P \to Q)$‘ den Wert W, ‚$(Q \to P)$‘ den Wert F und ‚$((P \to Q) \vee (Q \to P))$‘ den Wert W zu.

4) Jede normale Belegung, die ‚P‘ und ‚Q‘ den Wert F gibt, ordnet ‚$(P \to Q)$‘, ‚$(Q \to P)$‘ und ‚$((P \to Q) \vee (Q \to P))$‘ den Wert W zu.

(Da jede normale Belegung unter einen dieser vier Fälle fällt, wird ‚$((P \to Q) \vee (Q \to P))$‘ offensichtlich bei jeder normalen Belegung der Wert W zugeordnet; also ist diese Aussage tautologisch.)

In ähnlicher Weise stellt die Wahrheitstafel der Figur 2 die folgenden Informationen in schematischer Weise dar:

1) Jede normale Belegung, die ‚P‘ und ‚Q‘ den Wert W gibt, ordnet den Wert W auch den Aussagen ‚$(P \to Q)$‘, ‚$(Q \to P)$‘ und ‚$((P \to Q) \to (Q \to P))$‘ zu.

2) Jede normale Belegung, die ‚P‘ den Wert W und ‚Q‘ den Wert F gibt, ordnet ‚$(P \to Q)$‘ den Wert F, ‚$(Q \to P)$‘ den Wert W und ‚$((P \to Q) \to (Q \to P))$‘ ebenfalls den Wert W zu.

usw.

(Die dritte Zeile dieser Wahrheitstafel zeigt, daß die Aussage nicht tautologisch ist, denn es gibt normale Belegungen, die ‚P‘ den Wert F,

‚Q' den Wert W und dann ‚$((P \to Q) \to (Q \to P))$' den Wert F zuordnen.)

Enthält eine AK-Aussage drei verschiedene Aussagebuchstaben, dann müssen 2^3 ($= 8$) mögliche Fälle betrachtet werden. So lautet z.B. die Wahrheitstafel für die Aussage ‚$((P \to Q) \vee (Q \to R))$'

$P,\ Q,\ R$	$((P \to Q) \vee (Q \to R))$		
$W\ W\ W$	W	W	W
$W\ W\ F$	W	W	F
$W\ F\ W$	F	W	W
$W\ F\ F$	F	W	W
$F\ W\ W$	W	W	W
$F\ W\ F$	W	W	F
$F\ F\ W$	W	W	W
$F\ F\ F$	W	W	W

Figur 3

Diese Tabelle sagt folgendes aus:

1) Jede normale Belegung, die ‚P', ‚Q' und ‚R' den Wert W zuordnet, ordnet den Wert W auch den Aussagen ‚$(P \to Q)$', ‚$(Q \to R)$' und ‚$((P \to Q) \vee (Q \to R))$' zu.

2) Jede normale Belegung, die ‚P' und ‚Q' den Wert W und ‚R' den Wert F zuordnet, gibt ‚$(P \to Q)$' den Wert W, ‚$(Q \to R)$' den Wert F und ‚$((P \to Q) \vee (Q \to R))$' den Wert W.

usw.

(Da in diesem Fall in der Spalte unter dem einzigen ‚$\vee$'-Zeichen ausschließlich W vorkommt, handelt es sich um eine Tautologie.)

Man geht also folgendermaßen vor, um eine Wahrheitstafel für eine AK-Aussage φ aufzustellen:

1) Man schreibe φ an die Spitze der Tabelle; links davon führe man alle in φ vorkommenden Aussagebuchstaben auf.

2) Unter der Zeile der Aussagebuchstaben führe man in aufeinanderfolgenden Zeilen alle möglichen Kombinationen von Wahrheitswerten auf, die diesen Aussagebuchstaben zugeordnet werden können.

3) Dann fülle man jede Zeile weiter nach den Richtlinien der Definition der normalen Belegung aus.

Beispiele. Die Theoreme 1—90 unseres weiter unten in Abschnitt 6 dargestellten Ableitungssystems sind Beispiele für tautologische AK-Aussagen. Falls der eine oder andere Fall zweifelhaft sein sollte, so müßte er durch eine Wahrheitstafel geprüft werden. Für Theorem 89 erhalten wir dann z.B. die folgende Tafel:

P, Q, R	$((P \to Q)$	$\land$	$(Q \to R))$	$\lor$	$(R \to P)$
$W\ W\ W$	W	W	W	W	W
$W\ W\ F$	W	F	F	W	W
$W\ F\ W$	F	F	W	W	W
$W\ F\ F$	F	F	W	W	W
$F\ W\ W$	W	W	W	W	F
$F\ W\ F$	W	F	F	W	W
$F\ F\ W$	W	W	W	W	F
$F\ F\ F$	W	W	W	W	W

Figur 4

Manchmal (wie auch in diesem Fall) kann man sich die mühevolle Arbeit, eine Wahrheitstafel vollständig hinzuschreiben, dadurch ersparen, daß man sich überlegt, welche Folgerungen aus der Tatsache, die betreffende Aussage erzielte bei einer normalen Belegung den Wert F, zu ziehen seien. Damit ‚$((P \to Q) \land (Q \to R)) \lor (R \to P)$‘ den Wert F erhält, müssen *beide* Komponenten der Disjunktion den Wert F haben; wenn aber ‚$(R \to P)$‘ den Wert F hat, muß ‚P‘ F und ‚R‘ W haben; dann aber haben ‚$(P \to Q)$‘ und ‚$(Q \to R)$‘ beide den Wert W, also hat dann auch die erste Komponente der Disjunktion den Wert W. Demnach ist es unmöglich, daß die Aussage ‚$((P \to Q) \land (Q \to R)) \lor (R \to P)$‘ den Wert F erhält.

Weitere tautologische Aussagen kann man erhalten, indem man Prinzip II auf die bereits vorhandenen Beispiele anwendet. So ist nicht nur Theorem 89 selbst tautologisch, sondern auch sämtliche Einsetzungsresultate davon. Darunter befinden sich sowohl AK-Aussagen als auch Aussagen, die Quantoren und beliebig-stellige Prädikate enthalten. Hier sind einige davon:

$$((Q \to P) \land (P \to R)) \lor (R \to Q)$$
$$((P \to P) \land (P \to P)) \lor (P \to P)$$
$$((P \to \land\, xFx) \land (\land\, xFx \to Q)) \lor (Q \to P)$$
$$((\land\, xFx \to Fa) \land (Fa \to \lor\, yFy)) \lor (\lor\, yFy \to \land\, xFx).$$

4. Ein Entscheidungsverfahren für Tautologien

Obwohl das Prinzip II von Nutzen ist, wenn man beweisen will, daß eine Aussage tautologisch ist, liefert es uns doch so, wie es formuliert ist, noch kein schrittweises Verfahren, das uns, angewandt auf eine beliebige Aussage φ, immer zu entscheiden gestattet, ob φ tautologisch ist oder nicht. Es sagt folgendes aus: man sehe nach, ob φ Einsetzungsresultat einer tautologischen AK-Aussage ist; wenn ja, dann ist sie tautologisch. Wenn wir also eine tautologische AK-Aussage finden, deren Einsetzungsergebnis φ ist, dann wissen wir, daß φ auch tautologisch ist; wenn wir aber eine solche AK-Aussage nicht finden, dann können wir nur schließen, daß φ nicht tautologisch ist oder daß wir nicht lange genug gesucht haben. Was wir gern haben möchten, ist ein Verfahren, das uns stets in endlich vielen Schritten die Antwort ‚ja‘ bzw. ‚nein‘ gibt.

Eine bequeme Formulierung eines solchen Verfahrens erfordert zwei Hilfsbegriffe:

Eine Aussage φ ist dann und nur dann ein *aussagenlogischer Grundbestandteil* einer Aussage ψ, wenn φ atomar ist oder allgemein und wenn φ in ψ mindestens einmal frei vorkommt.

Eine kleine Überlegung zeigt, daß die aussagenlogischen Grundbestandteile einer Aussage φ die kleinsten Teilaussagen sind, aus denen φ ohne weitere Benutzung von Quantoren aufgebaut werden kann. Das schließt nicht aus, daß ein aussagenlogischer Grundbestandteil echte Teilaussage eines anderen Grundbestandteils von φ ist; in den beiden untenstehenden Beispielen wird dies deutlich.

Der andere Hilfsbegriff lautet wie folgt: φ heißt *zu ψ assoziierte* Aussage, wenn man die AK-Aussage φ dadurch aus ψ erhält, daß man in ψ alle aussagenlogischen Grundbestandteile dort, wo sie frei vorkommen, durch Aussagebuchstaben ersetzt, und zwar so, daß dieselben Grundbestandteile durch denselben Aussagebuchstaben und paarweise verschiedene Grundbestandteile durch paarweise verschiedene Aussagebuchstaben ersetzt werden.

Mit Hilfe dieser Begriffe können wir nun das folgende Prinzip zu den Prinzipien I und II hinzufügen:

III. Wenn die AK-Aussage ψ zur Aussage φ assoziiert ist, so ist φ dann und nur dann tautologisch, wenn ψ tautologisch ist.

Da wir zu jeder Aussage φ eine zu ihr assoziierte AK-Aussage ψ konstruieren können, liefert uns dieses Prinzip ein Entscheidungsverfahren für die Frage, ob die gegebene Aussage φ tautologisch ist oder nicht:

1) Man bilde eine zu φ assoziierte AK-Aussage ψ.

2) Mit einer Wahrheitstafel stelle man fest, ob ψ tautologisch ist.

3) Dann weiß man wegen III, ob φ tautologisch ist.

Beispiel 1: Man untersuche, ob ‚$Fa \to \wedge\, x(Fx \to Fa)$' tautologisch ist. Die aussagenlogischen Grundbestandteile dieser Aussage sind ‚Fa' und ‚$\wedge\, x(Fx \to Fa)$'. Wenn wir ‚Fa' bzw. ‚$\wedge\, x(Fx \to Fa)$' überall, wo es frei vorkommt, durch ‚P' bzw. ‚Q' ersetzen, erhalten wir

$$P \to Q.$$

Ein Wahrheitstafeltest zeigt, daß diese AK-Aussage nicht tautologisch ist. Also ist auch die ursprüngliche Aussage nicht tautologisch.

Beispiel 2. Man untersuche, ob ‚$Fa \to (\wedge\, xFx \to Fa)$' tautologisch ist. Die aussagenlogischen Grundbestandteile dieser Aussage sind ‚Fa' und ‚$\wedge\, xFx$'. Wenn wir die Aussage ‚Fa' bzw. ‚$\wedge\, xFx$' überall, wo sie frei auftritt, durch ‚P' bzw. ‚Q' ersetzen, erhalten wir

$$P \to (Q \to P).$$

Mit einer Wahrheitstafel finden wir heraus, daß diese AK-Aussage tautologisch ist. Also ist auch die ursprüngliche Aussage tautologisch.

5. Weitere Eigenschaften

Jede der folgenden Eigenschaften von Tautologien oder tautologischen Folgerungen kann leicht mit Hilfe der oben gegebenen Definitionen bewiesen werden. φ, ψ, χ und ϑ seien beliebige Aussagen von $\mathfrak{L}$. Dann gilt:

1) Wenn φ atomar oder allgemein ist, so sind weder φ noch $\neg\, \varphi$ tautologisch.

2) Wenn $(\varphi \to \psi)$ und φ tautologisch sind, dann ist auch ψ tautologisch.

3) Wenn $(\varphi \to \psi)$ und $(\psi \to \chi)$ tautologisch sind, so ist $(\varphi \to \chi)$ tautologisch.

4) Wenn φ tautologisch ist, so sind $(\varphi \vee \psi)$, $(\psi \vee \varphi)$, und $(\psi \to \varphi)$ tautologisch; und wenn sowohl φ als auch ψ tautologisch sind, so sind $(\varphi \wedge \psi)$, $(\psi \wedge \varphi)$, $(\varphi \leftrightarrow \psi)$ und $(\psi \leftrightarrow \varphi)$ tautologisch.

5) $(\varphi \to \psi)$ und $(\psi \to \varphi)$ sind genau dann tautologisch, wenn $(\varphi \leftrightarrow \psi)$ tautologisch sind.

6) Wenn $(\varphi \leftrightarrow \psi)$ tautologisch ist und wenn man χ aus ϑ erhält, indem man φ an einer oder an mehreren Stellen, wo es in ϑ frei vorkommt, durch ψ ersetzt, so ist $(\chi \leftrightarrow \vartheta)$ tautologisch, und χ ist dann und nur dann tautologisch, wenn ϑ tautologisch ist.

7) Wenn φ tautologisch ist und wenn man χ aus ϑ erhält, indem man $(\varphi \to \psi)$ oder $(\varphi \leftrightarrow \psi)$ oder $(\psi \leftrightarrow \varphi)$ oder $(\varphi \wedge \psi)$ oder $(\psi \wedge \varphi)$ an einer oder an mehreren Stellen, wo diese Aussage frei vorkommt, durch ψ ersetzt, so ist $(\chi \leftrightarrow \vartheta)$ tautologisch, und χ ist dann und nur dann tautologisch, wenn ϑ tautologisch ist.

8) Wenn φ tautologisch und χ ein aussagenlogischer Grundbestandteil von φ ist und wenn man ψ aus φ erhält, indem man überall, wo χ in φ frei vorkommt, für χ ϑ einsetzt, so ist ψ tautologisch.

9) Wenn φ tautologische Folgerung aus der Aussagenmenge Γ ist und wenn jede Aussage aus Γ tautologisch aus der Aussagenmenge Δ folgt, so ist φ tautologische Folgerung aus Δ.

10) φ ist dann und nur dann tautologische Folgerung aus $\Gamma \cup \{\psi\}$, wenn $(\psi \to \varphi)$ tautologische Folgerung aus der Aussagenmenge Γ ist.

6. Ableitungsregeln für AK-Aussagen

Im Abschnitt 4 haben wir ein Entscheidungsverfahren für tautologische Aussagen beschrieben. Man muß dazu eine assoziierte AK-Aussage finden, die dann dem Wahrheitstafeltest unterworfen wird. Im Prinzip funktioniert dieses Verfahren immer; wenn die assoziierte AK-Aussage jedoch mehr als drei oder vier Aussagebuchstaben enthält, dann wird der Wahrheitstafeltest sehr mühselig (denn wenn die Aussage n Aussagebuchstaben enthält, so treten in der Tabelle 2^n Zeilen auf!). Das ist der springende Punkt, warum man an praktisch besser durchführbaren Verfahren interessiert ist, wenn man zeigen will, daß eine Aussage eine Tautologie ist oder was auf dasselbe hinausläuft, daß eine Aussage tautologische Folgerung aus einer gegebenen Aussagenmenge Γ ist.

Nehmen wir einmal an, es ergäbe sich die Frage, ob die Aussage ‚$\neg T$' tautologische Folgerung aus der Menge folgender Aussagen sei:

$$P \to \neg R$$
$$(S \wedge T) \to R$$
$$\neg S \to Q$$
$$\neg (P \to Q).$$

Wenn wir das Wahrheitstafelverfahren auf die zugehörige Subjunktion

$$(((P \to \neg R) \wedge ((S \wedge T) \to R)) \wedge ((\neg S \to Q) \wedge \neg (P \to Q))) \to \neg T$$

anwenden, so erhalten wir eine Tabelle mit 32 Zeilen und 18 Spalten. Eine viel weniger mühevolle Methode ist der Versuch, die Formel ‚$\neg\,T$‘ aus den anderen abzuleiten, indem man nacheinander eine Reihe von verhältnismäßig einfachen tautologischen Folgerungen zieht. Wir könnten einen solchen ‚Schluß‘ wie folgt aufbauen:

(1)	$P \rightarrow \neg\,R$	
(2)	$(S \wedge T) \rightarrow R$	Prämissen (Annahmen)
(3)	$\neg\,S \rightarrow Q$	
(4)	$\neg\,(P \rightarrow Q)$	
(5)	$P \wedge \neg\,Q$	aus (4)
(6)	P	aus (5)
(7)	$\neg\,R$	aus (1) und (6)
(8)	$\neg\,(S \wedge T)$	aus (2) und (7)
(9)	$S \rightarrow \neg\,T$	aus (8)
(10)	$\neg\,Q$	aus (5)
(11)	S	aus (3) und (10)
(12)	$\neg\,T$	aus (9) und (11)

Man beachte, daß die in jeder Zeile aufgeführte Aussage tautologische Folgerung der Aussage(n) ist, die in der betreffenden Zeile zitiert werden; und da tautologische Folgerungen von tautologischen Folgerungen aus einer Menge Γ wieder tautologische Folgerungen aus Γ sind, haben wir gezeigt, daß ‚$\neg\,T$‘ tautologische Folgerung aus der vorliegenden Menge von Prämissen ist.

Zur Systematisierung dieses Verfahrens brauchen wir nur verhältnismäßig wenige einfache Ableitungsregeln, die zusammengenommen die Eigenschaft haben, daß eine AK-Aussage φ allgemein dann und nur dann eine Folgerung aus einer Menge Γ von AK-Aussagen ist, wenn es eine korrekte Ableitung von φ aus Γ gibt; dabei ist eine ‚korrekte‘ Ableitung eine solche, bei der jeder einzelne Schritt in Übereinstimmung mit einer der Regeln vollzogen wird.

Es zeigt sich, daß es viele verschiedene Möglichkeiten gibt, ein solches System von Ableitungsregeln auszuzeichnen; eine davon werden wir darstellen. Wie üblich formulieren wir zunächst relativ präzise und knapp die wesentlichen Definitionen, um auf sie zurückgreifen zu können; danach bringen wir Kommentare und erläuternde Beispiele.

Eine *aussagenlogische Ableitung* ist eine endliche Folge fortlaufend numerierter Zeilen, deren jede aus einer AK-Aussage und einer Menge von Nummern (die man die Prämissennummern der betreffenden

Zeile nennt) besteht. Die Folge von Zeilen wird nach folgenden Regeln aufgebaut (φ, ψ, χ und ϑ seien AK-Aussagen):

P (Prämisseneinführung) Jede AK-Aussage kann in einer Zeile eingeführt werden, wobei die Zeilennummer als einzige Prämissennummer genommen wird.

MP (Modus ponens) ψ kann in einer Zeile eingeführt werden, wenn φ und ($\varphi \to \psi$) in früheren Zeilen auftreten; als Prämissennummern dieser neuen Zeile werden alle Prämissennummern dieser früheren Zeilen genommen.

MT (Modus tollens) φ kann in einer Zeile eingeführt werden, wenn ψ und ($\neg\, \varphi \to \neg\, \psi$) in früheren Zeilen auftreten; als Prämissennummern der neuen Zeile werden alle Prämissennummern dieser früheren Zeilen genommen.

K (Konditionalisierung) ($\varphi \to \psi$) kann in einer Zeile eingeführt werden, wenn ψ in einer früheren Zeile vorkommt; als Prämissennummern der neuen Zeile nehme man alle diejenigen der früheren Zeile mit Ausnahme (falls erwünscht) derjenigen, die die Zeilennummer einer Zeile ist, in der φ vorkommt.

D (Definitionsgemäßer Austausch) Wenn man ψ aus φ erhält, indem man eine Aussage χ an einer Stelle in φ durch eine Aussage ersetzt, zu der χ definitionsgemäß äquivalent ist (siehe unten), so darf man ψ in einer Zeile einführen, wenn φ in einer früheren Zeile vorkommt; als Prämissennummern der neuen Zeile nimmt man diejenigen der früheren Zeile.

Für AK-Aussagen φ und ψ gilt:

($\varphi \lor \psi$) ist *definitionsgemäß äquivalent zu* $\neg$ ($\varphi \to \psi$), und umgekehrt;

($\varphi \land \psi$) ist *definitionsgemäß äquivalent zu* $\neg$ ($\varphi \to \neg\, \psi$), und umgekehrt;

($\varphi \leftrightarrow \psi$) ist *definitionsgemäß äquivalent zu* (($\varphi \to \psi$) $\land$ ($\psi \to \varphi$)), und umgekehrt.

Eine aussagenlogische Ableitung, bei der eine AK-Aussage in der letzten Zeile auftaucht und bei der die Prämissen dieser Zeile[1]) zu

---

[1]) Wenn man sagt, eine Aussage φ sei Prämisse einer gewissen Zeile, so meint man damit, φ trete in einer Zeile auf, deren Zeilennummer eine der Prämissennummern der gegebenen Zeile ist; wenn man sagt, eine Aussage φ trete in einer Zeile auf, so meint man damit, daß diese Zeile aus φ und aus einer Menge von Nummern besteht.

einer Menge Γ von AK-Aussagen gehören, nennt man eine *aussagen-logische Ableitung* (oder einen *Beweis*) von φ aus Γ.

Eine AK-Aussage φ ist dann und nur dann aus einer Menge Γ von AK-Aussagen *aussagenlogisch ableitbar*, wenn es eine aussagenlogische Ableitung von φ aus Γ gibt.

Eine AK-Aussage φ nennt man dann und nur dann ein *AK-Theorem*, wenn φ aus der leeren Aussagenmenge Λ aussagenlogisch ableitbar ist.

Die Anwendung dieser Regeln wollen wir jetzt an einigen Beispielen für aussagenlogische Ableitungen verdeutlichen. Wenn wir ein Theorem ohne Beweis anführen, so erwarten wir, daß der Leser es für sich selbst beweist. Er sollte sich auch bemühen, andere und möglicherweise elegantere Beweise für diejenigen Theoreme zu finden, für die bereits Ableitungen angegeben sind. Der Gewinn aus solchen Übungen wird ein zweifacher sein: einmal wird der Lernende vertraut mit formalen Ableitungen, und zum anderen vergrößert er seinen aktiven Schatz an tautologischen AK-Aussagen. Das alles wird für ihn eine gute Vorbereitung auf die nicht so leicht zu durchschauenden Ableitungen des nächsten Kapitels sein.

1. $(P \to Q) \to ((Q \to R) \to (P \to R))$ (Kettenschluß)

$\{1\}$	(1)	$P \to Q$	P
$\{2\}$	(2)	$Q \to R$	P
$\{3\}$	(3)	P	P
$\{1,3\}$	(4)	Q	(1) (3) MP
$\{1,2,3\}$	(5)	R	(2) (4) MP
$\{1,2\}$	(6)	$P \to R$	(3) (5) K
$\{1\}$	(7)	$(Q \to R) \to (P \to R)$	(2) (6) K
Λ	(8)	$(P \to Q) \to ((Q \to R) \to (P \to R))$	(1) (7) K

Kommentar: Die vorangegangenen acht Zeilen bilden eine aussagenlogische Ableitung der AK-Aussage ‚$(P \to Q) \to ((Q \to R) \to (P \to R))$‘ aus der leeren Aussagenmenge. Die Prämissennummern jeder Zeile werden von den in geschweiften Klammern geschriebenen Ziffern dargestellt; die Zeilennummer ist in runden Klammern angegeben. Ganz rechts haben wir einige Anmerkungen hinzugefügt, die dem Leser die Einsicht, daß die Ableitung den Regeln entsprechend konstruiert wurde, erleichtern sollen. Die ersten drei Zeilen wurden nach der Regel P hingeschrieben; in jedem Falle wurde dann die Zeilennummer als einzige Prämissennummer genommen. Die Aussage in der vierten Zeile wurde durch *modus ponens* aus denen der Zeilen (1) und (3) gewonnen; als Prämissennummern der vierten Zeile haben wir dementsprechend diejenigen der ersten und dritten Zeile hingeschrieben. In derselben Weise wurde die fünfte Zeile mit der Regel MP aus den Zeilen (2) und (4) gewonnen; als Prämissennummern treten diejenigen der zweiten und vierten Zeile auf. Das bedeutet nicht, daß wir die Zahlen 2 und 4 als Prämissennummern von Zeile (5) genommen haben; wir haben 1, 2 und 3 hingeschrieben, eben die Prämissennummern von (2) und (4). Zeile (6) erhielten wir mit der Regel K aus den Zeilen (3) und (5). Wie Regel K es erlaubt, konnten wir 3 aus der Menge der Prämissennummern weglassen. Intuitiv liegt der Grund dafür in folgendem: wenn ‚R‘ tautologische Folgerung aus den Aussagen ‚$P \to Q$‘, ‚$Q \to R$‘ und ‚P‘ ist (und das sagt Zeile (5) aus), so ist ‚$P \to R$‘ tautologische Folgerung aus ‚$P \to Q$‘ und ‚$Q \to R$‘ allein. Die Zeilen (7) und (8) erhält man durch weitere Anwendung von Regel K. Jedesmal, wenn Regel K angewandt wird, lassen wir eine Prämisse fallen, bis in Zeile (8) schließlich keine mehr übriggeblieben ist. Also ist die Aussage in Zeile (8) tautologische Folgerung aus der leeren Menge, d. h. sie ist eine Tautologie.

2. $(Q \to R) \to ((P \to Q) \to (P \to R))$

3. $P \to ((P \to Q) \to Q)$

$\{1\}$	(1)	P	P
$\{2\}$	(2)	$P \to Q$	P
$\{1,2\}$	(3)	Q	(1) (2) MP
$\{1\}$	(4)	$(P \to Q) \to Q$	(2) (3) K
Λ	(5)	$P \to ((P \to Q) \to Q)$	(1) (4) K

4. $(P \to (Q \to R)) \to ((P \to Q) \to (P \to R))$

5. $(P \to (Q \to R)) \to (Q \to (P \to R))$

6. $P \to P$ (Reflexivität der Subjunktion)

$\{1\}$	(1)	P	P
Λ	(2)	$P \to P$	(1) K

Kommentar: In der zuletzt angegebenen Ableitung in zwei Schritten wird Regel K in etwas ungewöhnlicher Weise benutzt. Man sieht aber leicht ein, daß dieses legitim ist, wenn man in der Regel für ‚φ‘ und ‚ψ‘ beidemal ‚‚P‘‘ einsetzt.

7. $Q \to (P \to Q)$

$\{1\}$	(1)	Q	P
$\{1\}$	(2)	$P \to Q$	(1) K
Λ	(3)	$Q \to (P \to Q)$	(1) (2) K

Kommentar: Dieser Fall zeigt noch eine ungewöhnliche Anwendung der Regel K. Wenn wir Zeile (2) hinschreiben, können wir nicht irgendwelche Prämissen fallenlassen, denn ‚P' ist nicht Prämisse von Zeile (1).

Im folgenden werden wir häufig die Anmerkungen auslassen, da wir glauben, daß der Leser sie ohne Schwierigkeiten selbst erraten kann.

8. $\neg P \to (P \to Q)$ (Gesetz des Duns Scotus)

{1}	(1)	$\neg P$	
{2}	(2)	P	
{1}	(3)	$\neg Q \to \neg P$	(1) K
{1,2}	(4)	Q	(2) (3) MT
{1}	(5)	$P \to Q$	
Λ	(6)	$\neg P \to (P \to Q)$	

9. $P \to (\neg P \to Q)$

10. $\neg \neg P \to P$

{1}	(1)	$\neg \neg P$	
{2}	(2)	$\neg P$	
{1}	(3)	$\neg \neg \neg \neg P \to \neg \neg P$	(1) K
{1,2}	(4)	$\neg \neg \neg P$	(2) (3) MT
{1}	(5)	$\neg P \to \neg \neg \neg P$	
{1}	(6)	P	(1) (5) MT
Λ	(7)	$\neg \neg P \to P$	

An dieser Stelle erscheint es vorteilhaft, sich einmal explizit mit einer Frage zu befassen, die dem Leser vielleicht auch schon gekommen ist: liegt eine Ableitung einer AK-Aussage φ aus der leeren Menge vor, so können wir leicht eine ähnliche Ableitung für jede AK-Aussage ψ aufstellen, die ein Einsetzungsergebnis von φ ist. Wir brauchen nur die vorliegende Ableitung für φ durchzugehen und dabei überall dieselben Einsetzungen vorzunehmen, die erforderlich sind, um φ in ψ überzuführen; auf diese Weise entsteht automatisch eine Ableitung für ψ.

Entsprechend zu unserer Ableitung von Theorem 6 erhalten wir also

{1}	(1)	Q	P
Λ	(2)	$Q \to Q$	(1) K

als Ableitung für ,$Q \to Q$‘ und

$\{1\}$	(1)	$R \leftrightarrow \neg\, S$	P
Λ	(2)	$(R \leftrightarrow \neg\, S) \to (R \leftrightarrow \neg\, S)$	(1) K

als Ableitung für ,$(R \leftrightarrow \neg\, S) \to (R \leftrightarrow \neg\, S)$‘ und allgemein

$\{1\}$	(1)	ψ	P
Λ	(2)	$\psi \to \psi$	(1) K

als Ableitung für $\psi \to \psi$.

Bei der beschriebenen Einsetzung geht eine Prämisse (durch Regel P eingeführt) über in eine Prämisse, ein *modus ponens* in einen *modus ponens*, ein *modus tollens* in einen *modus tollens*, und Ähnliches gilt für die Regeln K und D. Eine korrekte Ableitung geht somit über in eine korrekte Ableitung, eine korrekte Ableitung aus der leeren Menge in eine korrekte Ableitung aus der leeren Menge. Wenn also eine AK-Aussage φ ein AK-Theorem und die AK-Aussage ψ ein Einsetzungsresultat von φ ist, so ist auch ψ ein AK-Theorem.

Dieser Umstand ist im Zusammenhang mit einem Schema zur Abkürzung von Ableitungen nützlich. Manchmal fänden wir es bei einer Ableitung sehr angenehm, wenn wir ein schon früher bewiesenes Theorem oder ein Einsetzungsergebnis eines solchen verwenden könnten. Nun kann das natürlich dadurch geschehen, daß wir an der Stelle, wo wir dieses Theorem benötigen, einen Beweis desselben einfügen; der Nachteil ist nur, daß wir immer und immer wieder dieselben Beweise wiederholen müßten, und das würde Beweise über jedes vernünftige Maß hinaus verlängern (denn wir könnten früher bewiesene Theoreme verwenden wollen, die ihrerseits wieder mit Hilfe früher bewiesener Theoreme bewiesen werden, usw.). Das ist also das Motiv für die folgende ‚Abkürzungsregel‘ (auch ‚eliminierbare Regel‘ genannt):

TH Jede AK-Aussage, die Einsetzungsergebnis eines früher bewiesenen AK-Theorems ist, darf in einer Zeile eingeführt werden, und zwar ohne Prämissennummern; allgemein darf ψ in einer Zeile eingeführt werden, wenn $\varphi_1, \varphi_2, \ldots, \varphi_n$ in früheren Zeilen auftreten und die Subjunktion

$$(\varphi_1 \to (\varphi_2 \to \cdots \to (\varphi_n \to \psi) \cdots))$$

Einsetzungsergebnis eines früher bewiesenen AK-Theorems ist; als Prämissennummern der neuen Zeile werden alle Prämissennummern dieser früheren Zeilen hingeschrieben.

Die Theoremregel TH, deren Anwendung die Beweise der Theoreme 11 und 13 weiter unten illustrieren, steht nicht auf einer Stufe mit den Grundregeln P, MP, MT, K und D, denn jede Zeile, die mit ihrer Hilfe hingeschrieben werden kann, kann auch allein unter Verwendung der Grundregeln hingeschrieben werden. Wo wir, wie in dem Beweis von Theorem 11, TH anwenden, um ein Einsetzungsergebnis eines früher bewiesenen Theorems einzuführen, könnten wir auch einfach einen Beweis dieses Einsetzungsergebnisses einfügen. Für Theorem 11 würde sich dann ohne TH der folgende Beweis ergeben:

$$
\begin{array}{lll}
\{1\} & (1) & \neg\,\neg\,\neg\,P \\
\{2\} & (2) & \neg\,\neg\,P \\
\{1\} & (3) & \neg\,\neg\,\neg\,\neg\,\neg\,P \to \neg\,\neg\,\neg\,P \\
\{1,2\} & (4) & \neg\,\neg\,\neg\,\neg\,P \\
\{1\} & (5) & \neg\,\neg\,P \to \neg\,\neg\,\neg\,\neg\,P \\
\{1\} & (6) & \neg\,P \\
\Lambda & (7) & \neg\,\neg\,\neg\,P \to \neg\,P \\
\{8\} & (8) & P \\
\{8\} & (9) & \neg\,\neg\,P \\
\Lambda & (10) & P \to \neg\,\neg\,P
\end{array}
$$

Die ersten sieben Zeilen dieses Beweises sind einfach unsere Ableitung von Theorem 10 (mit ‚$\neg\,P$‘ statt ‚P‘, so daß wir an Stelle des Theorems das Einsetzungsergebnis ‚$\neg\,\neg\,\neg\,P \to \neg\,P$‘ erhalten). Die letzten vier Zeilen sind dann unsere Ableitung von Theorem 11, wobei die Prämissennummern um 6 erhöht wurden.

Wenn wir, wie in der vierten Zeile der Ableitung von Theorem 13, TH benutzen, um eine Aussage einzuführen, für die die entsprechende Subjunktion ein bereits bewiesenes Theorem ist, hätten wir auch einen Beweis dieser Subjunktion einfügen können, um dann unsere Conclusio mittels MP abzutrennen. Wenn allgemein die Aussagen $\varphi_1, \varphi_2, \ldots, \varphi_n$ in früheren Zeilen vorkommen und die Subjunktion

$$(\varphi_1 \to (\varphi_2 \to \cdots \to (\varphi_n \to \psi) \cdots))$$

Einsetzungsergebnis eines bereits bewiesenen Theorems ist, so kann man ψ ohne TH erhalten, indem man einen Beweis der Subjunktion einfügt und dann n-mal MP anwendet, um ψ abzutrennen.

TH ist demnach nur ein Werkzeug, um Beweise abzukürzen; es macht unser Ableitungssystem bequemer in der Handhabung, aber nicht stärker.

11. $P \to \neg\,\neg\,P$

Λ	(1)	$\neg\,\neg\,\neg\,P \to \neg\,P$	TH 10
$\{2\}$	(2)	P	P
$\{2\}$	(3)	$\neg\,\neg\,P$	(1) (2) MT
Λ	(4)	$P \to \neg\,\neg\,P$	(2) (3) K

12. $(\neg\,P \to \neg\,Q) \to (Q \to P)$

$\{1\}$	(1)	$(\neg\,P \to \neg\,Q)$	P
$\{2\}$	(2)	Q	P
$\{1,2\}$	(3)	P	(1) (2) MT
$\{1\}$	(4)	$Q \to P$	(2) (3) K
Λ	(5)	$(\neg\,P \to \neg\,Q) \to (Q \to P)$	(1) (4) K

13. $(P \to \neg\,Q) \to (Q \to \neg\,P)$

$\{1\}$	(1)	$P \to \neg\,Q$	P
$\{2\}$	(2)	Q	P
$\{3\}$	(3)	$\neg\,\neg\,P$	P
$\{3\}$	(4)	P	(3) TH 10
$\{1,3\}$	(5)	$\neg\,Q$	(1) (4) MP
$\{1\}$	(6)	$\neg\,\neg\,P \to \neg\,Q$	(3) (5) K
$\{1,2\}$	(7)	$\neg\,P$	(2) (6) MT
$\{1\}$	(8)	$Q \to \neg\,P$	(2) (7) K
Λ	(9)	$(P \to \neg\,Q) \to (Q \to \neg\,P)$	(1) (8) K

14. $(\neg\,P \to Q) \to (\neg\,Q \to P)$

15. $(P \to Q) \to (\neg\,Q \to \neg\,P)$ (Gesetz der Kontraposition)

$\{1\}$	(1)	$P \to Q$	P
Λ	(2)	$Q \to \neg\,\neg\,Q$	TH 11
$\{1\}$	(3)	$P \to \neg\,\neg\,Q$	(1) (2) TH 1
$\{1\}$	(4)	$\neg\,Q \to \neg\,P$	(3) TH 13
Λ	(5)	$(P \to Q) \to (\neg\,Q \to \neg\,P)$	(1) (4) K

16. $(\neg\,P \to P) \to P$ (Gesetz des Clavius)

$\{1\}$	(1)	$(\neg\,P \to P)$	
Λ	(2)	$\neg\,P \to (P \to \neg\,(\neg\,P \to P))$	TH 8
Λ	(3)	$(\neg\,P \to P) \to (\neg\,P \to \neg\,(\neg\,P \to P))$	(2) TH 4
$\{1\}$	(4)	$\neg\,P \to \neg\,(\neg\,P \to P)$	
$\{1\}$	(5)	$(\neg\,P \to P) \to P$	(4) TH 12
$\{1\}$	(6)	P	
Λ	(7)	$(\neg\,P \to P) \to P$	

17. $(P \to \neg\,P) \to \neg\,P$

18. $\neg\,(P \to Q) \to P$

Λ	(1) $\neg\,P \to (P \to Q)$	TH 8
Λ	(2) $\neg\,(P \to Q) \to P$	(1) TH 14

19. $\neg\,(P \to Q) \to \neg\,Q$

20. $P \to (Q \to (P \wedge Q))$

$\{1\}$	(1) P	
$\{2\}$	(2) $\neg\,\neg\,(P \to \neg\,Q)$	
$\{2\}$	(3) $P \to \neg\,Q$	(2) TH 10
$\{1,2\}$	(4) $\neg\,Q$	(1) (3) MP
$\{1\}$	(5) $\neg\,\neg\,(P \to \neg\,Q) \to \neg\,Q$	
$\{1\}$	(6) $Q \to \neg\,(P \to \neg\,Q)$	(5) TH 12
$\{1\}$	(7) $Q \to (P \wedge Q)$	(6) D
Λ	(8) $P \to (Q \to (P \wedge Q))$	

21. $(P \to Q) \to ((Q \to P) \to (P \leftrightarrow Q))$

22. $(P \leftrightarrow Q) \to (P \to Q)$

23. $(P \leftrightarrow Q) \to (Q \to P)$

24. $(P \vee Q) \leftrightarrow (Q \vee P)$ (Kommutativgesetz der Disjunktion)

$\{1\}$	(1) $P \vee Q$	
$\{1\}$	(2) $\neg\,P \to Q$	(1) D
$\{1\}$	(3) $\neg\,Q \to P$	(2) TH 14
$\{1\}$	(4) $Q \vee P$	
Λ	(5) $(P \vee Q) \to (Q \vee P)$	
$\{6\}$	(6) $Q \vee P$	
$\{6\}$	(7) $\neg\,Q \to P$	
$\{6\}$	(8) $\neg\,P \to Q$	(7) TH 14
$\{6\}$	(9) $P \vee Q$	
Λ	(10) $(Q \vee P) \to (P \vee Q)$	
Λ	(11) $(P \vee Q) \leftrightarrow (Q \vee P)$	(5) (10) TH 21

25. $P \to (P \vee Q)$

26. $Q \to (P \vee Q)$

27. $(P \vee P) \leftrightarrow P$ (Idempotenz der Disjunktion)

$\{1\}$	(1) $P \vee P$	
$\{1\}$	(2) $\neg\,P \to P$	
$\{1\}$	(3) P	(2) TH 16
Λ	(4) $(P \vee P) \to P$	
Λ	(5) $P \to (P \vee P)$	TH 25
Λ	(6) $(P \vee P) \leftrightarrow P$	(4) (5) TH 21

28. $P \leftrightarrow P$

29. $\neg \neg P \leftrightarrow P$ (Prinzip der doppelten Negation)

30. $(P \leftrightarrow Q) \leftrightarrow (Q \leftrightarrow P)$

31. $(P \leftrightarrow Q) \leftrightarrow (\neg P \leftrightarrow \neg Q)$

32. $(P \leftrightarrow Q) \rightarrow ((P \wedge R) \leftrightarrow (Q \wedge R))$

33. $(P \leftrightarrow Q) \rightarrow ((R \wedge P) \leftrightarrow (R \wedge Q))$

34. $(P \leftrightarrow Q) \rightarrow ((P \vee R) \leftrightarrow (Q \vee R))$

35. $(P \leftrightarrow Q) \rightarrow ((R \vee P) \leftrightarrow (R \vee Q))$

36. $(P \leftrightarrow Q) \rightarrow ((P \rightarrow R) \leftrightarrow (Q \rightarrow R))$

37. $(P \leftrightarrow Q) \rightarrow ((R \rightarrow P) \leftrightarrow (R \rightarrow Q))$

38. $(P \leftrightarrow Q) \rightarrow ((P \leftrightarrow R) \leftrightarrow (Q \leftrightarrow R))$

39. $(P \leftrightarrow Q) \rightarrow ((R \leftrightarrow P) \leftrightarrow (R \leftrightarrow Q))$

Wir nehmen nun an, φ, ψ, χ, ϑ und ϑ_1 seien AK-Aussagen. Mit Theorem 31 erkennen wir, daß mit $\chi \leftrightarrow \vartheta$ auch $\neg \chi \leftrightarrow \neg \vartheta$ ein Theorem ist. Entsprechend ergibt Theorem 32, daß mit $\chi \leftrightarrow \vartheta$ auch $(\chi \wedge \vartheta_1) \leftrightarrow (\vartheta \wedge \vartheta_1)$ ein Theorem ist. Offensichtlich könnten wir auch 31 und 32 gleichzeitig anwenden, um ein Resultat wie das folgende zu erhalten: wenn $\chi \leftrightarrow \vartheta$ ein Theorem ist, so ist auch

$$\neg (\neg \chi \wedge \vartheta_1) \leftrightarrow \neg (\neg \vartheta \wedge \vartheta_1)$$

ein Theorem. Allgemein erkennen wir aus den Theoremen 31 bis 39 folgendes: wenn $\chi \leftrightarrow \vartheta$ ein Theorem ist und wenn man φ aus ψ erhält, indem man an einer Stelle in ψ ϑ durch χ ersetzt, so ist auch $\varphi \leftrightarrow \psi$ ein Theorem. Denn φ kann — ausgehend von diesem χ — mit Hilfe von Verknüpfungen aufgebaut werden, und ψ kann in genau derselben Weise aufgebaut werden, nur daß man von ϑ ausgeht, also erhalten wir nach möglicherweise mehrfacher Anwendung einiger der (oder aller) Theoreme 31—39 das Ergebnis, daß $\varphi \leftrightarrow \psi$ ein Theorem ist. Zusammen mit Theorem 22 und Regel TH rechtfertigt dieses die folgende sehr nützliche ‚Abkürzungsregel‘:

ER (Ersetzung) φ kann in einer Zeile eingeführt werden, wenn ψ in einer früheren Zeile auftritt und wenn man φ aus ψ erhält, indem man in ψ an einer Stelle ϑ durch χ ersetzt, vorausgesetzt, daß $\chi \leftrightarrow \vartheta$ oder $\vartheta \leftrightarrow \chi$ ein Einsetzungsergebnis eines früher bewiesenen AK-Theorems ist; als Prämissennummern der neuen Zeile nehme man diejenigen der früheren Zeile.

Der Beweis von Theorem 41 ist ein Beispiel für die Anwendung der Regel ER.

40. $(P \lor (Q \lor R)) \leftrightarrow (Q \lor (P \lor R)$

41. $(P \lor (Q \lor R)) \leftrightarrow ((P \lor Q) \lor R)$ (Assoziativgesetz der Disjunktion)

Λ	(1)	$(P \lor (Q \lor R)) \leftrightarrow (Q \lor (P \lor R))$	TH 40
Λ	(2)	$(P \lor (Q \lor R)) \leftrightarrow (Q \lor (R \lor P))$	(1) 24 ER
Λ	(3)	$(P \lor (Q \lor R)) \leftrightarrow (R \lor (Q \lor P))$	(2) 40 ER
Λ	(4)	$(P \lor (Q \lor R)) \leftrightarrow ((Q \lor P) \lor R)$	(3) 24 ER
Λ	(5)	$(P \lor (Q \lor R)) \leftrightarrow ((P \lor Q) \lor R)$	(4) 24 ER

42. $\neg (P \land Q) \leftrightarrow (\neg P \lor \neg Q)$

43. $\neg (P \lor Q) \leftrightarrow (\neg P \land \neg Q)$

44. $(P \land Q) \leftrightarrow \neg (\neg P \lor \neg Q)$

45. $(P \lor Q) \leftrightarrow \neg (\neg P \land \neg Q)$

(de Morgansche Gesetze)

46. $(P \land Q) \leftrightarrow (Q \land P)$ (Kommutativgesetz der Konjunktion)

47. $(P \land Q) \to P$ (Abschwächung der Konjunktion)

48. $(P \land Q) \to Q$

49. $(P \land P) \leftrightarrow P$ (Idempotenz der Konjunktion)

Λ	(1)	$(P \land P) \to P$	TH 47
Λ	(2)	$(P \to \neg P) \to \neg P$	TH 17
Λ	(3)	$P \to \neg (P \to \neg P)$	(2) TH 13
Λ	(4)	$P \to (P \land P)$	(3) D
Λ	(5)	$(P \land P) \leftrightarrow P$	(1) (4) TH 21

50. $(P \land (Q \land R)) \leftrightarrow ((P \land Q) \land R)$ (Assoziativgesetz
der Konjunktion)

51. $(P \to (Q \to R)) \leftrightarrow ((P \land Q) \to R)$ (Gesetz der Importation
bzw. Exportation)

52. $(P \to Q) \leftrightarrow \neg (P \land \neg Q)$

53. $(P \to Q) \leftrightarrow (\neg P \lor Q)$

54. $(P \lor (Q \land R)) \leftrightarrow ((P \lor Q) \land (P \lor R))$

55. $(P \land (Q \lor R)) \leftrightarrow ((P \land Q) \lor (P \land R))$

(Distributivgesetze)

56. $((P \land Q) \lor (R \land S)) \leftrightarrow (((P \lor R) \land (P \lor S)) \land ((Q \lor R) \land (Q \lor S)))$

57. $P \to ((P \land Q) \leftrightarrow Q)$

58. $P \to ((Q \land P) \leftrightarrow Q)$

59. $P \to ((P \to Q) \leftrightarrow Q)$

60. $P \to ((P \leftrightarrow Q) \leftrightarrow Q)$

61. $P \to ((Q \leftrightarrow P) \leftrightarrow Q)$

62. $\neg\, P \to ((P \lor Q) \leftrightarrow Q)$

63. $\neg\, P \to ((Q \lor P) \leftrightarrow Q)$

64. $\neg\, P \to (\neg\, (P \leftrightarrow Q) \leftrightarrow Q)$

65. $\neg\, P \to (\neg\, (Q \leftrightarrow P) \leftrightarrow Q)$

66. $P \lor \neg\, P$ (Tertium non datur)

67. $\neg\, (P \land \neg\, P)$ (Gesetz vom ausgeschlossenen Widerspruch)

68. $(P \leftrightarrow Q) \leftrightarrow ((P \land Q) \lor (\neg\, P \land \neg\, Q))$

69. $\neg\, (P \leftrightarrow Q) \leftrightarrow (P \leftrightarrow \neg\, Q)$

70. $((P \leftrightarrow Q) \land (Q \leftrightarrow R)) \to (P \leftrightarrow R)$

71. $((P \leftrightarrow Q) \leftrightarrow P) \leftrightarrow Q$

72. $(P \leftrightarrow (Q \leftrightarrow R)) \leftrightarrow ((P \leftrightarrow Q) \leftrightarrow R)$

73. $(P \to Q) \leftrightarrow (P \to (P \land Q))$

74. $(P \to Q) \leftrightarrow (P \leftrightarrow (P \land Q))$

75. $(P \to Q) \leftrightarrow (P \to (P \to Q))$

76. $(P \to (Q \land R)) \leftrightarrow ((P \to Q) \land (P \to R))$

77. $((P \lor Q) \to R) \leftrightarrow ((P \to R) \land (Q \to R))$

78. $(P \to (Q \lor R)) \leftrightarrow ((P \to Q) \lor (P \to R))$

79. $((P \land Q) \to R) \leftrightarrow ((P \to R) \lor (Q \to R))$

80. $(P \to (Q \leftrightarrow R)) \leftrightarrow ((P \land Q) \leftrightarrow (P \land R))$

81. $((P \land \neg\, Q) \to R) \leftrightarrow (P \to (Q \lor R))$

82. $(P \lor Q) \leftrightarrow ((P \to Q) \to Q)$

83. $(P \land Q) \leftrightarrow ((Q \to P) \land Q)$

84. $(P \to Q) \lor (Q \to R)$

85. $(P \to Q) \lor (\neg\, P \to Q)$

86. $(P \to Q) \lor (P \to \neg\, Q)$

87. $((P \land Q) \to R) \leftrightarrow ((P \land \neg\, R) \to \neg\, Q)$

88. $(P \to Q) \to ((R \to (Q \to S)) \to (R \to (P \to S)))$

89. $((P \to Q) \land (Q \to R)) \lor (R \to P)$

90. $((P \to Q) \land (R \to S)) \to ((P \lor R) \to (Q \lor S))$

Wenn eine Aussage φ in einer Zeile einer Ableitung auftritt, die in Übereinstimmung mit den fünf Regeln P, MP, MT, K und D aufgestellt wurde, so ist leicht einzusehen, daß φ tautologische Folgerung aus den Prämissen dieser Zeile ist. Wir verifizieren dieses, indem wir zeigen, daß (1) jede Aussage in der ersten Zeile einer solchen Ableitung tautologische Folgerung aus den Prämissen dieser Zeile ist und (2) daß jede Aussage in einer späteren Zeile tautologische Folgerung aus ihren Prämissen ist, falls alle Aussagen in früheren Zeilen tautologische Folgerungen aus den ihren sind.

Zu (1): wenn φ in der ersten Zeile auftritt, so ist sie durch Regel P eingeführt und somit ihre eigene einzige Prämisse.

Zum Beweis von (2) betrachten wir nacheinander die einzelnen Regeln.

(i) Wenn φ durch Regel P eingeführt wurde, so ist sie offensichtlich tautologische Folgerung aus den Prämissen ihrer Zeile.

(ii) Wenn φ durch Regel MP eingeführt wurde, so bestehen ihre Prämissen aus denen eines Paares früherer Zeilen, in denen die Aussagen ψ und $(\psi \rightarrow \varphi)$ auftreten. Nun ist φ tautologische Folgerung aus ψ und $(\psi \rightarrow \varphi)$, und da diese nach Voraussetzung tautologische Folgerungen aus den Prämissen derjenigen früheren Zeilen sind, in denen sie erscheinen, so ist auch φ tautologische Folgerung aus diesen Prämissen (Seite 127, Punkt 9).

(iii) Wenn φ durch Regel MT eingeführt wurde, lautet der Schluß analog zu dem für den Fall MP.

(iv) Wenn φ durch Regel K eingeführt wurde, so ist $\varphi = (\psi \rightarrow \chi)$, und χ erscheint in einer früheren Zeile. Nach Voraussetzung ist χ tautologische Folgerung der Prämissen ihrer Zeile, worunter auch ψ sein könnte. Also ist $(\psi \rightarrow \chi)$ tautologische Folgerung aus diesen Prämissen außer ψ (Seite 127, Punkt 9 und 10).

(v) Wenn φ schließlich durch Regel D eingeführt wurde, so taucht in einer früheren Zeile eine Aussage auf, aus der φ durch einen definitionsgemäßen Austausch gewonnen werden kann. Derartige definitionsgemäß äquivalente Aussagen sind aber stets tautologische Folgerungen auseinander. (Den Beweis hierfür überlassen wir dem Leser als Übungsaufgabe.) Also ist φ eine Folgerung aus den Prämissen der früheren Zeile, und diese sind nichts anderes als die Prämissen von φ.

Also ist jede Aussage, die in einer Zeile einer aussagenlogischen Ableitung auftritt, tautologische Folgerung aus den Prämissen dieser Zeile. Insbesondere beweisen wir, wenn wir eine AK-Aussage aus der leeren Menge ableiten können, daß diese Aussage eine Tautologie ist. (Das schließt jedoch nicht ein, daß wir, wenn wir eine solche Ableitung nicht finden konnten, damit bewiesen hätten, daß die vorliegende Aussage keine Tautologie ist; dazu braucht man dann immer noch den Wahrheitstafeltest.)

Außer dem, was wir gerade gezeigt haben, besitzen unsere fünf Regeln noch eine bedeutsame Eigenschaft: wenn eine AK-Aussage φ tautologische Folgerung aus einer Menge Γ von AK-Aussagen ist, so ist φ aus Γ mit diesen Regeln ableitbar. Der Beweis dieser Tatsache wird später als Übungsaufgabe gegeben.

ÜBUNGEN

1. Man stelle eine Wahrheitstafel für jede der folgenden AK-Aussagen auf:
   (a) $(P \wedge Q) \to (P \vee Q)$
   (b) $((P \to Q) \to P) \to Q$
   (c) $((P \leftrightarrow \neg Q) \leftrightarrow \neg P) \leftrightarrow Q$
   (d) $Q \leftrightarrow ((P \wedge Q) \vee (\neg P \wedge \neg Q))$
   (e) $((P \to Q) \to P) \leftrightarrow P$
   (f) $(P \to (Q \wedge \neg Q)) \to \neg P$
   (g) $(P \to (Q \to R)) \to ((P \to Q) \to R)$
   (h) $P \to ((Q \to R) \to ((P \to Q) \to R))$
   (i) $((P \to Q) \to R) \to ((P \to R) \to R)$
   (j) $(P \to Q) \vee (P \leftrightarrow \neg Q)$

2. Man führe die aussagenlogischen Grundbestandteile jeder der folgenden Aussagen auf.
   (a) $P \to (Q \vee R)$
   (b) $\wedge x F x \to (F a \to R)$
   (c) $\wedge x \wedge y F x y$
   (d) $\wedge x (F x a \to \vee y G x a y)$
   (e) $H a b \to \vee x (H x b \leftrightarrow H a b)$
   (f) $\wedge x F x a \leftrightarrow \wedge y \wedge x F x a$
   (g) $(P \wedge \wedge x F x) \leftrightarrow (\neg P \wedge \wedge x G x)$
   (h) $\wedge x (F x \wedge (P \vee \neg P))$
   (i) $Q \to \wedge x (P \wedge Q)$
   (j) $(\wedge z G z \wedge \vee y H y) \leftrightarrow \neg \wedge z \vee y (G z \wedge H y)$

3. (a) Zu jeder der Aussagen von Übung 2 gebe man eine assoziierte AK-Aussage an.
   (b) Man gebe eine AK-Aussage an, von der jede Aussage ein Einsetzungsergebnis ist. Wie viele solche AK-Aussagen gibt es?
   (c) Man gebe eine AK-Aussage an, zu der es keine Tautologie als Einsetzungsergebnis gibt.
   (d) Man gebe eine AK-Aussage an, zu der jede Subjunktion ein Einsetzungsergebnis darstellt.

(e) Welches sind die aussagenlogischen Grundbestandteile einer AK-Aussage?

(f) Man erkläre, warum die AK-Aussage φ immer dann zu der AK-Aussage ψ assoziiert ist, wenn ψ zu φ assoziiert ist.

4. Man stelle fest, welche der folgenden Aussagen Tautologien sind (man bilde dazu zu jeder Aussage eine assoziierte AK-Aussage und benutze Wahrheitstafeln).

(a) $(Ca \wedge Gm) \rightarrow Ca$

(b) $\neg(\neg Aa \wedge (Aa \vee P)) \vee P$

(c) $(Ha \vee \neg Dj) \rightarrow (\neg Ha \rightarrow \neg Dj)$

(d) $(Ca \vee \wedge x(Fx \rightarrow Ca)) \leftrightarrow Ca$

(e) $\wedge x(Fx \vee Ga) \rightarrow (\wedge xFx \vee Ga)$

(f) $((\neg \vee yDy \rightarrow \vee yDy) \vee \neg Da) \rightarrow \vee yDy$

(g) $\wedge x(Fx \vee \neg Fx) \rightarrow (\wedge x(Fx \vee \neg Fx) \vee \wedge x \neg (Fx \vee \neg Fx))$

(h) $\wedge x(Fx \wedge \wedge y(Gy \rightarrow \vee zFz)) \rightarrow \wedge x(Fx \vee \vee zFz)$

(i) $((\wedge xFx \wedge \wedge yGy) \rightarrow \vee zFz) \rightarrow (\wedge xFx \vee \vee zFz)$

(j) $Q \rightarrow (\neg \wedge x \wedge y\, Cxy \rightarrow (Q \wedge \neg \wedge x \wedge y\, Cyx))$

5. Man leite jede der Tautologien aus Übung 1 aus der leeren Menge ab. (Man benutze einige oder alle Regeln aus Abschnitt 6, und man darf dabei annehmen, daß die Theoreme 1—90 bereits bewiesen sind.)

6. In jeder der folgenden Gruppen leite man die letzte Aussage aus den verbleibenden ab. (Man benutze die Regeln aus Abschnitt 6 und nehme die Theoreme 1—90 als bewiesen an.)

<table>
<tr><td>

(a) $P \rightarrow Q$
　　$\neg P \rightarrow R$
　　$\neg Q \rightarrow \neg R$
　　Q

(b) $P \rightarrow Q$
　　$(Q \rightarrow P) \rightarrow P$
　　Q

(c) $(P \rightarrow Q) \rightarrow R$
　　$S \rightarrow \neg P$
　　T
　　$(\neg S \wedge T) \rightarrow Q$
　　R

(d) $P \rightarrow Q$
　　$R \rightarrow \neg S$
　　$S \rightarrow P$
　　$Q \rightarrow R$
　　$S \rightarrow T$

(e) $(\neg P \rightarrow Q) \rightarrow R$
　　$\neg R$
　　$\neg Q \rightarrow P$
　　S

</td><td>

(f) $P \rightarrow R$
　　$Q \rightarrow \neg S$
　　$R \rightarrow Q$
　　$P \rightarrow \neg S$

(g) $(P \wedge Q) \rightarrow R$
　　$R \rightarrow S$
　　$Q \wedge \neg S$
　　$\neg P$

(h) $\neg(P \wedge \neg Q) \vee \neg(\neg S \wedge \neg T)$
　　$\neg(T \vee Q)$
　　$U \rightarrow (\neg T \rightarrow (\neg S \wedge P))$
　　$\neg U$

(i) $(P \wedge \neg Q) \vee (P \wedge R)$
　　$\neg Q \rightarrow \neg P$
　　R

(j) $(P \rightarrow Q) \rightarrow Q$
　　$(T \rightarrow P) \rightarrow R$
　　$(R \rightarrow S) \rightarrow \neg(S \rightarrow Q)$
　　R

</td></tr>
</table>

7. Für jeden der folgenden Schlüsse versuche man, Prämissen und Conclusio zu symbolisieren und dann die symbolisierte Conclusio aus den symbolisierten Prämissen abzuleiten. (Da nur Aussagebuchstaben im Spiel sind, braucht die Interpretation nicht spezifiziert zu werden.)

(a) Entweder wird das Tor geschossen, oder Mulligan fällt platt auf sein Gesicht. Wenn Mulligan platt auf sein Gesicht fällt, so buhen die Fans. Die Fans buhen nicht. Also stimmt es nicht, daß die Fans buhen, wenn das Tor geschossen wird.

(b) Die Studenten sind dann und nur dann glücklich, wenn keine Klausur geschrieben wird. Wenn die Studenten glücklich sind, fühlt sich der Professor wohl. Aber wenn sich der Professor wohl fühlt, hat er keine Lust, Vorlesung zu halten, und wenn er keine Lust hat, Vorlesung zu halten, wird eine Klausur geschrieben. Also sind die Studenten nicht glücklich.

(c) Wenn das Portrait dem Auftraggeber ähnelt, sind er und der Künstler enttäuscht. Wenn das Portrait dem Auftraggeber nicht ähnelt, wird sich seine Frau weigern zu zahlen, und dann ist der Künstler enttäuscht. Also ist der Künstler enttäuscht.

(d) Wenn Henry zu Weihnachten einen Rolls-Royce bekommt, muß er ihn auf der Straße parken, wenn ihm nicht jemand noch eine Garage schenkt. Es stimmt nicht, daß ihm jemand eine Garage schenkt, falls er ein braver Junge ist. Aber wenn Henry ein braver Junge ist, bekommt er einen Rolls-Royce zu Weihnachten. Also bekommt er tatsächlich einen Rolls-Royce zu Weihnachten und muß ihn auf der Straße parken.

8. Ausgehend von der Definition der Tautologie beweise man die Behauptungen 1—3 von Seite 126.

9. φ sei eine AK-Aussage, die ,$\vee$', ,$\wedge$' oder ,$\to$' nicht enthält. Man zeige, daß φ ein AK-Theorem ist, falls die folgenden Bedingungen gleichzeitig erfüllt sind:

(1) jeder Aussagebuchstabe, der in φ vorkommt, tritt eine gerade Anzahl von Malen auf, und

(2) wenn ,$\neg$' in φ vorkommt, dann tritt es eine gerade Anzahl von Malen auf.

10. Man behandle jeden der folgenden Schlüsse wie in Übung 7.

(a) Wenn Moriarty geschnappt wird, dann wird London vom kriminologischen Standpunkt einmalig uninteressant. Moriarty wird dann und nur dann geschnappt, wenn Holmes ihm entwischt. Aber Holmes wird in jedem Fall zurückkehren. Wenn also Holmes dem Moriarty entwischt, wird London vom kriminologischen Standpunkt einmalig uninteressant, und Watson verkauft die Geige und die Spritze, wenn Holmes nicht zurückkehrt.

(b) Wenn Holmes Erfolg hat und Colonel Moran verhaftet wird, ziert die berühmte Luftbüchse von Von Herder das Scotland Yard Museum. Aber es stimmt nicht, daß die berühmte Luftbüchse von Von Herder das Scotland Yard Museum ziert, falls Colonel Moran verhaftet wird. Also hat Holmes keinen Erfolg, wenn Colonel Moran verhaftet wird.

11. Man leite jede der folgenden Aussagen aus der leeren Menge ab. (Man benutze die Regeln aus Abschnitt 6 und nehme die Theoreme 1—90 als bewiesen an.)

(a) $((P \to Q) \to Q) \leftrightarrow ((Q \to P) \to P)$

(b) $(P \to Q) \to ((\neg P \to Q) \to Q)$

(c) $(((P \vee Q) \wedge (P \to R)) \wedge (Q \to R)) \to R$

(d) $(P \leftrightarrow Q) \leftrightarrow ((P \wedge Q) \leftrightarrow (P \vee Q))$

Schlußregeln für $\mathfrak{L}$

In diesem Kapitel stellen wir ein System aus sechs Regeln vor, mit denen man aus jeder Aussagenmenge Γ die und nur die Aussagen ableiten kann, die Folgerungen aus Γ sind. Zunächst formulieren wir diese Regeln so sorgfältig, wie es mit sinnvoller Kürze verträglich ist; im zweiten Abschnitt werden sie eine nach der anderen diskutiert und an zahlreichen Beispielen erläutert. Im dritten Abschnitt formulieren, erklären und rechtfertigen wir drei sogenannte Abkürzungsregeln. Obwohl diese sehr nützlich sind, sind sie im Prinzip entbehrlich, denn die sechs Grundregeln sind selbst völlig ausreichend. Der vierte Abschnitt macht einige Vorschläge, wie man taktisch vorgehen kann, um zu einer gegebenen Conclusio aus gegebenen Prämissen eine Ableitung zu finden. Im letzten Abschnitt widmen wir uns den sogenannten logischen Theoremen, d. h. denjenigen Aussagen, die aus der leeren Menge ableitbar sind. Verschiedene Theoreme werden bewiesen, andere werden ohne Beweis nur angegeben.

1. Grundregeln; Ableitbarkeit

Wir haben gesehen, daß die Wahrheitstafelmethode ein Verfahren darstellt, mit dem wir entscheiden können, ob eine vorliegende Aussage eine Tautologie ist oder nicht, oder ob sie tautologische Folgerung aus einer gegebenen endlichen Aussagenmenge ist oder nicht. In vielen Fällen ist das Verfahren mühselig, aber es existiert immerhin. Wenden wir uns nun von den Tautologien den gültigen Aussagen zu, so merken wir, daß hier die Lage ganz anders ist. Wir hätten gern ein ähnliches Verfahren, das uns (oder einer Maschine) stets gestatten würde, auf die Frage, ob eine vorliegende Aussage gültig ist, eine Ja-oder-Nein-Antwort zu finden. Offensichtlich reicht hier das Wahrheitstafelverfahren nicht aus. Wenn es uns sagt, daß eine Aussage tautologisch ist, dann ist diese Aussage damit natürlich auch als gültig erwiesen, denn alle Tautologien sind gültig; aber wenn sich ergibt, daß die Aussage nicht tautologisch ist, so können wir keineswegs schließen, daß sie nicht gültig ist. So ist ‚$\wedge\, xFx \to Fa$‘, wenn auch nicht tautologisch, trotzdem gültig, und natürlich gibt es unendlich viele ähnliche Fälle.

Es zeigt sich, daß ein solches erwünschtes Entscheidungsverfahren nicht nur bis jetzt nicht gefunden wurde, sondern daß ein derartiges Verfahren *niemals* gefunden werden kann. Die Unmöglichkeit eines Entscheidungsverfahrens für gültige Aussagen wurde 1936 von dem amerikanischen Logiker Alonzo Church bewiesen. Dieses Ergebnis impliziert natürlich, daß es auch kein schrittweises Verfahren geben kann, um zu entscheiden, ob eine Aussage eine Folgerung aus anderen Aussagen ist. Die Situation ist jedoch nicht völlig hoffnungslos, denn immerhin besitzen wir ein System von Ableitungsregeln ähnlich dem, das wir in Abschnitt 6 des vorigen Kapitels gegeben haben. Man kann einige wenige mechanisch anwendbare Regeln angeben, die zusammen die Eigenschaft haben, daß eine Aussage φ dann und nur dann eine Folgerung aus einer Aussagenmenge $\varGamma$ ist, wenn es eine korrekte Ableitung von φ aus den Aussagen $\varGamma$ gibt. Dabei ist eine ‚korrekte‘ Ableitung eine solche, bei der jeder Schritt in Übereinstimmung mit den Regeln des Systems vorgenommen wird. Da es kein Entscheidungsverfahren gibt, ist die Existenz solcher Regeln hier noch wertvoller als im Fall der Tautologien.

Zunächst geben wir wieder exakte Formulierungen der Regeln, um dann auf sie zurückgreifen zu können; anschließend folgen Beispiele und erläuternde Kommentare.

Eine *Ableitung* ist eine endliche Folge fortlaufend numerierter Zeilen, von denen jede aus einer Aussage und einer Menge von Nummern (den Prämissennummern der Zeile) besteht. Die Zeilenfolge wird nach folgenden Regeln aufgebaut (hier sind φ und ψ beliebige Formeln, α ist eine Variable und β eine Individuenkonstante):

P (Prämisseneinführung) Jede Aussage kann in einer Zeile eingeführt werden, wobei die Zeilennummer als einzige Prämissennummer genommen wird.

T (Tautologischer Schluß) Eine Aussage kann in einer Zeile eingeführt werden, wenn sie tautologische Folgerung aus Aussagen ist, die in früheren Zeilen auftreten[1]); als Prämissennummern der neuen Zeile nehme man alle Prämissennummern dieser früheren Zeilen.

K (Konditionalisierung) Die Aussage $(\varphi \to \psi)$ kann in einer Zeile eingeführt werden, wenn ψ in einer früheren Zeile auftritt; als Prämissennummern der neuen Zeile nehme man alle diejenigen der früheren Zeile außer (falls erwünscht) derjenigen, die Zeilennummer der Zeile ist, in der φ eingeführt wurde.

BE (Beispieleinführung; Schluß durch Spezialisierung) Die Aussage $\varphi\alpha/\beta$ kann in einer Zeile eingeführt werden, wenn $\wedge\,\alpha\varphi$ in einer früheren Zeile auftritt; als Prämissennummern der neuen Zeile nehme man diejenigen der früheren Zeile.

G (Schluß durch Generalisierung) Die Aussage $\wedge\,\alpha\varphi$ kann in einer Zeile eingeführt werden, wenn $\varphi\alpha/\beta$ in einer früheren Zeile vorkommt und β weder in φ noch in irgendeiner Prämisse dieser früheren Zeile auftritt; als Prämissennummern der neuen Zeile nehme man die der früheren Zeile.

E (Regel für den Existenzquantor) Die Aussage $\vee\,\alpha\varphi$ kann in einer Zeile eingeführt werden, wenn $\neg\,\wedge\,\alpha\,\neg\,\varphi$ in einer früheren Zeile auftritt, oder umgekehrt; als Prämissennummern der neuen Zeile nehme man die der früheren Zeile.

Eine Ableitung, bei der in der letzten Zeile eine Aussage φ auftritt und bei der alle Prämissen der letzten Zeile zu einer Aussagenmenge $\varGamma$ gehören, nennt man eine *Ableitung von φ aus $\varGamma$*.

Eine Aussage φ ist dann und nur dann *aus* einer Aussagenmenge $\varGamma$ *ableitbar*, wenn es eine Ableitung von φ aus $\varGamma$ gibt.

Da jede Zeile einer Ableitung nur endlich viele Prämissen hat, gilt offensichtlich folgendes: wenn eine Aussage aus einer unendlichen Aussagenmenge $\varGamma$ ableitbar ist, so ist sie aus einer endlichen Teilmenge ableitbar.

---

[1]) Wenn man sagt, eine Aussage φ trete in einer Zeile auf, so meint man damit wie beim Ableitungskalkül der Aussagenlogik in Kapitel 6, daß diese Zeile aus φ und einer Menge von Nummern besteht; wenn man sagt, eine Aussage φ sei Prämisse einer Zeile, so meint man damit, daß φ in einer Zeile auftritt, deren Zeilennummer unter den Prämissennummern der vorliegenden Zeile vorkommt.

2. Beispiele und Erklärungen

Wir geben drei Beispiele für Ableitungen.

I. Das Folgende ist eine Ableitung der Aussage ‚$\wedge x(Fx \to Hx)$‘ aus der Menge, die aus den beiden Aussagen ‚$\wedge x(Fx \to Gx)$‘ und ‚$\wedge x(Gx \to Hx)$‘ besteht. Ganz rechts am Rande der Ableitung finden sich etliche Anmerkungen. Streng genommen gehören sie nicht zur Ableitung; wir haben sie hinzugefügt, um dem Leser die Kontrolle, daß die Regeln befolgt wurden, zu erleichtern. Da wir im augenblicklichen Zeitpunkt noch keine der Regel TH des vorigen Kapitels entsprechende Regel verwenden, können wir ohne Furcht vor Mehrdeutigkeit Klammern weglassen, wenn wir Zeilennummern anführen.

$\{1\}$	(1)	$\wedge x(Fx \to Gx)$	P
$\{2\}$	(2)	$\wedge x(Gx \to Hx)$	P
$\{3\}$	(3)	Fa	P
$\{1\}$	(4)	$Fa \to Ga$	1 BE
$\{1,3\}$	(5)	Ga	3, 4 T
$\{2\}$	(6)	$Ga \to Ha$	2 BE
$\{1,2,3\}$	(7)	Ha	5, 6 T
$\{1,2\}$	(8)	$Fa \to Ha$	3, 7 K
$\{1,2\}$	(9)	$\wedge x(Fx \to Hx)$	8 G

Das Folgende kann man vielleicht als eine intuitive Umschreibung des oben dargestellten formalen Schlusses ansehen. Nehmen wir an, daß jedes Ding, das die Eigenschaft F hat, auch die Eigenschaft G hat und daß jedes Ding, das die Eigenschaft G hat, auch die Eigenschaft H besitzt. Nun sei a ein beliebig gewähltes Exemplar mit der Eigenschaft F. Wegen (1) hat a die Eigenschaft G, wenn es F hat, und wegen (3) und (4) hat a G. Nach (2) hat a H, wenn es G hat, und wegen (5) und (6) hat a H. Dieses Ergebnis wurde aus (1), (2) und (3) abgeleitet. Aus (1) und (2) allein folgt dann also, daß a die Eigenschaft H hat, wenn a die Eigenschaft F hat. a war willkürlich gewählt, also hat jedes Objekt die Eigenschaft H, wenn es die Eigenschaft F hat.

II. Eine kürzere Ableitung derselben Conclusio aus denselben Prämissen sieht folgendermaßen aus:

$\{1\}$	(1)	$\wedge x(Fx \to Gx)$	P
$\{2\}$	(2)	$\wedge x(Gx \to Hx)$	P
$\{1\}$	(3)	$Fa \to Ga$	1 BE

{2}	(4)	$Ga \rightarrow Ha$	2 BE
{1, 2}	(5)	$Fa \rightarrow Ha$	3, 4 T
{1, 2}	(6)	$\wedge x(Fx \rightarrow Hx)$	5 G

Man beachte, daß die Prämissen jeder Zeile diejenigen Aussagen sind, die in den Zeilen auftreten, deren Zeilennummer unter den Prämissennummern der betreffenden Zeile vorkommen, so daß die Prämissen der Zeile (6) die Aussagen aus den Zeilen (1) und (2) sind, d. h. die Aussagen ‚$\wedge x(Fx \rightarrow Gx)$' und ‚$\wedge x(Gx \rightarrow Hx)$'.

III. Als drittes Beispiel betrachten wir eine Ableitung von ‚$\vee x(Hx \wedge \neg Fx)$' aus der Menge, die aus den Elementen ‚$\wedge x(Fx \rightarrow Gx)$' und ‚$\vee x(Hx \wedge \neg Gx)$' besteht.

{1}	(1)	$\wedge x(Fx \rightarrow Gx)$	P
{2}	(2)	$\vee x(Hx \wedge \neg Gx)$	P
{3}	(3)	$\wedge x \neg (Hx \wedge \neg Fx)$	P
{3}	(4)	$\neg (Ha \wedge \neg Fa)$	3 BE
{1}	(5)	$Fa \rightarrow Ga$	1 BE
{1, 3}	(6)	$\neg (Ha \wedge \neg Ga)$	4, 5 T
{1, 3}	(7)	$\wedge x \neg (Hx \wedge \neg Gx)$	6 G
{1}	(8)	$\wedge x \neg (Hx \wedge \neg Fx) \rightarrow \wedge x \neg (Hx \wedge \neg Fx)$	3, 7 K
{1}	(9)	$\neg \wedge x \neg (Hx \wedge \neg Gx) \rightarrow \neg \wedge x \neg (Hx \wedge \neg Fx)$	8 T
{2}	(10)	$\neg \wedge x \neg (Hx \wedge \neg Gx)$	2 E
{1, 2}	(11)	$\neg \wedge x \neg (Hx \wedge \neg Fx)$	9, 10 T
{1, 2}	(12)	$\vee x(Hx \wedge \neg Fx)$	11 E

Ehe wir uns weiteren Beispielen zuwenden, sollten noch einige Erklärungen zu den Regeln gegeben werden.

Regel P. Der Sinn dieser Regel besteht darin, uns die Einführung von Prämissen in eine Ableitung zu erlauben. Wenn auch Prämissen normalerweise am Beginn einer Ableitung stehen, so ist dieses doch nicht unbedingt erforderlich, denn eine Ableitung kann auch mit einer Anwendung der Regel T anfangen (siehe unten), und Prämissen können immer dann eingeführt werden, wenn es praktisch erscheint. Manchmal, wie in den Beispielen I und III, ist es von Vorteil, zusätzlich zu den gegebenen noch einige weitere Prämissen hinzunehmen; wenn sie ihren Zweck erfüllt haben, können sie mit Regel K wieder beseitigt werden. Man beachte, daß jede Zeile, die durch die Regel P gerechtfertigt ist, selbst eine Prämisse hat, nämlich die in ihr auftretende Aussage. Man beachte auch, daß nach dieser Regel nur

Aussagen eingeführt werden können; tatsächlich gestattet es keine einzige der Regeln, Formeln einzuführen, die keine Aussagen sind.

Regel T. Wenn die Aussage φ tautologische Folgerung aus einer Aussagenmenge Γ ist, gestattet uns Regel T, φ in einer neuen Zeile einzuführen, vorausgesetzt, daß alle Elemente von Γ in früheren Zeilen auftreten. Nach dieser Regel dürfen wir also tautologische Folgerungen aus dem, was wir bereits haben, hinschreiben. Dabei ist nicht ausgeschlossen, daß Γ die leere Menge ist; in diesem Fall muß φ natürlich eine Tautologie sein. Eine Ableitung kann also, wie in dem folgenden einzeiligen Beispiel, mit einer Tautologie beginnen:

$$\Lambda \qquad (1) \quad Fa \vee \neg\, Fa \qquad\qquad\qquad \text{T;}$$

die Aussage ,$Fa \vee \neg\, Fa$' ist nämlich eine tautologische Folgerung aus der leeren Menge, und jedes Element der leeren Menge erscheint in einer früheren Zeile dieser Ableitung. Bei Anwendungen der Regel T ist die Menge Γ stets endlich, denn einer bestimmten Zeile einer Ableitung können natürlich nur endlich viele Zeilen vorausgehen. Man kann also die Korrektheit einer angeblichen Anwendung der Regel T dadurch nachprüfen, daß man die entsprechende Subjunktion bildet und testet, ob sie eine Tautologie ist. In Verbindung mit Zeile (6) von Beispiel III lautet die entsprechende Subjunktion

$$(\neg\, (Ha \wedge \neg\, Fa) \wedge (Fa \to Ga)) \to \neg\, (Ha \wedge \neg\, Ga),$$

und sie ist tautologisch. Offensichtlich benötigt man ein großes Repertoire an Tautologien, um mit dieser Regel virtuos umgehen zu können.

Regel K. Regel K sagt im wesentlichen folgendes aus: Wenn man ψ aus Prämissen abgeleitet hat, zu denen φ gehört, dann darf man $(\varphi \to \psi)$ einführen und φ aus der Liste der Prämissen streichen. Mit anderen Worten: der Preis dafür, daß man die Prämisse φ los wird, besteht darin, daß man sie als Antezedenz zu ψ nimmt. Diese Regel ist somit nützlich, wenn man Subjunktionen ableiten will: man führe das Antezedenz der gewünschten Subjunktion als Prämisse ein, leite das Sukzedenz ab und konditionalisiere dann, um die Subjunktion zu erhalten (vgl. dazu z.B. die Zeilen (3)—(8) von Beispiel I). Der Kürze wegen ist die Regel so formuliert worden, daß sie auch gestattet, ein Antezedenz φ hinzuzufügen, das keine Prämisse der gegebenen Zeile ist; dieser Schluß wird aber schon von Regel T erlaubt, da ja $\varphi \to \psi$ eine tautologische Folgerung aus ψ ist. Der Zusatz ,falls erwünscht' wurde hinzugenommen, um nicht unnötig von der Sprache der entsprechenden AK-Regel abzuweichen, wo solch ein Vorbehalt erforderlich war, um dem System die anschließend an den Beweis von AK-Theorem 10 erwähnte Eigenschaft zu geben (vgl. Seite 132).

Regel BE. Diese Regel führt von einer Generalisierung zu einem speziellen Fall, einem Beispiel. Studenten haben nur dann Schwierigkeiten bei ihrer Anwendung, wenn sie eine Generalisierung nicht erkennen können oder wenn sie nicht wissen, wie sie ein Beispiel einer solchen Generalisierung bilden sollen. Die Regel ist z. B. nicht auf die Aussage

$$\wedge\, x(Fx \to Ga) \to Ga$$

anwendbar und auch nicht auf die Aussage

$$\neg \wedge xFx,$$

da diese beiden nicht die Generalisierung einer Formel darstellen. Sie wird uns aber von

$$\wedge\, xFax$$

zu

$$Fab$$

und auch zu

$$Faa$$

führen. Man merke sich einen Grenzfall: die Regel gestattet uns, einen ‚leeren' Allquantor fallenzulassen. Z. B. erlaubt sie den Übergang von

$$\wedge\, xFa$$

zu

$$Fa,$$

wobei wir uns denken, daß wir ‚Fa' so erhalten haben, daß wir ‚x' überall, wo es in ‚Fa' frei vorkommt, durch ‚b' ersetzt haben. Natürlich muß man sich bei der Anwendung dieser Regel (wie bei allen Regeln) darüber klar sein, welche Werte man für die Variablen ‚α', ‚β' und ‚φ' nimmt.

So wird in Zeile (4) von Beispiel I BE angewendet, indem man $\alpha =$ ‚x', $\varphi =$ ‚$(Fx \to Gx)$' und $\beta =$ ‚a' setzt; also ist $\wedge\,\alpha\varphi =$ ‚$\wedge\, x (Fx \to Gx)$' und $\varphi\alpha/\beta =$ ‚$(Fa \to Ga)$'. Bei der Anwendung von BE in Zeile (4) von Beispiel III wird $\alpha =$ ‚x', $\varphi =$ ‚$\neg (Hx \wedge \neg Fx)$' und $\beta =$ ‚a' gesetzt, so daß $\wedge\,\alpha\varphi =$ ‚$\wedge\, x \neg (Hx \wedge \neg Fx)$' und $\varphi\alpha/\beta =$ ‚$\neg (Ha \wedge \neg Fa)$'.

Regel G. So wie Regel BE uns erlaubt, von einer Generalisierung zu einem Beispiel überzugehen, führt uns Regel G vom Beispiel zurück zur Generalisierung. Allerdings sind diesmal einige Einschränkungen erforderlich. Es ist zwar jeder Spezialfall $\varphi\alpha/\beta$ eine Folgerung aus der zugehörigen Generalisierung $\wedge\,\alpha\varphi$, doch gilt die Umkehrung nicht immer; wir können also nicht erwarten, daß es eine Regel G gibt, die BE einfach umkehrt. Statt dessen bauen wir eine Regel auf der folgenden Tatsache auf: wenn $\varphi\alpha/\beta$ eine Folgerung aus Γ ist und wenn die Individuenkonstante β weder in φ noch in einem Element von Γ vorkommt, dann ist $\wedge\,\alpha\varphi$ eine Folgerung aus Γ. Ganz grob sagt dieses aus, daß alles, was über ein gewisses Individuum (β genannt) auf Grund von Annahmen (Γ) bewiesen werden kann, die dieses Individuum nicht erwähnen, auf Grund derselben Annahmen über jedes Individuum bewiesen werden kann. So folgt z.B. ‚$Fa \to Ha$‘ aus ‚$\wedge\,x(Fx\to Gx)$‘ und ‚$\wedge\,x(Gx\to Hx)$‘ und damit auch ‚$\wedge\,x(Fx\to Hx)$‘ (vgl. die Beispiele I und II). Andererseits folgt ‚$Fa\to Ha$‘ aus ‚$\neg\,Fa$‘, ‚$\wedge\,x(Fx\to Hx)$‘ jedoch nicht; hier enthält die Annahme ‚$\neg\,Fa$‘ die Konstante ‚a‘.

Derartige Überlegungen rechtfertigen, daß wir eine Regel verwenden, die uns die Generalisierung einer Schlußfolgerung gestattet, wenn diese aus Prämissen abgeleitet wurde, die die Konstante, über die generalisiert wird, gar nicht enthalten. Die weitere Bedingung, daß die Konstante, über die generalisiert wird, nicht länger im Ergebnis der Generalisierung vorkommen darf, ist eine präzise Formulierung der intuitiven Einsicht, daß ‚$\wedge\,\alpha\varphi$ von jedem beliebigen Objekt das aussagt, was $\varphi\alpha/\beta$ über das mit β bezeichnete Objekt aussagt‘. Wir müssen Schlüsse der folgenden Art ausschließen:

{1}	(1)	$\wedge\,xFxx$	P
{1}	(2)	Faa	1 BE
{1}	(3)	$\wedge\,xFxa$	2 G (fehlerhaft!);

sie sind offensichtlich nicht gültig, auch wenn jemand denken könnte, daß ‚$\wedge\,xFxa$‘ von jedem Objekt das aussagt, was ‚Faa‘ über das ‚a‘ genannte Objekt aussagt (nämlich, daß es zu a in der Relation F steht). Die Regel erlaubt, so wie sie formuliert ist, diesen Schluß nicht, da die Konstante β ($=$ ‚a‘) in φ ($=$ ‚Fxa‘) vorkommt. Statt ‚$\wedge\,xFxa$‘ könnten wir in legitimer Weise ‚$\wedge\,xFxx$‘ zurückerhalten oder als anderen Grenzfall die Aussage ‚$\wedge\,xFaa$‘ gewinnen.

Zum Verständnis der Regel trägt vielleicht noch das Folgende bei: die Bedingung, daß β nicht in φ vorkommt, hätte durch die äquivalente Bedingung ersetzt werden können, daß β in $\varphi\alpha/\beta$ dort *und nur dort* vorkommt, wo α in φ frei vorkommt. Während uns also die Regel BE von einer Aussage $\wedge\,\alpha\varphi$ zu einer Aussage φ' führt, in der eine Konstante β dort auftritt, wo α in φ frei vorkommt, gelangen wir durch G von einer Aussage φ' zu $\wedge\,\alpha\varphi$, falls β in φ' dort *und nur dort* auftritt, wo α in φ frei vorkommt (vorausgesetzt ferner, daß β in keiner Prämisse der Zeile vorkommt, über die generalisiert wird).

Regel E. Wenn man sagt, daß es mindestens ein Objekt gibt, das eine bestimmte Bedingung erfüllt, so meint man damit genau dasselbe, als wenn man sagt, daß nicht jedes Objekt diese Bedingung nicht erfüllt. Demgemäß erlaubt Regel E den Übergang von $\vee\,\alpha\varphi$ zu $\neg\,\wedge\,\alpha\,\neg\,\varphi$ und umgekehrt. Sie darf nur dann angewandt werden, wenn die Aussage $\vee\,\alpha\varphi$, und damit auch die Aussage $\neg\,\wedge\,\alpha\,\neg\,\varphi$ die gesamte Aussage der betreffenden Zeile darstellt und nicht etwa nur einen Teil von ihr. So ist

{1}	(1)	$\vee\,x(Fx \wedge Gx)$	P
{1}	(2)	$\neg\,\wedge\,x\,\neg\,(Fx \wedge Gx)$	1 E

korrekt, aber

{1}	(1)	$\neg\,\vee\,x(Fx \wedge Gx)$	P
{1}	(2)	$\neg\,\neg\,\wedge\,x\,\neg\,(Fx \wedge Gx)$	1 E (fehlerhaft!)

nicht, und ebensowenig

{1}	(1)	$\vee\,xFx \wedge Ga$	P
{1}	(2)	$\neg\,\wedge\,x\,\neg\,Fx \wedge Ga$	1 E (fehlerhaft!)

Nun bringen wir noch einige weitere Beispiele:

IV.

{1}	(1)	$\wedge\,x \wedge\,y((Fx \wedge Gy) \to \neg\,Hxy)$	P
{2}	(2)	$\wedge\,x(Ix \to Gx)$	P
{1}	(3)	$\wedge\,y((Fa \wedge Gy) \to \neg\,Hay)$	1 BE
{1}	(4)	$(Fa \wedge Gb) \to \neg\,Hab$	3 BE
{2}	(5)	$Ib \to Gb$	2 BE
{1,2}	(6)	$(Fa \wedge Ib) \to \neg\,Hab$	4,5 T
{1,2}	(7)	$\wedge\,y((Fa \wedge Iy) \to \neg\,Hay)$	6 G
{1,2}	(8)	$\wedge\,x \wedge\,y((Fx \wedge Iy) \to \neg\,Hxy)$	7 G

Bei dieser Ableitung ging die Strategie dahin, zunächst mit Regel BE die Quantoren der Prämissen loszuwerden, mit den gewonnenen Ergebnissen nach Regel T zu arbeiten und dann Regel G zu verwenden, um die erforderlichen Quantoren wieder hereinzubekommen. Diese Strategie läßt sich in vielen Fällen verwenden. Man beachte, daß zwei

Schritte nötig waren, um die Quantoren aus der Aussage von Zeile (1) herauszubekommen.

V.

{1}	(1)	$\wedge x \wedge y(Fxy \to \neg Fyx)$	P
{1}	(2)	$\wedge y(Fay \to \neg Fya)$	1 BE
{1}	(3)	$Faa \to \neg Faa$	2 BE
{1}	(4)	$\neg Faa$	3 T
{1}	(5)	$\wedge x \neg Fxx$	4 G

VI.

{1}	(1)	$\wedge x \wedge y \wedge z((Fxy \wedge Fyz) \to Fxz)$	P
{1}	(2)	$\wedge y \wedge z((Fay \wedge Fyz) \to Faz)$	1 BE
{1}	(3)	$\wedge z((Fab \wedge Fbz) \to Faz)$	2 BE
{1}	(4)	$(Fab \wedge Fba) \to Faa$	3 BE
{5}	(5)	$\wedge x \wedge y(Fxy \to Fyx)$	P
{5}	(6)	$\wedge y(Fay \to Fya)$	5 BE
{5}	(7)	$Fab \to Fba$	6 BE
{8}	(8)	$\neg Faa$	P
{1,5,8}	(9)	$\neg Fab$	4, 7, 8 T
{1,5,8}	(10)	$\wedge y \neg Fay$	9 G
{1,5}	(11)	$\neg Faa \to \wedge y \neg Fay$	8, 10 K
{1,5}	(12)	$\wedge x(\neg Fxx \to \wedge y \neg Fxy)$	11 G

Die vorangegangenen beiden Ableitungen zeigen, daß man auch die Möglichkeit, zwei verschiedene Quantoren zu Gunsten derselben Konstanten loszuwerden, in Betracht ziehen muß.

VII. Die folgende Ableitung enthält (wie auch VI) eine relativ komplizierte Anwendung der Regel T; falls erwünscht, läßt sich jede solche Anwendung dieser Regel durch eine Reihe von einfacheren Anwendungen ersetzen.

{1}	(1)	$\wedge x(Fx \to (Gx \vee Hx))$	P
{2}	(2)	$\wedge x((Fx \wedge Gx) \to Ix)$	P
{3}	(3)	$\wedge x((Fx \wedge Hx) \to Jx)$	P
{1}	(4)	$Fa \to (Ga \vee Ha)$	1 BE
{2}	(5)	$(Fa \wedge Ga) \to Ia$	2 BE
{3}	(6)	$(Fa \wedge Ha) \to Ja$	3 BE
{1,2,3}	(7)	$(Fa \wedge \neg Ja) \to Ia$	4, 5, 6 T
{1,2,3}	(8)	$\wedge x((Fx \wedge \neg Jx) \to Ix)$	7 G

VIII. Man beachte, daß es bei der nächsten Ableitung notwendig ist, zuerst Regel T auf Zeile (1) anzuwenden und dann erst die Quantoren nach Regel BE loszuwerden.

$\{1\}$	(1)	$Fa \wedge \wedge x(Fx \to Gax)$	P
$\{1\}$	(2)	$\wedge x(Fx \to Gax)$	1 T
$\{1\}$	(3)	$Fa \to Gaa$	2 BE
$\{1\}$	(4)	Gaa	1, 3 T

IX. Die folgenden Ableitungen sollte man nach Einführung der Regel PA im nächsten Abschnitt noch einmal studieren.

$\{1\}$	(1)	Fa	P
$\{2\}$	(2)	$\wedge x \neg Fx$	P
$\{2\}$	(3)	$\neg Fa$	2 BE
$\varLambda$	(4)	$\wedge x \neg Fx \to \neg Fa$	2, 3 K
$\{1\}$	(5)	$\neg \wedge x \neg Fx$	1, 4 T
$\{1\}$	(6)	$\vee xFx$	5 E

X.

$\{1\}$	(1)	$\wedge x(Fx \to Gx)$	P
$\{2\}$	(2)	$\wedge x(Fx \vee Hx)$	P
$\{3\}$	(3)	$\wedge x(Hx \to Fx)$	P
$\{1\}$	(4)	$Fa \to Ga$	1 BE
$\{2\}$	(5)	$Fa \vee Ha$	2 BE
$\{3\}$	(6)	$Ha \to Fa$	3 BE
$\{1, 2, 3\}$	(7)	$Fa \wedge Ga$	4, 5, 6 T
$\{8\}$	(8)	$\wedge x \neg (Fx \wedge Gx)$	P
$\{8\}$	(9)	$\neg (Fa \wedge Ga)$	8 BE
$\varLambda$	(10)	$\wedge x \neg (Fx \wedge Gx) \to \neg (Fa \wedge Ga)$	8, 9 K
$\{1, 2, 3\}$	(11)	$\neg \wedge x \neg (Fx \wedge Gx)$	7, 10 T
$\{1, 2, 3\}$	(12)	$\vee x(Fx \wedge Gx)$	11 E

Bei Ableitung X machte die Strategie es notwendig (in Zeile (8)), etwas anzunehmen, das äquivalent ist zur Negation der gewünschten Conclusio, und dann (in Zeile (9)) die Negation einer bereits erhaltenen Zeile abzuleiten. Diese Technik nennt man manchmal *reductio ad absurdum* (*Beweis durch Widerspruch*): man nehme das Gegenteil (die Negation) dessen an, was man zeigen will, und versuche dann, die Negation einer Tautologie oder einer Prämisse oder einer bereits aus den Prämissen gewonnenen Aussage abzuleiten. Hat man damit Erfolg, so liefert Anwendung der Regeln K und T (wie in den Zeilen (10) und (11)) die gewünschte Conclusio.

3. Die Abkürzungsregeln PA, BB und QU

Eine oft in Ableitungssystemen unserer Art verwendete Schlußregel lautet wie folgt:

PA (Schluß durch Partikularisierung) Die Aussage $\vee\,\alpha\varphi$ kann in einer Zeile eingeführt werden, wenn $\varphi\alpha/\beta$ in einer früheren Zeile vorkommt; als Prämissennummern der neuen Zeile nehme man diejenigen der früheren Zeile.

Mit Hilfe dieser Regel hätte man die Ableitungen IX und X des vorigen Abschnitts je um 4 Zeilen verkürzen können. IX hätte dann so ausgesehen:

$$\{1\} \qquad (1) \quad F\,a \qquad\qquad\qquad\qquad\qquad \text{P}$$
$$\{1\} \qquad (2) \quad \vee\,x F\,x \qquad\qquad\qquad\qquad \text{1 PA,}$$

und X hätte wie folgt geendet

$$\{1,2,3\} \quad (7) \quad F\,a \wedge G\,a \qquad\qquad\qquad 4,5,6\ \text{T}$$
$$\{1,2,3\} \quad (8) \quad \vee\,x(F\,x \wedge G\,x) \qquad\quad 7\ \text{PA}$$

Wegen ihres praktischen Nutzens nehmen wir diese Regel zu unserer Liste hinzu, wobei wir allerdings nicht vergessen wollen, daß sie nur eine ‚Abkürzungsregel‘ und damit prinzipiell überflüssig ist. Jeder Schluß, der mit ihrer Hilfe gezogen werden kann, kann auch mit den Regeln P, T, K, BE, G und E allein geführt werden. Denn wenn $\varphi\alpha/\beta$ mit den Prämissennummern $n_1, \ldots, n_p$ in der i-ten Zeile der Ableitung steht, können wir immer auf folgendem Wege zu einer Zeile mit der Aussage $\vee\,\alpha\varphi$ und denselben Prämissennummern gelangen:

$$\{n_1, \ldots, n_p\} \quad (i) \qquad\quad \varphi\alpha/\beta \qquad\qquad\qquad —$$

$$\{j\} \qquad\qquad (j) \qquad\quad \wedge\,\alpha \neg\,\varphi \qquad\qquad\quad \text{P}$$
$$\{j\} \qquad\qquad (j+1) \quad \neg\,\varphi\alpha/\beta \qquad\qquad\quad j\ \text{BE}$$
$$\Lambda \qquad\qquad\quad (j+2) \quad \vee\,\alpha \neg\,\varphi \rightarrow \neg\,\varphi\alpha/\beta \qquad j, j+1\ \text{K}$$
$$\{n_1, \ldots, n_p\} \quad (j+3) \quad \neg\,\vee\,\alpha \neg\,\varphi \qquad\qquad\quad i, j+2\ \text{T}$$
$$\{n_1, \ldots, n_p\} \quad (j+4) \quad \vee\,\alpha\,\varphi \qquad\qquad\qquad\quad j+3\ \text{E}$$

Der Leser sollte sich klarmachen, daß die hier beschriebene Folge von Schritten eine allgemeine Formulierung genau derjenigen Folge ist, die die letzten sechs Zeilen der Ableitung IX bzw. X ausmacht. Denn wenn wir $\varphi = \,$‚Fx‘, $\alpha = \,$‚x‘, $\beta = \,$‚a‘, $i = 1$, $j = 2$ und $n_1 = 1$ setzen, erhalten wir die Zeilen (1)—(6) von IX, und wenn $\varphi = ,Fx \wedge Gx^\prime$, $\alpha = ,x^\prime$, $\beta = ,a^\prime$, $i = 7$, $j = 8$, $n_1 = 1$, $n_2 = 2$ und $n_2 = 3$, so bekommen wir die Zeilen (7)—(12) von X. In entsprechender Weise kann dann jede Anwendung von PA um den Preis von vier Zeilen umgangen werden.

Die Regel PA ist in gewisser Weise ,dual‘ zu BE. Sie bringt uns von

$$Faa$$

zu

$$\vee\, xFxx$$

oder zu

$$\vee\, xFax$$

oder zu

$$\vee\, xFxa.$$

Im Grenzfall dürfen wir natürlich auch von

$$Faa$$

zu

$$\vee\, xFaa$$

übergehen, wobei $\varphi = ,Faa^\prime$, $\alpha = ,x^\prime$ und $\beta = ,b^\prime$ oder irgendeine andere Individuenkonstante.

Eine noch nützlichere Abkürzungsregel ist die Regel BB. Als Vorbereitung auf ein Verständnis dieser Regel sollte der Leser zunächst die beiden folgenden Ableitungen der Aussage ,$\vee\, xGx^\prime$ aus den Aussagen ,$\wedge\, x(Fx \to Gx)^\prime$ und ,$\vee\, xFx^\prime$ miteinander vergleichen.

XI.

{1}	(1)	$\wedge\, x(Fx \to Gx)$	P
{2}	(2)	$\vee\, xFx$	P
{2}	(3)	$\neg \wedge x \neg Fx$	2 E
{4}	(4)	$\wedge\, x \neg Gx$	P
{1}	(5)	$Fa \to Ga$	1 BE
{4}	(6)	$\neg Ga$	4 BE
{1,4}	(7)	$\neg Fa$	5,6 T
{1,4}	(8)	$\wedge\, x \neg Fx$	7 G
{1}	(9)	$\wedge\, x \neg Gx \to \wedge x \neg Fx$	4,8 K
{1,2}	(10)	$\neg \wedge x \neg Gx$	3,9 T
{1,2}	(11)	$\vee\, xGx$	10 E

XII.

{1}	(1)	$\wedge\, x(Fx \to Gx)$	P
{2}	(2)	$\vee\, xFx$	P

{3}	(3)	Fa	P
{1}	(4)	$Fa \rightarrow Ga$	1 BE
{1,3}	(5)	Ga	3, 4 T
{1,3}	(6)	$\vee x\,Gx$	5 PA
{1,2}	(7)	$\vee x\,Gx$	2, 3, 6 BB

Die Ableitung XII kann grob so umschrieben werden: man nehme an, daß jedes Ding, das F hat, auch G hat und daß es ein Ding gibt, das F hat. Dieses Ding nenne man ‚a‘, d. h. man nehme an, a habe F. Wegen (1) hat a G, falls a F hat, und wegen (3) und (4) hat a dann G. Also gibt es ein Ding, das G hat. Diese Conclusio wurde aus (1) und (3) gezogen, und in (3) ist unsere Wahl von ‚a‘ unwesentlich — wir hätten auch ‚b‘ oder irgendeinen anderen Namen verwenden können; also folgt die Conclusio ebenso gut aus (1) und (2).

(2), (3) und (6) sind die Schritte, auf die es ankommt. In Zeile (2) haben wir die Annahme, daß irgend etwas die Eigenschaft F hat, und wir beschließen, ihm für die Dauer der Ableitung einen Namen zu geben; wir wählen ‚a‘, weil diese Konstante bis zu dieser Stelle noch nicht gebraucht worden ist. Nun können wir nicht ‚Fa‘ aus ‚$\vee xFx$‘ *ableiten*, denn ‚Fa‘ ist sicher *keine* Folgerung aus ‚$\vee xFx$‘. Wir nehmen statt dessen ‚Fa‘ als neue Prämisse; praktisch sagen wir damit, ‚*Sei a* eines der Objekte, die die Eigenschaft F haben‘. Im weiteren Verlauf des Schlusses machen wir nun keinen besonderen Gebrauch von der Tatsache, daß wir ‚a‘ und nicht irgendeine andere Konstante gewählt haben, und schließlich gelangen wir zu einer Conclusio, die mit ‚a‘ gar nichts mehr zu tun hat. Unter diesen Umständen erlaubt uns die Regel BB, an die Stelle der Abhängigkeit dieser Conclusio von ‚Fa‘ die Abhängigkeit von der schwächeren Aussage ‚$\vee xFx$‘ zu setzen.

Eine typische Anwendung dieser Regel findet sich in einer Situation, in der in der i-ten Zeile einer Ableitung eine Existenzaussage vorkommt:

$\{n_1, \ldots, n_p\}$		(i)	$\vee \alpha \psi$ —

ferner tritt später noch eine Prämisse

$\{j\}$		(j)	$\psi \alpha / \beta$ P

auf (die besagt: man nenne dieses Irgendetwas β!), und noch später gelangen wir zu einer Conclusio der Art

$\{m_1, \ldots, m_q, j\}$		(k)	φ —	.

Mit gewissen Vorbehalten erlaubt uns nun die Regel, die Abhängigkeit von Zeile (j) durch die Abhängigkeit von den Prämissen der Zeile (i) zu ersetzen, d. h. folgende Zeile hinzuzufügen:

$$\{m_1, \ldots, m_q, \; n_1, \ldots, n_p\} \qquad (l) \qquad \varphi \qquad i, j, k \;\text{BB} \qquad .$$

Die Gründe für die Vorbehalte werden offensichtlich werden, wenn wir zeigen, wie eine Anwendung der Abkürzungsregel BB prinzipiell stets (natürlich auf Kosten zusätzlicher Zeilen) vermieden werden kann.

Hier geben wir jetzt erst einmal die Regel:

BB (Beispielbeseitigung). Wir nehmen an, $\vee \alpha \psi$ komme in der i-ten Zeile einer Ableitung vor, $\psi \alpha / \beta$ komme als Prämisse in einer späteren Zeile j vor und φ trete in einer noch späteren Zeile k auf; ferner nehmen wir an, daß die Konstante β weder in φ, ψ noch in einer Prämisse (außer $\psi \alpha / \beta$) der k-ten Zeile vorkommt; unter diesen Umständen darf φ in einer neuen Zeile eingeführt werden. Als Prämissennummern der neuen Zeile nehme man alle diejenigen der Zeilen i und k mit Ausnahme der Nummer j.

Zur Rechtfertigung der Regel geben wir jetzt an, wie wir (vorausgesetzt, daß die verschiedenen Vorbedingungen erfüllt sind) vorgehen können, um ohne Benutzung von BB zu der Conclusio zu gelangen, die von der Regel BB gestattet wird:

$$
\begin{array}{llll}
\{n_1, \ldots, n_p\} & (i) & \vee \alpha \psi & - \\[2pt]
\qquad \cdot & \cdot & \cdot & \cdot \\
\qquad \cdot & \cdot & \cdot & \cdot \\
\{j\} & (j) & \psi \alpha / \beta & \text{P} \\[2pt]
\qquad \cdot & \cdot & \cdot & \cdot \\
\qquad \cdot & \cdot & \cdot & \cdot \\
\{m_1, \ldots, m_q, j\} & (k) & \varphi & - \\
\{m_1, \ldots, m_q\} & (k+1) & \psi \alpha / \beta \to \varphi & j, k \;\text{K} \\
\{k+2\} & (k+2) & \neg \varphi & \text{P} \\
\{m_1, \ldots, m_q, k+2\} & (k+3) & \neg \psi \alpha / \beta & k+1, k+2\;\text{T} \\
\{m_1, \ldots, m_q, k+2\} & (k+4) & \wedge \alpha \neg \psi & k+3 \;\text{G} \\
\{m_1, \ldots, m_q\} & (k+5) & \neg \varphi \to \wedge \alpha \neg \psi & k+2, k+4\;\text{K} \\
\{n_1, \ldots, n_p\} & (k+6) & \neg \wedge \alpha \neg \psi & i \;\text{E} \\
\{m_1, \ldots, m_q, n_1, \ldots, n_p\} & (k+7) & \varphi & k+5, k+6\;\text{T}
\end{array}
$$

Sehen wir uns Zeile $(k+4)$ an. An dieser Stelle werden die verschiedenen Vorbehalte bzgl. β gebraucht. Denn wenn G korrekt angewendet werden soll, darf β weder in $\wedge\, \alpha \neg\, \psi$ noch in einer Prämisse der Zeile $(k + 3)$ vorkommen; das läuft auf die Forderung hinaus, daß β weder in φ, ψ noch in einer Prämisse (außer $\psi\alpha/\beta$) von Zeile (k) vorkommt.

Die Standardverwendung der Regel BB ist Teil einer ‚Strategie mit Hilfe eines Beispiels': wenn man im Verlauf einer Ableitung zu einer Aussage $\vee\,\alpha\psi$ gelangt ist, so versuche man, als neue Prämisse $\psi\alpha/\beta$ einzuführen, wobei man für β eine Individuenkonstante wählt, die in der Ableitung noch nicht gebraucht wurde und die nicht in der gewünschten Conclusio φ vorkommt. Dann versuche man, φ abzuleiten, ohne weitere Prämissen zuzulassen, die β benutzen. Hat man Erfolg, so gestattet es Regel BB, die Prämisse $\psi\alpha/\beta$ zugunsten der Prämissen von $\vee\,\alpha\psi$ fallenzulassen.

Wir wollen für den Augenblick einmal annehmen, daß die Regeln von P bis E ‚korrekt' sind (d. h. nicht von wahren Prämissen zu einer falschen Conclusio führen können); dann zeigt unsere obige Beschreibung, wie wir einen Schluß mit Hilfe von BB auch nur mit Hilfe der Regeln P—E vollbringen können, daß die Regel BB ebenfalls korrekt ist. Die Vorbehalte bzgl. β sind also hinreichend, um unerwünschte Schlüsse zu verhindern. Daß sie auch notwendig sind, kann man aus den folgenden drei ‚Ableitungen' ersehen, in denen BB in fehlerhafter Weise angewendet wird. In jedem Fall ist die Aussage in der letzten Zeile keine Folgerung aus ihren Prämissen; sie wäre jedoch ableitbar, wenn man jedesmal die entsprechende Einschränkung aus der Formulierung von BB entfernen würde.

$\{1\}$	(1)	$\vee\, xFxa$	P	(i)	$\vee\,\alpha\psi$
$\{2\}$	(2)	Faa	P	(j)	$\psi\alpha/\beta$
$\{2\}$	(3)	$\vee\, xFxx$	2 PA	(k)	φ
$\{1\}$	(4)	$\vee\, xFxx$	1, 2, 3 BB		(fehlerhaft, da ‚a' $(= \beta)$ in ‚Fxa' $(= \psi)$ vorkommt)

$\{1\}$	(1)	$\vee\, xFxx$	P	(i)	$\vee\,\alpha\psi$
$\{2\}$	(2)	Faa	P	(j)	$\psi\alpha/\beta$
$\{2\}$	(3)	$\vee\, xFxa$	2 PA	(k)	φ
$\{1\}$	(4)	$\vee\, xFxa$	1, 2, 3 BB		(fehlerhaft, da ‚a' $(= \beta)$ in ‚$\vee\, xFxa$' $(= \varphi)$ vorkommt)

$\{1\}$	(1)	$\vee\, xFx$	P	(i)	$\vee\,\alpha\psi$
$\{2\}$	(2)	Fa	P	(j)	$\psi\alpha/\beta$
$\{3\}$	(3)	$\neg\, Fa$	P		
$\{2,3\}$	(4)	$Fa \wedge \neg\, Fa$	2, 3 T		

$\{2,3\}$ (5) $\vee x(Fx \wedge \neg Fx)$ 4 PA $(k)\ \varphi$
$\{1,3\}$ (6) $\vee x(Fx \wedge \neg Fx)$ 1, 2, 5 BB (fehlerhaft, da ,a' $(=\beta)$ in ,$\neg Fa$' vorkommt und da ,$\neg Fa$' eine Prämisse von Zeile (5) ist)

Ehe wir uns einer neuen Regel zuwenden, wollen wir noch einige weitere Beispiele für die Anwendung von BB geben:

XIII.

$\{1\}$	(1)	$\wedge x(Fx \rightarrow \wedge y(Gy \rightarrow Hxy))$	P
$\{2\}$	(2)	$\wedge x(Fx \rightarrow \wedge z(Iz \rightarrow \neg Hxz)$	P
$\{3\}$	(3)	$\vee xFx$	P
$\{4\}$	(4)	Fa	P
$\{1\}$	(5)	$Fa \rightarrow \wedge y(Gy \rightarrow Hay)$	1 BE
$\{2\}$	(6)	$Fa \rightarrow \wedge z(Iz \rightarrow \neg Haz)$	2 BE
$\{1,4\}$	(7)	$\wedge y(Gy \rightarrow Hay)$	4, 5 T
$\{2,4\}$	(8)	$\wedge z(Iz \rightarrow \neg Haz)$	4, 6 T
$\{1,4\}$	(9)	$Gb \rightarrow Hab$	7 BE
$\{2,4\}$	(10)	$Ib \rightarrow \neg Hab$	8 BE
$\{1,2,4\}$	(11)	$Gb \rightarrow \neg Ib$	9, 10 T
$\{1,2,4\}$	(12)	$\wedge y(Gy \rightarrow \neg Iy)$	11 G
$\{1,2,3\}$	(13)	$\wedge y(Gy \rightarrow \neg Iy)$	3, 4, 12 BB

Wenn wir in diesem Fall, statt BB anzuwenden, dem beschriebenen Ersatzverfahren folgen würden, so erhielten wir

$\{1,2\}$	(13)	$Fa \rightarrow \wedge y(Gy \rightarrow \neg Iy)$	4, 12 K
$\{14\}$	(14)	$\neg \wedge y(Gy \rightarrow \neg Iy)$	P
$\{1,2,14\}$	(15)	$\neg Fa$	13, 14 T
$\{1,2,14\}$	(16)	$\wedge x \neg Fx$	15 G
$\{1,2\}$	(17)	$\neg \wedge y(Gy \rightarrow \neg Iy) \rightarrow \wedge x \neg Fx$	14, 16 K
$\{3\}$	(18)	$\neg \wedge x \neg Fx$	3 E
$\{1,2,3\}$	(19)	$\wedge y(Gy \rightarrow \neg Iy)$	17, 18 T

als die letzten sieben Zeilen der Ableitung.

XIV.

$\{1\}$	(1)	$\vee x \vee yFxy$	P
$\{2\}$	(2)	$\vee yFay$	P
$\{3\}$	(3)	Fab	P
$\{3\}$	(4)	$\vee xFxb$	3 PA

{3}	(5)	$\vee\, y \vee x F x y$	4 PA
{2}	(6)	$\vee\, y \vee x F x y$	2, 3, 5 BB
{1}	(7)	$\vee\, y \vee x F x y$	1, 2, 6 BB

Dieses Beispiel illustriert, wie Regel BB innerhalb einer Anwendung von Regel BB noch einmal angewandt wird.

XV.

{1}	(1)	$\vee\, y \wedge x F x y$	P
{2}	(2)	$\wedge\, x F x a$	P
{2}	(3)	$F b a$	2 BE
{2}	(4)	$\vee\, y F b y$	3 PA
{2}	(5)	$\wedge\, x \vee y F x y$	4 G
{1}	(6)	$\wedge\, x \vee y F x y$	1, 2, 5 BB

Hier wurde eine Ableitung von ‚$\wedge\, x \vee y F x y$‘ aus ‚$\vee\, y \wedge x F x y$‘ gegeben; falls wir jedoch versuchen, eine analoge Ableitung der letzteren Aussage aus der ersten zu finden, so geraten wir in eine Sackgasse (glücklicherweise, denn sonst wäre unser System nicht korrekt):

{1}	(1)	$\wedge\, x \vee y F x y$	P
{1}	(2)	$\vee\, y F a y$	1 BE
{3}	(3)	$F a b$	P
{3}	(4)	$\wedge\, x F x b$	3 G (fehlerhaft!)
{3}	(5)	$\vee\, y \wedge x F x y$	4 PA
{1}	(6)	$\vee\, y \wedge x F x y$	2, 3, 5 BB

Man vergleiche damit die folgende Ableitung:

XVI.

{1}	(1)	$\wedge\, x \vee y (F x \wedge G y)$	P
{1}	(2)	$\vee\, y (F a \wedge G y)$	1 BE
{3}	(3)	$F a \wedge G b$	P
{3}	(4)	$F a$	3 T
{1}	(5)	$F a$	2, 3, 4 BB
{1}	(6)	$\wedge\, x F x$	5 G
{1}	(7)	$F c$	6 BE
{1, 3}	(8)	$F c \wedge G b$	3, 7 T
{1, 3}	(9)	$\wedge\, x (F x \wedge G b)$	8 G
{1, 3}	(10)	$\vee\, y \wedge x (F x \wedge G y)$	9 PA
{1}	(11)	$\vee\, y \wedge x (F x \wedge G y)$	2, 3, 10 BB

Wir ziehen jetzt noch eine weitere Abkürzungsregel heran, deren Nützlichkeit sich von selbst versteht:

QU (Quantorenaustausch) Die Aussage ‚$\neg \vee \alpha \varphi$' kann in einer Zeile eingeführt werden, wenn $\wedge \alpha \neg \varphi$ in einer früheren Zeile vorkommt, und umgekehrt; entsprechendes gilt für die Paare $\{\vee \alpha \neg \varphi, \neg \wedge \alpha \varphi\}$, $\{\neg \vee \alpha \neg \varphi, \wedge \alpha \varphi\}$ und $\{\vee \alpha \varphi, \neg \wedge \alpha \neg \varphi\}$; als Prämissennummern der neuen Zeile nehme man diejenigen der früheren Zeile.

Wie PA und BB rechtfertigen wir QU, indem wir zeigen, wie man einen Schluß mit ihrer Hilfe auch ohne diese durchführen kann. In den ersten vier Fällen sehen die Schlüsse folgendermaßen aus (die verbleibenden vier Fälle überlassen wir dem Leser):

$\{n_1, \ldots, n_p\}$	(i)	$\wedge \alpha \neg \varphi$	—
$\{j\}$	(j)	$\vee \alpha \varphi$	P
$\{j\}$	$(j+1)$	$\neg \wedge \alpha \neg \varphi$	j E
Λ	$(j+2)$	$\vee \alpha \varphi \rightarrow \neg \wedge \alpha \neg \varphi$	$j, j+1$ K
$\{n_1, \ldots, n_p\}$	$(j+3)$	$\neg \vee \alpha \varphi$	$i, j+2$ T
$\{n_1, \ldots, n_p\}$	(i)	$\neg \vee \alpha \varphi$	—
$\{j\}$	(j)	$\neg \wedge \alpha \neg \varphi$	P
$\{j\}$	$(j+1)$	$\vee \alpha \varphi$	j E
Λ	$(j+2)$	$\neg \wedge \alpha \neg \varphi \rightarrow \vee \alpha \varphi$	$j, j+1$ K
$(n_1, \ldots, n_p\}$	$(j+3)$	$\wedge \alpha \neg \varphi$	$i, j+2$ T
$\{n_1, \ldots, n_p\}$	(i)	$\vee \alpha \neg \varphi$	—
$\{n_1, \ldots, n_p\}$	(j)	$\neg \wedge \alpha \neg \neg \varphi$	i E
$\{j+1\}$	$(j+1)$	$\wedge \alpha \varphi$	P
$\{j+1\}$	$(j+2)$	$\varphi \alpha / \beta$	$j+1$ BE (β neu)
$\{j+1\}$	$(j+3)$	$\neg \neg \varphi \alpha / \beta$	$j+2$ T
$\{j+1\}$	$(j+4)$	$\wedge \alpha \neg \neg \varphi$	$j+3$ G
Λ	$(j+5)$	$\wedge \alpha \varphi \rightarrow \wedge \alpha \neg \neg \varphi$	$j+1, j+4$ K
$\{n_1, \ldots, n_p\}$	$(j+6)$	$\neg \wedge \alpha \varphi$	$j, j+5$ T
$\{n_1, \ldots, n_p\}$	(i)	$\neg \wedge \alpha \varphi$	—
$\{j\}$	(j)	$\wedge \alpha \neg \neg \varphi$	P

$$
\begin{array}{lllll}
\{j\} & (j+1) & \neg\,\neg\,\varphi\alpha/\beta & & j\ \mathrm{BE}\ (\beta\ \mathrm{neu}) \\
\{j\} & (j+2) & \varphi\alpha/\beta & & j+1\ \mathrm{T} \\
\{j\} & (j+3) & \wedge\,\alpha\varphi & & j+2\ \mathrm{G} \\
\varLambda & (j+4) & \wedge\,\alpha\,\neg\,\neg\,\varphi \rightarrow \wedge\,\alpha\varphi & & j, j+3\ \mathrm{K} \\
\{n_1,\ldots,n_p\} & (j+5) & \neg\,\wedge\,\alpha\,\neg\,\neg\,\varphi & & i, j+4\ \mathrm{T} \\
\{n_1,\ldots,n_p\} & (j+6) & \vee\,\alpha\,\neg\,\varphi & & j+5\ \mathrm{E}
\end{array}
$$

Zum Schluß noch die Vorführung einer Ableitung, in der Regel QU angewandt wird:

XVII.

$$
\begin{array}{llll}
\{1\} & (1) & \neg\,\wedge\,x\,\vee\,y\,\wedge\,z\,Fxyz & \mathrm{P} \\
\{1\} & (2) & \vee\,x\,\neg\,\vee\,y\,\wedge\,z\,Fxyz & 1\ \mathrm{QU} \\
\{3\} & (3) & \neg\,\vee\,y\,\wedge\,z\,Fayz & \mathrm{P} \\
\{3\} & (4) & \wedge\,y\,\neg\,\wedge\,z\,Fayz & 3\ \mathrm{QU} \\
\{3\} & (5) & \neg\,\wedge\,z\,Fabz & 4\ \mathrm{BE} \\
\{3\} & (6) & \vee\,z\,\neg\,Fabz & 5\ \mathrm{QU} \\
\{3\} & (7) & \wedge\,y\,\vee\,z\,\neg\,Fayz & 6\ \mathrm{G} \\
\{3\} & (8) & \vee\,x\,\wedge\,y\,\vee\,z\,\neg\,Fxyz & 7\ \mathrm{PA} \\
\{1\} & (9) & \vee\,x\,\wedge\,y\,\vee\,z\,\neg\,Fxyz & 2,3,8\ \mathrm{BB}
\end{array}
$$

4. Beweisstrategische Ratschläge

Obwohl kein Entscheidungsverfahren zur Verfügung steht und obwohl in praktischen Fällen häufig ein gewisses Maß an Einfällen erforderlich ist, um eine gegebene Conclusio aus einer Menge von Prämissen abzuleiten, kann man trotzdem einige allgemeine Ratschläge geben, die manchmal weiterhelfen. Zum Beispiel:

(1) Wenn die geforderte Conclusio die Gestalt $\varphi \rightarrow \psi$ hat, so füge man φ zu den gegebenen Prämissen hinzu, leite ψ ab und wende K an.

(2) Wenn eine der Prämissen die Gestalt $\varphi \vee \psi$ hat und χ die geforderte Conclusio ist, so benutze man den eben gegebenen Rat, um die Subjunktionen $\varphi \rightarrow \chi$ und $\psi \rightarrow \chi$ abzuleiten, und wende dann T an, um χ zu erhalten.

(3) Hat die geforderte Conclusio die Gestalt $\varphi \leftrightarrow \psi$, so leite man $\varphi \rightarrow \psi$ und $\psi \rightarrow \varphi$ ab und wende dann T an.

(4) Hat die Conclusio die Gestalt $\wedge\,\alpha\varphi$, so leite man $\varphi\alpha/\beta$ für eine gewisse Konstante β, die nicht in φ oder den gegebenen Prämissen vorkommt, ab und wende G an.

(5) Hat die Conclusio die Gestalt $\vee\,\alpha\varphi$, so leite man $\varphi\alpha/\beta$ für eine gewisse Konstante β ab und wende PA an; oder man führe eine *reductio ad absurdum* (d. h. man nehme $\wedge\,\alpha\,\neg\,\varphi$ an und versuche, die Negation einer Prämisse oder einer aus den gegebenen Prämissen abgeleiteten Aussage abzuleiten).

(6) Man werfe All- und Existenzquantoren aus den Prämissen heraus, indem man BE oder die Strategie mit Hilfe eines Beispiels anwendet; die resultierenden Aussagen bearbeite man mit Regel T; schließlich bringt man die Quantoren mit Hilfe der Regeln G und PA zurück. Ist eine Prämisse molekular mit allgemeinen Teilaussagen, so benutze man die Regeln T oder P, um die Teile voneinander zu trennen, bevor man BE und die Beispielstrategie anwendet.

(7) Erscheinen die Prämissen nicht adäquat, so nehme man die Negation der geforderten Conclusio als zusätzliche Prämisse hinzu und versuche dann, das Verfahren der *reductio ad absurdum* anzuwenden.

Diese Anweisungen treffen natürlich ebensogut auf Prämissen und Conclusionen von Teilschlüssen zu und nicht nur auf den gesamten Schluß.

Der allerbeste Ratschlag besagt jedoch, daß man so oft wie möglich mit allen Regeln arbeiten soll, so daß einem durch und durch klar wird, was jede einzelne erlaubt und was nicht. Das braucht man, um den Weg von gegebenen Prämissen zu einer gegebenen Conclusio zu ‚sehen‘.

5. Logische Theoreme

Eine Aussage φ ist dann und nur dann ein *logisches Theorem* (oder kurz ein *Theorem*), wenn sie aus der leeren Aussagenmenge ableitbar ist.

Aus dieser Definition und aus der Tatsache (die wir bisher nur behauptet, aber nicht bewiesen haben), daß eine Aussage φ dann und nur dann aus einer Aussagenmenge $\varGamma$ ableitbar ist, wenn sie eine Folgerung aus $\varGamma$ ist, folgt, daß φ dann und nur dann ein logisches Theorem ist, wenn φ gültig ist.

Im Hinblick auf Regel T wird offenbar, daß jede Tautologie φ ein logisches Theorem ist, denn es gibt für sie die einzeilige Ableitung

$$\varLambda \qquad (1) \qquad \varphi \qquad \text{T.}$$

Natürlich ist nicht jedes Theorem eine Tautologie. Zu den Theoremen, die keine Tautologien sind, gehören die folgenden (wo keine Ableitung gegeben ist, sollte der Leser selbst versuchen, eine zu finden):

1. $\wedge x \wedge y F x y \leftrightarrow \wedge y \wedge x F x y$

2. $\vee x \vee y F x y \leftrightarrow \vee y \vee x F x y$　　(siehe Beispiel XIV)

3. $\vee x \wedge y F x y \rightarrow \wedge y \vee x F x y$　　(siehe Beispiel XV)

4. $\wedge x (F x \wedge G x) \leftrightarrow (\wedge x F x \wedge \wedge x G x)$

$\{1\}$	(1)	$\wedge x (F x \wedge G x)$
$\{1\}$	(2)	$F a \wedge G a$
$\{1\}$	(3)	$F a$
$\{1\}$	(4)	$G a$
$\{1\}$	(5)	$\wedge x F x$
$\{1\}$	(6)	$\wedge x G x$
$\{1\}$	(7)	$\wedge x F x \wedge \wedge x G x$
Λ	(8)	$\wedge x (F x \wedge G x) \rightarrow (\wedge x F x \wedge \wedge x G x)$
$\{9\}$	(9)	$\wedge x F x \wedge \wedge x G x$
$\{9\}$	(10)	$\wedge x F x$
$\{9\}$	(11)	$\wedge x G x$
$\{9\}$	(12)	$F a$
$\{9\}$	(13)	$G a$
$\{9\}$	(14)	$F a \wedge G a$
$\{9\}$	(15)	$\wedge x (F x \wedge G x)$
Λ	(16)	$(\wedge x F x \wedge \wedge x G x) \rightarrow \wedge x (F x \wedge G x)$
Λ	(17)	$\wedge x (F x \wedge G x) \leftrightarrow (\wedge x F x \wedge \wedge x G x)$

5. $(\wedge x F x \vee \wedge x G x) \rightarrow \wedge x (F x \vee G x)$

6. $\wedge x (F x \rightarrow G x) \rightarrow (\wedge x F x \rightarrow \wedge x G x)$

7. $\vee x (F x \wedge G x) \rightarrow (\vee x F x \wedge \vee x G x)$

8. $\vee x (F x \vee G x) \leftrightarrow (\vee x F x \vee \vee x G x)$

$\{1\}$	(1)	$\vee x (F x \vee G x)$
$\{2\}$	(2)	$\neg \vee x F x$
$\{3\}$	(3)	$F a \vee G a$
$\{2\}$	(4)	$\wedge x \neg F x$
$\{2\}$	(5)	$\neg F a$
$\{2,3\}$	(6)	$G a$
$\{2,3\}$	(7)	$\vee x G x$
$\{1,2\}$	(8)	$\vee x G x$
$\{1\}$	(9)	$\neg \vee x F x \rightarrow \vee x G x$
$\{1\}$	(10)	$\vee x F x \vee \vee x G x$

Λ (11) $\vee x(Fx \vee Gx) \to (\vee xFx \vee \vee xGx)$

$\{12\}$ (12) $\vee xFx$

$\{13\}$ (13) Fa

$\{13\}$ (14) $Fa \vee Ga$

$\{13\}$ (15) $\vee x(Fx \vee Gx)$

$\{12\}$ (16) $\vee x(Fx \vee Gx)$

Λ (17) $\vee xFx \to \vee x(Fx \vee Gx)$

$\{18\}$ (18) $\vee xGx$

$\cdot$ $\cdot$ $\cdot$

Λ (23) $\vee xGx \to \vee x(Fx \vee Gx)$

Λ (24) $\vee x(Fx \vee Gx) \leftrightarrow (\vee xFx \vee \vee xGx)$

9. $\wedge x(P \wedge Fx) \leftrightarrow (P \wedge \wedge xFx)$

10. $\wedge x(P \vee Fx) \leftrightarrow (P \vee \wedge xFx)$

11. $\wedge x(P \to Fx) \leftrightarrow (P \to \wedge xFx)$

12. $\vee x(P \wedge Fx) \leftrightarrow (P \wedge \vee xFx)$

13. $\vee x(P \vee Fx) \leftrightarrow (P \vee \vee xFx)$

14. $\vee x(P \to Fx) \leftrightarrow (P \to \vee xFx)$

15. $\wedge x(Fx \to Gx) \to (\vee xFx \to \vee xGx)$ (siehe Beispiel XII)

16. $\wedge x(Fx \to P) \leftrightarrow (\vee xFx \to P)$

$\{1\}$ (1) $\wedge x(Fx \to P)$

$\{2\}$ (2) $\vee xFx$

$\{3\}$ (3) Fa

$\{1\}$ (4) $Fa \to P$

$\{1,3\}$ (5) P

$\{1,2\}$ (6) P

$\{1\}$ (7) $\vee xFx \to P$

Λ (8) $\wedge x(Fx \to P) \to (\vee xFx \to P)$

$\{9\}$ (9) $\neg \wedge x(Fx \to P)$

$\{9\}$ (10) $\vee x \neg (Fx \to P)$

$\{11\}$ (11) $\neg (Fa \to P)$

$\{11\}$ (12) Fa

$\{11\}$ (13) $\vee xFx$

$\{11\}$ (14) $\vee xFx \wedge \neg P$

$\{9\}$ (15) $\vee xFx \wedge \neg P$

Λ (16) $\neg \wedge x(Fx \to P) \to (\vee xFx \wedge \neg P)$

Λ (17) $\wedge x(Fx \to P) \leftrightarrow (\vee xFx \to P)$

17. $\vee x(Fx \to P) \leftrightarrow (\wedge xFx \to P)$

18. $\wedge x \vee y (Fx \wedge Gy) \leftrightarrow (\wedge x Fx \wedge \vee y Gy)$

19. $\wedge x \vee y (Fx \wedge Gy) \leftrightarrow \vee y \wedge x (Fx \wedge Gy)$ (siehe Beispiele XV
 und XVI)

20. $\wedge x \vee y (Fx \vee Gy) \leftrightarrow (\wedge x Fx \vee \vee y Gy)$

$\{1\}$	(1)	$\wedge x \vee y (Fx \vee Gy)$
$\{2\}$	(2)	$\neg \vee y Gy$
$\{2\}$	(3)	$\wedge y \neg Gy$
$\{1\}$	(4)	$\vee y (Fa \vee Gy)$
$\{5\}$	(5)	$Fa \vee Gb$
$\{2\}$	(6)	$\neg Gb$
$\{2,5\}$	(7)	Fa
$\{1,2\}$	(8)	Fa
$\{1,2\}$	(9)	$\wedge x Fx$
$\{1\}$	(10)	$\neg \vee y Gy \rightarrow \wedge x Fx$
Λ	(11)	$\wedge x \vee y (Fx \vee Gy) \rightarrow (\neg \vee y Gy \rightarrow \wedge x Fx)$
$\{12\}$	(12)	$\wedge x Fx$
$\{12\}$	(13)	Fa
$\{12\}$	(14)	$Fa \vee Gb$
$\{12\}$	(15)	$\vee y (Fa \vee Gy)$
$\{12\}$	(16)	$\wedge x \vee y (Fx \vee Gy)$
Λ	(17)	$\wedge x Fx \rightarrow \wedge x \vee y (Fx \vee Gy)$
$\{18\}$	(18)	$\vee y Gy$
$\{19\}$	(19)	Gc
$\{19\}$	(20)	$Fa \vee Gc$
$\{19\}$	(21)	$\vee y (Fa \vee Gy)$
$\{19\}$	(22)	$\wedge x \vee y (Fx \vee Gy)$
$\{18\}$	(23)	$\wedge x \vee y (Fx \vee Gy)$
Λ	(24)	$\vee y Gy \rightarrow \wedge x \vee y (Fx \vee Gy)$
Λ	(25)	$\wedge x \vee y (Fx \vee Gy) \leftrightarrow (\wedge x Fx \vee \vee y Gy)$

21. $\wedge x \vee y (Fx \vee Gy) \leftrightarrow \vee y \wedge x (Fx \vee Gy)$

22. $\wedge x \vee y (Fx \rightarrow Gy) \leftrightarrow \vee y \wedge x (Fx \rightarrow Gy)$

23. $(\vee x Fx \rightarrow \vee x Gx) \leftrightarrow \vee y \wedge x (Fx \rightarrow Gy)$

24. $(\wedge x Fx \rightarrow \wedge x Gx) \leftrightarrow \vee x \wedge y (Fx \rightarrow Gy)$

25. $\vee x \vee y (Fx \wedge \neg Fy) \leftrightarrow (\vee x Fx \wedge \vee x \neg Fx)$

26. $\wedge x \wedge y (Fx \rightarrow Fy) \leftrightarrow (\neg \vee x Fx \vee \wedge x Fx)$

27. $(\wedge x Fx \leftrightarrow \vee x Gx) \leftrightarrow \vee x \vee y \wedge z \wedge w ((Fx \rightarrow Gy) \wedge (Gz \rightarrow Fw))$

28. $(\vee x Fx \rightarrow (\vee x Gx \rightarrow \wedge x Hx)) \leftrightarrow \wedge x \wedge y \wedge z ((Fx \wedge Gy) \rightarrow Hz)$

ÜBUNGEN

1. In jeder Gruppe leite man die letzte Aussage aus den übrigen ab. Es dürfen alle Regeln P, T, K, BE, G, E, PA, BB und QU benutzt werden.

(a) $\bigwedge x \bigwedge y\, F x y$
$\bigwedge y \bigwedge x\, F x y$

(b) $\bigwedge x \bigwedge y\, F x y$
$\bigwedge x \bigwedge y\, F y x$

(c) $\bigwedge x\, F x$
$\bigwedge y\, F y$

(d) $\bigvee x\, F x$
$\bigvee y\, F y$

(e) $\bigwedge x (F x \wedge G x)$
$\bigwedge x\, F x \wedge \bigwedge x\, G x$

(f) $\bigwedge x\, F x \vee \bigwedge x\, G x$
$\bigwedge x (F x \vee G x)$

(g) $\bigwedge x (F x \to (G x \vee H x))$
$G a \leftrightarrow (H a \wedge \neg\, G a)$
$\neg\, F a$

(h) $\bigwedge x \bigwedge y \bigwedge z ((F x y \wedge F y z) \to F x z)$
$\bigwedge x \neg\, F x x$
$\bigwedge x \bigwedge y (F x y \to \neg\, F y x)$

(i) $\bigwedge x (F x \to (G x \vee H x))$
$\neg\, G a \wedge I a$
$\bigvee x (F x \wedge I x)$
$F a \to H a$

(j) $\bigwedge x (F x \vee G x)$
$\bigvee x \neg\, G x$
$\bigwedge x (H x \to \neg\, F x)$
$\bigvee x \neg\, H x$

(k) $\bigwedge x (P \wedge F x)$
$\bigwedge x\, F x$

(l) $\bigvee x (P \vee F x)$
$P \vee \bigvee x\, F x$

(m) $\bigwedge x (F x \leftrightarrow P)$
$\bigwedge x\, F a \leftrightarrow F a$

(n) $\bigwedge x (F x \to (G x \vee H x))$
$\neg \bigvee x (F x \wedge H x)$
$\bigwedge x (F x \to G x)$

(o) $\bigvee x \bigvee y (F x y \vee F y x)$
$\bigvee x \bigvee y\, F x y$

(p) $\bigvee x\, F x \to \bigwedge x\, F x$
$\bigvee x \bigwedge y (F x \leftrightarrow F y)$

2. (a) Man leite ‚$\bigvee x (G x \wedge H x)$‘ aus ‚$\bigwedge x (F x \to G x)$‘ und ‚$\bigvee x (F x \wedge H x)$‘ ab und verwende nur die Regeln P, T, K, BE, G und E.

(b) Unter Verwendung der Regeln PA und BB konstruiere man eine kürzere Ableitung derselben Conclusio aus denselben Prämissen.

3. (a) Man konstruiere eine ‚Ableitung‘, in der der einzige Fehler darin besteht, daß die Konstante β bei einer Anwendung der Regel G in φ vorkommt und in der die letzte Zeile keine Folgerung aus ihren Prämissen ist.

(b) Dasselbe wie (a), außer daß der einzige Fehler darin besteht, daß die Konstante β bei einer Anwendung der Regel G in einer Prämisse der Zeile, über die generalisiert wird, vorkommt.

4. Für jeden der fünf in Übung 3 von Seite 114 gegebenen Schlüsse leite man die symbolisierte Conclusio aus den symbolisierten Prämissen ab.

5. Man führe die vier Schlüsse aus, die auf Seite 163 ‚dem Leser überlassen werden‘.

6. Für jedes der folgenden Beispiele gebe man entweder eine Interpretation an, die zeigt, daß die betreffende Aussage nicht gültig ist, oder man leite sie aus der leeren Aussagenmenge ab.

(a) $(\bigwedge x\, F x \wedge \bigvee y\, G y) \to \bigvee y (F y \wedge G y)$

(b) $\bigwedge x (F x \vee G x) \to (\bigwedge x\, F x \vee \bigwedge x\, G x)$

(c) $\wedge x \wedge y\, (Fxy \to \neg\, Fyx) \to \wedge x \neg\, Fxx$

(d) $(\vee x\, Fx \leftrightarrow P) \to \wedge x\, (Fx \leftrightarrow P)$

(e) $\wedge x \vee y\, (Fx \leftrightarrow Gy) \leftrightarrow \vee y \wedge x\, (Fx \leftrightarrow Gy)$

(f) $\wedge x\, (Fx \to \vee y\, Gy) \leftrightarrow \wedge x \vee y\, (Fx \to Gy)$

(g) $\vee x\, (\vee x\, Fx \to Fx)$

(h) $\wedge x\, (Fx \leftrightarrow Gx) \leftrightarrow (\wedge x\, Fx \leftrightarrow \wedge x\, Gx)$

(i) $\wedge x\, (Fx \leftrightarrow Gx) \to (\wedge x\, Fx \leftrightarrow \wedge x\, Gx)$

(j) $\vee x \wedge y\, (Fx \to Gy) \leftrightarrow \vee y \wedge x\, (Fx \to Gy)$

7. Man gebe ein logisches Theorem der Gestalt $\vee \alpha \varphi$ an, derart daß $\wedge \alpha \varphi$ kein logisches Theorem ist.

8. KAPITEL

Metatheoreme

1. *Substitution, Ersetzung, Negation, Dualität, pränexe Normalform*
2. *Korrektheit und Widerspruchsfreiheit*
3. *Vollständigkeit*

Daß die in Kapitel 7 eingeführten Schlußregeln ihren Namen zu Recht tragen, kann nicht allein dadurch glaubhaft gemacht werden, daß wir möglichst viele spezielle Ableitungen angeben. Wir müssen ganz allgemein zeigen, daß eine Aussage φ Folgerung aus einer Aussagenmenge Γ ist, wenn φ mit Hilfe dieser Regeln aus Γ abgeleitet werden kann, und ferner die Umkehrung, daß φ aus Γ ableitbar ist, wenn φ Folgerung aus Γ ist. Die erste dieser beiden Aussagen wird in Abschnitt 2 dieses Kapitels bewiesen, die zweite in Abschnitt 3. Abschnitt 1 befaßt sich mit der Formulierung und dem Beweis verschiedener anderer allgemeiner Prinzipien (,Metatheoreme'), die die Sprache $\mathfrak{L}$ charakterisieren.

1. Substitution, Ersetzung, Negation, Dualität, pränexe Normalform

Anstatt weiterhin einzelne logische Theoreme aufzuführen, wollen wir versuchen, diese wichtige Aussagenklasse in allgemeinerer Weise zu charakterisieren. Dazu müssen wir zunächst einige weitere Bezeichnungen einführen.

Zuerst erweitern wir einen auf Seite 68 eingeführten Begriff und sagen, daß $\varphi^{\alpha_1 \cdots \alpha_n}_{\beta_1 \cdots \beta_n}$ diejenige Formel ist, die entsteht, wenn man in der Formel φ die paarweise verschiedenen Variablen $\alpha_1, \ldots, \alpha_n$ überall, wo sie in φ frei vorkommen, jeweils durch die (nicht notwendig verschiedenen) Individuensymbole $\beta_1, \ldots, \beta_n$ substituiert. (Wenn φ keine Formel ist oder wenn die $\alpha_1, \ldots, \alpha_n$ nicht paarweise verschiedene Variablen sind oder wenn die $\beta_1, \ldots, \beta_n$ keine Individuensymbole sind, so ist diese Bezeichnung nicht definiert.)

Wenn also z.B. $\varphi = ,\wedge x(Fxyz \to \vee z\, Gzyua)\text{'}$, $\alpha_1 = ,y\text{'}$, $\alpha_2 = ,u\text{'}$, $\beta_1 = ,a\text{'}$ und $\beta_2 = ,b\text{'}$, dann ist $\varphi_{\beta_1\beta_2}^{\alpha_1\alpha_2} = ,\wedge x(Fxaz \to \vee z\, Gzaba)\text{'}$.

Bei der Formulierung unserer Metatheoreme machen wir Gebrauch von dem Begriff einer ,Generalisierten' einer Formel. Dazu benötigen wir wiederum ,Präfixe', die ihrerseits wie folgt definiert sind:

Ein Ausdruck ist genau dann ein Präfix, wenn er entweder ein alleinstehender Quantor ist oder wenn er dadurch entsteht, daß man einen Quantor vor ein kürzeres Präfix setzt. (Ein Ausdruck ist ein *Allpräfix* genau dann, wenn er ein Präfix ist, das nur aus Allquantoren besteht; analog wird das *Existenzpräfix* definiert.)

Eine Formel φ nennt man nun genau dann eine *Generalisierte* einer Formel ψ, wenn φ eine Aussage ist und wenn entweder $\varphi = \psi$ oder φ aus ψ dadurch entsteht, daß man vor ψ ein Allpräfix setzt.

Ferner definieren wir das Symbol ,$\Vdash$' wie folgt: wenn φ eine Formel ist, so $\Vdash \varphi$ genau dann, wenn jede Generalisierte von φ ein logisches Theorem ist.

Beispiele: ,$\wedge x\, Fx$' ist eine Generalisierte von ,Fx' und von sich selbst; ,$\wedge x \wedge y\, Fxy$' ist eine Generalisierte von ,Fxy', von ,$\wedge y\, Fxy$' und von sich selbst; ,$\wedge x\, Fa$' ist eine Generalisierte von ,Fa' und von sich selbst; ,Fa' ist eine Generalisierte von sich selbst. Dagegen ist ,$\vee x\, Fx$' eine Generalisierte von sich selbst, aber nicht von ,Fx'; ,$\wedge x \wedge y \wedge z\, Fxyzu$' ist nicht Generalisierte einer Formel. Allgemein erhält man die Generalisierten einer Formel dadurch, daß man genug Allquantoren vor die Formel setzt, um sie zu einer Aussage zu machen. Wenn sie bereits eine Aussage ist, brauchen überhaupt keine Allquantoren mehr davorgesetzt zu werden; mithin ist jede Aussage eine Generalisierte von sich selbst. Alle Generalisierten sind Aussagen, aber eine Formel, zu der eine gewisse Aussage eine Generalisierte ist, braucht keine Aussage zu sein. Jede Formel hat unendlich viele Generalisierten, aber selbstverständlich kann eine fest vorgegebene Aussage nur Generalisierte einer endlichen Zahl von Aussagen sein.

Wir sind nun in der Lage, eine Anzahl metatheoretischer Behauptungen über logische Theoreme zu formulieren und informell zu beweisen.

I. Wenn $\varphi_{\beta_1\cdots\beta_n}^{\alpha_1\cdots\alpha_n}$ ein logisches Theorem ist (wobei die $\beta_1, \ldots, \beta_n$ paarweise verschiedene Individuenkonstanten sind, die nicht in φ vorkommen), so $\Vdash \varphi$.

Beweis: Wir nehmen an, $\varphi_{\beta_1\ldots\beta_n}^{\alpha_1\ldots\alpha_n}$ sei ein logisches Theorem, d.h. daß es eine Ableitung dieser Aussage aus der leeren Menge gibt. Um nun eine Ableitung der jeweiligen Generalisierten von φ zu erhalten, brauchen wir nur Zeilen hinzuzufügen, in denen wir — jedesmal Regel G anwendend — die erforderlichen Quantoren davorsetzen. Die Anwendungen von G sind erlaubt, da ja nach Voraussetzung die Individuenkonstanten $\beta_1, \ldots, \beta_n$ paarweise voneinander verschieden sind und ferner nicht bereits in φ vorkommen.

Man beachte, daß der in Klammern stehende Vorbehalt von I notwendig ist: ‚$Fa \vee \neg\, Fa$‘ ist beispielsweise ein Theorem, ‚$\wedge x(Fx \vee \neg\, Fa)$‘ jedoch nicht.

II. Wenn eine der Generalisierten von φ ein logisches Theorem ist, so $\Vdash \varphi$.

Beweis: Wir nehmen an, daß eine gewisse Generalisierte von φ ein logisches Theorem ist. Wiederholt Regel BE anwendend, erweitere man die Ableitung dieser Generalisierten, um eine Ableitung der Aussage $\varphi_{\beta_1\ldots\beta_n}^{\alpha_1\ldots\alpha_n}$ zu erhalten, wobei die Variablen $\alpha_1, \ldots, \alpha_n$ paarweise verschieden sind und die freien Variablen von φ darstellen und die $\beta_1, \ldots, \beta_n$ paarweise verschiedene, nicht in φ vorkommende Individuenkonstanten sind. Diese Aussage $\varphi_{\beta_1\ldots\beta_n}^{\alpha_1\ldots\alpha_n}$ ist ein logisches Theorem. Also gilt nach I auch $\Vdash \varphi$.

III. Wenn $\Vdash \varphi$ und $\Vdash \varphi \to \psi$, so $\Vdash \psi$.

Beweis: Wir nehmen an, daß die Variablen $\alpha_1, \ldots, \alpha_n$ paarweise verschieden und die in $\varphi \to \psi$ frei vorkommenden Variablen sind. Dann sind nach Voraussetzung $\wedge \alpha_1, \ldots, \wedge \alpha_n \varphi$ und $\wedge \alpha_1, \ldots, \wedge \alpha_n(\varphi \to \psi)$ logische Theoreme. Wiederholte Anwendung von Regel BE ergibt, daß $\varphi_{\beta_1\ldots\beta_n}^{\alpha_1\ldots\alpha_n}$ und $(\varphi \to \psi)_{\beta_1\ldots\beta_n}^{\alpha_1\ldots\alpha_n}$ Theoreme sind, wobei die $\beta_1, \ldots, \beta_n$ paarweise verschiedene Individuenkonstanten sind, die nicht in $\varphi \to \psi$ vorkommen. Also ist nach Regel T $\psi_{\beta_1\ldots\beta_n}^{\alpha_1\ldots\alpha_n}$ ein Theorem, und wegen I $\Vdash \psi$.

IV. (Verallgemeinerungen der Theoreme 1—28 von Kapitel 7)

1. $\Vdash \wedge \alpha \wedge \alpha' \varphi \leftrightarrow \wedge \alpha' \wedge \alpha \varphi$

2. $\Vdash \vee \alpha \vee \alpha' \varphi \leftrightarrow \vee \alpha' \vee \alpha \varphi$
   usw.

9. $\Vdash \wedge \alpha(\varphi \wedge \psi) \leftrightarrow (\varphi \wedge \wedge \alpha \psi)$ wenn α in φ nicht frei vorkommt
   usw.

18. $\Vdash \wedge \alpha \vee \alpha' (\varphi \wedge \psi) \leftrightarrow (\wedge \alpha \varphi \wedge \vee \alpha' \psi)$, wenn α nicht frei in ψ und α' nicht frei in φ vorkommt

usw.

Beweis: In jedem Fall muß zum Beweis ein Ableitungsschema entworfen werden, das zur Ableitung des entsprechenden Theorems analog ist.

V. Wenn $\Vdash \psi \leftrightarrow \psi'$, so

$$\Vdash \neg \psi \leftrightarrow \neg \psi'$$
$$\Vdash (\psi \wedge \chi) \leftrightarrow (\psi' \wedge \chi')$$
$$\Vdash (\chi \wedge \psi) \leftrightarrow (\chi \wedge \psi')$$
$$\Vdash (\psi \vee \chi) \leftrightarrow (\psi' \vee \chi)$$
$$\Vdash (\chi \vee \psi) \leftrightarrow (\chi \vee \psi')$$
$$\Vdash (\psi \to \chi) \leftrightarrow (\psi' \to \chi)$$
$$\Vdash (\chi \to \psi) \leftrightarrow (\chi \to \psi')$$
$$\Vdash (\psi \leftrightarrow \chi) \leftrightarrow (\psi' \leftrightarrow \chi)$$
$$\Vdash (\chi \leftrightarrow \psi) \leftrightarrow (\chi \leftrightarrow \psi')$$
$$\Vdash \wedge \alpha \psi \leftrightarrow \wedge \alpha \psi'$$
$$\Vdash \vee \alpha \psi \leftrightarrow \vee \alpha \psi'$$

Beweis: Da jede Tautologie ein logisches Theorem ist, erkennen wir aus I, daß $\Vdash (\psi \leftrightarrow \psi') \to (\neg \psi \leftrightarrow \neg \psi')$. Also folgt aus III der erste Teil dieses Metatheorems, und analog die nächsten acht. Zum Beweis der beiden letzten Teile nehmen wir an, daß $\Vdash \psi \leftrightarrow \psi'$. Aus II und III folgt $\Vdash \psi \to \psi'$ und $\Vdash \psi' \to \psi$. Also $\Vdash \wedge \alpha (\psi \to \psi')$ und $\Vdash \wedge \alpha (\psi' \to \psi)$, da jede Generalisierte von $\wedge \alpha (\psi \to \psi')$ eine Generalisierte von $\psi \to \psi'$ und jede Generalisierte von $\wedge \alpha (\psi' \to \psi)$ eine Generalisierte von $\psi' \to \psi$ ist. Wegen III und IV (Theoreme 6 und 15) $\wedge \alpha \psi \to \wedge \alpha \psi'$, $\Vdash \wedge \alpha \psi' \to \wedge \alpha \psi$, $\Vdash \vee \alpha \psi \to \vee \alpha \psi'$ und $\Vdash \vee \alpha \psi' \to \vee \alpha \psi$. Aber wegen I $\Vdash (\wedge \alpha \psi \to \wedge \alpha \psi') \to ((\wedge \alpha \psi' \to \wedge \alpha \psi) \to (\wedge \alpha \psi \leftrightarrow \wedge \alpha \psi))$ und daher wegen III $\Vdash \wedge \alpha \psi \leftrightarrow \wedge \alpha \psi'$. Ähnlich folgt $\Vdash \vee \alpha \psi \leftrightarrow \vee \alpha \psi'$.

VI. (Ersetzung). Angenommen, φ' unterscheidet sich von φ nur dadurch, daß in φ' an einer Stelle, wo in φ die Formel ψ steht, die Formel ψ' vorkommt, und angenommen, $\Vdash \psi \leftrightarrow \psi'$. Dann $\Vdash \varphi \leftrightarrow \varphi'$ und $\Vdash \varphi$ dann und nur dann, wenn $\Vdash \varphi'$.

Beweis: Unter den gegebenen Bedingungen kann φ von dem einen Vorkommen von ψ aus mit Hilfe von Verknüpfungen und Quantoren aufgebaut werden, und der Aufbau von φ' verläuft — von dem entsprechenden Vorkommen von ψ' ausgehend — analog; also erhalten wir nach wiederholter Anwendung von V $\Vdash \varphi \leftrightarrow \varphi'$. Ferner erhalten wir hieraus und aus I und III die (wesentlich schwächere) Conclusio, daß $\Vdash\varphi$ dann und nur dann, wenn $\Vdash\varphi'$.

‚Äquivalenz' zwischen Formeln wollen wir wie folgt definieren: wenn φ und ψ Formeln sind, so ist φ dann und nur dann *äquivalent* zu ψ, wenn $\Vdash\varphi\leftrightarrow\psi$. Dann besagt Metatheorem VI, daß wir, wenn wir in einer Formel φ ein Vorkommen einer Formel ψ durch ein Vorkommen einer zu ψ äquivalenten Formel ersetzen, als Ergebnis eine zu φ äquivalente Formel erhalten.

VII. (Gebundene Umbenennung). Wenn die Formeln $\wedge\,\alpha\varphi$ und $\wedge\,\alpha'\varphi'$ gleich sind, außer daß in der ersten α dort und nur dort auftritt, wo in der zweiten α' vorkommt, dann sind die beiden äquivalent. Dasselbe gilt für $\vee\alpha\varphi$ und $\vee\alpha'\varphi'$.

Beweis: Die Voraussetzungen von VII seien erfüllt. $\alpha_1, \ldots, \alpha_n$ sei eine Aufzählung (ohne Wiederholungen) aller Variablen, die in $\wedge\,\alpha\varphi$ und also auch in $\wedge\,\alpha'\varphi'$ frei vorkommen; $\beta_1, \ldots, \beta_n$ seien paarweise verschiedene Individuenkonstanten, die nicht in φ (und auch nicht in φ') vorkommen. Eine Ableitung (deren Aufbau klar ist) zeigt, daß $(\wedge\,\alpha\varphi\leftrightarrow\wedge\,\alpha'\varphi')^{\alpha_1\ldots\alpha_n}_{\beta_1\ldots\beta_n}$ ein logisches Theorem ist. Wegen I sind $\wedge\,\alpha\varphi$ und $\wedge\,\alpha\varphi'$ äquivalent. — Analog verläuft der Schluß für den Existenzquantor.

VIII. Zu jeder Formel φ gibt es eine äquivalente Formel ψ, in der nicht zwei Quantoren mit derselben Variablen vorkommen.

Beweis: Wir sehen uns, von links nach rechts gehend, die Quantoren in φ an. Sobald wir zu einem Quantor gelangen, hinter dem eine Variable steht, die schon früher hinter einem Quantor vorkam, führen wir nach VI und VII eine Ersetzung und gebundene Umbenennung durch und verwenden eine neue Variable. In dieser Weise fortfahrend, erhalten wir schließlich ψ.

IX. (Negationstheorem). Wir nehmen an, daß in einer Formel φ ‚$\rightarrow$' und ‚$\leftrightarrow$' nicht vorkommen, und ferner, daß man φ' aus φ erhält, indem man ‚$\wedge$' durch ‚$\vee$', ‚$\vee$' durch ‚$\wedge$', Allquantoren durch Existenzquantoren, Existenzquantoren durch Allquantoren und atomare Formeln durch ihre Negate ersetzt. Dann ist φ' zu $\neg\varphi$ äquivalent.

Beweis: Wir gehen folgendermaßen vor: wir zeigen (a), daß IX für atomare Formeln gilt, (b), daß es für Negationen, Konjunktionen, Disjunktionen und Quantifizierungen von Formeln gilt, für die die Gültigkeit von IX bereits feststeht. Das bedeutet dann, daß IX für alle Formeln, die ‚$\rightarrow$' und ‚$\leftrightarrow$' nicht enthalten, richtig ist.

(a) Wenn φ atomar ist, so ist φ' gleich $\neg\varphi$, also ist φ' auch äquivalent zu $\neg\varphi$.

(b)   (i) Angenommen, $\varphi = \neg\psi_1$, und IX gilt für ψ_1. Dann ist ψ_1' äquivalent zu $\neg\psi_1$, d.h. zu φ. Daher ist $\neg\psi_1'$, d.h. φ', äquivalent zu $\neg\varphi$.

    (ii) Angenommen, $\varphi = \psi_1 \wedge \psi_2$ und IX gilt für ψ_1 und ψ_2. Dann ist $\neg\varphi$ äquivalent zu $\neg\psi_1 \vee \neg\psi_2$, und das ist nach Voraussetzung und nach VI äquivalent zu $\psi_1' \vee \psi_2'$, d.h. zu φ'.

    (iii) Angenommen, $\varphi = \psi_1 \vee \psi_2$ und IX gilt für ψ_1 und ψ_2. Dann ist $\neg\varphi$ äquivalent zu $\neg\psi_1 \wedge \neg\psi_2$, und das ist nach Voraussetzung und nach VI äquivalent zu $\psi_1' \wedge \psi_2'$, d.h. zu φ'.

    (iv) Angenommen, $\varphi = \wedge\alpha\,\psi_1$ und IX gilt für ψ_1. Dann ist $\neg\varphi$ äquivalent zu $\vee\alpha \neg \psi_1$, und das ist nach Voraussetzung und nach VI äquivalent zu $\vee\alpha\psi_1'$, d.h. zu φ'.

    (v) Angenommen, $\varphi = \vee\alpha\,\psi_1$ und IX gilt für ψ_1. Dann ist $\neg\varphi$ äquivalent zu $\wedge\alpha \neg \psi_1$, und das ist nach Voraussetzung und nach VI äquivalent zu $\wedge\alpha\psi_1'$, d.h. zu φ'.

Beispiel 1. Man wende IX an, um eine zur Negation der Formel

$$\wedge x \vee y \neg (Fxy \vee \vee z(Gzy \wedge (Hxz \vee \neg Fxz)))$$

äquivalente Formel zu finden.

Die gewünschte Formel lautet

$$\vee x \wedge y \neg (\neg Fxy \wedge \wedge z(\neg Gzy \vee (\neg Hxz \wedge \neg\neg Fxz))).$$

Beispiel 2. Durch wiederholte Anwendung von IX und VI auf Teile der folgenden Formel finde man eine äquivalente Formel, in der die Negationszeichen nur vor Prädikatsbuchstaben stehen (doppelte Negationszeichen streiche man, wo sie vorkommen).

$$\neg \wedge y \wedge z \neg \vee x \neg (\neg Fxz \vee \wedge w \neg (Hxzw \wedge \neg Hxzx)).$$

Aufeinanderfolgende Schritte auf dem Weg zur gewünschten Formel sind:

$$\vee y \vee z \neg \wedge x \neg (Fxz \wedge \vee w \neg (\neg Hxzw \vee Hxzx))$$
$$\vee y \vee z \vee x \neg (\neg Fxz \vee \wedge w \neg (Hxzw \wedge \neg Hxzx))$$
$$\vee y \vee z \vee x (Fxz \wedge \vee w \neg (\neg Hxzw \vee Hxzx))$$
$$\vee y \vee z \vee x (Fxz \wedge \vee w (Hxzw \wedge \neg Hxzx))$$

Für unser nächstes Metatheorem brauchen wir noch eine Definition: eine Formel φ ist dann und nur dann in *pränexer Normalform*, wenn

φ entweder quantorenfrei ist oder aus einem Präfix besteht, dem eine quantorenfreie Formel folgt.

X. (Pränexe Normalform). Zu jeder Formel φ gibt es eine äquivalente Formel ψ in pränexer Normalform.

Beweis: Wir beschreiben zunächst ein Verfahren („Reduktion auf pränexe Normalform' genannt), das uns zu einer beliebigen Formel ψ eine äquivalente Formel in pränexer Normalform liefert. Wir erhalten ψ aus φ in den folgenden vier Schritten:

1. Zunächst entfernen wir aus φ alle ‚$\rightarrow$'- und ‚$\leftrightarrow$'-Zeichen, indem wir gemäß VI alle Formeln der Form $\psi_1 \rightarrow \psi_2$ durch die entsprechenden Formeln der Form $\neg\psi_1 \lor \psi_2$ und alle Formeln der Form $\psi_1 \leftrightarrow \psi_2$ durch Formeln der Form $(\psi_1 \land \psi_2) \lor (\neg\psi_1 \land \neg\psi_2)$ ersetzen.

2. Auf das Ergebnis des ersten Schrittes wenden wir das in Beispiel 2 (zu IX) angedeutete Verfahren an und ‚bringen Negationszeichen herein', bis sie nur noch vor Prädikatsbuchstaben stehen.

3. Dann benennen wir die gebundenen Variablen um, bis wir eine Formel erhalten, in der nicht mehr zu verschiedenen Quantoren dieselbe Variable gehört und in der nicht mehr ein und dieselbe Variable sowohl frei als auch gebunden vorkommen kann (siehe VIII).

4. Schließlich placieren wir alle Quantoren in der Reihenfolge, in der sie vorkommen, an den Anfang der Formel.

Zur Illustration dieses Verfahrens wollen wir die Formel

$$\land x\, Fx \leftrightarrow \lor x\, Gx$$

auf pränexe Normalform bringen.
Schritt 1 führt zu

$$(\land x\, Fx \land \lor x\, Gx) \lor (\neg \land x\, Fx \land \neg \lor x\, Gx).$$

Hineinbringen der Negationszeichen (Schritt 2) liefert

$$(\land x\, Fx \land \lor x\, Gx) \lor (\lor x\, \neg Fx \land \land x\, \neg Gx).$$

Schritt 3 führt zu

$$(\land x\, Fx \land \lor y Gy) \lor (\lor z\, \neg Fz \land \land u\, \neg Gu).$$

Ziehen wir schließlich die Quantoren, in der Reihenfolge, in der sie auftreten, heraus, so erhalten wir die gewünschte Formel in pränexer Normalform:

$$\land x \lor y \lor z \land u((Fx \land Gy) \lor (\neg Fz \land \neg Gu)).$$

Der Beweis dieses Metatheorems besteht darin zu zeigen, daß die
in den Schritten 1—4 beschriebenen Ersetzungen stets von einer
Formel zu einer ihr äquivalenten Formel führen. Daß dieses für die
in Schritt 1 vorkommende Ersetzung richtig ist, folgt aus der Tatsache, daß jede Tautologie ein logisches Theorem ist und daß somit
wegen I für alle Formeln φ und ψ gilt

$$\Vdash (\varphi \to \psi) \leftrightarrow (\neg \varphi \vee \psi) \quad \text{und}$$
$$\Vdash (\varphi \leftrightarrow \psi) \leftrightarrow ((\varphi \wedge \psi) \vee (\neg \varphi \wedge \neg \psi)).$$

Die Ersetzungen in Schritt 2 werden von VI und IX gerechtfertigt
(wegen VI und der Tatsache, daß $\Vdash \varphi \leftrightarrow \neg\neg\varphi$, dürfen doppelte
Negationszeichen weggelassen werden). Schritt 3 wird durch den Be-
weis von VIII gerechtfertigt. Schließlich werden die Ersetzungen
in Schritt 4 durch IV und VI (Theoreme 9, 10, 12, 13 und die entsprechenden Theoreme mit vertauschten Konjunktionen und Disjunktionen) gerechtfertigt.

Im nächsten Beispiel führen wir die Reduktion auf pränexe Normalform an der Formel

$$(\wedge x \vee y (F x \to G y) \wedge \vee x F x) \to \vee y G y$$

vor. Auf dem Weg zu der erwünschten Formel erhält man nacheinander:

$$\neg (\wedge x \vee y (\neg F x \vee G y) \wedge \vee x F x) \vee \vee y G y$$
$$(\vee x \wedge y (F x \wedge \neg G y) \vee \wedge x \neg F x) \vee \vee y G y$$
$$(\vee x \wedge y (F x \wedge \neg G y) \vee \wedge z \neg F z) \vee \vee u G u$$
$$\vee x \wedge y \wedge z \vee u (((F x \wedge \neg G y) \vee \neg F z) \vee G u).$$

Das Metatheorem über die pränexe Normalform hat sich in zahlreichen metatheoretischen Untersuchungen sehr nützlich erwiesen.
Anstatt alle möglichen Formeln von $\mathfrak{L}$ zu betrachten, kann man sich
für viele Zwecke auf Formeln in pränexer Normalform beschränken.
In K. Gödels Originalbeweis des Satzes, daß jede gültige Aussage ein
logisches Theorem ist, wird nur gezeigt, daß jede gültige Aussage in
pränexer Normalform ein Theorem ist. Auch benutzen viele Resultate,
die in Zusammenhang mit dem sogenannten Entscheidungsproblem
gewonnen wurden, das zuletzt besprochene Metatheorem. Obwohl es,
wie zu Beginn von Kapitel 7 festgestellt wurde, kein schrittweises
Verfahren geben kann, um zu entscheiden, ob eine vorliegende Aussage von $\mathfrak{L}$ gültig ist oder nicht, gibt es für gewisse eingeschränkte
Klassen von Aussagen durchaus derartige Verfahren. Die interessan-

testen dieser Klassen werden mit Hilfe der pränexen Normalform ihrer Elemente charakterisiert. So ist zum Beispiel gezeigt worden, daß die Gültigkeit einer Aussage φ entscheidbar ist, wenn φ eine pränexe Normalform besitzt, in deren Präfix kein Existenzquantor vor einem Allquantor steht. Ähnliche Resultate findet man bei Alonzo Church, *Introduction to Mathematical Logic*, section 46 aufgeführt.

XI. Wenn $\Vdash\varphi$ und wenn ψ aus φ so entsteht, daß man in φ alle atomaren Formeln durch ihre Negate ersetzt, so $\Vdash\psi$.

Beweis: Wir überlassen es dem Leser nachzuprüfen, daß jede Ableitung eine Ableitung bleibt, wenn atomare Formeln überall durch ihre Negate ersetzt werden.

XII. (Dualität). Wenn $\Vdash\varphi\leftrightarrow\psi$ und wenn in φ und ψ weder ‚$\rightarrow$‘ noch ‚$\leftrightarrow$‘ vorkommen und wenn man φ^* bzw. ψ^* aus φ bzw. ψ dadurch erhält, daß man in φ bzw. ψ ‚$\wedge$‘ und ‚$\vee$‘, ferner Allquantoren und Existenzquantoren gegeneinander austauscht, so $\Vdash\varphi^*\leftrightarrow\psi^*$; ähnlich: wenn $\Vdash\varphi\rightarrow\psi$, so $\Vdash\psi^*\rightarrow\varphi^*$.

Beweis: Die Voraussetzungen von XII seien erfüllt. Dann gilt $\Vdash\neg\varphi\leftrightarrow\neg\psi$ und nach IX und VI $\Vdash\varphi'\leftrightarrow\psi'$. Läßt man doppelte Negationszeichen weg, so ist $\varphi^*\leftrightarrow\psi^*$ wegen XI ein Theorem. Analog der Beweis des letzten Teils.

Beispiel 1. Da

$$\wedge x(Fx \wedge Gx) \leftrightarrow (\wedge x\, Fx \wedge \wedge x\, Gx)$$

ein logisches Theorem ist, sagt das Dualitätstheorem aus, daß

$$\vee x(Fx \vee Gx) \leftrightarrow (\vee x\, Fx \vee \vee x\, Gx)$$

ebenfalls ein logisches Theorem ist.

Beispiel 2. Das Duale des Theorems

$$\vee x(\wedge y\, Fxy \vee \wedge y \neg Fxy) \leftrightarrow \vee x \wedge y \wedge z(Fxy \vee \neg Fxz)$$

ist das Theorem

$$\wedge x(\vee y\, Fxy \wedge \vee y \neg Fxy) \leftrightarrow \wedge x \vee y \vee z(Fxy \wedge \neg Fxz).$$

2. Korrektheit und Widerspruchsfreiheit

Wenn wir sagen, daß ein System von Schlußregeln *korrekt* ist, so meinen wir damit, daß jede Conclusio, die mit ihrer Hilfe abgeleitet werden kann, auch eine Folgerung aus den Prämissen ist, aus denen sie gewonnen wurde. Um also zu zeigen, daß unser System aus den Regeln P, T, K, BE, G und E korrekt ist, müssen wir beweisen, daß die Aussage φ Folgerung aus der Aussagenmenge Γ ist, wenn φ aus Γ ableitbar ist. (Dabei ist φ irgendeine Aussage und Γ irgendeine Menge von Aussagen.) Ein System von Regeln wird *widerspruchsfrei* genannt, wenn es keine Aussage φ gibt, derart, daß sowohl φ als auch $\neg\varphi$ aus Λ ableitbar sind. Offensichtlich sind korrekte Regeln auch widerspruchsfrei, denn es kann nicht vorkommen, daß eine Aussage und gleichzeitig ihre Negation Folgerungen aus Λ sind. Umgekehrt garantiert Widerspruchsfreiheit nicht Korrektheit. Man kann sich leicht eine Regel ausdenken, die widerspruchsfrei, aber nicht korrekt wäre — z. B. eine Regel, die gestatten würde, ‚P‘ (und keine andere Aussage) aus jeder Aussagenmenge abzuleiten.

Wir wollen nun die Korrektheit unserer Regeln nachweisen. Grob gesprochen läuft der Schluß auf folgendes hinaus: Regel P gestattet uns, Prämissen (als Folgerungen von sich selbst) einzuführen; von den weiteren fünf Regeln gestattet jede, nur solche Aussagen hinzuschreiben, die Folgerungen aus Aussagen von früheren Zeilen sind. Also können wir durch wiederholte Anwendung der Regeln nur solche Aussagen erhalten, die Folgerungen aus den Prämissen sind.

Diesen Schluß wollen wir jetzt etwas sorgfältiger ausführen. Wir behaupten (1), daß jede Aussage, die in der ersten Zeile einer Ableitung erscheint, eine Folgerung aus den Prämissen dieser Zeile ist, und (2), daß jede Aussage in einer späteren Zeile eine Folgerung aus ihren Prämissen ist, wenn alle Aussagen in früheren Zeilen Folgerungen aus ihren Prämissen sind.

Zu (1): wenn φ in der ersten Zeile erscheint, wurde φ von der Regel P eingeführt (in diesem Fall ist sie ihre eigene einzige Prämisse) oder von der Regel T (dann ist sie eine Tautologie und damit eine Folgerung aus der leeren Prämissenmenge).

Zu (2): hier müssen wir nacheinander die einzelnen Regeln diskutieren.

(i) Wenn φ in einer Zeile durch Regel P eingeführt wird, so ist sie offensichtlich eine Folgerung aus den Prämissen dieser Zeile.

(ii) Wenn φ in einer Zeile von Regel T eingeführt wird, so ist sie tautologische Folgerung aus einer Menge Γ von Aussagen, die in früheren Zeilen erscheinen. Also ist φ eine Folgerung aus Γ (siehe Seite 119). Alle Aussagen von Γ sind nach Voraussetzung Folgerungen aus den Prämissen der Zeilen, in denen sie auftreten. Δ sei die Menge aller dieser Prämissen. Dann ist φ eine Folgerung aus Δ (Seite 86, Punkt 1).

(iii) Wenn φ in einer Zeile von Regel K eingeführt wird, so ist $\varphi = (\psi \to \chi)$, wobei χ in einer früheren Zeile vorkommt. Nach Voraussetzung ist χ eine Folgerung aus den Prämissen ihrer Zeile, zu denen ψ gehören mag. Also ist $(\psi \to \chi)$, d.h. φ eine Folgerung aus diesen um ψ verminderten Prämissen (Seite 87, Punkt 6).

(iv) Wenn φ in einer Zeile von Regel BE eingeführt wird, so ist $\varphi = \psi\alpha/\beta$, und $\wedge \alpha\psi$ erscheint in einer früheren Zeile. Nach Voraussetzung ist $\wedge \alpha\psi$ in dieser Zeile eine Folgerung aus ihren Prämissen. $\psi\alpha/\beta$ ist aber eine Folgerung aus $\wedge \alpha\psi$ (Seite 87, Punkt 9). Also ist $\psi\alpha/\beta$, d.h. φ eine Folgerung aus den Prämissen der Zeile, in denen $\wedge \alpha\psi$ erscheint (Seite 86, Punkt 1).

(v) Wenn φ in einer Zeile von Regel G eingeführt wird, so ist $\varphi = \wedge \alpha\psi$ und $\psi\alpha/\beta$ kommt in einer früheren Zeile mit den Prämissen Γ vor; dabei tritt β weder in ψ noch in einem Element von Γ auf. Nach Voraussetzung ist $\psi\alpha/\beta$ eine Folgerung aus Γ. Also ist auch $\wedge \alpha\psi$, d.h. φ eine Folgerung aus Γ (Seite 87, Punkt 10).

(vi) Wenn φ in einer Zeile von Regel E eingeführt wird, so ist entweder $\varphi = \vee \alpha\psi$ und $\neg \wedge a \neg \psi$ erscheint in einer früheren Zeile, oder es ist $\varphi = \neg \wedge \alpha \neg \psi$ und $\vee\alpha\psi$ tritt in einer früheren Zeile auf. In jedem Fall ist φ eine Folgerung aus den Prämissen der früheren Zeile (Seite 86, Punkt 1), denn die Aussage, die in der früheren Zeile erscheint, ist nach Voraussetzung eine Folgerung aus den Prämissen dieser Zeile, und φ ist eine Folgerung aus dieser Aussage der früheren Zeile (Seite 87, Punkt 11).

Also ist jede Aussage, die in einer Zeile einer Ableitung vorkommt, Folgerung aus den Prämissen dieser Zeile; mit anderen Worten: wenn eine Aussage φ aus einer Aussagenmenge Γ ableitbar ist, so ist φ Folgerung aus Γ. Auf dieser Grundlage kann man an alle, die in Übereinstimmung mit den Regeln Ableitungen zu konstruieren versuchen, einen Rat erteilen: Wenn man an irgendeiner Stelle das Gefühl hat, eine Aussage eingeführt zu haben, die intuitiv nicht eine Folgerung aus den Prämissen dieser Zeile zu sein scheint, so prüfe man erst einmal die Ableitung nach, denn entweder ist die Intuition falsch, oder es ist in der Anwendung einer Regel ein Fehler unterlaufen. Natürlich können wir nicht schließen, daß die Regeln immer befolgt worden sind, wenn das, was man hinschreibt, tatsächlich eine Folgerung aus den Prämissen ist: wir wissen nur, wenn das Ergebnis *keine* Folgerung ist, dann sind die Regeln *nicht* befolgt worden.

Die Widerspruchsfreiheit unserer Regeln kann auch in einem rein syntaktischen Beweis nachgewiesen werden, d.h. in einem Beweis, der den Begriff der Interpretation oder etwas Ähnliches nicht verwendet. Es mag ganz interessant sein, sich diesen Beweis einmal anzusehen.

Zu jeder Aussage φ definieren wir die *Transformierte* $\mathfrak{T}(\varphi)$ von φ als diejenige AK-Aussage, die entsteht, wenn man aus φ alle Individuensymbole, Quantoren und die oberen Indizes von Prädikaten entfernt. Die Transformierte von

$$(F_1 \to \wedge x(F_1^2 xa \vee \vee y(G_2^3 xay \wedge F_1^1 x)))$$

ist z.B.

$$(F_1 \to (F_1 \vee (G_2 \wedge F_1))).$$

Wenn wir nun in einer korrekten Ableitung jede Aussage durch ihre Transformierte ersetzen und dabei die Prämissennummern unverändert lassen, erhalten wir wieder eine Ableitung, in der jede Zeile durch eine der Regeln P, T oder K begründet werden kann. Wenn also ein Aussagenpaar φ und $\neg\varphi$ mit unseren Regeln aus Λ ableitbar wäre, dann wären $\mathfrak{T}(\varphi)$ und $\mathfrak{T}(\neg\varphi)$ Tautologien; $\mathfrak{T}(\neg\varphi)$ wäre aber die Negation von $\mathfrak{T}(\varphi)$, und es ist unmöglich, daß eine Aussage zusammen mit ihrer Negation tautologisch ist. Also kann kein Aussagenpaar φ und $\neg\varphi$ mit unseren Regeln aus Λ ableitbar sein.

Um einzusehen, daß man in der auf die angegebene Weise transformierten Ableitung jede Zeile durch P, T oder K begründen kann, betrachtet man wieder nacheinander die Regeln P, T, K, BE, G und E. Wenn eine Zeile der Originalableitung in Übereinstimmung mit Regel P hingeschrieben wurde, dann wird die entsprechende Zeile der neuen Ableitung ebenfalls durch P begründet. Dasselbe gilt für die Regeln T und K. Schlüsse mit BE und G werden bei den betrachteten Transformationen einfach zu Wiederholungen, und Regel E bringt uns immer von φ zu $\neg\neg\varphi$, oder umgekehrt.

3. Vollständigkeit

(Dieser Abschnitt kann ausgelassen werden, ohne daß man den Anschluß verliert.) Sagt man von einem System von Schlußregeln, es sei *vollständig*, so meint man damit, daß man mit seiner Hilfe jede Folgerung aus einer gegebenen Aussagenmenge ableiten kann. Um also zu beweisen, daß unser System aus den Regeln P, T, K, BE, G und

E vollständig ist, müssen wir zeigen, daß eine Aussage φ aus einer Aussagenmenge Γ ableitbar ist, wenn sie eine Folgerung aus ihr ist. Der folgende Beweis stammt in seinen wesentlichen Zügen von dem amerikanischen Logiker L. Henkin.

Henkins Beweis verwendet Begriffe, die auch außerhalb des gegenwärtigen Zusammenhangs von Interesse sind.

Eine Menge Γ von Aussagen ist dann und nur dann *widerspruchsfrei bezüglich der Ableitbarkeit* (*a-widerspruchsfrei*), wenn die Aussage ‚P $\wedge \neg$ P‘ nicht aus Γ ableitbar ist.

Man beachte, daß die Ableitbarkeit eng mit der a-Widerspruchsfreiheit in diesem Sinne zusammenhängt: eine Aussage φ ist dann und nur dann aus einer Menge Γ ableitbar, wenn $\Gamma \cup \{\varphi\}$ nicht a-widerspruchsfrei ist. Denn angenommen, φ sei aus Γ ableitbar. Dann existiert eine Ableitung, in der φ in der letzten (der i-ten) Zeile vorkommt, und alle Prämissen dieser Zeile gehören zu Γ. Wenn wir zwei Zeilen folgendermaßen anfügen

$$\begin{array}{lll} \{n_1, \ldots, n_p\} & (i) & \varphi \\ \{i+1\} & (i+1) & \neg\varphi \qquad \text{P} \\ \{n_1, \ldots, n_p, i+1\} & (i+2) & \text{P} \wedge \neg P \quad i, i+1\ \text{T} \end{array}$$

erhalten wir eine Ableitung von ‚$P \wedge \neg P$‘ aus $\Gamma \cup \{\varphi\}$, so daß $\Gamma \cup \{\neg\varphi\}$ nicht a-widerspruchsfrei ist. Nehmen wir dagegen an, daß $\Gamma \cup \{\neg\varphi\}$ nicht a-widerspruchsfrei ist, so ist ‚$P \wedge \neg P$‘ aus Γ ableitbar. Erweitern wir diese Ableitung um eine Anwendung von Regel K, so erhalten wir eine Ableitung von $\neg\varphi \to (P \wedge \neg P)$ aus Γ, und wenn wir — diesmal mit Regel T — noch eine Zeile dazuschreiben, so erhalten wir eine Ableitung von φ aus Γ.

Beachtenswert ist auch die Tatsache, daß eine beliebige Aussagenmenge Γ dann und nur dann a-widerspruchsfrei ist, wenn es mindestens eine Aussage φ in $\mathfrak{L}$ gibt, die nicht aus Γ ableitbar ist. Mit anderen Worten: ‚$P \wedge \neg P$‘ ist dann und nur dann aus einer Aussagenmenge ableitbar, wenn jede Aussage aus ihr ableitbar ist.

Als nächstes definieren wir, daß eine Aussagenmenge Γ dann und nur dann *maximal a-widerspruchsfrei* ist, wenn Γ a-widerspruchsfrei und nicht echte Teilmenge einer a-widerspruchsfreien Menge Δ ist. Also ist Γ dann und nur dann maximal a-widerspruchsfrei, wenn Γ a-widerspruchsfrei ist, diese Eigenschaft jedoch verlorengeht, wenn wir zu Γ eine beliebige Aussage, die nicht bereits in Γ vorkommt, hinzufügen.

Wir wollen einige Eigenschaften maximal a-widerspruchsfreier Mengen angeben. Δ sei eine solche Menge und φ eine Aussage von $\mathfrak{L}$. Dann gilt:

(1) $\varphi \in \Delta$ dann und nur dann, wenn $\neg\,\varphi \notin \Delta$;

(2) $\varphi \in \Delta$ dann und nur dann, wenn φ aus Δ ableitbar ist.

Beweis von (1): Wir nehmen an, sowohl φ als auch $\neg\,\varphi$ gehören zu Δ. Dann sind beide Aussagen aus Δ ableitbar, und somit ist auch ‚$P \wedge \neg\,P$‘ aus Δ ableitbar, im Widerspruch zur Voraussetzung, daß Δ a-widerspruchsfrei ist. Wenn wir annehmen, daß weder φ noch $\neg\,\varphi$ zu Δ gehören, so bedeutet das, weil Δ maximal a-widerspruchsfrei ist, daß sowohl $\Delta \cup \{\varphi\}$ als auch $\Delta \cup \{\neg\,\varphi\}$ nicht a-widerspruchsfrei sind. Also sind wieder, entgegen der Voraussetzung, φ und $\neg\,\varphi$ aus Δ ableitbar. Also gehört genau eine der Aussagen φ, $\neg\,\varphi$ zu Δ, wie in (1) behauptet wurde. Beweis von (2): Wenn $\varphi \in \Delta$, so ist φ offensichtlich aus Δ ableitbar. Angenommen, $\varphi \notin \Delta$. Dann gilt $\neg\,\varphi \in \Delta$, und somit ist $\neg\,\varphi$ aus Δ ableitbar. Da Δ a-widerspruchsfrei ist, ist φ nicht aus Δ ableitbar.

Aus (1) und (2) erhält man leicht die nächsten Folgerungen, wenn Δ wieder eine maximal a-widerspruchsfreie Aussagenmenge ist und φ und ψ Aussagen sind:

(3) $(\varphi \vee \psi) \in \Delta$ dann und nur dann, wenn $\varphi \in \Delta$ oder $\psi \in \Delta$.

(4) $(\varphi \wedge \psi) \in \Delta$ dann und nur dann, wenn $\varphi \in \Delta$ und $\psi \in \Delta$.

(5) $(\varphi \rightarrow \psi) \in \Delta$ dann und nur dann, wenn $\varphi \notin \Delta$ oder $\psi \in \Delta$ oder beides.

(6) $(\varphi \leftrightarrow \psi) \in \Delta$ dann und nur dann, wenn $\varphi, \psi \in \Delta$ oder $\varphi, \psi \notin \Delta$.

Als nächstes wollen wir sagen, daß eine Aussagenmenge Γ dann und nur dann ω-*vollständig* ist, wenn sie die folgende Bedingung erfüllt: für jede Formel φ und jede Variable α gilt: wenn $\vee\alpha\varphi$ zu Γ gehört, so gibt es eine Individuenkonstante β, so daß $\varphi\alpha/\beta$ auch zu Γ gehört. Mit anderen Worten: eine ω-vollständige Aussagenmenge enthält niemals eine Existenzaussage, ohne gleichzeitig eine Aussage als Element zu haben, von der sie durch einmalige Anwendung von Regel PA abgeleitet werden kann.

Ist eine Aussagenmenge Δ sowohl maximal a-widerspruchsfrei als auch ω-vollständig, so hat sie natürlich alle Eigenschaften maximal a-widerspruchsfreier Mengen (einschließlich (1)—(6) oben) und außerdem noch die beiden folgenden:

(7) $\wedge\alpha\varphi \in \Delta$ dann und nur dann, wenn $\varphi\alpha/\beta \in \Delta$ für jede Individuenkonstante β;

(8) $\lor \alpha \varphi \in \varDelta$ dann und nur dann, wenn es eine Individuenkonstante gibt, so daß $\varphi \alpha / \beta \in \varDelta$.

Beweis von (7): Die Richtung von links nach rechts gilt offensichtlich wegen (2) und Regel BE. Wir nehmen nun an, daß für jede Individuenkonstante $\beta \; \varphi \alpha / \beta \in \varDelta$, aber daß $\land \alpha \varphi \notin \varDelta$. Wegen (1) ist dann $\neg \land \alpha \varphi \in \varDelta$. Wegen (2) $\lor \alpha \neg \varphi \in \varDelta$. Da $\varDelta$ ω-vollständig ist, ist für eine gewisse Individuenkonstante $\gamma \; \neg \varphi \alpha / \gamma \in \varDelta$. Da aber auch $\varphi \, \alpha / \gamma$ ein Element von $\varDelta$ ist, ist $\varDelta$ nicht a-widerspruchsfrei, also haben wir einen Widerspruch zur Voraussetzung. Der Beweis von (8) verläuft analog.

Als nächstes formulieren wir das Hauptlemma für den Vollständigkeitssatz.

I. Wenn eine Aussagenmenge $\varGamma$ a-widerspruchsfrei ist, so ist sie widerspruchsfrei.

Wenn uns dieses Lemma zur Verfügung steht, können wir die Vollständigkeit wie folgt beweisen. φ sei eine Aussage, und $\varGamma$ sei eine Aussagenmenge, und wir nehmen an, φ sei eine Folgerung aus $\varGamma$. Dann ist $\varGamma \cup \{\neg \varphi\}$ nicht widerspruchsfrei. Also ist $\varGamma \cup \{\neg \varphi\}$ wegen I nicht a-widerspruchsfrei, und daher ist φ aus $\varGamma$ ableitbar. Wenn also φ eine Folgerung aus $\varGamma$ ist, so ist φ aus $\varGamma$ ableitbar, und daher ist unser Regelsystem vollständig.

Es empfiehlt sich, zunächst einen Spezialfall von I zu beweisen:

I′. Für jede Aussagenmenge $\varGamma$ gilt: wenn $\varGamma$ a-widerspruchsfrei ist und wenn alle Indizes von Individuenkonstanten, die in den Elementen von $\varGamma$ vorkommen, gerade sind, so ist $\varGamma$ widerspruchsfrei.

Der Vorteil dieser Annahme über Indizes, die dem Leser zunächst reichlich merkwürdig erscheinen mag, liegt darin, daß sie die Existenz unendlich vieler Individuenkonstanten garantiert, die nicht in den Aussagen von $\varGamma$ vorkommen. Dieser Umstand erweist sich, wie gleich zu sehen sein wird, als sehr nützlich.

Offensichtlich folgt I aus I′. Denn wenn wir bei einer vorliegenden Aussagenmenge $\varGamma$ die Indizes aller in $\varGamma$ vorkommenden Individuenkonstanten einfach verdoppeln, entsteht eine Menge $\varGamma^*$ von der in I′ beschriebenen Art. Da diese Transformation aber nur darauf hinausläuft, paarweise verschiedene Konstanten durch paarweise verschiedene Konstanten zu ersetzen, ist $\varGamma^*$ dann und nur dann widerspruchsfrei, wenn $\varGamma$ widerspruchsfrei ist, und $\varGamma^*$ ist dann und nur dann a-widerspruchsfrei, wenn $\varGamma$ a-widerspruchsfrei ist.

Wir beweisen I′ mit Hilfe zweier weiterer Lemmata, aus denen I′ dann unmittelbar folgt.

II. Zu jeder Aussagenmenge Γ, die die Voraussetzungen von I′ erfüllt, gibt es eine Γ umfassende Aussagenmenge Δ, die maximal a-widerspruchsfrei und ω-vollständig ist.

III. Jede maximal a-widerspruchsfreie, ω-vollständige Menge von Aussagen ist widerspruchsfrei.

Beweis von II: Wir nehmen an, daß Γ die Voraussetzungen von I′ erfüllt.

1) Wir benutzen die Tatsache, die wir hier ohne Beweis unterstellen, daß sich alle Aussagen von $\mathfrak{L}$ in einer unendlichen Liste

$$\varphi_1, \varphi_2, \varphi_3, \ldots, \varphi_n, \ldots$$

mit folgenden Eigenschaften anordnen lassen:

(a) jede Aussage aus $\mathfrak{L}$ kommt mindestens einmal in der Liste vor;

(b) zu jeder Aussage der Gestalt $\vee\alpha\varphi$ gibt es mindestens einen Index i, so daß $\varphi_i = \vee\alpha\varphi$ und $\varphi_{i+1} = \varphi\alpha/\beta$, wobei β eine ‚neue‘ Individuenkonstante ist (d.h. daß β weder in den Aussagen $\varphi_1, \varphi_2, \ldots, \varphi_i$ noch in Γ vorkommt).

2) Zu dieser Liste konstruieren wir nun eine unendliche Folge von Mengen

$$\Delta_0, \Delta_1, \Delta_2, \ldots, \Delta_n, \ldots$$

Als Δ_0 nehmen wir Γ, d.h.

$$\Delta_0 = \Gamma.$$

Wir bilden Δ_1, indem wir die Aussage φ_1 zu Δ_0 hinzunehmen, falls $\Delta_0 \cup \{\varphi_1\}$ a-widerspruchsfrei ist, sonst ist $\Delta_1 = \Delta_0$. Mit anderen Worten:

$$\Delta_1 = \begin{cases} \Delta_0 \cup \{\varphi_1\}, & \text{falls diese Menge } a\text{-widerspruchsfrei ist,} \\ \Delta_0, & \text{sonst.} \end{cases}$$

Wir nehmen dann die nächste Aussage, φ_2, fügen sie zu Δ_1 hinzu, um Δ_2 zu bilden, falls $\Delta_1 \cup \{\varphi_2\}$ a-widerspruchsfrei ist, sonst ist $\Delta_2 = \Delta_1$. Mit anderen Worten:

$$\Delta_2 = \begin{cases} \Delta_1 \cup \{\varphi_2\}, & \text{falls die Vereinigung } a\text{-widerspruchsfrei ist,} \\ \Delta_1, & \text{sonst.} \end{cases}$$

Allgemein setzen wir für jede positive natürliche Zahl n

$$\Delta_n = \begin{cases} \Delta_{n-1} \cup \{\varphi_n\}, & \text{falls die Vereinigung } a\text{-widerspruchsfrei ist,} \\ \Delta_{n-1}, & \text{sonst.} \end{cases}$$

Δ sei die Vereinigung all dieser unendlich vielen Mengen Δ_i. Eine Aussage φ ist somit dann und nur dann ein Element von Δ, wenn sie ein Element mindestens einer der Mengen $\Delta_0, \Delta_1, \ldots, \Delta_n, \ldots$ ist. Wir zeigen nun, daß die Menge Δ, die offensichtlich Γ umfaßt, maximal a-widerspruchsfrei und ω-vollständig ist.

3) Δ ist a-widerspruchsfrei. (i) Man beachte, daß jedes Δ_i nach Konstruktion a-widerspruchsfrei ist, denn Γ ist a-widerspruchsfrei. (ii) Wir nehmen an, ‚$P \wedge \neg P$' sei aus Δ ableitbar. Dann ist ‚$P \wedge \neg P$' aber aus einer endlichen Teilmenge Δ' von Δ ableitbar (siehe Seite 147, Bemerkungen, die der Definition von ‚ableitbar aus' folgen). Für ein gewisses j gilt dann aber $\Delta' \subset \Delta_j$. (Das folgt aus der Tatsache, daß jede endliche Teilmenge einer Vereinigung aufsteigender Mengen Teilmenge mindestens einer der aufsteigenden Mengen ist.) Also ist, im Widerspruch zu (i), ‚$P \wedge \neg P$' aus Δ_j ableitbar.

4) Δ ist maximal a-widerspruchsfrei. Nehmen wir an, eine Aussage φ gehöre nicht zu Δ. Nun ist $\varphi = \varphi_i$, für ein gewisses i. Da $\varphi \notin \Delta$, ist auch $\varphi \notin \Delta_i$. Also ist $\Delta_{i-1} \cup \{\varphi\}$ nicht a-widerspruchsfrei und demnach auch nicht $\Delta \cup \{\varphi\}$.

5) Δ ist ω-vollständig. Angenommen, $\vee\alpha\varphi \in \Delta$. Aus 1(b) wissen wir, daß es ein i gibt mit $\vee\alpha\varphi = \varphi_i$ und $\varphi\alpha/\beta = \varphi_{i+1}$, wobei β weder in Γ noch in einem Δ_j mit $1 \leq j \leq i$ vorkommt. Nach Konstruktion von Δ gilt $\vee\alpha\varphi \in \Delta_i$. Ferner sehen wir, daß $\varphi_{i+1} \in \Delta_{i+1}$ (und somit $\varphi\alpha/\beta \in \Delta$). Denn wenn wir das Gegenteil annehmen, so ist $\Delta_i \cup \{\varphi\alpha/\beta\}$ nicht a-widerspruchsfrei, und folglich ist $\neg\varphi\alpha/\beta$ aus Δ_i ableitbar. Da β weder in Δ_i noch in φ vorkommt, ist $\wedge\alpha \neg \varphi$ ebenfalls aus Δ_i ableitbar. Also sind $\wedge\alpha \neg \varphi$ und $\neg\wedge\alpha \neg \varphi$ beide aus Δ_i ableitbar, und das widerspricht der a-Widerspruchsfreiheit von Δ_i. Also wenn $\vee\alpha\varphi \in \Delta$, so $\varphi\alpha/\beta \in \Delta$.

Beweis von III: Δ sei eine maximal a-widerspruchsfreie, ω-vollständige Aussagenmenge. Wir geben eine spezielle Interpretation $\mathfrak{I}$ an. Der Bereich sei die Menge aller Individuenkonstanten von $\mathfrak{L}$. Jeder Individuenkonstanten von $\mathfrak{L}$ gebe $\mathfrak{I}$ als Bedeutung die Konstante selbst. Jeden Aussagebuchstaben φ belege $\mathfrak{I}$ mit dem Wahrheitswert W, falls $\varphi \in \Delta$, sonst mit F. Jedem n-stelligen Prädikat ϑ ordne $\mathfrak{I}$ die Menge aller derjenigen n-Tupel $\langle \gamma_1, \ldots, \gamma_n \rangle$ von Individuenkonstanten zu, die — hinter ϑ geschrieben — eine atomare Aussage $\vartheta\gamma_1 \cdots \gamma_n$ ergeben, die zu Δ gehört.

Wir zeigen nun, daß eine Aussage φ von $\mathfrak{L}$ dann und nur dann bei dieser Interpretation wahr ist (‚$\mathfrak{I}$-wahr'), wenn $\varphi \in \Delta$. Als *Index* einer

Formel definieren wir die Anzahl der Vorkommen von Quantoren oder Junktoren in der Formel. Atomare Formeln haben somit den Index 0. Nach Konstruktion von $\mathfrak{J}$ gilt unsere Behauptung offenbar für atomare Aussagen. Wir nehmen nun an, es gäbe mindestens eine Aussage, für die unsere Behauptung falsch wäre (aus dieser Annahme werden wir einen Widerspruch herleiten), und φ sei eine solche Aussage vom niedrigsten Index. Mit anderen Worten: es ist nicht der Fall, daß φ dann und nur dann bei $\mathfrak{J}$ wahr ist, wenn $\varphi \in \Delta$, aber für jede Aussage ψ mit niedrigerem Index gilt tatsächlich, daß ψ dann und nur dann bei $\mathfrak{J}$ wahr ist, wenn $\psi \in \Delta$. n sei der Index von φ. Dann ist $n > 0$, wie oben schon bemerkt. Einer der folgenden sieben Fälle muß nun vorliegen:

a) $\varphi = \neg\psi$, wobei der Index von ψ kleiner als n ist. Aber $\neg\psi$ ist $\mathfrak{J}$-wahr

dann und nur dann, wenn ψ nicht $\mathfrak{J}$-wahr ist,

dann und nur dann, wenn $\psi \notin \Delta$ (da unsere Behauptung nach Voraussetzung für ψ gilt)

dann und nur dann, wenn $\neg\psi \in \Delta$ (Seite 184, Punkt (1)).

Also muß dieser Fall ausgeschlossen werden.

b) $\varphi = (\psi \vee \chi)$, wobei die Indizes von ψ, χ kleiner als n sind. Aber $(\psi \vee \chi)$ ist $\mathfrak{J}$-wahr

dann und nur dann, wenn ψ $\mathfrak{J}$-wahr oder χ $\mathfrak{J}$-wahr ist

dann und nur dann, wenn $\psi \in \Delta$ oder $\chi \in \Delta$ (denn unsere Behauptung gilt nach Vorsetzung für ψ und χ),

dann und nur dann, wenn $(\psi \vee \chi) \in \Delta$ (Seite 184, Punkt (3)).

Also muß auch dieser Fall ausgeschlossen werden.

c) $\varphi = (\psi \wedge \chi)$, wobei ... Der Schluß verläuft analog, nur daß Punkt (4) von Seite 184 hier zum Tragen kommt.

d) $\varphi = (\psi \to \chi)$, wobei ... Der Schluß verläuft analog, nur kommt Punkt (5) von Seite 184 hier zum Tragen.

e) $\varphi = (\psi \leftrightarrow \chi)$, wobei ... Der Schluß verläuft auch hier analog, nur daß hier Punkt (6) von Seite 184 zum Tragen kommt.

f) $\varphi = \wedge\alpha\psi$, wobei ψ von kleinerem Index als n ist. (Man beachte, daß für jede Individuenkonstante β der Index von $\psi\alpha/\beta$ derselbe wie der von ψ ist.) Da nun jedes Element des Bereichs von $\mathfrak{J}$ mindestens einer Individuenkonstante, nämlich sich selbst, zugeordnet ist, haben wir (Seite 88, Punkt 19)

$\wedge \alpha \psi$ ist $\mathfrak{J}$-wahr,

dann und nur dann, wenn für jede Individuenkonstante β

$\psi \alpha / \beta$ $\mathfrak{J}$-wahr ist

dann und nur dann, wenn für jede Individuenkonstante β

$\psi \alpha / \beta \in \varDelta$ (nach Voraussetzung)

dann und nur dann, wenn $\wedge \alpha \psi \in \varDelta$ (Seite 184 Punkt (7)).

Also muß auch dieser Fall ausgeschlossen werden.

g) $\varphi = \vee \alpha \psi$. Der Schluß verläuft ähnlich wie in f). Wir sind also zu dem Widerspruch gelangt, daß φ unter einen der Fälle a)—g) oben fallen muß, und doch nicht darunter fallen kann. Damit ist der Beweis von III abgeschlossen, und somit haben wir, wie schon früher erklärt, I', I und das Hauptergebnis.

Wir möchten noch bemerken, daß wir mit III tatsächlich die folgende etwas schärfere Aussage bewiesen haben: jede maximal a-widerspruchsfreie, ω-vollständige Menge ist durch eine Interpretation erfüllbar, deren Bereich abzählbar unendlich ist (d.h. der Bereich hat gleich viele Elemente wie die Menge der positiven natürlichen Zahlen). Also haben wir in unserem Beweis von I gezeigt, daß jede a-widerspruchsfreie Aussagemenge $\varGamma$ durch eine Interpretation mit abzählbar unendlichem Bereich erfüllbar ist. Da wegen der Korrektheit unserer Regeln eine Menge $\varGamma$ a-widerspruchsfrei ist, wenn sie widerspruchsfrei ist, haben wir folgendes Metatheorem erhalten (Satz von Löwenheim und Skolem): wenn $\varGamma$ eine widerspruchsfreie Aussagenmenge ist, so ist sie durch eine Interpretation mit abzählbar unendlichem Bereich erfüllbar.

Wir haben schon früher gesehen, daß man leicht eine widerspruchsfreie Aussagenmenge $\varGamma$ finden kann, die die Eigenschaft hat, daß der Bereich einer Interpretation, bei der alle Aussagen von $\varGamma$ wahr sind, mindestens zwei Elemente enthalten muß. Die Menge $\{,Fa`, ,\neg Fb`\}$ hat z.B. diese Eigenschaft. Ähnlich können die Elemente von $\{,Fa`,$ $,\neg Fb`, ,\neg Fc`, ,Gb`, ,\neg Gc`\}$ nur dann gleichzeitig bei einer Interpretation $\mathfrak{J}$ wahr sein, wenn der Bereich von $\mathfrak{J}$ mindestens drei Elemente hat, und eine entsprechende Konstruktion gibt es zu jeder natürlichen Zahl n. Ferner ist die Menge aus den drei Aussagen von Übung 10 (c) aus Kapitel 4 nur durch solche Interpretationen erfüllbar, deren Bereiche mindestens abzählbar unendlich sind. Es erhebt sich somit die Frage, ob man eine widerspruchsfreie Aussagenmenge finden kann, die nur durch Interpretationen mit überabzählbar unendlichen Bereichen erfüllbar ist. Im Hinblick auf den Satz von Löwenheim und Skolem muß die Antwort hier negativ sein. Wenn man also eine mathematische Struktur durch Axiome in der Prädikatenlogik erster Stufe charakterisieren will, muß man in gewissem Sinne scheitern, wenn diese Struktur überabzählbar viele Elemente hat.

ÜBUNGEN

1. Mit Metatheorem IX konstruiere man zu jeder der folgenden Formeln eine zu ihrer Negation äquivalente (zunächst eliminiere man ‚$\to$' und ‚$\leftrightarrow$', falls erforderlich).

   (a) $\wedge x (Fx \to Gx)$
   (b) $\vee x (Fx \wedge Gx)$
   (c) $\vee x (Fx \to Gx)$
   (d) $\wedge x \vee y\, Fxy$
   (e) $\wedge x \wedge y\, Fxy \leftrightarrow \wedge y \wedge x\, Fxy$
   (f) $\wedge x\, Fx \leftrightarrow \vee y\, Gy$
   (g) $\wedge x \wedge y (Fxy \to Fyx)$
   (h) $\wedge x \wedge y \wedge z ((Fxy \wedge Fyz) \to Fxz)$

2. Man bringe jedes der Theoreme 1—10 von Seite 166/167 auf pränexe Normalform.

3. Zu jedem der Theoreme 1—5, 7—10, 12, 13, 18—21 (Seite 166—168) bilde man das duale.

4. Man gebe ein Theorem an, das mit seinem dualen übereinstimmt.

5. Man führe den Schluß, um Teil 1 des Metatheorems IV zu beweisen, im einzelnen aus.

6. Man zeige, daß Λ dann und nur dann a-widerspruchsfrei ist, wenn unser Regelsystem widerspruchsfrei ist.

7. Wieso wissen wir, daß das System aus den Regeln P, T, K, G, BE, E, PA, BB und QU korrekt ist?

6. An welcher Stelle des Beweises von Lemma II des Vollständigkeitssatzes benutzen wir die Voraussetzung, daß alle Indizes von Individuenkonstanten, die in Γ vorkommen, gerade sind?

9. Ganz analog zu Henkins Vollständigkeitsbeweis bilde man einen Beweis für folgendes: wenn eine AK-Aussage φ Folgerung aus einer Menge von AK-Aussagen Γ ist, so ist φ aus Γ AK-ableitbar (siehe Kapitel 6).

   (1) Man definiere dazu die ‚a-Widerspruchsfreiheit' so, daß eine Menge Γ von AK-Aussagen dann und nur dann a-widerspruchsfrei ist, wenn ‚$P \wedge \neg P$' nicht aus Γ AK-ableitbar ist.

(2) Entsprechend definiere man ‚maximale a-Widerspruchsfreiheit' neu.

(3) Man zeige, daß jede a-widerspruchsfreie Menge Γ von AK-Aussagen in einer maximal a-widerspruchsfreien Menge von AK-Aussagen enthalten ist. (Jetzt darf die Liste $\varphi_1, \varphi_2, \varphi_3, \ldots, \varphi_n, \ldots$ eine beliebige Liste der AK-Aussagen sein).

(4) Dann zeige man, daß jede maximal a-widerspruchsfreie Menge von AK-Aussagen widerspruchsfrei ist.

(5) Aus (3) und (4) folgere man, daß eine Menge Γ von AK-Aussagen widerspruchsfrei ist, wenn sie a-widerspruchsfrei ist.

(6) Aus (5) leite man das fragliche Metatheorem ab.

9. KAPITEL

Identität und Terme

1. *Identität; die Sprache $\mathfrak{L}_I$*
2. *Zwischenbemerkungen*
3. *Terme; die Sprache $\mathfrak{L}'$*

In diesem Kapitel untersuchen wir zwei neue Kunstsprachen $\mathfrak{L}_I$ und $\mathfrak{L}'$ und die zu ihnen passenden Schlußregeln. Beide Sprachen sind im wesentlichen der Sprache $\mathfrak{L}$ ähnlich; hätten wir ihre Vorzüge aber schon in früheren Kapiteln genießen wollen, so hätten wir zu den Definitionen noch weitere Punkte hinzunehmen müssen; dabei erschienen uns die Definitionen, so wie wir sie gebracht haben, für einen Anfänger schon kompliziert genug. Die Bezeichnungen sind bei der Sprache $\mathfrak{L}_I$ genauso wie bei $\mathfrak{L}$; dadurch, daß wir nun das zweistellige Prädikat ‚I_1^2‘ als logische Konstante klassifizieren und es durch die Identitätsrelation interpretieren, erhalten wir jedoch eine neue Sprache mit einer neuen und umfangreicheren Menge an logischen Wahrheiten. Die Sprache $\mathfrak{L}'$ erhält man dann aus der Sprache $\mathfrak{L}_I$ durch Hinzufügen sogenannter Operationszeichen (manchmal auch Funktionszeichen genannt). Mit ihnen können wir Operationen wie Addition und Multiplikation kennzeichnen, und sie erleichtern, wie wir noch sehen werden, die Formulierung verschiedener vertrauter Theorien.

1. Identität; die Sprache $\mathfrak{L}_I$

Unter den Formeln, die die Logiker traditionsgemäß als Gesetze der Logik erklären, finden sich am häufigsten die drei folgenden:

P oder nicht P
Nicht gleichzeitig P und nicht P
A ist A.

In gleicher Weise traditionell sind, so könnte man sagen, die dummen Attacken, die so oft gegen diese Formeln geritten werden; die erste soll angeblich bedeuten, daß jedes Ding schwarz oder weiß ist, während doch (wie jeder Nicht-Logiker weiß), manche Dinge grau sind; die zweite glaubt man dadurch widerlegen zu können, daß auf Fragen wie: „Sind Sie mit Ihrem neuem Arbeitsplatz zufrieden?" die Antwort „Ja und nein" passend sein kann; und die letzte, gegen die sich die Kritik auf diesem Niveau am häufigsten wendet, soll besagen, daß alles unverändert bleibt.

Wie schon früher erwähnt, werden Aussagen, die in das Schema ‚P oder nicht P‘ oder ‚Nicht gleichzeitig P und nicht P‘ passen, gewöhnlich als analytisch vermöge ihrer logischen Form angesehen; mit anderen Worten: alle Aussagen dieser Formen sind analytisch. Die Meinungen sind dagegen geteilt, wenn es sich um Aussagen der Form ‚A ist A‘ handelt. Nach der einen Meinung sollen solche Aussagen als formal analytisch angesehen werden; nach der anderen soll man sie am besten als analytisch auf Grund des Sinnes von ‚ist‘ ansehen, so wie Aussagen zum Schema

> Wenn A wärmer als B und B wärmer als C ist, so ist A wärmer als C

analytisch auf Grund des Sinnes von ‚ist wärmer als‘ sind. Offensichtlich ist der Streit zum großen Teil ein terminologischer; der Streitpunkt geht darum, ob man das Wort ‚ist‘ aus der Umgangssprache als logische Konstante wie ‚nicht‘, ‚oder‘, usw. klassifizieren soll, oder ob man es als zum nicht-logischen Vokabular gehörig betrachten soll. Beim Aufbau der Kunstsprache $\mathfrak{L}$ mußten wir eine entsprechende Auswahl treffen. Wir nahmen ‚$\vee$‘, ‚$\wedge$‘ und ‚$\neg$‘ zu den logischen Konstanten hinzu, aber alle Prädikate, einschließlich ‚I_1^2‘, wurden als nicht-logisch klassifiziert. Als Ergebnis erhielten wir als logische Wahrheiten

$$P \vee \neg P$$

und

$$\neg (P \wedge \neg P),$$

aber nicht Aussagen wie

$$I_1^2 a a.$$

Es ist für den Leser philosophisch von Bedeutung, sich darüber klar zu werden, in welchem Ausmaß die Menge der gültigen Aussagen davon abhängt, wie die Konstanten als logische oder nicht-logische Konstanten eingeordnet werden. Ferner sollte man bedenken, daß diese Einteilung ziemlich willkürlich ist. Wenn wir eines oder mehrere dieser Zeichen neu einordnen müßten und dabei weiterhin an der intuitiven Vorstellung hingen, eine Aussage sei genau dann gültig, wenn sie unabhängig von speziellen Interpretationen der nicht-logischen Konstanten wahr ist, dann könnte es sein, daß wir eine ganz neue Menge ‚gültiger‘ Aussagen erhielten. Nehmen wir einmal an, wir entschlössen uns, die Verknüpfung ‚∧‘ als nicht-logische Konstante anzusehen. Dann müßten wir ‚Interpretation‘ und ‚wahr‘ wie folgt neu definieren: eine Interpretation besteht aus einem nicht-leeren Bereich $\mathfrak{B}$ und aus einer Zuordnung, die jeder Individuenkonstante von $\mathfrak{L}$ ein Element aus $\mathfrak{B}$ zuweist, usw. (wie auf Seite 73) und die der Verknüpfung ‚∧‘ eine Funktion zuordnet, die Paare von Wahrheitswerten auf Wahrheitswerte abbildet; ‚wahr bei $\mathfrak{I}$‘ würde wie auf Seite 79 definiert, nur daß Punkt 5 jetzt so lauten würde:

5) Wenn $\varphi = (\psi \wedge \chi)$, wobei ψ und χ Aussagen sind, so ist φ dann und nur dann wahr bei $\mathfrak{I}$, wenn die Funktion, die $\mathfrak{I}$ ‚∧‘ zuordnet, für das Wertepaar, das ψ und χ bei der Interpretation $\mathfrak{I}$ erhalten, den Wert W liefert.

Wenn wir weiterhin wie bisher eine Aussage ‚dann und nur dann‘ als gültig ansehen, wenn sie bei allen Interpretationen wahr ist, so würden wir

$$(P \wedge Q) \rightarrow (P \wedge Q)$$

wieder als gültige Aussage erhalten; Aussagen wie

$$(P \wedge Q) \rightarrow (Q \wedge P)$$

und

$$(P \wedge Q) \rightarrow P$$

wären aber nicht mehr gültig. ‚Regulär‘ hat ‚∧‘ eine Bedeutung, die sich beim Übergang von einer Interpretation zur anderen nicht ändert; ‚∧‘ steht immer für die Wahrheitsfunktion, die dem Paar $\langle W, W \rangle$ den Wert W und allen anderen Paaren den Wert F zuordnet; wenn wir dagegen ‚∧‘ zu einer nicht-logischen Konstanten machen, kann ihre Bedeutung zwischen insgesamt 16 Wahrheitsfunktionen schwanken. Als Ergebnis ändert sich die Menge der gültigen Aussagen in drastischer Weise.

Wenn wir uns nun bei der Behandlung der Identität von der intuitiven Vorstellung leiten lassen, daß ‚ist‘ oder ‚ist dasselbe wie‘ *nicht*

Teil der logischen Struktur der Aussagen ist, in denen diese Wendungen vorkommen, dann können wir die Theorie der Identität als unabhängige, in der Kunstsprache $\mathfrak{L}$ formulierte Theorie entwickeln. Als Axiome nehmen wir alle Generalisierten von Formeln der Form

$$I_1^2\beta\beta,$$

wobei β eine Variable ist, und alle Generalisierten von Formeln der Form

$$I_1^2\beta\gamma \to (\varphi \leftrightarrow \psi),$$

wobei β und γ Variablen sind und φ gleich ψ ist, außer daß β in φ an einer oder an mehreren Stellen frei vorkommt, an denen in ψ die Variable γ frei vorkommt. Intuitiv besagen Aussagen der ersten Art, daß jedes Ding mit sich selbst identisch ist; Aussagen vom zweiten Typ sind Beispiele für das Leibnizsche Gesetz: Wenn zwei Dinge identisch sind, so ist das, was für das eine wahr ist, auch für das andere wahr. Theoreme dieser Theorie wären dann alle Folgerungen aus diesen Axiomen. Natürlich würden zu ihnen alle logischen Wahrheiten von $\mathfrak{L}$ gehören, außerdem noch Aussagen wie

$$I\,a\,a$$
$$\wedge\,x \wedge y\,(I\,x\,y \to I\,y\,x)$$
$$\wedge\,x \wedge y\,((I\,x\,y \wedge F\,x) \to F\,y),$$

die, obwohl nicht gültig, nicht falsch sein können, solange ‚I‘ für die Identitätsrelation steht.

Wenn wir von dem anderen Standpunkt aus an die Angelegenheit herangehen, dann ordnen wir das Prädikat ‚I_1^2‘ als logische Konstante ein, die immer die Identitätsrelation über dem Individuenbereich der gerade zur Diskussion stehenden Interpretation bedeutet. (Natürlich hängt das nicht an dem Buchstaben I, jedes andere zweistellige Prädikat könnte ebensogut verwandt werden.) Genau genommen konstruieren wir bei dieser kleinen Änderung eine neue formalisierte Sprache, die wir ‚$\mathfrak{L}_\mathrm{I}$‘ nennen. Die Aussagen von $\mathfrak{L}_\mathrm{I}$ stimmen mit denen von $\mathfrak{L}$ überein; aber wenn wir die Definition der Interpretation in geeigneter Weise ändern, können wir erreichen, daß die gültigen Aussagen von $\mathfrak{L}_\mathrm{I}$ auch die Gesetze der Theorie der Identität enthalten. Das sich dabei ergebende, in der Sprache $\mathfrak{L}_\mathrm{I}$ formulierte logische System nennt man gewöhnlich den *Prädikatenkalkül der ersten Stufe mit Identität.*

13*

Bevor wir weitergehen, ist es nützlich[1]), ein paar selbstverständliche Konventionen für Formeln mit Identität anzugeben.

$$\alpha = \beta \text{ stehe für } I_1^2\alpha\beta, \text{ und}$$
$$\alpha \neq \beta \text{ stehe für } \neg\, I_1^2\alpha\beta,$$

wobei α und β beliebige Individuensymbole von $\mathfrak{L}_\mathrm{I}$ (oder von $\mathfrak{L}$) sind. Unter diesen Konventionen schreiben sich die drei oben angegebenen Aussagen in der Form

$$a = a$$
$$\wedge x \wedge y (x = y \to y = x)$$
$$\wedge x \wedge y ((x = y \wedge Fx) \to Fy).$$

‚Interpretation' für die Sprache $\mathfrak{L}_\mathrm{I}$ definieren wir nun so, daß das Prädikat ‚I_1^2' garantiert immer durch die Identitätsrelation interpretiert wird; wir sagen also, daß eine *Interpretation* von $\mathfrak{L}_\mathrm{I}$ aus einem nichtleeren Bereich $\mathfrak{B}$ und aus einer Zuordnung besteht, die jeder Individuenkonstante von $\mathfrak{L}_\mathrm{I}$ ein Element von $\mathfrak{B}$, jedem von ‚I_1^2' verschiedenen Prädikat eine n-stellige Relation über $\mathfrak{B}$, dem Prädikat ‚I_1^2' die Identitätsrelation über $\mathfrak{B}$ und jedem Aussagebuchstaben von $\mathfrak{L}_\mathrm{I}$ einen der Wahrheitswerte W oder F zuordnet. (Da ‚I_1^2' nun als logische Konstante eingeordnet ist, hätten wir eigentlich die Wendung ‚‚dem Prädikat ‚I_1^2'‚‚ usw. vermeiden und statt dessen zu der Definition von ‚wahr bei $\mathfrak{J}$'einen Punkt hinzufügen müssen, der garantiert, daß eine Identitätsaussage bei $\mathfrak{J}$ dann wahr ist, wenn beiden darin vorkommenden Konstanten dasselbe Individuum zugeordnet wird; das von uns gewählte Verfahren ist jedoch in mancher Beziehung zweckmäßiger.)

Man beachte, daß gemäß dieser Definition jede Interpretation von $\mathfrak{L}_\mathrm{I}$ eine Interpretation von $\mathfrak{L}$ ist, aber es ist nicht jede Interpretation von $\mathfrak{L}$ eine Interpretation von $\mathfrak{L}_\mathrm{I}$.

‚Wahr', ‚gültig', ‚Folgerung' und ‚widerspruchsfrei' werden in der Sprache $\mathfrak{L}_\mathrm{I}$ genauso definiert wie in $\mathfrak{L}$. Es erweist sich somit, daß jede in $\mathfrak{L}$ gültige Aussage auch in $\mathfrak{L}_\mathrm{I}$ gültig ist, während die Umkehrung nicht richtig ist. Die Aussage ‚$a = a$' ist eines der einfachsten Beispiele: sie ist in $\mathfrak{L}_\mathrm{I}$ bei jeder Interpretation wahr, aber in $\mathfrak{L}$ ist sie keineswegs bei jeder Interpretation wahr. Entsprechend ist φ eine

---

[1]) Es ist nützlich, aber auch ein wenig gefährlich, da das Symbol ‚$=$' auch in der Metasprache verwendet wird; was jeweils gemeint ist, wird hoffentlich immer aus dem Zusammenhang klar.

Folgerung aus Γ bzgl. $\mathfrak{L}_I$, wenn φ eine Folgerung aus Γ bzgl. $\mathfrak{L}$ ist, aber die Umkehrung gilt im allgemeinen nicht. ,Fa' ist eine Folgerung aus ,Fb' und ,$a = b$' bzgl. $\mathfrak{L}_I$ aber nicht bzgl. $\mathfrak{L}$. Wenn eine Aussagenmenge Γ bzgl. $\mathfrak{L}_I$ widerspruchsfrei ist, so ist sie auch bzgl. $\mathfrak{L}$ widerspruchsfrei, aber es gibt Mengen, die bzgl. $\mathfrak{L}_I$ widerspruchsvoll sind, bzgl. $\mathfrak{L}$ dagegen widerspruchsfrei.

Wir brauchen nur eine einzige Ableitungsregel zu unseren sechs Grundregeln für $\mathfrak{L}$ hinzuzufügen, um ein angemessenes Regelsystem für $\mathfrak{L}_I$ zu erhalten. Wir gehen genauso wie früher vor und definieren eine Ableitung in $\mathfrak{L}_I$ als endliche Folge fortlaufend numerierter Zeilen, von denen jede aus einer Aussage von $\mathfrak{L}_I$ und aus einer Menge von Nummern (genannt Prämissennummern) besteht; dabei wird die Zeilenfolge in Übereinstimmung mit den Regeln P, T, K, BE, G, E und einer zusätzlichen Regel (in der β und γ Individuenkonstanten sind) aufgebaut:

I (a) Die Aussage $\beta = \beta$ kann in jeder Zeile eingeführt werden; dabei ist die leere Menge die Menge von Prämissennummern.

(b) Wenn eine Aussage φ gleich einer Aussage ψ ist, außer daß β und γ an einer oder an mehreren Stellen gegeneinander ausgetauscht wurden, so kann φ in einer Zeile eingeführt werden, wenn ψ und $\beta = \gamma$ in früheren Zeilen vorkommen; als Prämissennummern der neuen Zeile nehme man diejenigen der früheren Zeilen.

Wie früher heißt eine Ableitung, bei der eine Aussage φ in der letzten Zeile vorkommt und bei der die Prämissen dieser Zeile zu einer Aussagenmenge Γ gehören, eine *Ableitung von φ aus Γ*, und eine Aussage ist aus einer Aussagenmenge Γ dann und nur dann *ableitbar*, wenn es eine Ableitung von φ aus Γ gibt.

Die wichtigste Eigenschaft dieser Begriffe ist die folgende: für jede Aussage φ und jede Aussagenmenge Γ gilt: φ ist dann und nur dann aus Γ ableitbar, wenn φ eine Folgerung aus Γ ist. Das steckt hinter der Feststellung, daß unsere sieben Regeln für den Prädikatenkalkül der ersten Stufe mit Identität angemessen sind. Der Beweis verläuft genauso wie der, der für den Prädikatenkalkül ohne Identität gegeben wurde, nur daß wir zum Beweis von Lemma III eine wie folgt beschriebene Interpretation benutzen: Man teile die Individuenkonstanten von $\mathfrak{L}$ so in Klassen ein, daß zwei Konstanten α und β dann und nur dann derselben Klasse angehören, wenn die Aussage $\alpha = \beta$

in Δ liegt. Danach liegt jede Konstante von $\mathfrak{L}_\mathrm{I}$ in genau einer Klasse. (Wir kürzen ‚die Klasse, in der γ liegt' durch ‚$[\gamma]$' ab.) Der Bereich von $\mathfrak{J}$ sei die Menge aller solcher Klassen. Jeder Individuenkonstanten γ von $\mathfrak{L}_\mathrm{I}$ ordne man als Bedeutung die Klasse $[\gamma]$ zu, der sie angehört. Jedem Aussagebuchstaben φ von $\mathfrak{L}_\mathrm{I}$ ordne man als Bedeutung den Wahrheitswert W zu, falls $\varphi \in \Delta$, sonst F. Jedem n-stelligen Prädikat ϑ von $\mathfrak{L}_\mathrm{I}$ ordne man die Menge derjenigen n-Tupel von Klassen $\langle[\gamma_1], [\gamma_2], \ldots, [\gamma_n]\rangle$ zu, so daß wir, wenn wir hinter ϑ die Kette $\gamma_1\gamma_2\cdots\gamma_n$ schreiben, eine zu Δ gehörige atomare Aussage erhalten. (Wir setzen hier folgenden leicht beweisbaren Satz voraus: wenn $[\gamma_1] = [\delta_1]$, $[\gamma_2] = [\delta_2]$, $\ldots$, $[\gamma_n] = [\delta_n]$, so gilt $\vartheta\delta_1\delta_2\cdots\delta_n \in \Delta$ dann und nur dann, wenn $\vartheta\gamma_1\gamma_2\cdots\gamma_n \in \Delta$.) Man beachte, daß diese Interpretation dem Prädikat ‚I_1^2' die Identitätsrelation zuordnet. Es ist nun möglich, III zu beweisen, und man erhält damit den Vollständigkeitssatz für den Prädikatenkalkül mit Identität.

Schließlich definieren wir in bezug auf die neue Sprache $\mathfrak{L}_\mathrm{I}$ eine Aussage φ wieder dann und nur dann als *logisches Theorem*, wenn φ aus der leeren Aussagenmenge abgeleitet werden kann. Wegen der Vollständigkeit unserer Regeln folgt dann, daß die Theoreme mit den gültigen Aussagen übereinstimmen.

Wir geben hier noch einige Beispiele für Aussagen, die in $\mathfrak{L}_\mathrm{I}$, aber nicht in $\mathfrak{L}$ logische Theoreme sind.

1. $\wedge x \; x = x$

2. $\wedge x \wedge y(x = y \rightarrow y = x)$

$\{1\}$	(1) $a = b$	P
$\{1\}$	(2) $b = a$	1, I
Λ	(3) $a = b \rightarrow b = a$	1, 2 K
Λ	(4) $\wedge y(a = y \rightarrow y = a)$	3 G
Λ	(5) $\wedge x \wedge y(x = y \rightarrow y = x)$	4 G

3. $\wedge x \wedge y \wedge z((x = y \wedge y = z) \rightarrow x = z)$

4. $\wedge x \wedge y(\wedge z(x = z \leftrightarrow y = z) \leftrightarrow x = y)$

5. $\wedge x(Fx \leftrightarrow \vee y(x = y \wedge Fy))$

6. $\wedge x(Fx \leftrightarrow \wedge y(x = y \rightarrow Fy))$

7. $\wedge x \wedge y(x = y \rightarrow (Fx \leftrightarrow Fy))$

8. $\wedge x \wedge y((Fx \wedge x = y) \leftrightarrow (Fy \wedge x = y))$

9. $\vee x \wedge y(Fy \leftrightarrow y = x) \leftrightarrow (\vee x Fx \wedge \wedge x \wedge y((Fx \wedge Fy) \rightarrow x = y))$

10. $\wedge x \vee y(y \neq x \wedge Fy) \leftrightarrow \vee x \vee y(x \neq y \wedge (Fx \wedge Fy))$

11. $(\wedge x \vee y\, Fxy \wedge \wedge x \neg Fxx) \to \wedge x \vee y\, (x \neq y \wedge Fxy)$

12. $(Fa \wedge \neg Fb) \to \vee x \vee y\; x \neq y$

13. $(Fa \wedge \wedge x\,(x \neq a \to Fx)) \leftrightarrow \wedge x\, Fx$

14. $\wedge x\,(x \neq a \to Fx) \to \wedge x \wedge y\,(x \neq y \to (Fx \vee Fy))$

15. $\wedge x \wedge y\,(x \neq y \to (Fx \vee Fy)) \to (\wedge x\,(x \neq a \to Fx) \vee Fa)$

16. $\vee x \wedge y\,(y \neq x \to Fy) \leftrightarrow \wedge x \wedge y\,(x \neq y \to (Fx \vee Fy))$

17. $\vee y \wedge x\; x = y \to (\wedge x\, Fx \vee \wedge x \neg Fx)$

18. $\wedge x \wedge y \wedge z\,((x = y \vee x = z) \vee y = z) \to ((\wedge x\, Fx \vee \wedge x\,(Fx \to Gx)) \vee$
$$\wedge x\,(Fx \to \neg Gx))$$

2. Zwischenbemerkungen

Die Identitätsrelation über einem gegebenen Bereich ist eine Relation, die nur zwischen jedem Element des Bereiches und sich selbst besteht. Viele Leute finden es merkwürdig, wenn man davon spricht, daß eine Relation zwischen einem Ding und sich selbst gilt; diese Art zu sprechen erinnert nämlich in gewisser Weise an so unsinnige Fragen wie ‚Was ist der Unterschied zwischen einer Ente?‘, mit denen Kinder sich vergnügen. Man hat Relationen, speziell zweistellige Relationen, als etwas angesehen, das irgendwie die Objekte, die miteinander in Beziehung stehen, verbindet, und demzufolge sagte man, daß sie in einem gewissen Sinne zwischen den Relata stünden, so wie Leim zwischen den Brettern ist, die er verbindet. In dieser Auffassung gibt es natürlich keinen Platz für eine Identitätsrelation. Aber ebensowenig ist Platz für eine Relation, die durch die Worte ‚grenzt unmittelbar an‘ ausgedrückt wird und die geradezu der Prototyp für eine zweistellige Relation ist. Die Relation ‚ist gekettet an‘, angewandt auf die Glieder einer Kette, muß einerseits zwischen jedem Glied und dem nächsten Nachbarn sein und doch von einem Ende der Kette zum nächsten reichen. Kurz: das Bild, in dem man sich eine zweistellige Relation in wörtlichem Sinne zwischen den Relata vorstellt, ist zumindest sehr irreführend und kaum eine vernünftige Grundlage, von der aus man die Identitätsrelation zurückweisen könnte.

Gedanken über die Natur der Identität scheinen ein Teil dessen gewesen zu sein, was Frege zu seiner Unterscheidung zwischen Sinn und Bedeutung führte. Man könnte denken, sagt er, daß eine Aussage

$$A = B$$

uns, wenn sie wahr ist, nur sagt, daß ein gewisser Gegenstand mit sich selbst identisch ist; und wenn sie falsch ist, besagt sie, daß dieser Gegenstand mit etwas anderem identisch ist. Im ersten Fall würde sie eine Trivialität zum Ausdruck bringen, im zweiten etwas Absurdes. So wäre dann jede Identitätsaussage entweder trivial oder absurd. Das ist aber wiederum unmöglich mit der Tatsache in Einklang zu bringen, daß viele wichtige wissenschaftliche Entdeckungen in eben dieser Weise formuliert werden können. Frege weist auch den Standpunkt zurück, daß

$$7 + 5 = 12$$

dasselbe zum Ausdruck bringt wie

Die Ausdrücke ‚7 + 5‘ und ‚12‘ bedeuten dasselbe Objekt.

Er legt dar, daß letzteres eine synthetische Wahrheit über die Sprache ist, während ersteres eine analytische Wahrheit über Zahlen ist. Freges Lösung besteht, wie schon in einem früheren Kapitel erklärt, darin, zwischen Sinn und Bedeutung zu unterscheiden. Damit eine Identitätsaussage wahr ist, brauchen nur die beiden Terme dieselbe Bedeutung zu haben; wenn sie zusätzlich einen verschiedenen Sinn haben, dann ist die Identitätsaussage nicht trivial, d.h. dann hat sie nicht denselben Sinn wie eine Aussage der Form

$$A = A.$$

Schließlich müssen wir noch bemerken, daß unsere eigene intuitive Auffassung von der Identitätsrelation auch nicht ganz einwandfrei ist. So haben wir zum Beispiel kein Recht, von *der* Identitätsrelation zu sprechen; nach unserer Analyse ist die Identitätsrelation zwischen den Elementen des einen Bereichs verschieden von der zwischen den Elementen eines anderen Bereiches. Wir haben auch den Begriff ‚Relation‘ in solch einer Weise erklärt, daß etwas, was nicht Element einer Menge sein kann, auch nicht durch eine Relation mit etwas verbunden werden kann. Wenn die Identität eine Relation in diesem Sinne ist, dann kann ein solches Ding noch nicht einmal mit sich selbst in dieser Relation stehen. Das würde nicht nur für die Menge aller Objekte gelten, die nicht Element von sich selbst sind, sondern auch für Mengen, die durch Redewendungen beschrieben werden, die keinen Hinweis auf drohende Schwierigkeiten geben. Das Problem ist eng verwandt mit der Russellschen Antinomie, und auch hier erscheint jeder Ausweg nicht intuitiv.

3. Terme; die Sprache $\mathfrak{L}'$

Obwohl das Vokabular unserer Kunstsprachen $\mathfrak{L}$ und $\mathfrak{L}_\mathrm{I}$ reichhaltig genug ist, um die Formulierung vieler, wenn nicht der meisten interessanten Theorien in der Mathematik und in den anderen Naturwissenschaften zu gestatten, heißt das nicht, daß diese Formulierung immer auf die natürlichste und einleuchtendste Weise möglich ist. Um beispielsweise das einfache Kommutativgesetz der Addition natürlicher Zahlen auszusprechen, das üblicherweise etwa in der Form

$$\wedge x \wedge y\, x + y = y + x$$

erscheint, müssen wir zunächst ein dreistelliges Prädikat, z.B. „S^3", auswählen, es dann so interpretieren wie auf Seite 105 und können dann endlich

$$\wedge x \wedge y \wedge z (S\,x y z \rightarrow S\,y x z)$$

oder auch

$$\wedge x \wedge y \wedge z \wedge z_1 ((S\,x y z \wedge S\,y x z_1) \rightarrow z = z_1)$$

hinschreiben. Zu einer natürlicheren Formulierung benötigen wir eine neue Art von Symbolen, sogenannte Operationszeichen (manchmal auch Funktionszeichen oder Funktoren genannt), die u.a. die Rolle des „$+$" spielen. Wie nützlich Operationszeichen sind, wird vor allem auch dann deutlich, wenn man Aussagen formulieren will, in denen mehr als eine Operation vorkommt, z.B. das sogenannte Distributivgesetz für die Multiplikation und Addition:

$$\wedge x \wedge y \wedge z\, x \cdot (y + z) = x \cdot y + x \cdot z.$$

Mit den Prädikaten „S^3" und „M^3" (interpretiert wie auf Seite 105) erhielten wir etwa folgendes:

$$\wedge x \wedge y \wedge z \wedge w \wedge w_1 \wedge w_2 \wedge w_3 \wedge w_4 ((S\,y z w \wedge M\,x w w_1 \wedge M\,x y w_2 \wedge M\,x z w_3$$
$$\wedge S\,w_2 w_3 w_4) \rightarrow w_1 = w_4),$$

oder

$$\wedge x \wedge y \wedge z \wedge w (\vee w_1 (S\,y z w_1 \wedge M\,x w_1 w) \leftrightarrow \vee w_1 \vee w_2 (M\,x y w_1 \wedge M\,x z w_2$$
$$\wedge S\,w_1 w_2 w)).$$

Operationszeichen können in die Sprachen $\mathfrak{L}$ und $\mathfrak{L}_\mathrm{I}$ ohne Schwierigkeiten eingearbeitet werden, und nur der Wunsch, unwesentliche Kompliziertheit so klein wie möglich zu halten, hat uns daran gehindert, sie von Anfang an mit in unsere Kunstsprache aufzunehmen. Um zu zeigen, was dabei ins Spiel kommt, skizzieren wir jetzt eine Sprache $\mathfrak{L}'$, die aus $\mathfrak{L}_\mathrm{I}$ durch Hinzufügen von Operationszeichen entsteht. $\mathfrak{L}'$

und die zugehörigen Schlußregeln nennt man den *Prädikatenkalkül erster Stufe mit Identität und Operationszeichen.*

Die *Ausdrücke* der Sprache $\mathfrak{L}'$ sind Zeichenreihen (von endlicher Länge), die ihrerseits wie folgt klassifiziert werden:

A. *Variablen* (wie auf Seite 61).

B. *Konstanten.*

  (i) *Logische Konstanten* (wie auf Seite 62, zuzüglich des Prädikats $,I_1^2{}^{\text{‘}}$).

  (ii) *Nicht-logische Konstanten.*

    (a) *Prädikate* (wie auf Seite 62, nur daß $,I_1^2{}^{\text{‘}}$ als logische Konstante klassifiziert ist).

    (b) *Operationszeichen*, die aus kleinen Kursivbuchstaben von $,a{}^{\text{‘}}$ bis $,t{}^{\text{‘}}$ mit oder ohne (obere oder untere) Indizes aus Ziffern bestehen.

Ein *n-stelliges Operationszeichen* ist ein Operationszeichen, das als oberen Index eine Ziffer für die natürliche Zahl n hat.

Eine *Individuenkonstante* ist ein Operationszeichen ohne oberen Index.

Die Begriffe $,n$-*stelliges Prädikat‘*, $,Aussagebuchstabe‘$ und $,Individuensymbol‘$ sind wie auf Seite 62 definiert.

Ein *Term* ist ein Ausdruck, der entweder ein Individuensymbol ist oder der aus Individuensymbolen und Operationszeichen durch endlichfache Anwendung der folgenden Regel entstanden ist:

  (i) Wenn $\tau_1, \tau_2, \ldots, \tau_n$ Terme sind und ϑ ein n-stelliges Operationszeichen ist, so ist $\vartheta\tau_1\tau_2\cdots\tau_n$ ein Term.

Eine *atomare Formel* besteht entweder aus einem Aussagebuchstaben, oder sie hat die Gestalt $\pi\tau_1\tau_2\cdots\tau_n$, wobei π ein n-stelliges Prädikat ist und $\tau_1, \tau_2, \ldots, \tau_n$ Terme sind.

Die Begriffe $,Formel‘$, $,Aussage‘$ und $,gebundenes\ bzw.\ freies\ Vorkommen\ von\ Variablen\ in\ Formeln‘$ sind genau wie auf Seite 62 definiert, und die zusätzliche syntaktische Terminologie der Seiten 67 und 68 wird unverändert übernommen.

Zusätzlich definieren wir noch einen *konstanten Term* als einen Term, in dem keine Variable vorkommt.

Beispiele: Jede Variable, bzw. jede logische Konstante, jedes Prädikat, jede Individuenkonstante, jede atomare Formel, jede Formel und jede Aussage von $\mathfrak{L}_\mathrm{I}$ ist wieder eine Variable, bzw. eine logische Konstante usw. von $\mathfrak{L}'$. Die folgenden Ausdrücke sind Terme:

$$a \qquad f^1 x \qquad h_2^3 a_1 b c_1 \qquad g^2 x x.$$

Die folgenden Ausdrücke sind atomare Formeln von $\mathfrak{L}'$, aber keine Formeln von $\mathfrak{L}_{\mathrm{I}}$:

$$G_1^2 f^1 a g^1 b$$
$$H_{16}^1 f^1 f^3 a b f^1 c.$$

Die folgenden Ausdrücke sind Formeln von $\mathfrak{L}'$, aber nicht von $\mathfrak{L}_{\mathrm{I}}$:

$$\wedge x \wedge y (P^1 f^2 x y \to P^1 f^2 y x)$$
$$(\neg P \leftrightarrow \wedge x (G^1 f^2 x a \to \vee y (H^1 y \wedge (G^1 z \vee H^1 f_1^2 x y)))).$$

Eine Interpretation der Sprache $\mathfrak{L}'$ geben wir in derselben Weise wie im Fall der Sprache $\mathfrak{L}_{\mathrm{I}}$, nur daß wir hier natürlich noch jedem Operationszeichen eine Bedeutung zuordnen müssen. Dementsprechend sagen wir, daß eine Interpretation von $\mathfrak{L}'$ aus einem nicht-leeren Bereich $\mathfrak{B}$ und aus einer Zuordnung besteht, die

1) jeder Individuenkonstante von $\mathfrak{L}'$ ein Element von $\mathfrak{B}$,

2) jedem n-stelligen Operationszeichen eine n-stellige Operation über $\mathfrak{B}$,

3) jedem Aussagebuchstaben einen der Wahrheitswerte W oder F,

4) jedem n-stelligen Prädikat eine n-stellige Relation zwischen Elementen von $\mathfrak{B}$, und insbesondere

5) dem zweistelligen Prädikat ‚I_1^2' die Identitätsrelation über $\mathfrak{B}$ zuweist.

Für Übersetzungsaufgaben ist es von Nutzen, wenn die Art und Weise, Interpretationen anzugeben, standardisiert ist. Zusätzlich und analog zum Begriff des Prädikats der deutschen Sprache werden wir einen Begriff verwenden, den man eine ‚Kennzeichnung in der deutschen Sprache' nennen kann. Eine solche Kennzeichnung sieht wie eine gewöhnliche Kennzeichnung aus, nur daß die Marken ‚①', oder ‚①' und ‚②', oder ‚①', ‚②' und ‚③' usw. an einer oder an mehreren Stellen auftreten, wo Namen oder kennzeichnende Wendungen direkt vorkommen. Wenn ein solcher Ausdruck benutzt wird, um eine Operation zu beschreiben, so ist natürlich klar, daß die Kennzeichnung schließlich genau ein Element des Bereichs bezeichnen muß, wenn an die Stelle der Marken Namen von Objekten des jeweiligen Bereichs eingesetzt werden. (Diese Bedingung ist aber noch nicht hinreichend.) So sind

$$① + ②$$

die einzige von ① verschiedene ganze Zahl

$$\sqrt{①}$$
$$①^2 + 2 \cdot ① \cdot ② + ②^2$$

alles Kennzeichnungen in der deutschen Sprache, und von jeder einzelnen können wir sagen, daß es zu ihr mindestens eine Interpretation in Standardform gibt, in der sie eine Rolle spielen könnte. Aber wir können auch bemerken, daß es zu jeder eine Interpretation gibt, bei der sie keine Operation beschreibt. Wenn z.B. der Bereich der Interpretation die Menge der positiven ganzen Zahlen ist und ‚$+$' die normale Bedeutung hat, dann wäre

$$f^2 : ① + ②$$

eine geeignete Weise um auszusagen, daß $\Im$ dem Zeichen ‚f^2' die Operation der Addition im Bereich der positiven ganzen Zahlen zuordnet. Denn ganz gleich, welche Ausdrücke der deutschen Sprache, die positive ganze Zahlen bezeichnen, man an die Stelle von ‚①' und ‚②' in

$$① + ②$$

setzt, immer kommt eine Kennzeichnung einer positiven ganzen Zahl dabei heraus. Wenn aber der Bereich von $\Im$ aus allen positiven und negativen ganzen Zahlen außer 0 besteht, dann ist diese Kennzeichnung in der deutschen Sprache nicht geeignet, um eine Operation zu beschreiben, denn

$$20 + (-20)$$

wäre kein Element des Bereichs. Entsprechend: wenn der Bereich die Menge $\{10, 20\}$ ist, könnten wir die Kennzeichnung in der deutschen Sprache

die einzige von ① verschiedene ganze Zahl

dazu benutzen, um ein einstelliges Operationszeichen zu interpretieren. Diese Möglichkeit hängt aber offensichtlich davon ab, daß der Bereich genau zwei Elemente enthält.

Bei einer Interpretation $\Im$ bezeichnet jeder konstante Term τ ein Element des Bereichs $\mathfrak{B}$ von $\Im$, und dieses Element nennen wir den *Wert* des konstanten Terms τ bei einer Interpretation $\Im$. Mit anderen Worten:

1) wenn τ eine Individuenkonstante ist, so ist der Wert von τ bei $\Im$ das Element von $\mathfrak{B}$, das $\Im$ dem Term τ zuordnet;

2) wenn $\tau = \vartheta\tau_1 \cdots \tau_n$, wobei ϑ ein n-stelliges Operationszeichen ist und $\tau_1, \ldots, \tau_n$ konstante Terme sind, so ist der Wert von τ bei $\Im$ der Wert der Funktion $\Im(\vartheta)$ (d.h. der Funktion, die $\Im$ dem ϑ zuordnet),

wenn man als Argument das n-Tupel von Objekten nimmt, die die Werte von $\tau_1, \ldots, \tau_n$ bei $\mathfrak{F}$ sind.

Um für die neue Sprache $\mathfrak{L}'$ eine brauchbare Definition von ‚wahr bei $\mathfrak{F}$‘ zu erhalten, brauchen wir die für $\mathfrak{L}$ und $\mathfrak{L}_\mathrm{I}$ gegebene Definition (Seite 79/80) nur in einem einzigen Punkt (nämlich Punkt 2) abzuändern:

2) wenn φ atomar und kein Aussagebuchstabe ist, dann ist φ dann und nur dann wahr bei $\mathfrak{F}$, wenn die Werte der (konstanten) Terme von φ untereinander (in der Reihenfolge, in der die zugehörigen Terme in φ vorkommen) in der Relation stehen, die $\mathfrak{F}$ dem Prädikat von φ zuordnet.

Die Definitionen von *gültig, Folgerung,* und *widerspruchsfrei* (Seite 84), ebenso wie die von *normaler Belegung, Tautologie, tautologischer Folgerung* und *extensional widerspruchsfrei* (Seite 117/118) werden so, wie sie dort stehen, übernommen.

Als Schlußregeln für $\mathfrak{L}'$ dienen unsere alten Regeln P, T, K, BE, G, E und I, und es sind nur einige kleine Abänderungen bei BE und I nötig: in BE und I, aber *nicht* in G ersetze man ‚β‘ und ‚γ‘ überall durch ‚τ‘ und ‚ν‘; dabei sollen die zuletzt genannten metasprachlichen Variablen für beliebige konstante Terme von $\mathfrak{L}'$ stehen.

Ableitung, Ableitung von φ aus Γ und *ableitbar* sollen wie auf Seite 197) definiert werden.

Die so abgeänderten Schlußregeln sind vollständig: für jede Aussage φ und für jede Menge Γ von Aussagen aus $\mathfrak{L}'$ gilt: φ ist dann und nur dann aus Γ ableitbar, wenn φ eine Folgerung aus Γ ist. Insbesondere ist eine Aussage φ von $\mathfrak{L}'$ dann und nur dann gültig, wenn sie aus der leeren Menge ableitbar ist.

Anwendungsbeispiele der formalen Sprache $\mathfrak{L}'$ und ihrer Schlußregeln bringen wir in Kapitel 11.

ÜBUNGEN

1. Man leite die Theoreme 3—18 von Seite 198/199 ab.

2. (Aus Kleene, *Introduction to Metamathematics*, S. 408) Für jede der folgenden Aussagen bilde man eine Ableitung dieser Aussage aus der Aussage

$$\bigvee y \bigwedge x (Fx \leftrightarrow x = y).$$

   (a) $\bigvee x (Fx \wedge Gx) \leftrightarrow \bigwedge x (Fx \to Gx)$
   (b) $\bigwedge x\, Gx \to \bigvee x (Fx \wedge Gx)$

(c) $\bigvee y(Fy \wedge Gyy) \leftrightarrow \bigvee y(Fy \wedge \bigvee x(Fx \wedge Gyx))$

(d) $\bigvee x(Fx \wedge (P \rightarrow Gx)) \leftrightarrow (P \rightarrow \bigvee x(Fx \wedge Gx))$

(e) $\bigvee x(Fx \wedge (Gx \rightarrow P)) \leftrightarrow (\bigvee x(Fx \wedge Gx) \rightarrow P)$

(f) $\bigvee x(Fx \wedge \neg Gx) \leftrightarrow \neg \bigvee x(Fx \wedge Gx)$

(g) $\bigvee x(Fx \wedge \bigwedge y\, Gxy) \leftrightarrow \bigwedge y \bigvee x(Fx \wedge Gxy)$

3. Entweder gebe man für jede der beiden folgenden Aussagen eine Interpretation bzgl. $\mathfrak{A}_I$ an, um zu zeigen, daß sie nicht gültig ist, oder man leite sie als Theorem ab.

(a) $\bigwedge x \bigwedge y \bigwedge z((x \neq y \wedge y \neq z) \rightarrow x \neq z)$

(b) $\bigwedge x \bigwedge y \bigwedge z((x \neq y \wedge y = z) \rightarrow x \neq z)$

4. Aus

$$\bigvee x \bigvee y \; x \neq y \wedge \bigwedge x \bigwedge y \bigwedge z((x = y \vee x = z) \vee y = \mathrm{z})$$

leite man

$$\bigvee x \bigvee y(x \neq y \wedge \bigwedge z(z = x \vee z = y))$$

ab, und umgekehrt.

5. Aus

$$\bigvee x(x \neq a \wedge Fx)$$

leite man

$$\bigvee x Fx \wedge (Fa \rightarrow \bigvee x \bigvee y(x \neq y \wedge (Fx \wedge Fy)))$$

ab, und umgekehrt.

6. Mit der Interpretation aus Übung 1, Seite 112 und dem Zusatz

$$I : \text{① ist identisch mit ②}$$

symbolisiere man die folgenden Aussagen (man benutze auch ‚$=$' für ‚I'):

(a) Arthur ist ein Bruder von Mary.

(b) Arthur ist Marys einziger Bruder.

(c) Marys einziger Bruder ist der Vater von Harry.

(d) Marys einziger Bruder ist der Vater von Williams einziger Schwester.

(Hinweis für (c): man betrachte die Aussage ‚Es gibt eine Person, die Harrys Vater ist und die mit all denjenigen und genau denjenigen Personen identisch ist, die Brüder von Mary sind'.)

7. Man leite ab

(a) ‚$\bigwedge x\, Fg^1 x$' aus ‚$\bigwedge x\, Fx$';

(b) ‚$\bigwedge x(Hxg \rightarrow Fg^2 xg)$' aus ‚$\bigwedge x\, Fx$';

(c) ‚$\bigwedge x \bigwedge y(x = y \rightarrow fx = fy)$' aus der leeren Menge;

(d) ‚$\bigwedge x \bigwedge y \bigwedge z \bigwedge w((x = y \wedge z = w) \rightarrow fxz = fyw)$' aus der leeren Menge;

(e) ‚$\bigwedge z \bigvee x \bigvee y\, z = fxy \rightarrow (\bigwedge x \bigwedge y\, Ffxy \rightarrow \bigwedge x\, Fx)$' aus der leeren Menge.

Axiome für $\mathfrak{L}_I$

Die logischen Systeme aus den Kapiteln 6, 7 und 9 sind Systeme natürlichen Schließens; sie bestehen aus Schlußregeln, mit denen man Folgerungen aus gegebenen Annahmen ableiten kann. Es ist nun auch auf mannigfache Art möglich, dieselben Teile der Logik zu systematisieren, indem man gewisse gültige Aussagen als logische Axiome auszeichnet. Baut man in solchen Systemen Beweise auf, so darf man nicht nur Aussagen hinschreiben, die Annahmen sind oder die mittels der Schlußregeln aus vorangegangenen Schritten folgen, sondern man darf auch an beliebiger Stelle eines der logischen Axiome einfügen. Die letzte Zeile des Beweises ist dann eine Folgerung aus den eingeführten Annahmen, und wenn der Beweis insbesondere keine Annahmen enthält (d.h. wenn jeder Schritt entweder ein logisches Axiom ist oder auf Grund der Schlußregeln aus den vorangegangenen Schritten folgt), dann ist die letzte Zeile eine gültige Aussage. Wir werden sehen, daß die Benutzung logischer Axiome eine drastische Vereinfachung der Schlußregeln gestattet. Insgesamt gesehen, ist es aber in den bekannten Axiomensystemen schwieriger als in den Systemen natürlichen Schließens (wie wir sie in diesem Buch kennengelernt haben), Beweise für die gebräuchlichsten logischen Gesetze zu finden.

Als Beispiel für eine axiomatische Entwicklung der Logik stellen wir in diesem Kapitel eine axiomatische Version des Prädikatenkalküls erster Stufe mit Identität vor.

1. Einführung

Die Begriffe ‚Folgerung‘ und ‚Gültigkeit‘ sind semantischer Natur; sie wurden durch Ausdrücke definiert, die eine Verbindung zwischen unseren Formeln und der außersprachlichen Welt darstellen. Dagegen sind ‚Ableitbarkeit‘ und ‚Theorem‘ syntaktische Begriffe. In ihren Definitionen wird nur auf die Form der Ausdrücke Bezug genommen und nicht auf das, was sie nach einer Interpretation bedeuten können. Wie wir gesehen haben, kann man für den Prädikatenkalkül erster Stufe (mit oder ohne Identität und Funktionszeichen) eine Menge durchführbarer Schlußregeln angeben, so daß die logischen Theoreme mit den gültigen Aussagen und Folgerung mit Ableitbarkeit übereinstimmt. Obwohl es also kein mechanisches Verfahren gibt, beliebige Aussagen auf Gültigkeit oder Folgerung zu testen, ist es ohne Schwierigkeiten möglich zu entscheiden, ob eine gewisse Folge von Aussagen ein korrekter Beweis ist. Unsere Regeln machen es also möglich, auf eine Weise, die von jedermann mit oder ohne Einsicht nachgeprüft werden kann, zu beweisen, daß gewisse Aussagen gültig sind.

Eine andere Möglichkeit, gültige Aussagen syntaktisch zu charakterisieren, ist die Axiomatisierung. Man zeichnet einige leicht als gültig erkennbare Aussagen als Axiome aus, und von diesen leitet man andere gültige Aussagen mit Hilfe von Schlußregeln ab. Historisch gesehen, war diese Methode geläufiger als die zuerst besprochene. Ganz grob können wir sagen: je komplizierter die Axiome, desto einfacher die Schlußregeln und umgekehrt. Unser bisheriges Verfahren kann als Grenzfall angesehen werden: die Zahl der Axiome war gleich 0, dafür war der Inhalt der Regeln verhältnismäßig kompliziert. Zur Illustration der entgegengesetzten Situation werden wir eine Axiomatisierung angeben, in der als Schlußregeln nur der *modus ponens* und der definitionsgemäße Austausch vorkommen. Wenn wir uns auf Aussagen beschränkt hätten, in denen die Konstanten ‚∧‘, ‚∨‘, ‚↔‘ und ‚∨‘ nicht vorkommen, so könnten wir auch auf den definitionsgemäßen Austausch verzichten: jede Folgerung aus einer Ausssagenmenge Γ könnte man dann aus Γ und aus den Axiomen durch endlich viele Anwendungen des *modus ponens* erhalten.

Wir müssen nun angeben, welche Aussagen als logische Axiome genommen werden. φ, ψ, χ seien irgendwelche Formeln von $\mathfrak{L}_\mathrm{I}$, α sei irgendeine Variable, und β, γ seien beliebige Individuensymbole. Dann sind alle Generalisierten der folgenden Formeln Axiome:

I. $\varphi \to (\psi \to \varphi)$

II. $(\varphi \to (\psi \to \chi)) \to ((\varphi \to \psi) \to (\varphi \to \chi))$

III. $(\neg\psi \to \neg\varphi) \to (\varphi \to \psi)$

IV. $\wedge\alpha(\varphi \to \psi) \to (\wedge\alpha\varphi \to \wedge\alpha\psi)$

V. $\wedge\alpha\varphi \to \varphi$

VI. $\varphi \to \wedge\alpha\varphi$, wenn α in φ nicht frei vorkommt

VII. $\vee\alpha\,\alpha = \beta$

VIII. $\beta = \gamma \to (\varphi \to \psi)$, wobei φ, ψ atomar sind und ψ gleich φ ist, außer daß in ψ an einer Stelle γ vorkommt, wo in φ das Symbol β auftritt.

Es gibt also unendlich viele Axiome, und zwar unendlich viele Axiome von jedem einzelnen der acht erwähnten Typen. Es ist vielleicht angebracht, für jeden einzelnen Typ ein Beispiel anzugeben.

Typ   Beispiel

I. $\wedge x(Fxa \to (Gx \to Fxa))$

II. $\wedge x \wedge y((P \to (\neg Gy \to Fx)) \to ((P \to \neg Gy) \to (P \to Fx)))$

III. $(\neg(Fa \to P) \to \neg(\wedge x Fx \to P)) \to ((\wedge x Fx \to P) \to (Fa \to P))$

IV. $\wedge y(\wedge x(Fx \to Gx) \to (\wedge x Fx \to \wedge x Gx))$

V. $\wedge x(\wedge x Fx \to Fx)$

VI. $\wedge x(\neg Fx \to \wedge y \neg Fx)$

VII. $\wedge y \vee x\, x = y$

VIII. $\wedge x(x = a \to (Fxyx \to Fayx))$

Wir sagen, daß eine Aussage φ dann und nur dann aus den Aussagen ψ und χ mit Hilfe von *modus ponens* (MP) (oder durch *Abtrennung*) folgt, wenn $\chi = (\psi \to \varphi)$.

Eine Formel φ ist zu einer Formel ψ dann und nur dann *definitionsgemäß äquivalent*, wenn es Formeln $\chi, \vartheta, \varphi_1, \varphi_2$ gibt, so daß φ und ψ gleich sind, außer daß die eine von ihnen an einer Stelle χ enthält, wo in der anderen ϑ vorkommt, und daß

(1) $\chi = (\varphi_1 \vee \varphi_2)$ und $\vartheta = (\neg\varphi_1 \to \varphi_2)$ oder

(2) $\chi = (\varphi_1 \wedge \varphi_2)$ und $\vartheta = \neg(\varphi_1 \to \neg\varphi_2)$ oder

(3) $\chi = (\varphi_1 \leftrightarrow \varphi_2)$ und $\vartheta = ((\varphi_1 \to \varphi_2) \wedge (\varphi_2 \to \varphi_1))$ oder

(4) $\chi = \vee\alpha\varphi_1$ und $\vartheta = \neg\wedge\alpha\neg\varphi_1$.

Wenn eine Formel φ zu einer Formel ψ definitionsgemäß äquivalent ist, dann ist offenbar ψ auch definitionsgemäß äquivalent zu φ.

Ein *Beweis* ist eine endliche Folge von Aussagen, von denen jede entweder ein Axiom ist, oder zu einer früheren Aussage der Folge definitionsgemäß äquivalent ist, oder mit modus ponens aus früheren Aussagen folgt.

Eine Aussage φ ist dann und nur dann ein *Theorem*, wenn φ die letzte Zeile eines Beweises ist. Wir schreiben

$$\vdash \varphi$$

als Abkürzung für

alle Generalisierten von φ sind Theoreme,

und ähnlich für andere metasprachlichen Kennzeichnungsformen.

Man wird bemerken, daß der Begriff des Beweises in diesem axiomatischen System etwas einfacher ist als in unseren Systemen des natürlichen Schließens; ein Beweis ist hier einfach eine Folge von Aussagen, während er in den Systemen des natürlichen Schließens eine Folge von Zeilen ist, von denen jede aus einer Aussage und aus einer Menge von Prämissennummern besteht.

Anstatt nun in einer Liste Theoreme und Beweise zusammenzustellen, charakterisieren wir die Theoreme in einer Folge von Metatheoremen.

1. Wenn φ und $\varphi \to \psi$ Theoreme sind, so ist auch ψ ein Theorem.

Wenn nämlich Beweise von φ und $\varphi \to \psi$ vorliegen, dann können wir einen Beweis für ψ konstruieren, indem wir zunächst den Beweis für φ, dann den Beweis für $\varphi \to \psi$ und dann die einzelne Aussage ψ hinschreiben.

2. $\varphi \to \varphi$ ist ein Theorem, falls φ eine Aussage ist.

Wenn φ eine Aussage ist, dann ist die anschließend beschriebene Folge ein Beweis für $\varphi \to \varphi$.

$$
\begin{array}{lll}
(1) & \varphi \to ((\varphi \to \varphi) \to \varphi) & \mathrm{I} \\
(2) & (1) \to ((\varphi \to (\varphi \to \varphi)) \to (\varphi \to \varphi)) & \mathrm{II} \\
(3) & (\varphi \to (\varphi \to \varphi)) \to (\varphi \to \varphi) & (1)(2)\mathrm{MP} \\
(4) & \varphi \to (\varphi \to \varphi) & \mathrm{I} \\
(5) & \varphi \to \varphi & (3)(4)\mathrm{MP}
\end{array}
$$

Was hier beschrieben wurde, ist selbst natürlich kein Beweis, sondern ein Schema für unendlich viele Beweise, nämlich einen für jede Aussage von $\mathfrak{L}_\mathrm{I}$. Für $\varphi = {}_,Fa`$ beispielsweise ergibt sich der folgende Beweis für $_,Fa \to Fa`$.

$$
\begin{array}{lll}
(1) & Fa \to ((Fa \to Fa) \to Fa) & \mathrm{I} \\
(2) & (1) \to ((Fa \to (Fa \to Fa)) \to (Fa \to Fa)) & \mathrm{II} \\
(3) & (Fa \to (Fa \to Fa)) \to (Fa \to Fa) & (1)(2)\mathrm{MP} \\
(4) & Fa \to (Fa \to Fa) & \mathrm{I} \\
(5) & Fa \to Fa & (3)(4)\mathrm{MP}
\end{array}
$$

Die Existenz dieses Beweises verifiziert, daß ‚$Fa \to Fa$' ein Theorem ist.

3. $(\psi \to \chi) \to ((\varphi \to \psi) \to (\varphi \to \chi))$ ist ein Theorem, wenn φ, ψ, χ Aussagen sind.

Wenn φ, ψ, χ Aussagen sind, dann ist das folgende der gesuchte Beweis.

(1) $((\varphi \to (\psi \to \chi)) \to ((\varphi \to \psi) \to (\varphi \to \chi))) \to$
$\qquad ((\psi \to \chi) \to ((\varphi \to (\psi \to \chi)) \to ((\varphi \to \psi) \to (\varphi \to \chi))))$ I

(2) $(\varphi \to (\psi \to \chi)) \to ((\varphi \to \psi) \to (\varphi \to \chi))$ II

(3) $(\psi \to \chi) \to ((\varphi \to (\psi \to \chi)) \to ((\varphi \to \psi) \to (\varphi \to \chi)))$ (1)(2)MP

(4) $(3) \to (((\psi \to \chi) \to (\varphi \to (\psi \to \chi))) \to$
$\qquad ((\psi \to \chi) \to ((\varphi \to \psi) \to (\varphi \to \chi))))$ II

(5) $((\psi \to \chi) \to (\varphi \to (\psi \to \chi))) \to ((\psi \to \chi) \to$
$\qquad \to ((\varphi \to \psi) \to (\varphi \to \chi)))$ (3)(4)MP

(6) $(\psi \to \chi) \to (\varphi \to (\psi \to \chi))$ I

(7) $(\psi \to \chi) \to ((\varphi \to \psi) \to (\varphi \to \chi))$ (5)(6)MP

4. Wenn $\varphi \to \psi$ und $\psi \to \chi$ Theoreme sind, dann ist auch $\varphi \to \chi$ ein Theorem.

Liegen Beweise für $\varphi \to \psi$ und $\psi \to \chi$ vor, so erhalten wir einen Beweis für $\varphi \to \chi$, indem wir zuerst den Beweis von $\varphi \to \psi$ hinschreiben, dahinter den Beweis für $\psi \to \chi$, dahinter den für $(\psi \to \chi) \to$ $((\varphi \to \psi) \to (\varphi \to \chi))$, dahinter die Aussage $(\varphi \to \psi) \to (\varphi \to \chi)$ und dahinter $\varphi \to \chi$. Daß diese Folge tatsächlich ein Beweis ist, sieht man ein, wenn man noch einmal die Definition eines Beweises durchliest und dabei beachtet, daß die beiden letzten Zeilen aus vorhergehenden mit *modus ponens* folgen.

Beim Beweis von Metatheorem 5 und verschiedenen daran anschlieschließenden Metatheoremen machen wir explizit Gebrauch von einer Schlußweise, die als *vollständige Induktion* bekannt ist und die wir auch schon früher stillschweigend benutzt haben. Sie kann in verschiedenem Gewande auftreten. Bei der sogenannten *schwachen Induktion* beweist, man, daß alle positiven ganzen Zahlen eine gewisse Eigenschaft E haben, indem man

(a) zeigt, daß die Zahl 1 diese Eigenschaft E hat und

(b) daß $k + 1$ die Eigenschaft E hat, wenn für beliebiges positives
ganzes k die Zahl k die Eigenschaft E hat.

14*

Die *starke Induktion* dient auch dazu zu zeigen, daß alle positiven ganzen Zahlen eine gewisse Eigenschaft E haben; in diesem Fall geht man aber folgendermaßen vor:

(a) zunächst beweist man, daß die Zahl 1 die Eigenschaft E hat, und

(b) dann zeigt man, daß die ganze Zahl $k + 1$ die Eigenschaft E hat, wenn für beliebiges positives ganzes k alle positiven ganzen Zahlen, die kleiner oder gleich k sind, diese Eigenschaft E haben.

(Wenn wir nicht mit 1, sondern mit 0 anfangen, können wir natürlich zeigen, daß alle natürlichen Zahlen diese Eigenschaft haben.) Ob wir schwache oder starke Induktion anwenden, hängt von dem jeweiligen Problem ab, mal ist die eine, mal die andere die angemessene Schlußweise. Äquivalent zu der starken Induktion ist das sogenannte *Prinzip der kleinsten Zahl*: Um zu zeigen, daß jede positive ganze Zahl eine gewisse Eigenschaft E hat, nehmen wir zunächst an, eine von ihnen hätte sie nicht; dann muß es eine kleinste solche Zahl k geben, und wenn wir nun zeigen können, daß k weder gleich 1 noch größer als 1 sein kann, so haben wir damit einen Widerspruch zur Annahme herbeigeführt. (Man vergleiche unsere Schlußweise beim Beweis von Lemma III, Seite 186 ff.)

Auf den ersten Blick könnte man meinen, die vollständige Induktion diene nur dazu, Behauptungen über positive ganze Zahlen zu beweisen, und nicht etwa, wie im Fall von Metatheorem 5, Behauptungen über Formeln. Um einzusehen, wie diese Schlußweise sich auch in solchen Fällen anwenden läßt, mache man sich erst einmal klar, daß jede Aussage, in der eine Ziffer (wenn auch in untergeordneter Weise) vorkommt, eine Eigenschaft der Zahl, die durch diese Ziffer beschrieben wird, darstellt. So drückt z. B.

Keine Person unter 18 Jahren erhält eine Erlaubnis

eine Eigenschaft der Zahl 18 aus, nämlich die, daß sie eine Zahl k mit der Eigenschaft ist, daß keine Person unter k Jahren eine Erlaubnis erhält. Unter einem ähnlichen Gesichtspunkt kann Metatheorem 5 als eine Behauptung über alle positiven Zahlen n aufgefaßt werden, nämlich: für alle Formeln φ, ψ und alle Ausdrücke Q, ist $Q(\varphi \to \psi) \to (Q\varphi \to Q\psi)$ ein Theorem, wenn Q ein Allpräfix aus n Quantoren ist, das alle Variablen enthält, die frei in φ oder ψ vorkommen. Wir verifizieren diese Behauptung mit schwacher Induktion. Zwei Schritte sind dabei also erforderlich. Wir müssen (a) zeigen, daß die Behauptung für $n = 1$ gilt, und (b), daß sie für $n = k + 1$ gilt, wenn sie für

$n = k$ gilt, und damit haben wir dann die Behauptung für alle positiven ganzen Zahlen bewiesen.

5. $Q(\varphi \to \psi) \to (Q\varphi \to Q\psi)$ ist ein Theorem, wenn Q ein Allpräfix ist, das jede in φ oder ψ frei vorkommende Variable enthält.

n sei die Zahl der Quantoren in Q.

(a) Für $n = 1$ ist die Formel ein Axiom vom Typ IV.

(b) Wir nehmen an, Metatheorem 5 gelte für $n = k$. Ferner nehmen wir an, daß in Q $k + 1$ Quantoren vorkommen. Dann ist $Q = P \wedge \alpha$, wobei P ein Präfix aus k Allquantoren und α eine Variable ist.

$$P(\wedge \alpha (\varphi \to \psi) \to (\wedge \alpha \varphi \to \wedge \alpha \psi))$$

ist aber ein Axiom vom Typ IV;
$$P(\wedge \alpha (\varphi \to \psi) \to (\wedge \alpha \varphi \to \wedge \alpha \psi)) \to (P \wedge \alpha (\varphi \to \psi) \to P(\wedge \alpha \varphi \to \wedge \alpha \psi))$$
ist nach Voraussetzung ein Theorem. Also ist

$$P \wedge \alpha (\varphi \to \psi) \to P(\wedge \alpha \varphi \to \wedge \alpha \psi)$$

ein Theorem nach Metatheorem 1. Nach Voraussetzung ist aber auch

$$P(\wedge \alpha \varphi \to \wedge \alpha \psi) \to (P \wedge \alpha \varphi \to P \wedge \alpha \psi)$$

ein Theorem, und daher ist nach Metatheorem 4 auch

$$P \wedge \alpha (\varphi \to \psi) \to (P \wedge \alpha \varphi \to P \wedge \alpha \psi)$$

ein Theorem.

6. Wenn $Q\varphi$ und $Q(\varphi \to \psi)$ Theoreme sind, so ist $Q\psi$ ein Theorem, wobei Q ein Allpräfix ist.

Dieses beruht in derselben Weise auf Metatheorem 5, wie Metatheorem 4 auf Metatheorem 3 beruht.

7. $\vdash (\psi \to \chi) \to ((\varphi \to \psi) \to (\varphi \to \chi))$.

Wenn $(\psi \to \chi) \to ((\varphi \to \psi) \to (\varphi \to \chi))$ selbst eine Generalisierte ist, so ist sie nach Metatheorem 3 ein Theorem. Jede andere Generalisierte hat die Form $Q((\psi \to \chi) \to ((\varphi \to \psi) \to (\varphi \to \chi)))$. Beim Beweis, daß sie ein Theorem ist, schließen wir analog wie bei Metatheorem 3, indem wir ,Q‘ vor jede Kennzeichnungsform davorsetzen und Metatheorem 6 statt 1 zitieren.

8. Wenn $Q(\varphi \to \psi)$ und $Q(\psi \to \chi)$ Theoreme sind, so ist auch $Q(\varphi \to \chi)$ ein Theorem.

Wir setzen das Antezedenz von 8 voraus. Dann ist $Q((\psi \to \chi) \to ((\varphi \to \psi) \to (\varphi \to \chi)))$ eine Aussage und damit nach 7 ein Theorem. Zweimalige Anwendung von 6 liefert, daß $Q(\varphi \to \chi)$ ein Theorem ist.

9. $\vdash Q(\varphi \to \psi) \to (Q\varphi \to Q\psi)$.

n sei die Anzahl der Quantoren in Q.

(a) Wenn $n = 1$, so ist jede Generalisierte von $Q(\varphi \to \psi) \to (Q\varphi \to Q\psi)$ ein Axiom von Typ IV und damit ein Theorem.

(b) Wir nehmen an, 9 gelte für $n = k$, und ferner, daß Q $k + 1$ Quantoren enthält. Dann ist $Q = \wedge\,\alpha\,P$, wobei α eine Variable und P ein Präfix aus k Quantoren ist. Wenn nun $Q(\varphi \to \psi) \to (Q\varphi \to Q\psi)$ selbst eine Generalisierte ist, so ist sie nach Metatheorem 5 ein Theorem. Jede andere Generalisierte hat die Gestalt $T(\wedge\,\alpha\,P(\varphi \to \psi) \to (\wedge\,\alpha\,P\varphi \to \wedge\,\alpha\,P\psi))$.

$$T(\wedge\,\alpha(P(\varphi \to \psi) \to (P\varphi \to P\psi)) \to (\wedge\,\alpha\,P(\varphi \to \psi) \to \wedge\,\alpha(P\varphi \to P\psi)))$$

ist aber ein Axiom vom Typ IV und damit ein Theorem. Ferner ist

$$T \wedge \alpha(P(\varphi \to \psi) \to (P\varphi \to P\psi))$$

nach Voraussetzung ein Theorem. Also ist

$$T(\wedge\,\alpha\,P(\varphi \to \psi) \to \wedge\,\alpha(P\varphi \to P\psi))$$

nach dem Vorangegangenen und nach Metatheorem 6 ein Theorem.

$$T(\wedge\,\alpha(P\varphi \to P\psi) \to (\wedge\,\alpha\,P\varphi \to \wedge\,\alpha\,P\psi))$$

ist ein Axiom vom Typ IV und damit ein Theorem. Daher ist

$$T(\wedge\,\alpha\,P(\varphi \to \psi) \to (\wedge\,\alpha\,P\varphi \to \wedge\,\alpha\,P\psi))$$

nach dem Vorangegangenen und nach Metatheorem 8 ein Theorem.

10. $\vdash Q\varphi \to \varphi$

n sei die Anzahl der Quantoren in Q.

(a) Für $n = 1$ ist jede Generalisierte von $Q\varphi \to \varphi$ ein Axiom vom Typ V und damit ein Theorem.

(b) Angenommen, 10 gelte für $n = k$ und Q enthalte $k + 1$ Quantoren. Dann ist $Q = \wedge\,\alpha\,P$, wobei α eine Variable und P ein Präfix aus k Quantoren ist. $T(\wedge\,\alpha\,P\varphi \to \varphi)$ sei eine Generalisierte von $Q\varphi \to \varphi$.

$$T \wedge \alpha(P\varphi \to \varphi)$$

ist nach Voraussetzung ein Theorem.

$$T(\wedge\,\alpha(P\varphi \to \varphi) \to (\wedge\,\alpha\,P\varphi \to \wedge\,\alpha\,\varphi))$$

ist nach 9 ein Theorem. Daher ist nach dem Vorangegangenen und nach 6

$$T(\wedge\,\alpha\,P\varphi \to \wedge\,\alpha\,\varphi)$$

ein Theorem. Nach Voraussetzung ist

$$T(\wedge \alpha \varphi \to \varphi)$$

ein Theorem. Also ist

$$T(\wedge \alpha P \varphi \to \varphi)$$

nach 8 ein Theorem.

Wenn $\wedge \alpha P \varphi \to \varphi$ selbst eine Generalisierte ist, schließen wir analog und lassen ‚T' aus den Kennzeichnungsformen oben aus.

11. $\vdash \varphi \to Q \varphi$, wenn keine Variable aus Q in φ frei vorkommt.

Der Schluß ist analog wie bei 10, nur daß er wesentlichen Bezug auf Axiome vom Typ VI und nicht auf Axiome vom Typ V nimmt.

12. $\vdash Q \varphi \to P \varphi$, wenn jede Variable aus P in Q auftritt oder in φ nicht frei vorkommt.

Angenommen, das Antezedenz von 12 gelte, und $R(Q \varphi \to P \varphi)$ sei eine Generalisierte von $Q \varphi \to P \varphi$. Dann ist

$R P(Q \varphi \to \varphi)$ ein Theorem nach 10;

$R(P(Q \varphi \to \varphi) \to (P Q \varphi \to P \varphi))$ ein Theorem nach 9; also ist

$R(P Q \varphi \to P \varphi)$ ein Theorem nach dem Vorangegangenen und nach 6.

$R(Q \varphi \to P Q \varphi)$ ist ein Theorem nach 11; und daher ist

$R(Q \varphi \to P \varphi)$ ein Theorem nach dem Vorangegangenen und nach 8.

Wenn $Q \varphi \to P \varphi$ selbst eine Generalisierte ist, schließen wir analog und lassen ‚R' in den obigen Kennzeichnungsformen aus.

13. Wenn ψ und χ Generalisierte von φ sind, so ist $\psi \to \chi$ ein Theorem, und χ ist ein Theorem, wenn ψ ein Theorem ist.

Angenommen, ψ und χ seien Generalisierte von φ. Vier Fälle müssen wir jetzt untersuchen: (i) $\psi = \varphi$ und $\chi = \varphi$; (ii) $\psi = Q \varphi$ und $\chi = \varphi$; (iii) $\psi = \varphi$ und $\chi = P \varphi$; (iv) $\psi = Q \varphi$ und $\chi = P \varphi$. Im Fall (i) ist $\psi \to \chi$ offensichtlich ein Theorem; im Fall (ii) ist es nach 10 ein Theorem, im Fall (iii) nach 11 und im Fall (iv) nach 12. Nach 1 ist χ ein Theorem, wenn φ ein Theorem ist.

Offensichtlich gilt als Korollar zu Metatheorem 13: Jede Generalisierte von φ ist dann und nur dann ein Theorem, wenn mindestens eine Generalisierte von φ ein Theorem ist.

14. Wenn $\vdash \varphi$ und $\vdash \varphi \to \psi$, so $\vdash \psi$.

Wir nehmen $\vdash \varphi$ und $\vdash \varphi \to \psi$ an. $Q \psi$ sei eine Generalisierte von ψ, und $R \varphi$ sei eine Generalisierte von φ. Dann sind $R Q \varphi$ und $R Q(\varphi \to \psi)$ Theoreme; also ist $R Q \psi$ nach 6 ein Theorem. Also gilt $\vdash \psi$ nach 13.

15. Wenn $\vdash \varphi$ und ψ zu φ definitionsgemäß äquivalent ist, so $\vdash \psi$.

Wir setzen das Antezedenz von 15 voraus, und $Q\varphi$ sei eine Generalisierte von φ. Dann ist $Q\psi$ definitionsgemäß äquivalent zu $Q\varphi$, ferner ist $Q\varphi$ eine Generalisierte von ψ und ein Theorem. Also $\vdash\psi$.

16. Wenn $\vdash\varphi\to\psi$ und $\vdash\psi\to\chi$, so $\vdash\varphi\to\chi$.

Voraussetzung sei das Antezedenz von 16. 7 und zweimalige Anwendung von 14 liefert dann $\vdash\varphi\to\chi$.

17. $\vdash\varphi$ dann und nur dann, wenn $\vdash Q\varphi$. Wegen 10 und 14.

18. Wenn $\vdash\varphi\to\psi$, so $\vdash Q\varphi\to Q\psi$.

Man nehme an, $\vdash\varphi\to\psi$. Nach 17 $\vdash Q(\varphi\to\psi)$. Nach 9 und 14 $\vdash Q\varphi\to Q\psi$.

2. Aussagenkalkül

Die Metatheoreme in der Hunderter-Serie schöpfen im wesentlichen den Aussagenkalkül aus; jede Aussage, die hier zum Theorem erklärt wird, ist entweder eine Tautologie oder eine Generalisierte einer Tautologie.

100. $\vdash\varphi\to\varphi$

(1)	$\vdash\varphi\to((\varphi\to\varphi)\to\varphi)$	I
(2)	$\vdash(1)\to((\varphi\to(\varphi\to\varphi))\to(\varphi\to\varphi))$	II
(3)	$\vdash(\varphi\to(\varphi\to\varphi))\to(\varphi\to\varphi)$	(1)(2)14
(4)	$\vdash\varphi\to(\varphi\to\varphi)$	I
(5)	$\vdash\varphi\to\varphi$	(3)(4)14

101. $\vdash\neg\varphi\to(\varphi\to\psi)$

(1)	$\vdash(\neg\psi\to\neg\varphi)\to(\varphi\to\psi)$	III
(2)	$\vdash\neg\varphi\to(\neg\psi\to\neg\varphi)$	I
(3)	$\vdash\neg\varphi\to(\varphi\to\psi)$	(1)(2)16

102. $\vdash(\psi\to\chi)\to((\varphi\vee\psi)\to(\varphi\vee\chi))$

(1)	$\vdash(\psi\to\chi)\to((\neg\varphi\to\psi)\to(\neg\varphi\to\chi))$	7
(2)	$\vdash(\psi\to\chi)\to((\varphi\vee\psi)\to(\neg\varphi\to\chi))$	(1)15
(3)	$\vdash(\psi\to\chi)\to((\varphi\vee\psi)\to(\varphi\vee\chi))$	(2)15

103. $\vdash\neg\neg\varphi\to\varphi$

(1)	$\vdash\neg\neg\varphi\to(\neg\varphi\to\neg\neg\neg\varphi)$	101
(2)	$\vdash(\neg\varphi\to\neg\neg\neg\varphi)\to(\neg\neg\varphi\to\varphi)$	III
(3)	$\vdash\neg\neg\varphi\to(\neg\neg\varphi\to\varphi)$	(1)(2)16
(4)	$\vdash(3)\to((\neg\neg\varphi\to\neg\neg\varphi)\to(\neg\neg\varphi\to\varphi))$	II
(5)	$\vdash(\neg\neg\varphi\to\neg\neg\varphi)\to(\neg\neg\varphi\to\varphi)$	(3)(4)14
(6)	$\vdash\neg\neg\varphi\to\neg\neg\varphi$	100
(7)	$\vdash\neg\neg\varphi\to\varphi$	(5)(6)14

104. $\vdash \varphi \to \neg\,\neg\,\varphi$

    (1) $\vdash \neg\,\neg\,\neg\,\varphi \to \neg\,\varphi$ 103

    (2) $\vdash (\neg\,\neg\,\neg\,\varphi \to \neg\,\varphi) \to (\varphi \to \neg\,\neg\,\varphi)$ III

    (3) $\vdash \varphi \to \neg\,\neg\,\varphi$ (1)(2) 14

105. $\vdash \varphi \to ((\varphi \to \psi) \to \psi)$

    (1) $\vdash (\varphi \to \psi) \to (\varphi \to \psi)$ 100

    (2) $\vdash (1) \to (((\varphi \to \psi) \to \varphi) \to ((\varphi \to \psi) \to \psi))$ II

    (3) $\vdash ((\varphi \to \psi) \to \varphi) \to ((\varphi \to \psi) \to \psi)$ (1)(2) 14

    (4) $\vdash \varphi \to ((\varphi \to \psi) \to \varphi)$ I

    (5) $\vdash \varphi \to ((\varphi \to \psi) \to \psi)$ (3)(4) 16

106. $\vdash (\varphi \to (\psi \to \chi)) \to (\psi \to (\varphi \to \chi))$

    (1) $\vdash (\varphi \to (\psi \to \chi)) \to ((\varphi \to \psi) \to (\varphi \to \chi))$ II

    (2) $\vdash ((\varphi \to \psi) \to (\varphi \to \chi)) \to$
$$((\psi \to (\varphi \to \psi)) \to (\psi \to (\varphi \to \chi)))$$ 7

    (3) $\vdash \psi \to (\varphi \to \psi)$ I

    (4) $\vdash (3) \to (((3) \to (\psi \to (\varphi \to \chi))) \to$
$$(\psi \to (\varphi \to \chi)))$$ 105

    (5) $\vdash ((3) \to (\psi \to (\varphi \to \chi))) \to (\psi \to (\varphi \to \chi))$ (3)(4) 14

    (6) $\vdash ((\varphi \to \psi) \to (\varphi \to \chi)) \to (\psi \to (\varphi \to \chi))$ (2)(5) 16

    (7) $\vdash (\varphi \to (\psi \to \chi)) \to (\psi \to (\varphi \to \chi))$ (1)(6) 16

107. $\vdash (\varphi \to \psi) \to ((\psi \to \chi) \to (\varphi \to \chi))$ 7, 106, 14

108. $\vdash \varphi \to (\psi \to (\varphi \wedge \psi))$

    (1) $\vdash \varphi \to ((\varphi \to \neg\,\psi) \to \neg\,\psi)$ 105

    (2) $\vdash \neg\,\neg\,(\varphi \to \neg\,\psi) \to (\varphi \,\neg \to \psi)$ 103

    (3) $\vdash (2) \to (((\varphi \to \neg\,\psi) \to \neg\,\psi) \to$
$$(\neg\,\neg\,(\varphi \to \neg\,\psi) \to \neg\,\psi))$$ 107

    (4) $\vdash ((\varphi \to \neg\,\psi) \to \neg\,\psi) \to (\neg\,\neg\,(\varphi \to \neg\,\psi) \to \neg\,\psi)$ (2)(3) 14

    (5) $\vdash \varphi \to (\neg\,\neg\,(\varphi \to \neg\,\psi) \to \neg\,\psi)$ (1)(4) 16

    (6) $\vdash (\neg\,\neg\,(\varphi \to \neg\,\psi) \to \neg\,\psi) \to$
$$(\psi \to \neg\,(\varphi \to \neg\,\psi))$$ III

    (7) $\vdash \varphi \to (\psi \to \neg\,(\varphi \to \neg\,\psi))$ (5)(6) 16

    (8) $\vdash \varphi \to (\psi \to (\varphi \wedge \psi))$ (7) 15

109. Wenn $\vdash \varphi \to \psi$ und $\vdash \psi \to \varphi$, so $\vdash \varphi \leftrightarrow \psi$.   108, 14, 15

110. $\vdash (\neg\,\varphi \to \psi) \to (\neg\,\psi \to \varphi)$

    (1) $\vdash \psi \to \neg\,\neg\,\psi$ 104

    (2) $\vdash (1) \to ((\neg\,\varphi \to \psi) \to (\neg\,\varphi \to \neg\,\neg\,\psi))$ 7

    (3) $\vdash (\neg\,\varphi \to \psi) \to (\neg\,\varphi \to \neg\,\neg\,\psi)$ (1)(2) 14

    (4) $\vdash (\neg\,\varphi \to \neg\,\neg\,\psi) \to (\neg\,\psi \to \varphi)$ III

    (5) $\vdash (\neg\,\varphi \to \psi) \to (\neg\,\psi \to \varphi)$ (3)(4) 16

111. $\vdash (\neg\,\varphi \to \psi) \leftrightarrow (\neg\,\psi \to \varphi)$ 109, 110

112. $\vdash (\varphi \to \neg\,\psi) \to (\psi \to \neg\,\varphi)$

     (1) $\vdash \neg\,\neg\,\varphi \to \varphi$ 103

     (2) $\vdash (1) \to ((\varphi \to \neg\,\psi) \to (\neg\,\neg\,\varphi \to \neg\,\psi))$ 107

     (3) $\vdash (\varphi \to \neg\,\psi) \to (\neg\,\neg\,\varphi \to \neg\,\psi)$ (1)(2) 14

     (4) $\vdash (\neg\,\neg\,\varphi \to \neg\,\psi) \to (\psi \to \neg\,\varphi)$ III

     (5) $\vdash (\varphi \to \neg\,\psi) \to (\psi \to \neg\,\varphi)$ (3)(4) 16

113. $\vdash (\varphi \to \neg\,\psi) \leftrightarrow (\psi \to \neg\,\varphi)$ 112, 109

114. $\vdash (\varphi \to \psi) \to (\neg\,\psi \to \neg\,\varphi)$ 103, 104, 107 usw

115. $\vdash (\varphi \to \psi) \leftrightarrow (\neg\,\psi \to \neg\,\varphi)$ 109, 114, III

116. $\vdash (\varphi \vee \psi) \leftrightarrow (\psi \vee \varphi)$ 111, 15

117. $\vdash (\varphi \wedge \psi) \to \varphi$ 101, 110, 14, 15

118. $\vdash (\varphi \wedge \psi) \to \psi$ I, 110, 14, 15

119. $\vdash \varphi \leftrightarrow \psi$ dann und nur dann,

         wenn $\vdash \varphi \to \psi$ und $\vdash \psi \to \varphi$ 109, 15, 117, 118

120. $\vdash \varphi \to (\varphi \vee \psi)$ 101, 104, 16, 15

121. $\vdash \psi \to (\varphi \vee \psi)$ I, 15

122. (Ersetzung) Wenn $\vdash \varphi \leftrightarrow \psi$ und wenn χ gleich ϑ ist, außer daß in χ an einer Stelle φ vorkommt, wo in ϑ die Formel ψ vorkommt, so $\vdash \chi \leftrightarrow \vartheta$.

Wenn $\varphi = \chi$, so ist 122 trivialerweise richtig. Wir brauchen also nur den Fall zu betrachten, in dem φ eine echte Teilformel von χ ist.

Zunächst ordnen wir alle Formeln von $\mathfrak{L}_{\mathrm{I}}$ in der folgenden Weise: Atomare Formeln haben die Ordnung 1. Wenn φ die Ordnung n hat, so haben $\neg\,\varphi$, $\wedge\,\alpha\,\varphi$ und $\vee\,\alpha\,\varphi$ die Ordnung $n + 1$. Wenn n das Maximum der Ordnungen von φ und ψ ist, so haben $\varphi \vee \psi$, $\varphi \wedge \psi$, $\varphi \to \psi$ und $\varphi \leftrightarrow \psi$ die Ordnung $n + 1$. So hat jede Formel φ eine positive ganze Zahl n als Ordnung. Wir beweisen nun das Metatheorem durch vollständige (starke) Induktion über die Ordnung der Formeln χ. Mit anderen Worten: wir denken uns 122 in folgender Weise formuliert: Für jede ganze Zahl n und für alle Formeln χ, ϑ, φ und ψ gilt: wenn χ die Ordnung n hat und ein echter Teil von φ ist und wenn $\vdash \varphi \leftrightarrow \psi$ und ..., so $\vdash \chi \leftrightarrow \vartheta$.

(a) Die Ordnung von χ sei 1. Dann ist χ atomar, und keine Formel φ kann echte Teilformel von ihr sein. Also ist in diesem Fall 122 trivialerweise richtig.

(b) 122 sei richtig, wenn die Ordnung von χ kleiner oder gleich k ist. Ferner gelte das Antezedenz von 122, und die Ordnung von χ sei $k+1$. Wir müssen sieben Fälle unterscheiden.

(i) Es sei $\chi = \neg\chi_1$, wobei k die Ordnung von χ_1 sei. Dann ist $\vartheta = \neg\vartheta_1$, wobei ϑ_1 gleich χ_1 ist, außer daß φ in χ_1 an einer Stelle vorkommt, wo in ϑ_1 die Formel ψ vorkommt. Nach Voraussetzung oder auf Grund der anfänglichen Bemerkungen in diesem Beweis (je nachdem ob $\varphi = \chi_1$ oder ob φ eine echte Teilformel von χ_1 ist) erhalten wir $\vdash \chi_1 \leftrightarrow \vartheta_1$. Nach 115 und 119 $\vdash \neg\chi_1 \leftrightarrow \neg\vartheta_1$, d.h. $\vdash \chi \leftrightarrow \vartheta$.

(ii) $\chi = \wedge\alpha\chi_1$, wobei α eine Variable ist und die Formel χ_1 die Ordnung k hat. Dann $\vartheta = \wedge\alpha\vartheta_1$, wobei χ_1 gleich ϑ_1 ist, außer daß ... usw. Nach Voraussetzung oder auf Grund der Anfangsbemerkungen gilt $\vdash \chi_1 \leftrightarrow \vartheta_1$. Nach 119 und 18 gilt $\vdash \wedge\alpha\chi_1 \leftrightarrow \wedge\alpha\vartheta_1$, d.h. $\vdash \chi \leftrightarrow \vartheta$.

(iii) $\chi = \vee\alpha\chi_1$. Analog zu Fall (ii).

(iv) $\chi = \chi_1 \rightarrow \chi_2$, wobei die Ordnung der Formeln χ_1 und χ_2 kleiner oder gleich k ist. Dann $\vartheta = \vartheta_1 \rightarrow \vartheta_2$, und $\chi_2 = \vartheta_2$, und χ_1 ist gleich ϑ_1, usw., oder $\chi_1 = \vartheta_1$, und χ_2 ist gleich ϑ_2, usw. Im ersten Fall erhalten wir nach Voraussetzung oder auf Grund unserer Anfangsbemerkungen $\vdash \chi_1 \leftrightarrow \vartheta_1$, und damit nach 119 und 107 $\vdash (\chi_1 \rightarrow \chi_2) \leftrightarrow (\vartheta_1 \rightarrow \vartheta_2)$. Im zweiten Fall ist der Schluß ähnlich, nur daß 7 statt 107 benutzt wird. In jedem Fall gilt daher $\vdash \chi \leftrightarrow \vartheta$.

(v) $\chi = \chi_1 \vee \chi_2$. Analog zu (iv), wenn man 15 benutzt.

(vi) $\chi = \chi_1 \wedge \chi_2$. Analog zu (v).

(vii) $\chi = \chi_1 \leftrightarrow \chi_2$. Analog zu Fall (v).

Damit ist der Beweis von 122 vollständig.

123. $\vdash \varphi \leftrightarrow \varphi$ 100, 119

124. $\vdash (\varphi \wedge \psi) \leftrightarrow (\psi \wedge \varphi)$

  (1) $\vdash \neg(\varphi \rightarrow \neg\psi) \leftrightarrow \neg(\varphi \rightarrow \neg\psi)$ 123

  (2) $\vdash \neg(\varphi \rightarrow \neg\psi) \leftrightarrow \neg(\psi \rightarrow \neg\varphi)$ (1), 122, 113

  (3) $\vdash \neg(\psi \rightarrow \neg\varphi) \leftrightarrow (\psi \wedge \varphi)$ (2), 15

  (4) $\vdash (\varphi \wedge \psi) \leftrightarrow (\psi \wedge \varphi)$ (3), 15

125. $\vdash (\varphi \leftrightarrow \psi) \leftrightarrow (\psi \leftrightarrow \varphi)$ 123, 15, 124, 122

126. $\vdash (\varphi \leftrightarrow \psi) \leftrightarrow (\neg\varphi \leftrightarrow \neg\psi)$ 125, 15, 122, 115

127. $\vdash \varphi \leftrightarrow \neg\neg\varphi$ 109, 103, 104

128. $\vdash (\varphi \rightarrow (\psi \rightarrow \chi)) \leftrightarrow (\psi \rightarrow (\varphi \rightarrow \chi))$ 106, 119

129. $\vdash (\neg\varphi \rightarrow \varphi) \rightarrow \varphi$

  (1) $\vdash \neg\varphi \rightarrow (\varphi \rightarrow \neg(\varphi \rightarrow \varphi))$ 101

  (2) $\vdash (1) \rightarrow ((\neg\varphi \rightarrow \varphi) \rightarrow (\neg\varphi \rightarrow \neg(\varphi \rightarrow \varphi)))$ II

(3) $\vdash (\neg\varphi \to \varphi) \to (\neg\varphi \to \neg(\varphi \to \varphi))$ (1)(2) 14

(4) $\vdash (\neg\varphi \to \neg(\varphi \to \varphi)) \to ((\varphi \to \varphi) \to \varphi)$ III

(5) $\vdash (\varphi \to \varphi) \to ((\neg\varphi \to \neg(\varphi \to \varphi)) \to \varphi)$ (4) 128, 122

(6) $\vdash \varphi \to \varphi$ 100

(7) $\vdash (\neg\varphi \to \neg(\varphi \to \varphi)) \to \varphi$ (5)(6) 14

(8) $\vdash (\neg\varphi \to \varphi) \to \varphi$ (3)(7)

130. $\vdash \varphi \leftrightarrow (\varphi \vee \varphi)$ 120, 129, 15, 119

131. $\vdash \varphi \leftrightarrow (\varphi \wedge \varphi)$

(1) $\vdash \neg\varphi \leftrightarrow (\neg\varphi \vee \neg\varphi)$ 130

(2) $\vdash \neg\neg\varphi \leftrightarrow \neg(\neg\varphi \vee \neg\varphi)$ (1) 122, 126

(3) $\vdash \neg\neg\varphi \leftrightarrow \neg(\neg\neg\varphi \to \neg\varphi)$ (2) 15

(4) $\vdash \varphi \leftrightarrow \neg(\varphi \to \neg\varphi)$ (3) 127, 122

(5) $\vdash \varphi \leftrightarrow (\varphi \wedge \varphi)$ (4)

132. $\vdash \neg(\varphi \wedge \psi) \leftrightarrow (\neg\varphi \vee \neg\psi)$ 122, 15, 127

133. $\vdash \neg(\varphi \vee \psi) \leftrightarrow (\neg\varphi \wedge \neg\psi)$

134. $\vdash (\varphi \wedge \psi) \leftrightarrow \neg(\neg\varphi \vee \neg\psi)$

135. $\vdash (\varphi \vee \psi) \leftrightarrow \neg(\neg\varphi \wedge \neg\psi)$

136. $\vdash (\varphi \vee (\psi \vee \chi)) \leftrightarrow ((\varphi \vee \psi) \vee \chi)$ 128, 15, 122, 116

137. $\vdash (\varphi \wedge (\psi \wedge \chi)) \leftrightarrow ((\varphi \wedge \psi) \wedge \chi)$

138. $\vdash (\varphi \to (\psi \to \chi)) \leftrightarrow ((\varphi \wedge \psi) \to \chi)$ 136, 122, 132, 15

139. $\vdash (\varphi \to \psi) \to ((\varphi \to \chi) \to (\varphi \to (\psi \wedge \chi)))$ 108, 7, 14, 16

140. $\vdash (\varphi \vee (\psi \wedge \chi)) \leftrightarrow ((\varphi \vee \psi) \wedge (\varphi \vee \chi))$

(1) $\vdash (\psi \wedge \chi) \to \psi$ 117

(2) $\vdash (1) \to ((\varphi \vee (\psi \wedge \chi)) \to (\varphi \vee \psi))$ 102

(3) $\vdash (\varphi \vee (\psi \wedge \chi)) \to (\varphi \vee \psi)$ (1)(2) 14

(4) $\vdash (\psi \wedge \chi) \to \psi$ 117

(5) $\vdash (4) \to ((\varphi \vee (\psi \wedge \chi)) \to (\varphi \vee \psi))$ 102

(6) $\vdash (\varphi \vee (\psi \wedge \chi)) \to (\varphi \vee \psi)$ (4)(5) 14

(7) $\vdash (3) \to ((6) \to ((\varphi \vee (\psi \wedge \chi)) \to$
$((\varphi \vee \psi) \wedge (\varphi \vee \chi))))$ 139

(8) $(\varphi \vee (\psi \wedge \chi)) \to ((\varphi \vee \psi) \wedge (\varphi \vee \chi))$ (3)(6)(7) 14

(9) $\vdash \psi \to (\chi \to (\psi \wedge \chi))$ 108

(10) $\vdash (9) \to ((\neg\varphi \to \psi) \to (\neg\varphi \to (\chi \to (\psi \wedge \chi))))$ 7

(11) $\vdash (\neg\varphi \to \psi) \to (\neg\varphi \to (\chi \to (\psi \wedge \chi)))$ (9)(10) 14

(12) $\vdash (\neg\varphi \to (\chi \to (\psi \wedge \chi))) \to ((\neg\varphi \to \chi) \to$
$(\neg\varphi \to (\psi \wedge \chi)))$ II

(13) $\vdash (\neg\varphi \to \psi) \to ((\neg\varphi \to \chi) \to$
$(\neg\varphi \to (\psi \wedge \chi)))$ (11)(12) 16

$$(14) \quad \vdash (\varphi \lor \psi) \to ((\varphi \lor \chi) \to (\varphi \lor (\psi \land \chi))) \qquad (13)\,15$$

$$(15) \quad \vdash ((\varphi \lor \psi) \land (\varphi \lor \chi)) \to (\varphi \lor (\psi \land \chi)) \qquad (14)\,122,138$$

$$(16) \quad \vdash (\varphi \lor (\psi \land \chi)) \leftrightarrow ((\varphi \lor \psi) \land (\varphi \lor \chi)) \qquad (8)(15)\,119$$

141. $\vdash (\varphi \land (\psi \lor \chi)) \leftrightarrow ((\varphi \land \psi) \lor (\varphi \land \chi))$ $\qquad$ 140, 122, 126, 133—5

142. $\vdash (\varphi \to \psi) \to ((\chi \to \vartheta) \to ((\varphi \land \chi) \to (\psi \land \vartheta)))$

143. $\vdash (\varphi \to \psi) \to ((\chi \to \psi) \to ((\varphi \lor \chi) \to \psi))$

144. $\vdash (\varphi \to (\varphi \to \psi)) \leftrightarrow (\varphi \to \psi)$

145. $\vdash (\varphi \to (\psi \leftrightarrow \chi)) \leftrightarrow ((\varphi \to (\psi \to \chi)) \land (\varphi \to (\chi \to \psi)))$

146. $\vdash (\varphi \land \neg\,\varphi) \to \psi$

3. Theorie der Quantoren

In diesem Abschnitt verwenden wir die Variablen ‚P‘ und ‚Q‘ für beliebige Allpräfixe und ‚P^e‘ und ‚Q^e‘ für die entsprechenden Existenzpräfixe. Wenn also $Q = $ ‚$\land x \land y \land z$‘, so $Q^e = $ ‚$\lor x \lor y \lor z$‘.

200. $\vdash Q \neg\,\varphi \to \neg\, Q\varphi$

$\quad(1) \quad \vdash Q\varphi \to \varphi \qquad\qquad\qquad\qquad\qquad 10$

$\quad(2) \quad \vdash \neg\,\varphi \to \neg\, Q\varphi \qquad\qquad\qquad\qquad (1)\,122,115$

$\quad(3) \quad \vdash Q \neg\,\varphi \to Q \neg\, Q\varphi \qquad\qquad\qquad (2)\,18$

$\quad(4) \quad \vdash Q \neg\, Q\varphi \to \neg\, Q\varphi \qquad\qquad\qquad 10$

$\quad(5) \quad \vdash Q \neg\,\varphi \to \neg\, Q\varphi \qquad\qquad\qquad (3)(4)\,16$

201. $\vdash (\varphi \to Q\psi) \to Q(\varphi \to \psi)$, wenn keine Variable aus Q in φ frei vorkommt. Man setze das Antezedenz voraus; dann erhält man

$\quad(1) \quad \vdash Q\psi \to \psi \qquad\qquad\qquad\qquad\qquad 10$

$\quad(2) \quad \vdash (1) \to ((\varphi \to Q\psi) \to (\varphi \to \psi)) \qquad 7$

$\quad(3) \quad \vdash (\varphi \to Q\psi) \to (\varphi \to \psi) \qquad\qquad (1)(2)\,14$

$\quad(4) \quad \vdash Q(\varphi \to Q\psi) \to Q(\varphi \to \psi) \qquad\quad (3)\,18$

$\quad(5) \quad \vdash (\varphi \to Q\psi) \to Q(\varphi \to Q\psi) \qquad\quad 11$

$\quad(6) \quad \vdash (\varphi \to Q\psi) \to Q(\varphi \to \psi) \qquad\qquad (4)(5)\,16$

202. $\vdash Q(\varphi \to \psi) \to (\varphi \to Q\psi)$, wenn keine Variable aus Q in φ frei vorkommt. Man setze das Antezedenz voraus; dann erhält man

$\quad(1) \quad \vdash Q(\varphi \to \psi) \to (Q\varphi \to Q\psi) \qquad\qquad 9$

$\quad(2) \quad \vdash \varphi \to Q\varphi \qquad\qquad\qquad\qquad\qquad 11$

$\quad(3) \quad \vdash Q\varphi \to (Q(\varphi \to \psi) \to Q\psi) \qquad\quad (1)\,122,128$

$\quad(4) \quad \vdash \varphi \to (Q(\varphi \to \psi) \to Q\psi) \qquad\qquad (2)(3)\,16$

$\quad(5) \quad \vdash Q(\varphi \to \psi) \to (\varphi \to Q\psi) \qquad\qquad (4)\,122,128$

203. $\vdash \varphi \leftrightarrow Q\varphi$, wenn keine Variable aus Q in φ

                            frei vorkommt.   10, 11

204. $\vdash Q\varphi \leftrightarrow \neg Q^e \neg \varphi$

n sei die Anzahl der Vorkommen von Quantoren in Q.

(a) Wenn $n = 1$, so $Q = \wedge\alpha$ und $Q^e = \vee\alpha$ (α ist irgendeine Variable).

     (1) $\vdash \wedge\alpha\varphi \leftrightarrow \wedge\alpha\varphi$ 123

     (2) $\vdash \wedge\alpha\varphi \leftrightarrow \neg\,\neg \wedge\alpha \neg\,\neg\varphi$ (1) 122, 127

     (3) $\vdash \wedge\alpha\varphi \leftrightarrow \neg \vee\alpha \neg\varphi$ (2) 15

(b) Vorausgesetzt sei 204 für $n = k$. In Q mögen $k + 1$ Quantoren vorkommen. Dann gilt für eine gewisse Variable α, daß $Q = P \wedge \alpha$ und $Q^e = P^e \vee\alpha$ (P ist dabei ein gewisses Präfix aus k Allquantoren).

     (1) $\vdash P \wedge \alpha\varphi \leftrightarrow P \wedge \alpha\varphi$ 123

     (2) $\vdash P \wedge \alpha\varphi \leftrightarrow \neg P^e \neg \wedge \alpha\varphi$ (1) 122, Vor.

     (3) $\vdash P \wedge \alpha\varphi \leftrightarrow \neg P^e \wedge \alpha \neg\,\neg\varphi$ (2) 122, 127

     (4) $\vdash P \wedge \alpha\varphi \leftrightarrow \neg P^e \vee\alpha \neg\varphi$ (3) 15

205. $\vdash \neg Q \neg \varphi \leftrightarrow Q^e \varphi$ 204, 122, 123

206. $\vdash \neg Q\varphi \leftrightarrow Q^e \neg\varphi$ 204, 122, 123

207. $\vdash Q \neg\varphi \leftrightarrow \neg Q^e \varphi$ 204, 122, 123

208. $\vdash \varphi \to Q^e \varphi$ 10, 122, 113, 205

209. $\vdash P\varphi \to Q^e \varphi$ 208, 10, 16

210. Wenn $\vdash\varphi$, so $\vdash Q^e \varphi$.   17, 209, 16

211. Wenn $\vdash\varphi \to \psi$, so $\vdash Q^e \varphi \to Q^e \psi$.   122, 115, 18, 205

212. $\vdash P^e \varphi \to Q^e \varphi$, wenn jede Variable aus P auch aus Q ist oder in φ nicht vorkommt.   12, 122, 115, 205

213. $\vdash Q^e \varphi \to \varphi$, wenn keine Variable aus Q in φ frei vorkommt.

                                        11, 122, 113, 205

214. Wenn $\vdash\varphi \to \psi$ und keine Variable aus Q in φ frei vorkommt, so $\vdash\varphi \to Q\psi$.   18, 11, 16

215. $\vdash P^e Q\varphi \to Q P^e \varphi$

     (1) $\vdash \varphi \to P^e \varphi$ 208

     (2) $\vdash Q\varphi \to Q P^e \varphi$ (1) 18

     (3) $\vdash P^e Q\varphi \to P^e Q P^e \varphi$ (2) 211

     (4) $\vdash P^e Q P^e \varphi \to Q P^e \varphi$ 213

     (5) $\vdash P^e Q\varphi \to Q P^e \varphi$ (3) (4) 16

216. $\vdash Q(\varphi \wedge \psi) \leftrightarrow (Q\varphi \wedge Q\psi)$ 117, 118, 18, 138,

                                         108 usw.

217. $\vdash Q(\varphi \leftrightarrow \psi) \to (Q\varphi \leftrightarrow Q\psi)$

218. $\vdash (Q\varphi \vee Q\psi) \to Q(\varphi \vee \psi)$

219. $\vdash Q(\varphi \to \psi) \to (Q^e\varphi \to Q^e\psi)$

220. $\vdash Q^e(\varphi \vee \psi) \leftrightarrow (Q^e\varphi \vee Q^e\psi)$

221. $\vdash Q^e(\varphi \wedge \psi) \to (Q^e\varphi \wedge Q^e\psi)$

222. $\vdash Q^e(\varphi \to \psi) \leftrightarrow (Q\varphi \to Q^e\psi)$

223. $\vdash Q(\varphi \vee \psi) \to (Q^e\varphi \vee Q\psi)$

224. $\vdash (P\varphi \vee Q^e\psi) \to Q^e(\varphi \vee \psi)$

225. $\vdash ((Q^e\varphi \to Q\psi) \to Q(\varphi \to \psi))$

226. $\vdash ((Q^e\varphi \to Q^e\psi) \to Q^e(\varphi \to \psi))$

227. $\vdash (Q\varphi \to Q\psi) \to Q^e(\varphi \to \psi)$

228. $\vdash (Q\varphi \wedge Q^e\psi) \to Q^e(\varphi \wedge \psi)$

229. $\vdash Q^e\varphi \leftrightarrow \varphi$, wenn keine Variable aus Q in φ frei vorkommt.

230. $\vdash Q(\varphi \wedge \psi) \leftrightarrow (\varphi \wedge Q\psi)$, wenn ... usw.

231. $\vdash Q^e(\varphi \wedge \psi) \leftrightarrow (\varphi \wedge Q^e\psi)$, wenn ... usw.

232. $\vdash Q(\varphi \vee \psi) \leftrightarrow (\varphi \vee Q\psi)$, wenn ... usw.

233. $\vdash Q^e(\varphi \vee \psi) \leftrightarrow (\varphi \vee Q^e\psi)$, wenn ... usw.

234. $\vdash Q(\psi \to \varphi) \leftrightarrow (Q^e\psi \to \varphi)$, wenn ... usw.

235. $\vdash Q^e(\psi \to \varphi) \leftrightarrow (Q\psi \to \varphi)$, wenn ... usw.

236. $\vdash Q^e(\varphi \to Q\varphi)$

4. Identität, Fortsetzung der Quantorentheorie; Einsetzung

300. $\vdash \alpha = \beta \to (\alpha = \gamma \to \beta = \gamma)$ VIII

301. $\vdash \alpha = \alpha$

    (1) $\vdash \beta = \alpha \to (\beta = \alpha \to \alpha = \alpha)$ 300

    (2) $\vdash \beta = \alpha \to \alpha = \alpha$ (1) 122, 144

    (3) $\vdash \wedge \beta (\beta = \alpha \to \alpha = \alpha)$ (2) 17

    (4) $\vdash \vee \beta \beta = \alpha \to \alpha = \alpha$ (3) 122, 234

    (5) $\vdash \vee \beta \beta = \alpha$ VII

    (6) $\vdash \alpha = \alpha$ (4) (5) 14

302. $\vdash \alpha = \beta \to \beta = \alpha$

    (1) $\vdash \alpha = \beta \to (\alpha = \alpha \to \beta = \alpha)$ 300

    (2) $\vdash \alpha = \alpha \to (\alpha = \beta \to \beta = \alpha)$ (1) 122, 128

    (3) $\vdash \alpha = \alpha$ 301

    (4) $\vdash \alpha = \beta \to \beta = \alpha$ (2) (3) 14

303. $\vdash \alpha = \beta \to (\beta = \gamma \to \alpha = \gamma)$ 300, 302, 16

304. $\vdash \beta = \gamma \to (\varphi \leftrightarrow \psi)$, wobei φ und ψ atomar sind und ψ gleich φ ist, außer daß in ψ an einer oder an mehreren Stellen γ auftritt, wo in φ die Variable β vorkommt. Der Beweis folgt aus VIII und durch Induktion über die Anzahl der Stellen, an denen in φ die Variable β und in ψ die Variable γ vorkommt.

305. $\vdash \beta = \gamma \to (\varphi \leftrightarrow \psi)$, wobei ψ gleich φ ist, außer daß in ψ Stellen freien Vorkommens von γ sind, wo in φ die Variable β frei vorkommt. Der Beweis folgt aus 304 durch Induktion über die Ordnung von φ (definiert wie im Beweis von 122).

306. $\vdash \wedge \alpha \varphi \to \psi$, wobei ψ gleich φ ist, außer daß in ψ an allen Stellen, wo α in φ frei vorkommt, β frei vorkommt.

Wenn $\alpha = \beta$, gilt 306 wegen 10. Wenn $\alpha \neq \beta$, schließen wir wie folgt (dabei ist ‚Vor. 306‘ eine Abkürzung für ‚Voraussetzung von 306‘).

(1) $\vdash \vee \alpha\, \alpha = \beta \to (\wedge \alpha \varphi \to (\wedge \alpha \varphi \wedge \vee \alpha\, \alpha = \beta))$ 108

(2) $\vdash \vee \alpha\, \alpha = \beta$ VII

(3) $\vdash \wedge \alpha \varphi \to (\wedge \alpha \varphi \wedge \vee \alpha\, \alpha = \beta)$ (1)(2)14

(4) $\vdash (\wedge \alpha \varphi \wedge \vee \alpha\, \alpha = \beta) \to \vee \alpha (\varphi \wedge \alpha = \beta)$ 228

(5) $\vdash \wedge \alpha \varphi \to \vee \alpha (\varphi \wedge \alpha = \beta)$ (3)(4)16

(6) $\vdash \alpha = \beta \to (\varphi \to \psi)$ Vor. 306, 305, 145, usw.

(7) $\vdash (\varphi \wedge \alpha = \beta) \to \psi$ (6)122, 128, 138

(8) $\vdash \wedge \alpha ((\varphi \wedge \alpha = \beta) \to \psi)$ (7)17

(9) $\vee \alpha (\varphi \wedge \alpha = \beta) \to \psi$ (8)122, Vor.306, 234

(10) $\vdash \wedge \alpha \varphi \to \psi$ (5)(9)16

307. $\vdash Q\varphi \to \psi$ und $\vdash \psi \to Q^{e}\varphi$, falls ψ gleich φ ist, außer daß in ψ die nicht notwendig verschiedenen $\beta_1, \ldots, \beta_n$ frei vorkommen, und zwar an Stellen, an denen φ jeweils die paarweise verschiedenen Variablen $\alpha_1, \ldots, \alpha_n$ enthält, und falls die $\alpha_1, \ldots, \alpha_n$ alle in Q vorkommen. Der Beweis folgt aus 306 durch Induktion über die Anzahl der Vorkommen von Quantoren.

308. $\wedge \alpha \varphi \leftrightarrow \wedge \beta \psi$, falls $\wedge \alpha \varphi$ und $\wedge \beta \psi$ gleich sind, außer daß in der ersten Formel α genau dort auftritt, wo in der zweiten Formel β vorkommt.

309. (Einsetzung) Wenn φ ein Theorem ist und ψ ein Einsetzungsergebnis von φ, so ist ψ ein Theorem.

Bevor wir dieses Metatheorem beweisen, müssen wir natürlich den entscheidenden Begriff ‚Einsetzungsergebnis' definieren. Dazu brauchen wir einen Hilfsbegriff, nämlich den der *Schablone*. Eine *Schablone* ist ein Ausdruck, der entweder eine Aussage von $\mathfrak{L}_\mathrm{I}$ ist oder den man dadurch aus solch einer Aussage gewinnen kann, daß man die Marken ‚①', oder ‚①' und ‚②', oder ‚①', ‚②' und ‚③', usw. an Stellen einsetzt, an denen die Aussage Individuenkonstanten enthält. Schablonen sind z.B. die Ausdrücke

$$F a\ ① \ ②$$
$$F\ ① \ ② \ ①$$
$$\wedge x(F x\ ① \ a \to \vee y\, G y\ ② \ b);$$

Dagegen sind die Ausdrücke

$$F x\ ① \ ② \quad \text{und} \quad F a\ ① \ ③$$

keine Schablonen. Wenn ‚①' in einer Schablone nicht vorkommt (d.h. wenn diese Schablone eine Aussage ist), dann ist sie vom Grad 0; enthält sie ‚①', aber nicht ‚②', so hat sie den Grad 1; enthält sie ‚②', aber nicht ‚③', so hat sie den Grad 2, usw. Ist σ eine Schablone n-ten Grades ($n > 0$) und sind die $\delta_1, \ldots, \delta_n$ Individuensymbole, so erhalten wir das Ergebnis $\sigma(\delta_1, \ldots, \delta_n)$, wenn wir δ_1 für ‚①', δ_2 für ‚②', δ_3 für ‚③', usw. in σ einsetzen.

φ sei nun eine Aussage von $\mathfrak{L}_\mathrm{I}$ und ϑ ein n-stelliges Prädikat (ungleich der Identität ‚I_1^2'), das in φ vorkommt. Ferner sei σ eine Schablone n-ten Grades. Wir gehen nun folgendermaßen vor, um σ an die Stelle von ϑ *einzusetzen*: an jede Stelle, wo in φ ein Ausdruck $\vartheta\delta_1\ldots\delta_n$ vorkommt, wobei die $\delta_1, \ldots, \delta_n$ Individuensymbole sind, setzen wir $\sigma(\delta_1, \ldots, \delta_n)$. Wenn wir bei dieser Einsetzung an allen Stellen die Regel befolgt haben, daß *keine Variable an irgendeiner Stelle in irgendeinem* eingesetzten $\sigma(\delta_1, \ldots, \delta_n)$ *gebunden vorkommen soll, wenn sie nicht schon an dieser Stelle in σ gebunden vorkommt*[1]), dann sagen wir, daß die Einsetzung *legitim* ist. (Wenn ϑ ein Aussagebuchstabe ist und σ eine Schablone 0-ten Grades, dann bedeutet eine Einsetzung von σ in φ an die Stelle von ϑ einfach, daß wir ϑ an jeder Stelle in φ durch σ ersetzen; alle solche Einsetzungen werden als legitim angesehen.)

Eine Aussage ψ ist dann und nur dann ein *Einsetzungsergebnis* einer Aussage φ, wenn ψ aus φ durch eine legitime Einsetzung erhalten

---

[1]) Da die Schablone σ gewöhnlich keine Formel von $\mathfrak{L}_\mathrm{I}$ ist, müßte man hier eigentlich sagen ‚wenn sie nicht bereits an dieser Stelle in einer Aussage, von der die Schablone abgeleitet wurde, gebunden vorkommt'.

werden kann. Metatheorem 309 besagt also, daß jede Aussage, die aus einem Theorem φ durch legitime Einsetzung für ein Prädikat ϑ erhalten werden kann, wieder ein Theorem ist.

Beispiel 1. Man setze ‚$G \,①\, \wedge H a \,①$‘ für ‚F‘ in ‚$\wedge x \vee y (F x \to (G x \wedge F y))$‘ ein. An die Stelle von ‚$F x$‘ setzen wir ‚$G x \wedge H a x$‘; an die Stelle von ‚$F y$‘ setzen wir ‚$G y \wedge H a y$‘; somit erhalten wir die Aussage

$$\wedge x \vee y ((G x \wedge H a x) \to (G x \wedge (G y \wedge H a y))).$$

Die Einsetzung ist legitim.

Beispiel 2. Man setze ‚$\vee y G \,①\, y$‘ für ‚F‘ in ‚$\wedge y (\wedge x F x \to F y)$‘ ein. An die Stelle von ‚$F x$‘ setzen wir ‚$\vee y\, G x y$‘ und an die Stelle von ‚$F y$‘ ‚$\vee y\, G y y$‘, so daß wir

$$\wedge y (\wedge x \vee y\, G x y \to \vee y\, G y y)$$

erhalten. Diese Einsetzung ist nicht legitim, weil wir für ‚$F y$‘ ($= \vartheta \delta_1$) ‚$\vee y\, G y y$‘ ($= \sigma(\delta_1)$) einsetzen, und in der letztgenannten Formel kommt ‚y‘ an vierter Stelle gebunden vor (Zeichen werden von links nach rechts gelesen), obwohl ‚y‘ in keiner Aussage, aus der man die Schablone ‚$\vee y G \,①\, y$‘ gewinnen kann, an vierter Stelle gebunden vorkommt. Man beachte: obwohl die Aussage ‚$\wedge y (\wedge x F x \to F y)$‘ gültig ist, ist das Ergebnis der Einsetzung nicht gültig.

Beispiel 3. Man setze ‚$G \,①\, ② \to G \,②\, ①$‘ für ‚G‘ in ‚$\wedge x \wedge y (G x y \to G y x)$‘ ein. An die Stelle von ‚$G x y$‘ setzen wir ‚$G x y \to G y x$‘, an die Stelle von ‚$G y x$‘ setzen wir ‚$G y x \to G x y$‘ und erhalten als Einsetzungsergebnis die Aussage

$$\wedge x \wedge y ((G x y \to G y x) \to (G y x \to G x y)).$$

In diesem Fall ist die Einsetzung wieder legitim.

Den Beweis für die Gültigkeit des Metatheorems geben wir hier nur in Umrissen an. Alle Einsetzungsergebnisse von Axiomen des Typs I sind wieder Axiome vom Typ I; Ähnliches gilt für die Axiome vom Typ II—VI. Es gibt keine Einsetzungsergebnisse für Axiome vom Typ VII, da diese keine nicht-logischen Prädikate enthalten. Alle Einsetzungsergebnisse von Axiomen des Typs VIII sind Theoreme, wie aus Metatheorem 305 ersichtlich. Ferner erhält man wieder einen *modus-ponens*-Schluß, wenn man überall in einem *modus-ponens*-Schluß ein und dieselbe Einsetzung vornimmt; dasselbe gilt für einen definitionsgemäßen Austausch. Nun wollen wir annehmen, daß φ ein Theorem ist und daß man ψ aus φ erhält, indem man für ein Prädikat ϑ in φ eine legitime Einsetzung einer Schablone σ vornimmt. Wir betrachten den Beweis von φ. Wenn σ überall in diesem Beweis für ϑ legitim eingesetzt werden kann, erhalten wir dabei einen Beweis für ψ, denn Axiome gehen in Axiome über (nur Axiome vom Typ VIII gehen in Theoreme über, die dann aber durch ihre Beweise ersetzt werden können), Anwendungen von *modus ponens* in Anwendungen von *modus ponens* und Anwendungen des definitionsgemäßen Austauschs in Anwendungen des definitionsgemäßen Austauschs. Wenn σ nicht in allen Schritten des Beweises legitim für ϑ eingesetzt werden kann, müssen wir auf dem Weg zu unserem Ziel einen Umweg machen. Zunächst gewinnen wir eine neue Schablone σ', die mit σ übereinstimmt, außer daß alle gebundenen Variablen als paarweise verschiedene gebundene Variablen neu so hingeschrieben wurden, daß keine gebundene Variable aus σ' in irgendeinem Schritt des Beweises von φ vorkommt. Dann setzen wir im ganzen Beweis von φ die Schablone σ' für ϑ ein (und diese Einsetzung ist legitim!) und erhalten wie vorher einen Beweis des Einsetzungsergebnisses ψ' von φ. Da ψ' ein Theorem ist, folgt aus 308 und 122, daß auch ψ ein Theorem ist.

5. Beweise aus Annahmen

Unser Begriff des Beweises läßt sich in der folgenden natürlichen Weise erweitern. Wir nennen eine endliche Folge von Aussagen einen *Beweis der Aussage φ aus den Annahmen Γ* (wobei Γ eine Aussagenmenge ist) genau dann, wenn φ das letzte Glied der Folge ist und wenn jedes Glied der Folge entweder ein Axiom ist oder eine der Annahmen aus Γ, oder wenn es aus früheren Gliedern mit *modus ponens* oder definitionsgemäßem Austausch folgt. Die Bezeichnung

$$\Gamma \Vvdash \varphi$$

ist eine Abkürzung für

es gibt einen Beweis von φ aus den Annahmen Γ,

und entsprechend für andere Kennzeichnungsformen, die Aussagen und Mengen von Aussagen darstellen.

Aus den obigen Definitionen ergeben sich einige unmittelbare Folgerungen. φ und ψ seien Aussagen, und Γ und Δ seien Mengen von Aussagen:

400. $\Lambda \Vvdash \varphi$ dann und nur dann, wenn φ ein Theorem ist.

401. Wenn $\varphi \in \Gamma$, so $\Gamma \Vvdash \varphi$.

402. Wenn $\Gamma \Vvdash \varphi$ und $\Gamma \subset \Delta$, so $\Delta \Vvdash \varphi$.

403. Wenn $\Gamma \Vvdash \varphi$ und $\Delta \Vvdash \varphi \rightarrow \psi$, so $\Gamma \cup \Delta \Vvdash \psi$.

15*

404. Wenn φ zu ψ definitionsgemäß äquivalent ist, so $\Gamma \Vdash \varphi$ dann und nur dann, wenn $\Gamma \Vdash \psi$.

Nicht ganz so unmittelbar einsichtig ist das folgende wichtige Metatheorem, das sogenannte *Deduktionstheorem*.

405. $\Gamma \cup \{\varphi\} \Vdash \psi$ dann und nur dann, wenn $\Gamma \Vdash \varphi \to \psi$.

Wir nehmen $\Gamma \Vdash \varphi \to \psi$ an. Nach 402 gilt $\Gamma \cup \{\varphi\} \Vdash \varphi \to \psi$. Nach 403 gilt $\Gamma \cup \{\varphi\} \Vdash \psi$.

Nun nehmen wir $\Gamma \cup \{\varphi\} \Vdash \psi$ an. Das bedeutet, daß es eine endliche Folge $\vartheta_1, \vartheta_2, \ldots, \vartheta_n = \psi$ gibt, die einen Beweis für ψ aus den Annahmen $\Gamma \cup \{\varphi\}$ darstellt. Also ist ϑ_i für $1 \leq i \leq n$ entweder gleich φ, oder es ist ein Axiom oder ein Element von Γ, oder es folgt mit *modus ponens* oder definitionsgemäßem Austausch aus vorhergehenden Ausdrücken. Wir sehen uns jetzt die Folge $\varphi \to \vartheta_1, \varphi \to \vartheta_2, \ldots, \varphi \to \vartheta_n$ an. Obwohl diese Folge mit der Aussage $\varphi \to \psi$ endet, braucht sie, so wie sie ist, noch kein Beweis für $\varphi \to \psi$ aus den Annahmen Γ zu sein, aber wir können sie in solch einen Beweis verwandeln, indem wir nach den folgenden Anweisungen ergänzende Schritte einfügen. Falls $\vartheta_i = \varphi$, so fügen wir an Stelle des Schrittes $\varphi \to \vartheta_i$ einen Beweis für $\varphi \to \varphi$ ein. Wenn ϑ_i ein Axiom oder ein Element aus Γ ist, setzen wir die Schritte

$$\vartheta_i$$
$$\vartheta_i \to (\varphi \to \vartheta_i)$$

genau vor den Schritt $\varphi \to \vartheta_i$. Wenn ϑ_i aus den Vorgängern ϑ_j und $\vartheta_k (= \vartheta_j \to \vartheta_i)$ mit *modus ponens* folgt, dann setzen wir unmittelbar vor den Schritt $\varphi \to \vartheta_j$ die beiden Schritte

$$(\varphi \to (\vartheta_j \to \vartheta_i)) \to ((\varphi \to \vartheta_j) \to (\varphi \to \vartheta_i))$$
$$(\varphi \to \vartheta_j) \to (\varphi \to \vartheta_i).$$

Folgt ϑ_i aus einem Vorgänger ϑ_j mit definitionsgemäßem Austausch, so sind keine Zusätze erforderlich, da dann $\varphi \to \vartheta_i$ aus $\varphi \to \vartheta_j$ mit demselben definitionsgemäßen Austausch folgt. Jetzt kann man leicht nachprüfen, daß die Folge, die sich nach all diesen Zusätzen ergibt, tatsächlich ein Beweis für $\varphi \to \psi$ aus den Annahmen Γ ist. Also $\Gamma \Vdash \varphi \to \psi$.

406. $\Gamma \Vdash \varphi$ dann und nur dann, wenn $\Gamma \cup \{\neg \varphi\} \Vdash ,P \wedge \neg P`$.

407. $\Gamma \Vdash \varphi$ dann und nur dann, wenn $\Gamma \cup \{\neg \varphi\} \Vdash \psi$ für jede Aussage ψ.

408. $\Gamma \Vdash \varphi$ dann und nur dann, wenn φ eine Folgerung aus Γ ist.

Der Beweis ist derselbe wie in Kapitel 8, Abschnitt 3.

ÜBUNGEN

1. Man gebe einen ausführlichen Beweis für die Aussage

$$\wedge x \wedge y (Fxy \to Gxy) \to (\wedge x \wedge y\, Fxy \to \wedge x \wedge y\, Gxy).$$

2. Man beweise die Metatheoreme 142—146.

3. Wenn $\Gamma \Vdash \varphi$, so zeige man, daß es eine endliche Aussagenmenge $\varDelta$ gibt, derart daß $\varDelta$ ausschließlich aus Elementen von Γ und (oder) logischen Axiomen besteht, und daß φ eine tautologische Folgerung aus $\varDelta$ ist. (So ist dann insbesondere jede gültige Aussage eine tautologische Folgerung aus einer endlichen Menge von logischen Axiomen.)

11. KAPITEL

Formalisierte Theorien

1. *Einführung*
2. *Aristotelische Syllogistik*
3. *Die Theorie der Zwischenrelation*
4. *Gruppen; Boolesche Algebren*
5. *Definitionen*

Eine in der Sprache der elementaren Logik formalisierte Theorie nennt man eine *elementare Theorie*. In diesem Kapitel untersuchen wir einige wichtige Eigenschaften elementarer Theorien und veranschaulichen sie an einer Reihe von Beispielen. Hier ist jetzt auch die richtige Stelle für eine Diskussion der formalen Regeln zur Einführung von Definitionen; Korrektheit oder Unkorrektheit ist nämlich ein Charakteristikum, das eine Definition nur in bezug auf eine vorliegende Theorie haben kann. Zur Vorbereitung auf das Thema dieses Kapitels und zur Weiterführung raten wir dem Leser, sich mit den Kapiteln VI bis X von Tarskis *Einführung in die mathematische Logik* zu beschäftigen.

1. Einführung

Abstrakt gesprochen kann jede Menge von Aussagen über gewisse Gegenstände als die Menge der Theoreme oder Lehrsätze (kurz Sätze) einer deduktiven Theorie angesehen werden, vorausgesetzt, die folgende Minimalbedingung ist erfüllt: jede Folgerung aus Sätzen der Theorie, die wieder eine Aussage über diese Gegenstände ist, soll wieder ein Satz der Theorie sein. Dabei verstehen wir die Wendung ‚eine Aussage über gewisse Gegenstände‘ in dem Sinne, daß die Aussage in einem gewissen Vokabular abgefaßt ist. So nähern wir uns der folgenden präziseren Definition. T ist dann und nur dann *eine im Prädikatenkalkül erster Stufe formalisierte deduktive Theorie,* wenn T aus einem Paar $\langle \Delta, \Gamma \rangle$ von Mengen besteht, wobei Δ eine Menge von nicht-logischen Konstanten aus $\mathfrak{L}$ mit mindestens einem Prädikat der Stellenzahl ≥ 1 und Γ eine Menge von Aussagen aus $\mathfrak{L}$ ist, die folgende Bedingungen erfüllen:

1) alle nicht-logischen Konstanten, die in Elementen von Γ vorkommen, sind Elemente von Δ;

2) jede Aussage von T, die eine Folgerung aus Γ ist, ist ein Element von Γ (dabei verstehen wir unter einer *Aussage* (oder einer *Formel*) *von* T eine solche, deren nicht-logische Konstanten alle zu Δ gehören).

Wenn $T = \langle \Delta, \Gamma \rangle$, dann nennen wir die Elemente von Δ das *nicht-logische Vokabular* von T und die Elemente von Γ die Theoreme oder Lehrsätze von T. Eine deduktive Theorie ist also durch ihr nicht-logisches Vokabular und durch ihre Lehrsätze eindeutig bestimmt.

Entsprechend sagen wir, daß T dann und nur dann *eine im Prädikatenkalkül erster Stufe mit Identität* (oder *mit Identität und Funktionszeichen*) *formalisierte Theorie* ist, wenn dieselben Bedingungen erfüllt sind, nur daß wir uns jetzt auf $\mathfrak{L}_I$ (oder $\mathfrak{L}'$) und nicht auf $\mathfrak{L}$ beziehen, so daß ‚Folgerung' jetzt ‚Folgerung in $\mathfrak{L}_I$' (oder ‚Folgerung in $\mathfrak{L}''$)[1] und nicht ‚Folgerung in $\mathfrak{L}$' bedeutet. Wenn wir einfach ‚Theorie' ohne jeden Zusatz sagen, so meinen wir damit gewöhnlich eine im Prädikatenkalkül erster Stufe mit Identität und Funktionszeichen formalisierte Theorie, obwohl fast alles, was wir über eine solche Theorie aussagen, mit wenig oder gar keinen Änderungen auf Theorien im Prädikatenkalkül erster Stufe mit oder ohne Identität übertragen werden könnte.

Man beachte, daß eine Theorie immer bereits durch die Menge ihrer Lehrsätze eindeutig bestimmt ist. Denn angenommen, die Menge der Lehrsätze einer Theorie T sei mit derjenigen einer Theorie T' identisch. Nun kommt jede nicht-logische Konstante aus dem Vokabular von T in einer Aussage von T vor, da alle logisch gültigen Aussagen von T Behauptungen von T sind; also kommt sie auch in den Behauptungen von T' vor und gehört zum Vokabular von T'. Umgekehrt ist natürlich auch das Vokabular von T' in dem von T enthalten. Also haben T und T' dasselbe Vokabular und dieselben Lehrsätze, und damit sind sie identisch.

---

[1]) Für deduktive Theorien, die in $\mathfrak{L}_I$ oder $\mathfrak{L}'$ formalisiert sind, ist es bequem, die Bedingung, daß in Δ wenigstens ein mindestens einstelliges Prädikat enthalten ist, fallenzulassen.

Eine Theorie T ist dann und nur dann *widerspruchsfrei*, wenn nicht gleichzeitig eine Aussage und ihre Negation Sätze von T sind; T ist dann und nur dann *vollständig*, wenn für jede Aussage von T gilt, daß sie selbst oder ihre Negation zu den Lehrsätzen von T gehört. Somit ist jede widerspruchsvolle Theorie gleichzeitig vollständig.

Ein weiterer, im gegenwärtigen Zusammenhang nützlicher Begriff ist der der Unabhängigkeit; eine Menge von Aussagen ist dann und nur dann *unabhängig*, wenn kein Element φ aus Γ eine Folgerung aus $\Gamma \sim \{\varphi\}$ ist. Die Frage nach der Unabhängigkeit erhebt sich oft im Zusammenhang mit Axiomenmengen (siehe unten); im allgemeinen bemüht man sich, Axiome so auszuwählen, daß keines von ihnen eine Folgerung aus den übrigen ist. Ein solches Axiom wäre nämlich theoretisch überflüssig, obwohl es in der Praxis bei der Ableitung von Theoremen (d.h. beim Beweis von Lehrsätzen) eine sehr große Hilfe sein kann. Vielleicht ist es natürlicher, eine Aussagenmenge Γ dann unabhängig zu nennen, wenn für $\varphi \in \Gamma$ weder φ noch $\neg\,\varphi$ eine Folgerung aus $\Gamma \sim \{\varphi\}$ ist. In den Fällen, an denen wir am meisten interessiert sind (wenn nämlich Γ widerspruchsfrei ist), kommen die beiden Definitionen jedoch auf dasselbe hinaus.

Weiterhin nennen wir eine Aussagenmenge Γ *entscheidbar*, wenn es ein schrittweises Verfahren gibt, das angewandt auf einen beliebigen Ausdruck φ in endlich vielen Schritten entscheidet, ob φ zu Γ gehört oder nicht. Man beachte, daß wir nicht verlangen, daß das Verfahren bekannt oder praktikabel ist. Wenn Γ nur endlich viele Aussagen enthält, so ist Γ entscheidbar, selbst wenn die Anzahl sehr groß ist, denn das Entscheidungsverfahren besteht dann einfach darin, daß man φ mit jedem Element aus Γ vergleicht. Wenn die Menge Γ unendlich ist, dann braucht sie nicht entscheidbar zu sein. Die Menge aller Aussagen aus $\mathfrak{L}$ ist entscheidbar, obwohl sie unendlich ist; die Menge aller gültigen Aussagen von $\mathfrak{L}$ ist dagegen ein Beispiel für eine Menge, die unendlich und unentscheidbar ist. Man nennt eine Theorie entscheidbar, wenn die Menge ihrer Lehrsätze entscheidbar ist.

Gibt es unter den Lehrsätzen einer vorliegenden Theorie T eine entscheidbare Teilmenge, so daß alle anderen Sätze Folgerungen aus ihr sind, so heißt die Theorie T *axiomatisierbar*. In solch einem Fall nennt man diese Teilmenge ein *Axiomensystem* für T; und relativ zu diesem Axiomensystem nennt man T eine *axiomatisierte* oder *axiomatische Theorie*.

Axiomatische Theorien sind deshalb von besonderem Interesse, weil ihre Gegenstücke in der natürlichen Sprache eine sehr wichtige historische Rolle in der Mathematik gespielt haben (und sogar in gewissen Gebieten der Physik waren sie von beachtlicher Bedeutung). Bis vor wenigen Jahren noch kam jedes Schulkind mit Euklids Aufbau der Geometrie in mehr oder weniger enge Berührung. Ohne Zweifel vergaß es oft die Beweise, die Lehrsätze und sogar die Axiome, doch die „grundlegende Idee' ging meistens nicht verloren: daß nämlich gewisse geometrische Prinzipien ohne Beweis vorausgesetzt wurden und daß die Aufgabe darin bestand, auf ihrer Grundlage andere geometrische Lehrsätze zu beweisen. Der Leser mit einer mathematischen Ausbildung über dem Mittelschulniveau lernt schnell zahlreiche weitere Axiomensysteme kennen: solche für die ganzen Zahlen, für die reellen Zahlen, für Gruppen, Ringe, Körper und viele andere mathematische Strukturen. In der Physik entdeckt er, daß z.B. große Teile der Mechanik mehr oder weniger streng axiomatisiert sind. Tatsächlich wird die axiomatische Theorie — in manchen Kreisen zumindest — als die ideale Form gepriesen, in der man die wissenschaftlichen Kenntnisse über jeden Gegenstand ordnen solle. Wieviel Skepsis gegen einen solchen Standpunkt auch gerechtfertigt sein mag, so besteht doch kein Zweifel daran, daß die axiomatische Methode für den Fortschritt mathematischen Wissens bereits von höchstem Nutzen gewesen ist, ebenso wie in der Übermittlung dieses Wissens an Studenten.

Axiomatische Theorien treten in zwei verschiedenen Formen auf, die von Hermes und Markwald in einleuchtender Weise voneinander getrennt wurden[1]. Manchmal (mit großer Sicherheit z.B. im Fall der euklidischen Geometrie) liegen die Lehrsätze einer Theorie bereits in mehr oder weniger präziser Form vor, bevor die Frage nach einem Axiomensystem auftaucht; dann werden Axiomenmengen vorgeschlagen und ihre Brauchbarkeit daran geprüft, ob die aus ihnen folgenden Theoreme mit den Lehrsätzen der Theorie übereinstimmen. Hermes und Markwald nennen diese Art von Axiomensystemen *heteronome* Systeme (nachträglich gewählte Systeme). Manchmal werden jedoch die Axiome als erstes benannt, und man *definiert* dann die Sätze der Theorie als diejenigen Aussagen der Theorie, die aus den Axiomen folgen. In diesem Fall ist das Axiomensystem eine Quelle für eine neue Theorie, und man nennt es *autonom*. Natürlich ist diese

---

[1] Hermes, H., und W. Markwald, „Grundlagen der Mathematik" in Grundzüge der Mathematik, Hrsg. H. Behnke, K. Fladt und W. Süss, Band I, 2. Auflage Göttingen 1966.

Aufteilung der Axiomensysteme in heteronome und autonome eher heuristisch als streng logisch aufzufassen, denn vom logischen Standpunkt aus ist ein Axiomensystem ein Axiomensystem, ganz gleich ob es erst aufgestellt wurde, als die Lehrsätze bereits vorhanden waren, oder ob es geradezu zur Charakterisierung der Lehrsätze als solcher verwendet wurde. Wie die zitierten Autoren auch betonen, erfordert diese Unterscheidung ein gewisses Maß an Idealisierung, denn in praktischen Fällen ist es oft schwierig zu entscheiden, ob ein vorliegendes Axiomensystem in der einen oder der anderen Weise klassifiziert werden soll. Manchmal entsteht ein autonomes System dadurch, daß man in einem heteronomen System das eine oder andere Axiom wegläßt oder abändert; in dieser Weise erhielt man die nichteuklidischen Geometrien aus der euklidischen Theorie.

Gewöhnlich bewertet man ein Axiomensystem nach verschiedenen Gesichtspunkten: Widerspruchsfreiheit, Vollständigkeit, Unabhängigkeit und Kategorizität. Die Widerspruchsfreiheit wird entweder semantisch verifiziert (indem man eine Interpretation angibt, bei der alle Axiome wahr sind) oder syntaktisch (indem man, ohne sich auf Interpretationen zu beziehen, zeigt, daß es keine Aussage φ gibt, derart daß sowohl φ als auch $\neg\,\varphi$ aus den Axiomen ableitbar sind). Daß die Widerspruchsfreiheit wichtig ist, erscheint selbstverständlich: aus einer widerspruchsvollen Axiomenmenge folgt jede Aussage, und wenn wir uns dann die Mühe machen, für eine bestimmte Aussage zu beweisen, daß sie aus den Axiomen folgt, so zeichnen wir sie damit in keiner Weise vor irgendwelchen anderen Aussagen aus, noch nicht einmal vor ihrer eigenen Negation.

Widerspruchsfreiheit ist auch wichtig im Zusammenhang mit gewissen quasi-philosophischen Fragen, die sich bei Axiomensystemen erheben. Auf Fragen wie ‚Was verstehen Sie unter einem ‚Punkt‘?, ‚Was verstehen Sie unter einer ‚Geraden‘?, ‚Was ist eine ‚Menge‘? antwortet man gewöhnlich, daß ein Punkt, eine Gerade oder eine Menge ein Objekt sei, das den und den Axiomen genüge. Selbstverständlich hängt die Aussagekraft einer solchen Antwort wesentlich davon ab, ob die Axiome widerspruchsfrei sind oder nicht. Für die meisten Theorien ‚mit einem relativ großen mathematischen Gehalt‘ hat sich die Frage nach Widerspruchsfreiheitsbeweisen als ein Problem erwiesen, das außerordentlich tiefgehende Schwierigkeiten mit sich bringt (man denke z.B. an Systeme der axiomatischen Mengenlehre).

Man nennt ein Axiomensystem für eine vorliegende Theorie genau dann vollständig, wenn die Theorie selbst vollständig ist. Autonome Axiomensysteme sind im allgemeinen unvollständig, was man von der Art ihrer Entstehung her auch erwartet. Unter heteronomen Systemen finden wir schon eher vollständige, denn wenn jemand eine Aussage entdeckt, die bei der beabsichtigten Interpretation wahr ist, die sich aber nicht aus dem Axiomensystem ableiten läßt, so bemüht man sich gewöhnlich, dieses durch Verschärfung des Axiomensystems doch möglich zu machen.

Die Unabhängigkeit einer Axiomenmenge wird meistens semantisch bewiesen, indem man zu jedem Axiom eine Interpretation angibt, bei der dieses Axiom falsch wird, bei der die übrigen Axiome jedoch wahr sind. Eine Menge von Axiomen, die nicht unabhängig ist, wird im allgemeinen als unelegant angesehen, denn das ableitbare Axiom ist offensichtlich überflüssig, obwohl manche Ableitung wesentlich erleichtert wird, wenn man dieses Axiom zur Verfügung hat. Versuche, die Unabhängigkeit von Axiomen zu beweisen, haben sich in der Geschichte als sehr fruchtbar erwiesen. Das Beispiel par excellence in dieser Beziehung ist der lange Kampf um das euklidische Parallelenaxiom, der schließlich zur Schaffung der nicht-euklidischen Geometrien führte. Im allgemeinen kann man von einem unabhängigen Axiomensystem zumindest das sagen, daß sich viel leichter übersehen läßt, welchen Beitrag jedes einzelne Axiom zur Theorie leistet.

Man nennt ein Axiomensystem *kategorisch*, wenn alle seine Modelle in einem noch zu erklärenden Sinne isomorph sind. Wenn man einen Begriff durch eine Menge von Axiomen charakterisieren will, dann ist es, wie schon bemerkt, natürlich wesentlich, daß die Axiome widerspruchsfrei sind, d.h. daß mindestens ein Modell existiert. Sonst könnten wir z.B. sagen, ein Punkt ist ein Objekt, das den und den Axiomen genügt, während (uns unbekannt) nichts diese Axiome erfüllen kann. Andererseits können wir, wenn die Axiome widerspruchsfrei sind, vor einem neuen Problem stehen: es kann zu viele Modelle geben. Unsere Bemühungen, einen oder mehrere Begriffe zu charakterisieren, könnten deshalb scheitern, weil wir nicht einschränkend genug waren.

Nun ist es nicht möglich, daß ein Axiomensystem nur ein einziges Modell besitzt, und so können wir bei dem Versuch, *ein* Modell eindeutig durch Axiome zu charakterisieren, keinen Erfolg haben. Jedes widerspruchsfreie Axiomensystem hat unendlich viele Modelle. Wir dürfen daher höchstens erwarten, daß die Modelle eines Axiomensystems zwar zahlreich sind, aber doch alle isomorph, d. h. daß sie alle dieselbe Struktur aufweisen. Γ sei eine Menge von Aussagen von $\mathfrak{L}'$. Wir sagen dann, daß die Interpretationen $\mathfrak{I}_1$ und $\mathfrak{I}_2$ dann und nur dann *isomorphe Modelle* von Γ darstellen, wenn

(i) $\mathfrak{I}_1$ und $\mathfrak{I}_2$ Modelle von Γ sind;

(ii) es eine umkehrbar eindeutige Abbildung des Bereichs von $\mathfrak{I}_1$ auf den Bereich von $\mathfrak{I}_2$ gibt, die jedem Element e des Bereichs von $\mathfrak{I}_1$ genau ein Element $\bar{e}$ des Bereichs von $\mathfrak{I}_2$ zuordnet, so daß jedes Element des zweiten Bereichs auch als Bild eines Elements des ersten Bereichs auftritt;

(iii) $\mathfrak{I}_1(\varphi) = \mathfrak{I}_2(\varphi)$ für jeden in Γ auftretenden Aussagebuchstaben φ, d. h. der Wert von φ bei $\mathfrak{I}_1$ ist identisch mit dem Wert von φ bei $\mathfrak{I}_2$;

(iv) $\mathfrak{I}_2(\beta) = \overline{\mathfrak{I}_1(\beta)}$ für jede in Γ vorkommende Individuenkonstante β;

(v) das n-Tupel $\langle \mathfrak{x}_1, \mathfrak{x}_2, \ldots, \mathfrak{x}_n \rangle$ dann und nur dann zu $\mathfrak{I}_1(\vartheta)$ gehört, wenn $\langle \bar{\mathfrak{x}}_1, \bar{\mathfrak{x}}_2, \ldots, \bar{\mathfrak{x}}_n \rangle$ zu $\mathfrak{I}_2(\vartheta)$ gehört, wobei ϑ ein beliebiges n-stelliges Prädikat aus Γ ist und $\mathfrak{x}_1, \mathfrak{x}_2, \ldots, \mathfrak{x}_n$ beliebige Elemente aus dem Bereich von $\mathfrak{I}_1$ sind;

(vi) $\langle \mathfrak{x}_1, \mathfrak{x}_2, \ldots, \mathfrak{x}_n, \mathfrak{y} \rangle$ dann und nur dann zu $\mathfrak{I}_1(\vartheta)$ gehört, wenn $\langle \bar{\mathfrak{x}}_1, \bar{\mathfrak{x}}_2, \ldots, \bar{\mathfrak{x}}_n, \bar{\mathfrak{y}} \rangle$ zu $\mathfrak{I}_2(\vartheta)$ gehört, wobei ϑ ein beliebiges n-stelliges Operationszeichen aus Γ ist und $\mathfrak{x}_1, \mathfrak{x}_2, \ldots, \mathfrak{x}_n, \mathfrak{y}$ beliebige Elemente aus dem Bereich von $\mathfrak{I}_1$ sind.

Für viele der am häufigsten vorkommenden mathematischen Axiomensysteme kann man ziemlich leicht zeigen, daß sie nicht kategorisch sind. In manchen dieser Fälle kann man aber einen sogenannten Darstellungssatz beweisen, der besagt, daß zwar nicht alle Modelle zueinander isomorph sind, daß aber jedes Modell zu einem Modell mit einer bestimmten Eigenschaft isomorph ist. So sind zwar nicht alle Modelle der Gruppentheorie isomorph, aber man kann zeigen, daß jedes Modell zu einer Transformationsgruppe isomorph ist (siehe Abschnitt 4).

2. Aristotelische Syllogistik

Als Beispiel für eine im Prädikatenkalkül erster Stufe (ohne Identität) formulierte axiomatisierte Theorie betrachten wir die folgende Theorie T_1. Das nicht-logische Vokabular von T_1 besteht aus vier zweistelligen Prädikaten ‚A^2‘, ‚E^2‘, ‚I^2‘ und ‚O^2‘, und die Sätze von T_1 sind diejenigen ihrer Aussagen, die aus den untenstehenden sieben Axiomen folgen:

1. $\wedge x \wedge y \wedge z((A\,yz \wedge A\,xy) \to A\,xz)$ Barbara
2. $\wedge x \wedge y \wedge z((E\,yz \wedge A\,xy) \to E\,xz)$ Celarent
3. $\wedge x \wedge y(I\,xy \to I\,yx)$ Konversion von ‚I‘
4. $\wedge x \wedge y(E\,xy \to E\,yx)$ Konversion von ‚E‘
5. $\wedge x \wedge y(A\,xy \to I\,yx)$ Konversion von ‚A‘
6. $\wedge x \wedge y(E\,xy \to \neg\,I\,xy)$ Definition von ‚E‘
7. $\wedge x \wedge y(O\,xy \to \neg\,A\,xy)$ Definition von ‚O‘

Diese Theorie stellt eine formalisierte Version der aristotelischen Theorie der Syllogismen dar. Ihre Widerspruchsfreiheit folgt aus der Tatsache, daß die Axiome 1—7 bei allen Interpretationen $\mathfrak{I}$ wahr sind, deren Bereich die Menge aller nicht-leeren Teilmengen einer nicht-leeren Menge $\mathfrak{m}$ ist und die in folgender Weise den vier Prädikaten Relationen zuordnen:

$$A: \;\text{①} \subset \text{②}$$
$$E: \;\text{①} \cap \text{②} = \Lambda$$
$$I: \;\text{①} \cap \text{②} \neq \Lambda$$
$$O: \;\text{①} \not\subset \text{②}$$

Andererseits ist T_1 nicht vollständig, denn weder ‚$\vee x\,A\,xx$‘ noch ihre Negation ist ein Satz von T_1. Sei nämlich $\mathfrak{I}'$ eine Interpretation mit {Aristoteles} als Bereich, die den Prädikaten folgende Relationen zuordnet:

$$A: \;\text{①} \neq \text{②}$$
$$E: \;\text{①} = \text{②}$$
$$I: \;\text{①} \neq \text{②}$$
$$O: \;\text{①} = \text{②}$$

Alle Axiome werden bei $\mathfrak{I}'$ wahr, doch ‚$\vee x\,A\,xx$‘ ist falsch. Bei der oben beschriebenen Interpretation $\mathfrak{I}$ sind die Axiome ebenfalls wahr, aber ‚$\neg\,\vee x\,A\,xx$‘ ist falsch. Also ist weder ‚$\vee x\,A\,xx$‘ noch ‚$\neg\,\vee x\,A\,xx$‘ eine Folgerung aus den Axiomen, und daher ist T_1 unvollständig.

Die Axiome sind auch nicht unabhängig, denn Axiom 3 kann offensichtlich aus 4 und 6 abgeleitet werden. Sie sind ferner nicht kategorisch, da es Modelle gibt mit Bereichen, die unterschiedlich viele Elemente haben. Sogar wenn die Anzahl der Elemente fest gewählt ist, gibt es noch nicht-isomorphe Modelle. $\mathfrak{I}_1$ und $\mathfrak{I}_2$ seien z.B. Interpretationen mit der Menge $\{0, 1\}$ als Bereich; $\mathfrak{I}_1$ treffe die folgenden Zuordnungen:

$$A: \{\langle 0, 0\rangle, \langle 1, 1\rangle, \langle 0, 1\rangle\}$$
$$E: \Lambda$$
$$I: \{\langle 0, 0\rangle, \langle 1, 1\rangle, \langle 0, 1\rangle, \langle 1, 0\rangle\}$$
$$O: \{\langle 1, 0\rangle\}$$

und $\mathfrak{I}_2$ die folgenden:

$$A: \{\langle 0, 0\rangle, \langle 1, 1\rangle\}$$
$$E: \Lambda$$
$$I: \{\langle 0, 0\rangle, \langle 1, 1\rangle, \langle 0, 1\rangle, \langle 1, 0\rangle\}$$
$$O: \{\langle 0, 1\rangle, \langle 1, 0\rangle\}.$$

Wären $\mathfrak{I}_1$ und $\mathfrak{I}_2$ isomorph, so wäre $\langle 0, 1\rangle \in \mathfrak{I}_1(‚A‘)$ dann und nur dann, wenn $\langle \bar{0}, \bar{1}\rangle \in \mathfrak{I}_2(‚A‘)$; $\bar{0}$ und $\bar{1}$ müssen aber verschieden sein, da die Bereiche isomorpher Interpretationen eineindeutig aufeinander abbildbar sind; es gehört aber kein Paar mit verschiedenen Gliedern zu $\mathfrak{I}_2(‚A‘)$.

Die beabsichtigten Interpretationen von T_1 sind von der Art, wie wir sie beim Widerspruchsfreiheitsbeweis verwandt haben. Wir wollen z.B. annehmen, daß $\mathfrak{m}$ die Menge aller Lebewesen sei. ‚α‘, ‚β‘ und ‚γ‘ seien metasprachliche Variablen über den nicht-leeren Teilmengen von $\mathfrak{m}$. Dann besagen die Axiome 1—7 das folgende:

1′. Für alle α, β, γ: wenn jedes β ein γ ist und jedes α ein β, so ist jedes α ein γ.

2′. Für alle α, β, γ: Wenn kein β ein γ ist und jedes α ein β, so ist kein α ein γ.

3′. Für alle α, β: Wenn es einige α gibt, die β sind, so gibt es einige β, die α sind.

4′. Für alle α, β: Wenn kein α ein β ist, so ist kein β ein α.

5′. Für alle α, β: Wenn jedes α ein β ist, so gibt es einige β, die α sind.

6′. Für alle α, β: kein α ist ein β dann und nur dann, wenn es nicht der Fall ist, daß es einige α gibt, die β sind.

7′. Für alle α, β: es gibt einige α, die β sind, dann und nur dann, wenn nicht jedes α ein β ist.

Jedes dieser sieben ist ein logisches Prinzip, das mit gewissen Einschränkungen Aristoteles zugeschrieben werden kann (siehe Kapitel 12, Abschnitt 1). Die Behauptungen 1′ und 2′ sind die ‚Barbara‘ und

‚Celarent' genannten syllogistischen Modi; 3′, 4′ und 5′ sind die sogenannten Konversionsregeln; 6′ und 7′ sind Teile aus dem logischen
Quadrat des Aristoteles. Alle werden von Aristoteles bei der Ableitung der übrigen gültigen syllogistischen Modi aus Barbara und Celarent benutzt. Wir können in unserem System des natürlichen Schließens die aristotelischen Ableitungen reproduzieren.

Der Kürze wegen wollen wir zunächst einige Absprachen zur Kom-
primierung der Beweise treffen. ‚BE′' soll ‚wiederholte Anwendung von
BE' bedeuten, und Gleiches gilt für die anderen Regeln. Auch wird uns
die folgende abgeleitete Regel von großer Hilfe sein.

TH Jeder Spezialfall[1] eines Axioms oder eines früher bewiesenen
Theorems darf mit der leeren Menge als Menge von Prämissennummern in einer Zeile eingeführt werden; allgemeiner: ψ darf
in einer Zeile eingeführt werden, wenn $\varphi_1, \ldots, \varphi_n$ in früheren
Zeilen erscheinen und ψ eine tautologische Folgerung aus
$\{\varphi_1, \ldots, \varphi_n\}$ und ein Spezialfall eines Axioms oder eines früher
bewiesenen Theorems ist; als Prämissennummern der neuen
Zeile nehme man alle Prämissennummern dieser früheren Zeilen.

Man beachte, daß uns diese Regel im Zusammenhang mit Prämissennummern gestattet, auf die Bezugnahme auf Spezialfälle von Axiomen
oder früher bewiesenen Theoremen zu verzichten. In den folgenden Ableitungen hängt jede Zeile außer von den explizit angegebenen Prämissen auch noch von den Axiomen 1—7 ab. Da alle Axiome von T_1
auch Theoreme von T_1 sind, fangen wir bei unserer Zählung mit ‚8'
an.

8.	$\wedge x \wedge y \wedge z((Ezy \wedge Axy) \to Exz)$		Cesare
$\{1\}$	(1)	$Ecb \wedge Aab$	P
$\{1\}$	(2)	$Ebc \wedge Aab$	(1), 4, TH
$\{1\}$	(3)	Eac	(2), 2, TH
Λ	(4)	$(Ecb \wedge Aab) \to Eac$	(1), (3), K
Λ	(5)	$\wedge x \wedge y \wedge z((Ezy \wedge Axy) \to Exz)$	(4), G′
9.	$\wedge x \wedge y \wedge z((Azy \wedge Exy) \to Exz)$		Camestres
$\{1\}$	(1)	$Acb \wedge Eab$	P
$\{1\}$	(2)	$Eba \wedge Acb$	(1), 4, TH
$\{1\}$	(3)	Eca	(2), 2, TH

---

[1] Wir sagen in diesem Zusammenhang, daß φ dann und nur dann ein *Spezialfall* von ψ ist, wenn φ aus ψ durch wiederholte Anwendung von BE gewonnen
werden kann.

$\{1\}$ (4) Eac (3), 4, TH

Λ (5) $(Acb \wedge Eab) \to Eac$ (1), (4), K

Λ (6) $\wedge x \wedge y \wedge z((Azy \wedge Exy) \to Exz)$ (5), G′

10. $\wedge x \wedge y \wedge z((Ayz \wedge Ixy) \to Ixz)$ Darii

$\{1\}$ (1) $Abc \wedge Iab$ P

$\{2\}$ (2) $\neg Iac$ P

$\{1, 2\}$ (3) $Abc \wedge Eac$ (1), (2), 6, TH

$\{1, 2\}$ (4) Eab (3), 9, TH

$\{1\}$ (5) $\neg Iac \to Eab$ (2), (4), K

$\{1\}$ (6) Iac (1), (5), 6, TH

Λ (7) $(Abc \wedge Iab) \to Iac$ (1), (6), K

Λ (8) $\wedge x \wedge y \wedge z((Ayz \wedge Ixy) \to Ixz)$ (7), G′

11. $\wedge x \wedge y \wedge z((Eyz \wedge Ixy) \to Oxz)$ Ferio

(Der Beweis verläuft analog zu dem von Theorem 10, nur daß 7, 8 und 6 benutzt werden.)

12. $\wedge x \wedge y \wedge z((Ezy \wedge Ixy) \to Oxz)$ Festino

(Beweis analog zu dem von Theorem 8, nur werden 4 und 11 benutzt.)

13. $\wedge x \wedge y \wedge z((Azy \wedge Oxy) \to Oxz)$ Baroco

(Beweis analog zu dem von Theorem 10, nur werden 7 und 11 benutzt.)

14. $\wedge x \wedge y \wedge z((Ayz \wedge Ayx) \to Ixz)$ Darapti 5, 10

15. $\wedge x \wedge y \wedge z((Eyz \wedge Ayx) \to Oxz)$ Felapton 5, 11

16. $\wedge x \wedge y \wedge z((Iyz \wedge Ayx) \to Ixz)$ Disamis 3, 10

17. $\wedge x \wedge y \wedge z((Ayz \wedge Iyx) \to Ixz)$ Datisi 3, 10

18. $\wedge x \wedge y \wedge z((Oyz \wedge Ayx) \to Oxz)$ Bocardo

(Beweis analog zu dem von Theorem 10, nur werden 7 und 1 benutzt.)

19. $\wedge x \wedge y \wedge z((Eyz \wedge Iyx) \to Oxz)$ Ferison 3, 11

Es mag für den Leser interessant sein, die vorangegangenen Beweise mit den in Kapitel 12, Abschnitt 1 zitierten aristotelischen Aussagen zu vergleichen.

3. Die Theorie der Zwischenrelation

Als nächstes wollen wir eine im Prädikatenkalkül erster Stufe mit Identität (aber ohne Operationszeichen) formulierte axiomatisierte Theorie untersuchen. Diese Theorie nennen wir ‚T_2'. Ihr nicht-logisches

Vokabular besteht aus einem einzigen Prädikat ‚Z^3‘, und ihre Aussagen sind somit alle die Aussagen von $\mathfrak{L}_\mathrm{I}$, in denen außer ‚Z^3‘ keine weiteren nicht-logischen Konstanten vorkommen. (In der Sprache $\mathfrak{L}_\mathrm{I}$ ist bekanntlich das Prädikat ‚I_1^2‘ für die Identität als eine logische Konstante klassifiziert.) Die Sätze von T^2 können wir als diejenigen ihrer Aussagen definieren, die bei jeder Interpretation $\mathfrak{I}$, die die beiden folgenden Bedingungen erfüllt, wahr sind:

(i) Der Bereich von $\mathfrak{I}$ ist die Menge aller Punkte auf einer gewissen (euklidischen) Geraden; und

(ii) $\mathfrak{I}$ ordnet ‚Z^3‘ die Zwischenrelation (gegeben durch das Prädikat ‚② liegt zwischen ① und ③‘) zwischen Punkten auf dieser Geraden zu. ‚Zwischen‘ hat die normale Bedeutung, nur daß wir annehmen, daß jeder Punkt zwischen sich und einem anderen und auch zwischen sich und sich liegt.

Wir bemerken, daß die so spezifizierten Sätze von T_2 der Bedingung genügen, daß jede Folgerung aus Sätzen wieder ein Satz ist, denn die Folgerungen aus einer Menge sind bei allen Interpretationen wahr, bei denen die Elemente der Menge wahr sind. Da ferner keine Aussage zusammen mit ihrer Negation bei ein und derselben Interpretation wahr sein kann, ist T_2 auch widerspruchsfrei. Wenn eine Aussage von T_2 bei einer der oben beschriebenen Interpretationen wahr ist, so ist sie bei allen solchen Interpretationen wahr; daher gilt für jede Aussage von T_2, daß entweder sie selbst oder ihre Negation ein Satz von T_2 ist. Also ist T_2 auch vollständig.

Nun zeigt es sich, daß T_2 durch die folgenden sieben Axiome axiomatisierbar ist:

1. $\wedge x \wedge y (Z\,x\,y\,x \rightarrow x = y)$

2. $\wedge x \wedge y \wedge z \wedge u ((Z\,x\,y\,u \wedge Z\,y\,z\,u) \rightarrow Z\,x\,y\,z)$

3. $\wedge x \wedge y \wedge z \wedge u (((Z\,x\,y\,z \wedge Z\,y\,z\,u) \wedge y \neq z) \rightarrow Z\,x\,y\,u)$

4. $\wedge x \wedge y \wedge z ((Z\,x\,y\,z \vee Z\,x\,z\,y) \vee Z\,z\,x\,y)$

5. $\vee x \vee y\; x \neq y$

6. $\wedge x \wedge y (x \neq y \rightarrow \vee z (Z\,x\,y\,z \wedge y \neq z))$

7. $\wedge x \wedge y (x \neq y \rightarrow \vee z (Z\,x\,z\,y \wedge (z \neq x \wedge z \neq y)))$.

Beim Hinschreiben der Ableitungen benutzen wir dieselben Abkürzungen wie im Zusammenhang mit T_1; in der Sprache $\mathfrak{L}_\mathrm{I}$ ist es aber sinnvoll, die Regel TH (Seite 239) noch zu verschärfen, indem

wir die Wendung ‚oder durch Anwendung der Regel I ableitbar aus
$\{\dots\}$‘ unmittelbar hinter ‚eine tautologische Folgerung aus $\{\dots\}$‘ einfügen.

8. $\wedge x \wedge y (Zxxy \wedge Zxyy)$

Λ	(1)	$(Zaba \vee Zaab) \vee Zaab$	TH, 4
$\{2\}$	(2)	$Zaba$	P
$\{2\}$	(3)	$a = b$	(2), TH, 1
$\{2\}$	(4)	$Zaab$	(2), (3), I
Λ	(5)	$Zaba \rightarrow Zaab$	
Λ	(6)	$Zaab$	
Λ	(7)	$(Zabb \vee Zabb) \vee Zbab$	TH, 4
$\{8\}$	(8)	$Zbab$	P
$\{8\}$	(9)	$b = a$	(8), TH, 1
$\{8\}$	(10)	$Zabb$	(8), (9), I
Λ	(11)	$Zbab \rightarrow Zabb$	
Λ	(12)	$Zabb$	
Λ	(13)	$Zaab \wedge Zabb$	
Λ	(14)	$\wedge x \wedge y (Zxxy \wedge Zxyy)$.	(13), G′

Man wird bemerken, daß viele Aussagen aus dieser Ableitung keine
Aussagen der Theorie T_2 sind. Auf den ersten Blick mag das eine unerwünschte Folgerung aus der Art und Weise sein, wie wir ‚Theorie‘
definiert oder wie wir die Schlußregeln für den Prädikatenkalkül eingeführt haben. Eine kleine Überlegung zeigt uns aber, daß wir beim
Beweisen in den geläufigen Theorien — z. B. in der euklidischen Geometrie — manches behaupten, was strenggenommen kein geometri-
scher Satz ist und was auch in einer geometrischen Theorie nicht ent-
schieden werden kann. So sagt man z. B. ‚a und b seien zwei sich
schneidende Geraden‘. Man ist wohl kaum der Ansicht, daß eine
Geometrie dann unvollständig sein sollte, wenn sie weder diese Aussage noch ihre Negation enthält.

9. $\wedge x \wedge y \wedge z (Zxyz \rightarrow Zzyx)$

$\{1\}$	(1)	$a = b$	P
$\{2\}$	(2)	$b = c$	P
Λ	(3)	$Zcbb$	TH, 8
$\{1\}$	(4)	$Zcba$	TH, (1), (3)
Λ	(5)	$Zcca$	TH, 8
$\{2\}$	(6)	$Zcba$	TH, (2), (5)
Λ	(7)	$(a = b \vee b = c) \rightarrow Zcba$	K′

Λ (8) $((Zabc \wedge Zbca) \wedge b \neq c) \to Zaba$ 3, BE$'$

Λ (9) $(Zabc \wedge Zbac) \to Zaba$ 2, BE$'$

Λ (10) $(Zbac \vee Zbca) \vee Zcba$ 4, BE$'$

Λ (11) $Zabc \to Zcba$ 1, (7) — (10), TH

Λ (12) $\wedge x \wedge y \wedge z (Zxyz \to Zzyx)$ G$'$, (11)

10. $\wedge x \wedge y \wedge z ((Zxyz \wedge Zyzx) \to y = x)$

Λ (1) $Zabc \to Zcba$ 9, TH

Λ (2) $(Zbca \wedge Zcba) \to Zbcb$ 2, BE$'$

Λ (3) $(Zabc \wedge Zbca) \to b = c$ 1, (1), (2), TH

Λ (4) $\wedge x \wedge y \wedge z ((Zxyz \wedge Zyzx) \to y = x)$ (3), G$'$

11. $\wedge x \wedge y \wedge z \wedge u (((Zxyz \wedge Zyzu) \wedge y \neq z) \to Zxzu)$ 3, 9

12. $\wedge x \wedge y \wedge z \wedge u ((Zxyu \wedge Zyzu) \to Zxzu)$ 2, 11

13. $\wedge x \wedge y \wedge z \wedge u ((Zxyu \wedge Zyzu) \to (Zxyz \wedge Zxzu))$

                  2, 9, 12

14. $\wedge x \wedge y \wedge z \wedge u ((Zxyu \wedge Zxzu)$
      $\to ((Zxyz \wedge Byzu) \vee (Zxzy \wedge Zzyu)))$ 3, 4, 8, 9, 10, 13

15. $\wedge x \wedge y \wedge z \wedge u (((Zxyz \wedge Zxyu) \wedge x \neq y)$
      $((Zxzu \wedge Zyzu) \vee (Zxuz \wedge Zyuz)))$ 9, 10, 13

16. $\vee x \vee y \vee z ((x \neq y \wedge x \neq z) \wedge y \neq z)$

17. $\vee x \vee y \vee z \vee u (((x \neq y \wedge x \neq z) \wedge (x \neq u \wedge y \neq z))$
      $(y \neq u \wedge z \neq u))$

18. $\wedge x \wedge y \wedge z \wedge u (Zxyz \to (Zxyu \vee Zuyz))$ 2, 3, 4, 9

19. $\wedge x \wedge y \wedge z \wedge u \wedge v (((Zxzy \wedge Zxuy) \wedge Zzvu) \to Zxvy)$

20. $\wedge x \wedge y \wedge z \wedge u (((Zxyz \wedge Zyzu) \wedge Zzux) \to (y = z \vee z = u))$

Wir haben schon gesehen, daß die Theorie T_2 widerspruchsfrei ist. Wir fragen uns nun, ob unser Axiomensystem auch unabhängig ist. Um die Unabhängigkeit zu zeigen, müssen wir zu jedem Axiom eine Interpretation angeben, bei der dieses Axiom falsch ist, die übrigen sechs aber wahr sind. So können wir z. B. verifizieren, daß das Axiom 1 nicht aus den Axiomen 2—7 ableitbar ist, wenn wir folgende Interpretation $\mathfrak{J}$ heranziehen:

      $\mathfrak{B}$: die Menge aller Punkte auf einer Geraden $\mathfrak{l}$

      Z^3: ① ist ein Punkt auf $\mathfrak{l}$, und ② ist ein Punkt auf $\mathfrak{l}$,
          und ③ ist ein Punkt auf $\mathfrak{l}$.

Bei dieser Interpretation ist Axiom 1 falsch, aber die Axiome 2—7 sind wahr; also ist Axiom 1 keine Folgerung aus den Axiomen 2—7. In einem zweiten Beispiel betrachten wir folgende Interpretation $\mathfrak{J}'$:

$\mathfrak{B}$: die Menge aller Punkte einer Ebene $\mathfrak{p}$

Z^3: ①, ②, ③ liegen auf einer Geraden in $\mathfrak{p}$,
     und ② liegt zwischen ① und ③.

Bei dieser Interpretation ist das Axiom 4 falsch, doch die übrigen Axiome sind wahr; also ist Axiom 4 keine Folgerung aus den übrigen. Wir überlassen es weiterhin dem Leser, noch fünf Interpretationen zu finden, die den Unabhängigkeitsbeweis für unser Axiomensystem vervollständigen.

4. Gruppen; Boolesche Algebren

Wenn wir nicht nur die Identität, sondern auch Operationszeichen zu unserer Verfügung haben, dann können wir eine Vielzahl von Theorien in sehr eingängiger Weise formalisieren. Sehen wir uns z. B. die Gruppentheorie (Theorie T_3) an, die wir in der Sprache $\mathfrak{L}'$ formalisieren. Das nicht-logische Vokabular von T_3 besteht aus dem zweistelligen Operationszeichen ‚f^{2}' (für die sogenannte Gruppenaddition), dem einstelligen Operationszeichen ‚f^{1}' (für die Inversenbildung) und aus der Individuenkonstanten ‚e' (für das neutrale Element). Also sind die Aussagen von T_3 gerade diejenigen Aussagen von $\mathfrak{L}'$, die außer den drei erwähnten keine anderen nicht-logischen Konstanten enthalten. Die Lehrsätze bestehen aus allen Folgerungen, die aus gewissen Axiomen zu ziehen sind. Diese Axiome lassen sich am einfachsten hinschreiben, wenn wir noch zwei Konventionen treffen: In Aussagen von T_3 schreiben wir

$$(\tau + \tau') \quad \text{für} \quad f^2\tau\tau'$$

und

$$\bar{\tau} \quad \text{für} \quad f^1\tau;$$

dabei sind τ und τ' beliebige Terme oder das Ergebnis früherer Anwendungen dieser Konventionen. Äußere Klammern lassen wir weg, wenn keine Mißverständnisse entstehen können. Es gibt dann drei Axiome für T_3:

1. $\wedge x \wedge y \wedge z \; x + (y + z) = (x + y) + z$
2. $\wedge x \; x + e = x$
3. $\wedge x \; x + \bar{x} = e.$

Diese Theorie ist offensichtlich widerspruchsfrei, denn die drei Axiome sind wahr bei einer Interpretation $\mathfrak{F}$, deren Bereich aus den ganzen

Zahlen (den positiven, den negativen und der Null) besteht und die die nicht-logischen Konstanten der Theorie wie folgt belegt:

$$e: \quad 0$$
$$f^2: \quad ① + ② \ (,+\text{'} \text{ im gewöhnlichen Sinne})$$
$$f^1: \quad 0 - ① \ (,-\text{'} \text{ im gewöhnlichen Sinne})$$

Diese Theorie ist nicht vollständig, denn weder die Aussage ,$\wedge x \, x = e$' noch ihre Negation ist eine Folgerung aus den Axiomen, wie man mit Hilfe geeigneter Interpretationen leicht nachprüfen kann. Ebenso leicht ist es zu zeigen, daß die Axiome unabhängig sind. Sie sind nicht kategorisch, denn sie haben Modelle, deren Bereiche von verschiedener Mächtigkeit sind.

Unter den Sätzen der Theorie finden sich die folgenden:

4. $\wedge x \wedge y \wedge z(x + z = y + z \to x = y)$

$\{1\}$	(1)	$a + c = b + c$	P
$\{1\}$	(2)	$(a + c) + \bar{c} = (b + c) + \bar{c}$	(1), TH
$\{1\}$	(3)	$a + (c + \bar{c}) = b + (c + \bar{c})$	(2), TH, 1
$\{1\}$	(4)	$a + e = b + e$	(3), TH, 3
$\{1\}$	(5)	$a = b$	(4), TH, 2
$\varLambda$	(6)	$a + c = b + c \to a = b$	(1), (5), K
$\varLambda$	(7)	$\wedge x \wedge y \wedge z(x + z = y + z \to x = y)$	(6), G'

5. $\wedge x \, x + e = e + x$

$\varLambda$	(1)	$e + (a + \bar{a}) = (e + a) + \bar{a}$	TH, 1
$\varLambda$	(2)	$e + e = (e + a) + \bar{a}$	(1), TH, 3
$\varLambda$	(3)	$e = (e + a) + \bar{a}$	(2), TH, 2
$\varLambda$	(4)	$a + \bar{a} = (e + a) + \bar{a}$	(3), TH, 3
$\varLambda$	(5)	$a = e + a$	(4), TH, 4
$\varLambda$	(6)	$a + e = a$	TH, 2
$\varLambda$	(7)	$a + e = e + a$	(5), (6), I
$\varLambda$	(8)	$\wedge x \, x + e = e + x$	(7), G

6. $\wedge y(\wedge x \, x + y = x \to y = e)$

$\{1\}$	(1)	$\wedge x \, x + a = x$	P
$\{1\}$	(2)	$e + a = e$	(1), BE
$\{1\}$	(3)	$a + e = e$	(2), TH, 5
$\{1\}$	(4)	$a = e$	(3), TH, 2
$\varLambda$	(5)	$\wedge x \, x + a = x \to a = e$	(1), (4), K
$\varLambda$	(6)	$\wedge y(\wedge x \, x + y = x \to y = e)$	(5), G'

7. $\wedge x \, x + \bar{x} = \bar{x} + x$

$\varLambda$	(1)	$\bar{a} + (a + \bar{a}) = (\bar{a} + a) + \bar{a}$	TH, 1

$$\varLambda \qquad (2)\ \bar{a} + e = (\bar{a} + a) + \bar{a} \qquad\qquad (1), \mathrm{TH}, 3$$
$$\varLambda \qquad (3)\ e + \bar{a} = (\bar{a} + a) + \bar{a} \qquad\qquad (2), \mathrm{TH}, 5$$
$$\varLambda \qquad (4)\ e = \bar{a} + a \qquad\qquad\qquad\quad (3), \mathrm{TH}, 4$$
$$\varLambda \qquad (5)\ a + \bar{a} = \bar{a} + a \qquad\qquad\quad (4), \mathrm{TH}, 3$$
$$\varLambda \qquad (6)\ \wedge x\ x + \bar{x} = \bar{x} + x \qquad\quad (5), \mathrm{G}$$

8. $\wedge x \wedge y \wedge z(z + x = z + y \to x = y)$

$$\{1\} \qquad (1)\ c + a = c + b \qquad\qquad\qquad\qquad \mathrm{P}$$
$$\{1\} \qquad (2)\ \bar{c} + (c + a) = \bar{c} + (c + b) \qquad (1), \mathrm{TH}$$
$$\{1\} \qquad (3)\ (\bar{c} + c) + a = (\bar{c} + c) + b \qquad (2), \mathrm{TH}, 1$$
$$\{1\} \qquad (4)\ (c + \bar{c}) + a = (c + \bar{c}) + b \qquad (3), \mathrm{TH}, 7$$
$$\{1\} \qquad (5)\ e + a = e + b \qquad\qquad\qquad\quad (4), \mathrm{TH}, 3$$
$$\{1\} \qquad (6)\ a + e = b + e \qquad\qquad\qquad\quad (5), \mathrm{TH}, 5$$
$$\{1\} \qquad (7)\ a = b \qquad\qquad\qquad\qquad\qquad (6), \mathrm{TH}, 2$$
$$\varLambda \qquad (8)\ c + a = c + b \to a = b \qquad\quad (1), (7), \mathrm{K}$$
$$\varLambda \qquad (9)\ \wedge x \wedge y \wedge z(z + x = z + y \to x = y) \qquad 8, \mathrm{G}'$$

9. $\wedge x \wedge y(x + y = e \to y = \bar{x})$

10. $\wedge x\ \bar{\bar{x}} = x$

11. $\wedge x \wedge y \vee z(x = y + z \wedge \wedge w(x = y + w \to w = z))$

12. $\wedge x \wedge z \vee y(x = y + z \wedge (\wedge w(x = w + z \to w = y)))$

Zum Schluß wenden wir uns noch der Theorie der *Booleschen Algebren* (T_4) zu. Diese Theorie kann im Prädikatenkalkül erster Stufe mit Identität und Operationszeichen formuliert werden, wobei wir als nicht-logische Konstanten die fünf Zeichen ‚f^1‘, ‚f^2‘, ‚g^2‘, ‚n‘ und ‚e‘ verwenden. Schreiben wir

$$(\tau \cup \tau') \quad \text{für} \quad f^2 \tau \tau'$$
$$(\tau \cap \tau') \quad \text{für} \quad g^2 \tau \tau'$$
$$\bar{\tau} \quad \text{für} \quad f^1 \tau$$
$$\text{‚}0\text{‘} \quad \text{für} \quad \text{‚}n\text{‘}$$
$$\text{‚}1\text{‘} \quad \text{für} \quad \text{‚}e\text{‘},$$

wobei τ und τ' entweder Terme sind oder aus früheren Anwendungen dieser Konventionen sich ergeben, und lassen wir wieder Außenklammern fort, wenn Mißverständnisse ausgeschlossen sind, so sehen unsere Axiome wie folgt aus:

1. $\wedge x \wedge y\ x \cap y = y \cap x$ ⎫
2. $\wedge x \wedge y\ x \cup y = y \cup x$ ⎬ (Kommutativgesetze)

3. $\wedge x \wedge y \wedge z\ x \cap (y \cap z) = (x \cap y) \cap z$ ⎫
4. $\wedge x \wedge y \wedge z\ x \cup (y \cup z) = (x \cup y) \cup z$ ⎬ (Assoziativgesetze)

5. $\wedge x \wedge y \; x \cap (x \cup y) = x$
6. $\wedge x \wedge y \; x \cup (x \cap y) = x$ $\Big\}$ (Verschmelzungsgesetze)

7. $\wedge x \wedge y \wedge z \; x \cap (y \cup z) = (x \cap y) \cup (x \cap z)$
8. $\wedge x \wedge y \wedge z \; x \cup (y \cap z) = (x \cup y) \cap (x \cup z)$ $\Big\}$ (Distributivgesetze)

9. $\wedge x \; x \cap \bar{x} = 0$
10. $\wedge x \; x \cup \bar{x} = 1$ $\Big\}$ (Gesetze für die Komplementbildung)

11. $0 \neq 1$.

Zu den Interpretationen, die man bei der Theorie T_4 im Sinn hat, gehören diejenigen Interpretationen, deren Bereich eine nicht-leere Menge $\mathfrak{F}$ von Teilmengen einer nicht-leeren Menge $\mathfrak{m}$ ist und die den Konstanten ‚f^2‘, ‚g^2‘, ‚f^1‘, ‚n‘ und ‚e‘ jeweils Vereinigung, Durchschnitt, Komplementbildung (relativ zu $\mathfrak{m}$), die leere Menge und $\mathfrak{m}$ zuordnet. Natürlich muß $\mathfrak{F}$ der zusätzlichen Bedingung genügen, daß Vereinigung und Durchschnitt von je zwei Mengen aus $\mathfrak{F}$ wieder zu $\mathfrak{F}$ gehören und daß Entsprechendes für die Komplementbildung relativ zu $\mathfrak{F}$ gilt. Die Sätze von T_4 sind alle Aussagen von T_4, die bei diesen Interpretationen wahr sind. T_4 ist widerspruchsfrei, aber nicht vollständig. Sie ist auf mannigfache Weise axiomatisierbar. Die voranstehende Menge von 11 Axiomen ist nicht die einfachste Menge, die zur Verfügung steht, doch macht sie Ableitungen verhältnismäßig einfach. Die Sätze kennen wir natürlich schon aus Kapitel 2.

12. $\wedge x \; x \cap x = x$

13. $\wedge x \; x \cup x = x$

14. $\wedge x \; x \cap 0 = 0$

15. $\wedge x \; x \cup 1 = 1$

16. $\wedge x \; x \cup 0 = x$

17. $\wedge x \; x \cap 1 = x$

18. $\wedge x \wedge y (x \cup y = y \rightarrow x \cap y = x)$

19. $\wedge x \wedge y (x \cap y = y \rightarrow x \cup y = x)$

20. $\bar{0} = 1$

21. $\bar{1} = 0$

22. $\wedge x \wedge y \; \overline{x \cup y} = \bar{x} \cap \bar{y}$

23. $\wedge x \wedge y \; \overline{x \cap y} = \bar{x} \cup \bar{y}$

24. $\wedge x \wedge y (x \cap y) \cup (\bar{x} \cap \bar{y}) = (x \cup \bar{y}) \cap (\bar{x} \cup y)$

25. $\wedge x \wedge y (x \cup y) \cap (\bar{x} \cup \bar{y}) = (x \cap \bar{y}) \cup (\bar{x} \cap y)$

26. $\wedge x \; \bar{\bar{x}} = x$

27. $\wedge x \; \bar{x} \neq x$

28. $\wedge x \wedge y \; x = \bar{y} \leftrightarrow y = \bar{x}$

Man erhält das *Duale* einer Aussage von T_4, indem man ‚$\cap$‘ und ‚$\cup$‘, ferner ‚0‘ und ‚1‘ gegeneinander austauscht. So sind die Axiome 2, 4, 6, 8 und 10 jeweils dual zu den Axiomen 1, 3, 5, 7 und 9; Axiom 11 ist zu seiner eigenen dualen Aussage äquivalent, nämlich zu ‚1 $\neq$ 0‘. Wenn wir in einem Beweis eines Satzes durchweg diesen Austausch vornehmen, so erhalten wir einen Beweis der dualen Aussage. Also ist das Duale eines Satzes wieder ein Satz.

5. Definitionen

Zur Darstellung einer formalisierten Theorie benötigt man normalerweise Definitionen; ihr Sinn besteht darin, Bezeichnungen einzuführen, die zwar nicht zum Vokabular der Sprache gehören, die aber die Lesbarkeit der Formeln erhöhen können und ihren Inhalt klarer erscheinen lassen. Solch eine Definition kann auf zweierlei Weise eingeführt werden: (a) als metasprachliche Aussage des Inhalts, daß ein bestimmtes Symbol der Objektsprache dasselbe wie ein bestimmter anderer Ausdruck der Objektsprache bedeutet (oder einen solchen abkürzt, oder an jeder Stelle gegen einen solchen ausgetauscht werden kann), oder (b) als Aussage von bestimmter Form der Objektsprache (gewöhnlich eine Identität oder eine Bisubjunktion oder eine generalisierte Identität oder eine generalisierte Bisubjunktion, wobei das neue Symbol auf der linken Seite allein oder in einem einfachen Kontext erscheint). So könnte man jeden der folgenden Ausdrücke als Definition des mathematischen Symbols ‚2‘ ansehen:

$$\text{‚2‘ ist eine Abkürzung von ‚1 + 1‘}$$

oder

$$2 = 1 + 1.$$

Ist das zu definierende Symbol von der Art eines Prädikats oder eines Operationszeichens, so verwendet man zur Formulierung der Definition im allgemeinen Variablen. Zum Beispiel: wenn α und β Terme sind, so

$$\text{steht} \quad \alpha = \beta \quad \text{für} \quad I_1^2 \alpha \beta$$

oder

$$\wedge x \wedge y (x = y \leftrightarrow I_1^2 x y).$$

Generell enthält eine Definition vom Typ (a) einen Namen des definierten Symbols, und die in ihr eventuell vorkommenden Variablen sind Variablen der Metasprache; eine Definition vom Typ (b) dagegen enthält das definierte Symbol selbst zusammen mit weiteren Ausdrücken der Objektsprache.

In diesem Buch haben wir schon beide Arten von Definitionen verwendet. In einer expliziten Untersuchung dieses Gegenstandes ist es jedoch ratsam, sich auf Definitionen vom Typ (b) zu konzentrieren, denn dabei treten die mannigfachen Schwierigkeiten und Gefahren offenkundiger zu Tage, und wir können verhältnismäßig einfache Regeln aufstellen, um sie zu vermeiden.

Daß Definitionen gefährlich sein können, mag dem Anfänger eine Überraschung sein, besonders wenn er gewohnt ist, ihnen in der Form (a) zu begegnen. Vielleicht teilt er die Haltung des Humpty Dumpty aus *Alice im Wunderland* (‚wenn ich ein Wort gebrauche, so bedeutet es das, was ich will, nicht mehr und nicht weniger‘), und von diesem Standpunkt aus mag ihm die Einsicht schwerfallen, daß bloßes Einführen einer Konvention zu dem Zweck, daß ein bestimmtes neues Zeichen für eine bestimmte Zeichenreihe aus alten Symbolen stehen soll, Schwierigkeiten mit sich bringen kann. Aber es ist leicht zu zeigen, daß derartiges Zutrauen hier fehl am Platze ist. Nehmen wir an, um ein Standardbeispiel zu zitieren, wir hätten vor, die Division für ganze Zahlen in folgender Weise mit Hilfe der Multiplikation zu definieren:

$$\wedge x \wedge y \wedge z \left(\frac{x}{y} = z \leftrightarrow x = yz \right).$$

Hieraus erhalten wir sofort als Folgerungen ‚$\frac{0}{0} = 1$‘ und ‚$\frac{0}{0} = 2$‘, also auch ‚$1 = 2$‘, und das ist ein eklatanter Widerspruch zur Arithmetik der ganzen Zahlen. Also führt die Definition zu einem Widerspruch. Man beachte, daß eine entsprechend aufgebaute Definition der Subtraktion mit Hilfe der Addition solchen Verdruß nicht bereiten würde:

$$\wedge x \wedge y \wedge z (x - y = z \leftrightarrow x = y + z).$$

Die Schwierigkeit rührt hier also nicht allein von der Form dieser Definitionen her, sondern hängt auch noch von der Theorie, innerhalb derer sie gebildet werden, ab.

Führt eine Definition zu einem Widerspruch, so bedeutet ihr Zusatz zu einer vordem widerspruchsfreien Theorie ein beträchtliches Anwachsen der Anzahl der Sätze. Das entspricht nicht unserer intuitiven

Forderung an eine Definition, die auch beinhaltet, daß eine Definition nicht zu einer wesentlichen Erweiterung der Menge der Lehrsätze führen sollte; die einzigen neuen Sätze, die sich aus einer Definition ergeben, sollen sich nur durch das neu eingeführte Symbol von früheren unterscheiden. Manchmal kommt es vor, daß eine Definition diese Forderung nicht erfüllt, obwohl sie in der Theorie, zu der sie hinzugefügt wurde, keineswegs zu einem Widerspruch führt. Nehmen wir z.B. an, wir fügten zur Gruppentheorie eine Definition des zweistelligen Operationszeichen ‚g' mit der Aussage

$$\wedge x \wedge y \wedge z (g x y = z \leftrightarrow x = y)$$

hinzu. Daraus gewännen wir dann verschiedene neue Theoreme, die ‚g' überhaupt nicht enthalten, darunter z.B. die Aussage ‚$\wedge x \wedge y \, x = y$'. Obwohl die Theorie dann immer noch widerspruchsfrei ist, haben wir ihren Inhalt radikal verändert, denn jetzt gibt es für sie nur noch solche Modelle, deren Bereich gerade ein einziges Element enthält. Man beachte wieder, daß die ähnliche Definition

$$\wedge x \wedge y \wedge z (h x = y \leftrightarrow x + y = e)$$

in der Gruppentheorie nicht zu solchen Schwierigkeiten führt. Eine Definition, die zu neuen Theoremen führt, in denen das definierte Symbol gar nicht vorkommt, heißt *kreativ*; nicht kreativ zu sein, ist also eine natürliche Forderung an eine befriedigende Definition.

Eine weitere intuitive Forderung an Definitionen ist des Inhalts, daß die definierten Symbole *eliminierbar* sein sollten. Alles, was man mit Hilfe der definierten Symbole formulieren kann, sollte auch ohne sie formulierbar sein, und zwar einfach dadurch, daß man das definierte Symbol an jeder Stelle, wo es auftritt, durch den von ihm abgekürzten Ausdruck ersetzt. Diese Forderung steckt hinter dem Widerstand gegen ‚zirkulare' Definitionen; wenn das definierte Symbol nicht nur auf der linken, sondern auch auf der rechten Seite der Definition vorkommt, so ist Eliminierbarkeit jedenfalls normalerweise nicht mehr gewährleistet. Andere Mängel in der Struktur einer Definition können jedoch zu demselben Resultat führen. Wir wollen als Beispiel die folgende Definition eines vierstelligen Prädikats ‚R' betrachten:

$$\wedge x \wedge y \wedge z (R x y z x \leftrightarrow x + y z > z).$$

Solch eine Definition erlaubt uns nur dann, ‚R' zu eliminieren, wenn das erste Argument mit dem vierten übereinstimmt; auf eine Formel wie ‚$R a b c d$' kann sie überhaupt nicht angewandt werden.

Um exakte Regeln zur Bildung formal korrekter Definitionen aufstellen zu können, müssen wir unsere beiden Kriterien noch etwas schärfer fassen. Als Vorbereitung dafür machen wir uns klar, daß es im wesentlichen zwei charakteristische Weisen gibt, in denen eine Definition in Zusammenhang mit einer formalisierten Theorie in Betracht gezogen wird. In der Darstellung der Theorie kann es an einer bestimmten Stelle wünschenswert erscheinen, ein neues Symbol einzuführen, vielleicht um Platz zu sparen, oder um die Lesbarkeit auf andere Weise zu erhöhen, oder es kann darum gehen, eine Bezeichnung einzuführen, die geläufiger ist oder gewisse heuristische Vorteile mit sich bringt, z.B. wenn man

$$\wedge x \wedge y (x > y \leftrightarrow \neg (x = y \vee x < y))$$

in einer Theorie einführt, die zunächst nur den Begriff ,$<$‘ enthält. Es kann auch sein, daß man in einer bestimmten Theorie an der Frage interessiert ist, ob sich eine der Konstanten mit Hilfe der übrigen definieren läßt, d.h. ob eine formal korrekte Definition dieser Konstanten unter den Lehrsätzen der Theorie zu finden ist. Man sieht leicht, daß in jedem Fall zwei Theorien ins Spiel kommen, eine engere und eine weitere. Das Vokabular der weiteren besteht aus dem der engeren zuzüglich des definierten Symbols und die Lehrsätze der weiteren sind die der engeren zuzüglich der Definition und aller Folgerungen daraus, die in dem weiteren Vokabular formuliert werden können.

T sei nun eine Theorie mit dem nicht-logischen Vokabular Δ und den Lehrsätzen Γ. Ferner sei ϑ eine nicht-logische Konstante, die nicht zu Δ gehört, und φ sei eine Aussage von $\mathfrak{L}'$, in der ϑ vorkommt und die im übrigen mit Hilfe des Vokabulars Δ formuliert ist. Fügen wir φ zu den Lehrsätzen von T hinzu, so erhalten wir eine neue Theorie T', deren nicht-logisches Vokabular $\Delta \cup \{\vartheta\}$ ist und deren Lehrsätze alle Aussagen von T' sind, die Folgerungen aus $\Gamma \cup \{\varphi\}$ darstellen. Wir sagen nun, daß φ als Definition von ϑ bezüglich T dann und nur dann das Kriterium der Eliminierbarkeit erfüllt, wenn es zu jeder Formel ψ aus T' eine Formel χ aus T' mit der Eigenschaft gibt, daß alle Generalisierten von $\psi \leftrightarrow \chi$ Lehrsätze von T' sind und χ das Symbol ϑ nicht enthält. Ähnlich erklären wir, daß φ als Definition von ϑ bezüglich T dann und nur dann das Kriterium der Nichtkreativität erfüllt, wenn jeder Lehrsatz von T', der ϑ nicht enthält, auch ein Lehrsatz von T ist.

Wir können gewisse Formeltypen angeben, die die erwünschten Eigenschaften besitzen. Zuerst beziehen wir uns dabei auf die Sprache $\mathfrak{L}_\mathrm{I}$. Ist ϑ ein n-stelliges Prädikat, so genügt jede Aussage φ der Gestalt

$$\bigwedge \alpha_1 \cdots \bigwedge \alpha_n (\vartheta \alpha_1 \cdots \alpha_n \leftrightarrow \omega)$$

den beiden erwähnten Kriterien, wenn die $\alpha_1, \ldots, \alpha_n$ paarweise verschiedene Variablen sind und wenn ω eine Formel von T ist, in der nur die Variablen $\alpha_1, \ldots, \alpha_n$ frei vorkommen. Solch eine Aussage φ genügt zunächst einmal dem Kriterium der Eliminierbarkeit, denn wenn ψ eine Formel von T' ist und wenn wir φ dazu benutzen, auf der rechten Seite der Generalisierten von $\psi \leftrightarrow \psi$ (die natürlich Sätze von T' sind) Ersetzungen vorzunehmen, so erhalten wir als Sätze alle Generalisierten einer Formel $\psi \leftrightarrow \chi$, in der χ das Symbol ϑ nicht mehr enthält. Ferner genügt φ dem Kriterium der Nichtkreativität. Denn angenommen, die Aussage μ sei ein Satz von T', in dem ϑ nicht vorkommt. Dann ist μ eine Folgerung aus $\Gamma \cup \{\varphi\}$, und auf Grund des Vollständigkeitssatzes ist μ auch eine Folgerung aus $\Gamma' \cup \{\varphi\}$, wobei Γ' eine bestimmte endliche Teilmenge von Γ ist. ν sei die Konjunktion aller Elemente von Γ'. Auf Grund des Deduktionstheorems ist

$$\varphi \to (\nu \to \mu)$$

ein logisches Theorem. Das Symbol ϑ kommt in diesem Theorem nur in φ vor.

Nehmen wir für ϑ eine geeignete Ersetzung vor, so erhalten wir ein weiteres logisches Theorem

$$\varphi' \to (\nu \to \mu)$$

worin φ' eine Generalisierte von $\omega \leftrightarrow \omega$ und damit selbst ein logisches Theorem ist. Also ist

$$\nu \to \mu$$

ein logisches Theorem, und da μ eine Aussage von T ist und aus dem Satz ν von T folgt, ist μ ebenfalls ein Satz von T.

Ist ϑ ein Aussagebuchstabe, so genügt jede Aussage

$$\vartheta \leftrightarrow \omega$$

von $\mathfrak{L}_\mathrm{I}$, wobei ω eine Aussage von T ist, den beiden Kriterien. Wir schließen in diesem Fall genauso wie im Fall des n-stelligen Prädikats.

Ist ϑ eine Individuenkonstante, so erfüllt jede Aussage

$$\bigwedge \alpha (\alpha = \vartheta \leftrightarrow \omega)$$

von $\mathfrak{L}_\mathrm{I}$, in der ω eine Formel von T mit der einzigen freien Variablen α ist, die beiden Kriterien, falls eine Aussage der Form

$$\mathsf{V}\beta \wedge \alpha(\alpha = \beta \leftrightarrow \omega),$$

in der β eine von α verschiedene Variable ist, unter den Sätzen von T vorkommt. (Diese Aussage besagt, daß genau ein Element aus dem Bereich die Formel ω erfüllt.) Um zu sehen, daß eine solche Definition dem Eliminierbarkeitskriterium genügt, nehmen wir an, ϑ käme in einer Formel ψ von T' vor; ferner sei α eine nicht in ψ erscheinende Variable, und ψ' sei gleich ψ, außer daß in ψ' die Variable α an Stellen vorkommt, wo in ψ die Konstante ϑ auftritt. Dann ist jede Generalisierte von

$$\psi \leftrightarrow \mathsf{V}\alpha(\alpha = \vartheta \wedge \psi')$$

ein logisches Theorem und damit auch ein Satz von T'. Die Definition kann nun dazu benutzt werden, die Komponente $\alpha = \vartheta$ auf der rechten Seite dieser Generalisierten zu ersetzen und auf diese Weise eine Formel χ von T zu gewinnen, so daß χ die Konstante ϑ nicht enthält und alle Generalisierten von $\psi \leftrightarrow \chi$ Lehrsätze von T' sind. Zum Beweis der Nichtkreativität setzen wir voraus, μ sei ein Satz von T', der ϑ nicht enthält. Wie im Fall der Prädikate erhalten wir wieder das Ergebnis, daß

$$\wedge \alpha(\alpha = \vartheta \leftrightarrow \omega) \to (\nu \to \mu)$$

ein logisches Theorem ist, wobei ν eine Konjunktion von Sätzen von T und somit selbst wieder ein Satz von T ist. Wenn also β eine von α verschiedene Variable ist, so ist

$$\mathsf{V}\,\beta\,(\wedge \alpha(\alpha = \beta \leftrightarrow \omega) \to (\nu \to \mu))$$

ein logisches Theorem, und

$$\mathsf{V}\beta \wedge \alpha(\alpha = \beta \leftrightarrow \omega) \to (\nu \to \mu)$$

ist ebenfalls ein Theorem. Nun sind aber $\mathsf{V}\beta \wedge \alpha(\alpha = \beta \leftrightarrow \omega)$ und ν Sätze von T, also ist auch μ ein Satz von T.

Wir haben somit gezeigt, wie man für die verschiedenen Arten von nicht-logischen Konstanten in der Sprache $\mathfrak{L}_\mathrm{I}$ zufriedenstellende Definitionen geben kann. In der Sprache $\mathfrak{L}'$ können die gleichen Aussagen unter denselben Bedingungen als Definitionen für n-stellige Prädikate, Aussagebuchstaben und Individuenkonstanten verwandt werden, nur kommen hier noch Operationszeichen mit von Null verschiedener Stellenzahl hinzu. Mit derselben Terminologie wie bisher, nur daß wir unsere Theorien jetzt als in der Sprache $\mathfrak{L}'$ formuliert annehmen. können wir sagen, daß jede Generalisierte von

$$\wedge \alpha (\alpha = \vartheta \gamma_1 \cdots \gamma_n \leftrightarrow \omega),$$

worin ϑ ein nicht in ω vorkommendes n-stelliges Operationszeichen ist und worin $\alpha, \gamma_1, \ldots, \gamma_n$ paarweise verschiedene Variablen sind und gleichzeitig alle in ω frei vorkommenden Variablen darstellen, den beiden Kriterien genügt, vorausgesetzt, daß eine Aussage

$$\wedge \gamma_1 \cdots \wedge \gamma_n \vee \beta \wedge \alpha (\alpha = \beta \leftrightarrow \omega),$$

in der β eine von $\alpha, \gamma_1, \ldots, \gamma_n$ verschiedene Variable ist, unter den Lehrsätzen von T vorkommt.

Alles, was wir bisher zu dem Thema ‚Definitionen' gesagt haben, können wir nun in den folgenden Regeln zur Bildung *formal korrekter Definitionen* zusammenfassen. T sei eine in $\mathfrak{L}'$ formulierte Theorie, und ϑ sei eine nicht-logische Konstante, die in T nicht vorkommt, für die man aber relativ zu T eine formal korrekte Definition geben möchte.

1. Wenn die Konstante ϑ ein n-stelliges Prädikat ist, dann sei die Definition eine Aussage der Form

$$\wedge \alpha_1 \cdots \wedge \alpha_n (\vartheta \alpha_1 \cdots \alpha_n \leftrightarrow \omega),$$

wobei ω eine Formel von T ist (die also ϑ nicht enthält) und die $\alpha_1, \ldots, \alpha_n$ paarweise verschieden sind und alle in ω frei vorkommenden Variablen darstellen.

2. Wenn die Konstante ϑ ein Aussagebuchstabe ist, dann sei die Definition eine Aussage

$$\vartheta \leftrightarrow \omega,$$

worin ω eine Aussage von T ist (die also ϑ nicht enthält).

3. Wenn die Konstante ϑ eine Individuenkonstante ist, dann sei die Definition eine Aussage

$$\wedge \alpha (\alpha = \vartheta \leftrightarrow \omega),$$

wobei ω eine Formel von T ist (die also ϑ nicht enthält), deren einzige freie Variable α ist, und wobei die zugehörige Aussage

$$\vee \beta \wedge \alpha (\alpha = \beta \leftrightarrow \omega),$$

in der β eine von α verschiedene Variable ist, ein Lehrsatz von T ist.

4. Wenn die Konstante ϑ schließlich ein n-stelliges Operationszeichen ist ($n > 0$), dann sei die Definition eine Aussage der Form

$$\wedge \gamma_1 \cdots \wedge \gamma_n \wedge \alpha (\alpha = \vartheta \gamma_1 \cdots \gamma_n \leftrightarrow \omega),$$

wobei die $\alpha, \gamma_1, \ldots, \gamma_n$ paarweise verschieden sind und alle in ω frei vorkommenden Variablen darstellen, wobei ϑ nicht in ω auftritt und die entsprechende Eindeutigkeitsbedingung

$$\wedge \gamma_1 \cdots \wedge \gamma_n \vee \beta \wedge \alpha (\alpha = \beta \leftrightarrow \omega),$$

in der β von $\alpha, \gamma_1, \ldots, \gamma_n$ verschieden ist, einen Lehrsatz von T darstellt.

Wir haben uns in unserer Diskussion mit dem Problem beschäftigt, eine einzige Definition zu einer Theorie T hinzuzufügen; es ist wohl klar, wie man unsere Bemerkungen auf das noch typischere Problem, eine ganze Folge von Definitionen hinzuzunehmen, ausdehnen kann. Es läuft darauf hinaus, eine entsprechende Folge von Theorien zu erzeugen; Zusatz der ersten Definition führt zu einer erweiterten Theorie T_1, Zusatz der zweiten Definition führt zu einer noch umfassenderen Theorie T_2, usw. Um Eliminierbarkeit und Nichtkreativität sicherzustellen, brauchen wir uns nur zu vergewissern, daß jede Definition relativ zu der Theorie, zu der sie hinzugenommen wird, formal korrekt ist.

Zum Schluß noch ein paar Worte zum Begriff der Definierbarkeit. Wenn wir aus dem nicht-logischen Vokabular einer Theorie T die Konstante ϑ und aus der Menge aller Sätze von T diejenigen entfernen, die ϑ enthalten, so kann man leicht nachprüfen, daß das Ergebnis wieder eine Theorie ist, falls das Vokabular nicht leer ist. Diese Theorie wollen wir $T - \vartheta$ nennen. Das Vokabular von $T - \vartheta$ ist also das Vokabular von T ohne ϑ, und die Lehrsätze von $T - \vartheta$ bestehen aus allen Lehrsätzen von T, die ϑ nicht enthalten. Wir sagen nun, daß die nicht-logische Konstante ϑ dann und nur dann in der Theorie T *definierbar* ist, wenn unter den Sätzen von T eine formal korrekte Definition von ϑ relativ zu der Theorie $T - \vartheta$ existiert. Wenn also eine nicht-logische Konstante ϑ in einer Theorie T definierbar ist, dann kann der wesentliche Inhalt von T bereits in der reduzierten Theorie $T - \vartheta$ dargestellt werden, und man kann die bezeichnungstechnischen Vorteile von T (falls es sie gibt) dadurch wiedergewinnen, daß man die passende Definition von ϑ hinzunimmt.

Das *Prinzip von Padoa* gibt im Zusammenhang mit dieser Art von Definierbarkeit einen sehr nützlichen Hinweis: um zu zeigen, daß eine nicht-logische Konstante ϑ nicht in einer Theorie T definierbar ist, gebe man zwei Modelle für T an, die sich nur in der Belegung der Konstanten ϑ unterscheiden. Wir machen uns nicht die Mühe zu beweisen, daß keine formal korrekte Definition von ϑ relativ zur Theorie $T - \vartheta$ ein Satz von T sein kann, wenn es tatsächlich zwei solche Modelle gibt, aber intuitiv wird diese Behauptung jedem klar sein, der sich mit den von uns genannten vier Aussagentypen beschäftigt.

ÜBUNGEN

1. Man zeige, daß die folgenden Definitionen für ‚widerspruchsfrei' und ‚vollständig' den im Text gegebenen äquivalent sind: Eine Theorie ist dann und nur dann widerspruchsfrei, wenn es eine Aussage von T gibt, die nicht zu den Sätzen von T gehört; eine Theorie ist dann und nur dann vollständig, wenn durch Hinzufügen einer Aussage von T, die kein Satz von T ist, zu den Lehrsätzen von T die Theorie T widerspruchsvoll wird.

2. (a) Man zeige, daß Λ eine unabhängige Menge von Aussagen ist.

   (b) Man gebe ein Beispiel einer Aussage φ an, so daß $\{\varphi\}$ nicht unabhängig ist.

3. Man beweise die Behauptung aus dem letzten Satz des zweiten Absatzes auf Seite 232.

4. (a) Man beschreibe eine Theorie, für die Λ ein Axiomensystem ist.

   (b) Man zeige, daß eine Theorie axiomatisierbar ist, falls sie widerspruchsvoll ist.

5. Man beweise
   (a) die Theoreme 11—19 von T_1;
   (b) die Theoreme 11—20 von T_2;
   (c) die Theoreme 9—12 von T_3;
   (d) die Theoreme 12—28 von T_4.

6. T_0 sei eine Untertheorie von T_1, deren nicht-logisches Vokabular aus den drei Prädikaten ‚A^2', ‚E^2' und ‚I^2' besteht und deren Lehrsätze die in diesem Vokabular formulierten Aussagen sind, die aus den Axiomen 1—6 von T_1 folgen.

   (a) Man zeige, daß das Axiom 7 von T_1 eine formal korrekte Definition von ‚0^2' relativ zu T_0 ist.

   (b) Man zeige für diesen speziellen Fall, indem man der Linie der Argumentation von Seite 252 folgt, daß die Kriterien der Eliminierbarkeit und der Nichtkreativität erfüllt sind. (Als φ nehme man das Axiom 7, als ψ das Theorem 11 und als μ Theorem 8.)

7. T_{-1} sei eine Untertheorie von T_1, deren nicht-logisches Vokabular aus den beiden Prädikaten ‚A^2' und ‚I^2' besteht und deren Lehrsätze die in diesem

Vokabular formulierten Aussagen sind, die aus den Axiomen 1, 3 und 5 von T_1 und aus der Aussage

$$\wedge x \wedge y \wedge z((\neg I\,yz \wedge A\,xy) \rightarrow \neg I\,xz)$$

folgen.

Man zeige, wie man T_1 aus T_{-1} erzeugen kann, indem man ein Paar formal korrekter Definitionen hinzufügt.

8. Man zeige, daß

$$\wedge x \wedge y \wedge w(w = g^2 xy \leftrightarrow x = y + w)$$

eine formal korrekte Definition des zweistelligen Operationszeichens ‚g^2' relativ zur Theorie T_3 ist.

9. Relativ zur Theorie T_4 gebe man formal korrekte Definitionen der Mengendifferenz und der Mengeninklusion an.

12. KAPITEL

Kurzer Abriß der Logikgeschichte

1. *Logik in der Antike*
2. *Logik im Mittelalter*
3. *Logik in der Neuzeit*

Will man sich mit der Geschichte der Logik befassen, so muß man beachten, daß die Bezeichnung ‚Logik‘ und ähnliche Begriffe im Laufe der Zeit auf viele Gegenstände verwandt wurden, die von dem, den wir in diesem Buch betrachten, ganz verschieden sind, und umgekehrt ist letzterer außer mit ‚Logik‘ noch mit vielen anderen Namen belegt worden. Selbst wenn wir dazu in der Lage wären, hätte es wenig Sinn, den Versuch zu unternehmen, gleichzeitig die Geschichte all derjenigen Teilgebiete in der Erkenntnistheorie, der Metaphysik, der Psychologie, der Soziologie und der Philologie zu schreiben, die irgendwann einmal unter der Überschrift ‚Logik‘ standen. Unser Ziel ist hier, die Geschichte derjenigen Wissenschaft zu skizzieren, die *wir* ‚Logik‘ nennen und die wir grob als Theorie der Folgerungsbeziehung charakterisieren können, ganz gleich, welche Namen andere Autoren der Vergangenheit oder der Gegenwart ihr gegeben haben.

Der Klarheit wegen sollte man auch immer bedenken, daß die eigentliche Aufgabe eines Logikers darin besteht, allgemeine Gesetze darüber aufzuspüren und zu formulieren, was woraus folgt; ob spezielle Proben seines eigenen Denkens gültig sind oder nicht, ist im wesentlichen irrelevant, und korrektes Denken, so lobenswert es auch ist, stellt selbst noch keinen Beitrag zur Logik dar; Menschen haben korrekt geschlossen, lange bevor es so etwas wie die Logik als Wissenschaft gab, ebenso wie Steine wirkungsvoll aufeinandergestapelt wurden, lange bevor jemand das Hebelgesetz formulierte.

1. Logik in der Antike

Wenn wir, dieser Dinge eingedenk, nun nach den Anfängen unserer Wissenschaft schauen, so können wir schlicht sagen, daß die Geschichte der Logik mit dem griechischen Philosophen Aristoteles (384—322

v. Chr.) beginnt. Obwohl es beinahe eine Binsenweisheit unter Historikern ist, daß große Fortschritte auf geistigen Gebieten niemals das Werk eines einzelnen sind (Euklid stützte sich auf Ergebnisse des Eudoxus und anderer, als er die Geometrie als Wissenschaft begründete; in der Mechanik folgte Newton den Vorarbeiten von Descartes, Galilei und Kepler, usw.), so hat es doch allen Anschein, als hätte Aristoteles die logische Wissenschaft völlig *ex nihilo* geschaffen. Entwaffnend geradeheraus teilt er uns dieses selbst am Ende seiner *Sophistischen Widerlegungen* mit, und es gibt keine Zweifel an der Glaubwürdigkeit dieses Berichts. Viele Gelehrte haben geglaubt, daß ein solcher Schöpfungsakt *a priori* unmöglich sei, und sie haben die Schriften der Vorgänger des Aristoteles, insbesondere die des Platon, durchgekämmt, um wenigstens einen ‚Keim‘ der aristotelischen Logik zu entdecken. Ihre Suche war jedoch fast vollständig ergebnislos; aus Gründen, die in den ersten beiden Absätzen dieses Kapitels gestreift wurden, wurde dieses jedoch nicht immer anerkannt.

Die logischen Schriften des Aristoteles bestehen aus einer Reihe von Abhandlungen, die später zum *Organon* zusammengefaßt wurden. Es gibt deren sechs: die *Kategorien*, die *Lehre vom sprachlichen Ausdruck*, die *Ersten Analytiken*, die *Zweiten Analytiken*, *Topik* und *Sophistische Widerlegungen*. (Die Überschriften stammen wahrscheinlich nicht von Aristoteles und geben nur wenig Hinweis auf den Inhalt.) Gedruckt ergeben sie einen Band von mehreren hundert Seiten, doch die Syllogistik (oder die Theorie vom Syllogismus), das Kernstück der aristotelischen Logik, ist auf einigen wenigen Seiten zu Beginn der *Ersten Analytiken* dargestellt. Der größte Teil des übrigen *Organon* befaßt sich mit Dingen, die außerhalb der Logik liegen, wenn auch der eine oder andere Abschnitt noch Licht auf die Terminologie wirft, die in der Syllogistik verwandt wird, oder noch in anderer Weise nützliche Hinweise gibt.

Bevor wir weitergehen, sollten wir noch erwähnen, daß wir beim Lesen des Aristoteles immer wieder Zugeständnisse an die mannigfachen Änderungen machen müssen, die die Schriften des Aristoteles im Laufe ihrer zweitausenddreihundertjährigen Geschichte erfahren haben. Abschnitte wurden entstellt, Randbemerkungen der Kommentatoren in den Text eingefügt, die Reihenfolge der Bücher und Kapitel wurde durcheinandergebracht, ganze Absätze gingen verloren — all dieses kommt zu den üblichen Fehlern beim Abschreiben — dem Auslassen, dem mehrfach Hinschreiben und dem Ersetzen — hinzu. Der Logiker, der Aristoteles liest, muß sich auch daran gewöhnen, daß dieser Autor keinen Unterschied zwischen ‚verwenden' und ‚meinen' macht. Zum Beispiel werden Redeweisen der Form ‚Jedes A ist ein B' und ‚A ist als Ganzes in B enthalten' ohne weiteres gegen die entsprechenden Redeweisen der Form ‚B wird von jedem A ausgesagt' und ‚B kommt jedem A zu' ausgetauscht; in der Tat sagt der Autor an einer Stelle, daß ‚es dasselbe ist, wenn ein Ding als Ganzes in einem anderen enthalten ist und das andere von jedem des Einen ausgesagt wird'. So finden wir in den *Kategorien* die Feststellung

> Wenn etwas von etwas als seinem Subjekt ausgesagt wird, so muß alles, was von dem Ausgesagten ausgesagt wird, auch von dem Subjekt ausgesagt werden; so wird z. B. Mensch von einem bestimmten Menschen und Sinnenwesen von Mensch ausgesagt. Mithin muß auch von einem bestimmten Menschen Sinnenwesen ausgesagt werden[1]).

Wenn wir hier die Frage stellen, ob Aristoteles über Wörter oder Dinge oder über beides redet, so stellen wir damit wahrscheinlich eine Frage, auf die es keine Antwort gibt; das soll jedoch nicht heißen, daß das, was er sagt, keinen Inhalt hat.

Ein Syllogismus ist nach Aristoteles ein Stück Rede, in dem gewisse Dinge vorangestellt werden, aus deren So-Sein dann etwas anderes folgt. Diese Definition kann einen zu der Vermutung bringen, daß Aristoteles den Begriff ‚Syllogismus' etwa im Sinne von ‚korrekter Schluß' verwendet, aber in Wirklichkeit schränkt er den Gebrauch noch viel mehr ein. Am Anfang der *Ersten Analytiken* nennt er die Arten von Aussagen, die Komponenten eines Syllogismus sein dürfen. Wir erfahren, daß jede Prämisse oder Conclusio bejahend oder verneinend ist, je nachdem ob sie etwas von etwas bejaht oder verneint. Sie kann allgemein, partikulär oder unbestimmt sein: eine allgemeine Aussage besagt, daß etwas jedem oder keinem von etwas anderem zukommt; eine partikuläre Aussage besagt, daß etwas einigen oder nicht einigen oder nicht jedem von etwas anderem zukommt; eine unbestimmte Aussage dagegen besagt nur, weder allgemein noch partikulär, daß etwas anderem zukommt oder nicht zukommt, z. B. daß Vergnügen nicht gut ist. In der Praxis werden die unbestimmten Aussagen von Aristoteles nicht beachtet, der Grund dafür liegt nach den Kommentatoren darin, daß sie zu den entsprechenden partikulären Aussagen ‚äquivalent' sind. Jedenfalls stellen die Komponenten der aristotelischen Syllogismen immer Aussagen

---

[1]) Aus der Übersetzung von E. Rolfes, Leipzig 1925.

dar, die entweder allgemein oder partikulär, bejahend oder verneinend sind; d.h. es sind mit Aristoteles') eigenen Beispielen Aussagen wie ‚Jeder Mensch ist weiß‘, ‚Kein Mensch ist weiß‘, ‚Einige Menschen sind weiß‘ und ‚Nicht jeder Mensch ist weiß‘; diese Aussagen wurden später als Aussagen der Form A, E, I oder O bekannt. Ausdrücke wie ‚Mensch‘ und ‚weiß‘ werden ‚Begriffe‘ genannt. Die Theorie vom Syllogismus kümmert sich nicht um singuläre Aussagen wie ‚Sokrates ist weiß‘, wenn auch Aussagen dieses Typs eine hervorragende Rolle in der sogenannten traditionellen Logik gespielt haben.

Nicht jeder Schluß, der sich aus Aussagen der Form A, E, I oder O zusammensetzt, ist ein Syllogismus; wie sich herausstellt, sind es nur solche mit genau zwei Prämissen und einer Conclusio, in denen höchstens drei Begriffe vorkommen. Also haben die beiden Prämissen mindestens einen gemeinsamen Begriff; solch ein Begriff wird *Mittelbegriff* genannt. Das Prädikat der Conclusio ist der *Oberbegriff*, und das Subjekt der Conclusio der *Unterbegriff*.

In seiner Schrift *Die Lehre vom sprachlichen Ausdruck* geht Aristoteles auf einige der logischen Zusammenhänge ein, die zwischen Aussagen der A-, E-, I- oder O-Form mit denselben Subjekt- und Prädikatbegriffen bestehen. Aussagen der Form A und O sind zueinander *kontradiktorisch*, ebenso wie Aussagen der Form E und I; von jedem Paar kontradiktorischer Aussagen ist, wie er sagt, genau eine wahr. Aussagen der Form E und I sind zueinander *konträr*; zwei konträre Aussagen können nicht beide wahr sein, aber sie können beide falsch sein. Diese und andere Zusammenhänge wurden später schematisch im *logischen Quadrat* dargestellt. Diese Figur findet sich in fast jedem traditionellen Logikbuch und erschien zuerst in dem Kommentar des Apuleius von Madauros (2. Jahrhundert v.Chr.) zu der Schrift *Die Lehre vom sprachlichen Ausdruck*.

Aristoteles stellt seiner deduktiven Darstellung der Theorie die sogenannten Konversionsregeln voran, die er später dazu benutzt, Syllogismen der einen Art auf solche einer anderen Art zu ‚reduzieren‘. Er sagt, daß eine allgemeine verneinende Aussage in eine allgemeine verneinende Aussage konvertiert wird; z.B.: wenn kein Vergnügen gut ist, so ist nichts Gutes ein Vergnügen. Die bejahenden allgemeinen und partikulären Aussagen werden in bejahende partikuläre Aussagen konvertiert; z.B.: wenn jedes Vergnügen gut ist, oder wenn einige Vergnügen gut sind, so ist einiges Gutes ein Vergnügen. Die verneinenden partikulären Aussagen konvertieren nicht; es ist nicht der Fall, daß einige Menschen keine Sinnenwesen sind, wenn einige Sinnenwesen keine Menschen sind. Aristoteles formuliert diese Regeln mit Hilfe von Variablen:

Wenn A keinem B zukommt, so kommt B nicht einem A zu.
Wenn A jedem B zukommt, so kommt B einigen A zu.
Wenn A einigen B zukommt, so kommt B einigen A zu.

Das ist der erste klare Gebrauch von Variablen in der Geschichte der Wissenschaft.

Aristoteles fährt fort in der Darstellung seiner Theorie, indem er die gültigen Typen (oder ‚Modi‘) von Syllogismen angibt und aufzeigt, wie einige von diesen von anderen abgeleitet werden können (auf sie reduziert werden können), und indem er gewisse Modi auf Grund von Gegenbeispielen als ungültig zurückweist. Wir geben unten eine wörtliche Übersetzung[1]) der aristotelischen Formulierungen der gültigen Modi. Wörter, die der Grammatik und dem Sinn nach wesentlich sind, aber in den knappen Formulierungen ausgelassen sind, fügen wir in Klammern bei. Die Namen der Modi stammen aus dem Mittelalter; wir zitieren in der Standardweise und beziehen uns auf Seite, Spalte und Zeile der Aristotelesausgabe der Berliner Akademie der Wissenschaften (1831).

Barbara. Denn wenn A von jedem B und B von jedem C [ausgesagt wird], muß A von jedem C ausgesagt werden. (25 b 37)

Celarent. Ebenso kann, wenn A von keinem B, aber B von jedem C [ausgesagt wird], A keinem B zukommen. (25 b 40)

Darii. Es soll nämlich A jedem B und B einem C zukommen. Mithin muß, wenn der Ausdruck ‚von jedem ausgesagt werden‘ das bezeichnet, was wir zu Anfang angegeben haben, A einem C zukommen. (26 a 23)

Ferio. Und wenn A keinem B, aber B einem C zukommt, kommt A *einem* C notwendig nicht zu. (26 a 25)

Cesare. Es werde M von keinem N, aber von allen O ausgesagt. Da sich nun die Verneinung konvertieren läßt, wird N keinem M zukommen, M aber [kam] nach Voraussetzung allen O zu, also N keinem O; das ist ja vorhin gezeigt worden. (27 a 5)

Camestres. Wiederum, wenn M allen N, aber keinem O [zukommt], wird auch O keinem N zukommen. Denn wenn M keinem O [zukommt], wird auch O keinem M zukommen. Aber M kam allen N zu. Mithin wird O keinem N zukommen. Denn es ist wieder die erste Figur geworden. Da aber die Verneinung konvertiert, wird N keinem O zukommen. (27 a 9)

Festino. Denn wenn M keinem N, aber einem O zukommt, so kommt N *einem* O notwendig nicht zu. Denn da die Verneinung konvertiert, wird N keinem M zukommen. M kam aber nach Voraussetzung einem O zu. So wird

---

[1]) Nach der Übersetzung von E. Rolfes, Leipzig 1925.

N *einem* *O* nicht zukommen; denn es wurde wieder ein Syllogismus der ersten Figur erhalten. (27 a 32)

Baroco. Wiederum, wenn *M* jedem *N* zukommt, aber nicht einem *O*, dann kann *N* *einem* *O* nicht zukommen. Denn wenn es jedem zukommt und auch *M* von jedem *N* ausgesagt wird, muß *M* jedem *O* zukommen. Es war aber vorausgesetzt, daß es einem nicht zukommt. (27 a 36)

Darapti. Wenn sowohl *P* als *R* jedem *S* zukommt, [ist es wahr], daß *P* notwendig einem *R* zukommt. Denn da die bejahende Aussage konvertiert, wird *S* einem *R* zukommen. Da also *P* jedem *S* und *S* einem *R* [zukommt], muß *P* einem *R* zukommen. Denn es wurde wieder ein Syllogismus der ersten Figur erhalten. Man kann den Beweis auch *per impossibile* und durch *ekthesis* führen. Denn wenn beides jedem *S* zukommt, so wird, wenn man ein *S*, etwa *N*, nimmt, demselben sowohl *P* als *R* zukommen, und folglich wird *P* einem *R* zukommen. (28 a 17)

Felapton. Und wenn *R* jedem, *P* aber keinem *S* zukommt, wird ein Syllogismus vorliegen, daß notwendig *P* nicht einem *R* zukommt. Denn dieselbe Art von Beweis [wird gelten], wenn man die Prämisse *RS* konvertiert. Es kann auch *per impossibile* gezeigt werden, wie in den früheren Fällen. (28 a 26)

Disamis. Denn wenn *R* jedem und *P* einem *S* [zukommt], muß *P* einem *R* zukommen. Denn da die Bejahung konvertiert, wird *S* einem *P* zukommen, und so muß, da *R* jedem *S* und *S* einem *P* [zukommt], auch *R* einem *P* zukommen und somit *P* einem *R*. (28 b 7)

Datisi. Wiederum, wenn *R* einem und *P* jedem *S* zukommt, muß *P* einem *R* zukommen. Denn es wird auf dieselbe Art bewiesen. Es läßt sich aber auch *per impossibile* und durch *ekthesis* beweisen, genau wie in den früheren Fällen. (28 b 11)

Bocardo. Denn wenn *R* jedem *S* [zukommt], *P* aber einem *S* nicht zukommt, so kommt notwendig *P* einem *R* nicht zu. Denn [kommt] es jedem zu, so wird, wie *R* jedem *S*, auch *P* jedem *S* [zukommen]. Aber es kam nicht jedem zu. Dieses läßt sich auch ohne Reduktion beweisen, wenn man ein *S* nimmt, dem *P* nicht zukommt. (28 b 17)

Ferison. Denn wenn *P* keinem und *R* einem *S* zukommt, wird *P* einem *R* nicht zukommen. Denn es stellt sich wieder die erste Figur ein, wenn man die Prämisse *RS* konvertiert. (28 b 33)

Fesapo und *Fresison.* ... Es soll z.B. *A* jedem oder einem *B* und *B* keinem *C* [zukommen]. Wenn man dann die Prämissen konvertiert, muß *C* einem *A* nicht zukommen. Ebenso in den anderen Figuren: aus der Konversion der Prämissen ergibt sich immer ein Syllogismus. (29 a 23)

Aristoteles verteilt die Modi der Syllogismen auf drei sogenannte Figuren. Um mit einem Syllogismus zu beweisen, daß *A* *B* zukommt oder nicht zukommt, muß man nach seinen Worten etwas nehmen, das beiden gemeinsam ist, und das kann auf drei Weisen geschehen: indem man entweder *A* von *C* und *C* von *B* aussagt, oder indem man *C* von beiden aussagt, oder indem man beides von *C* aussagt. ‚Diese sind die erwähnten Figuren, und es ist klar, daß jeder Syllogismus in einer dieser Figuren sein muß'. So gehören die gültigen Modi Barbara, Celarent, Darii und Ferio zu der ersten Figur; Cesare, Camestres, Festino und Baroco gehören zur zweiten und Darapti, Felapton, Disamis, Datisi, Bocardo und Ferison zur dritten. In späteren Zeiten wurde eine vierte Figur hinzugefügt, die der Möglichkeit entspricht, A von B zu beweisen, wenn man C von A und B von C aussagt. Wir wissen nicht, ob Aristoteles diese Möglichkeit einfach übersehen hat, oder ob er sie auf Grund gewisser theoretischer Überlegungen ausgelassen hat.

Für den modernen Logiker ist an der Theorie der Syllogismen am interessantesten ihre axiomatische Darstellung. Aristoteles war sich bewußt, daß man dieses auf mehr als eine Weise bewerkstelligen kann. Zunächst wählt er als Axiome die gültigen Modi der ersten Figur aus und beweist die übrigen durch Reduktion auf die Axiome. Seine Reduktionen sind entweder direkt oder indirekt. Eine direkte Reduktion geht so vor sich, daß zunächst eine oder mehrere Prämissen des zu beweisenden Syllogismus konvertiert werden (wenn nötig, wird auch ihre Reihenfolge umgekehrt) und dann die Conclusio abgeleitet wird, indem man dazu den Syllogismus, auf den reduziert wurde, verwendet. Wie man aus der Übersetzung oben ersehen kann, verwendet Aristoteles dieses Verfahren, um Cesare und Camestres auf Celarent zu reduzieren, Festino, Felapton und Ferison auf Ferio und Darapti, Disamis und Datisi auf Darii. Die Reduktion von Baroco und Bocardo auf Barbara ist dagegen indirekt. Daß die Conclusio des jeweiligen Syllogismus aus den Prämissen folgt, wird dadurch verifiziert, daß man eine der Prämissen und die zur Conclusio kontradiktorische Aussage voraussetzt, und dann wird unter Verwendung des Syllogismus, auf den reduziert wurde, das Kontradiktorische der anderen Prämisse abgeleitet. Der Schluß verläuft also in Übereinstimmung mit dem Theorem

$$((P \land Q) \to R) \leftrightarrow ((P \land \neg R) \to \neg Q),$$

wenn unser Autor auch an keiner Stelle ein solches Prinzip explizit formuliert.

Nachdem er gezeigt hat, wie man alle gültigen Modi auf die der ersten Figur reduzieren kann, behauptet Aristoteles als nächstes, daß Barbara und Celarent allein schon ein Axiomensystem der Theorie darstellen. Er beweist dieses, indem er Darii und Ferio auf die Modi der zweiten Figur reduziert und dann zeigt, daß alle Modi der zweiten

Figur auf Barbara und Celarent (Modi der ersten Figur) reduziert werden können. (Cesare, Camestres und Baroco sind schon in dieser Weise reduziert worden, und Aristoteles legt dar, daß man Festino ebenso gut indirekt auf Celarent wie auf Ferio reduzieren kann.) Als Abschluß seiner Darlegungen bemerkt er noch in korrekter Weise, daß die gültigen Modi jeder der drei Figuren in gleicher Weise als Axiome dienen können, und er macht sich auch die Mühe zu zeigen, daß Barbara indirekt auf Baroco oder Bocardo und Celarent indirekt auf Festino oder Disamis reduziert werden können. Also hat Aristoteles nicht nur Variablen eingeführt und mit ihnen erstmalig eine Reihe von formal gültigen Gesetzen der Logik formuliert, sondern es ist ihm mit dem ersten Axiomensystem in der Geschichte auch gelungen, einige Zusammenhänge zwischen diesen Gesetzen zu beweisen. Besonders bemerkenswert ist auch seine offenkundige Einsicht, daß die Auswahl der Axiome zu einem gewissen Grade willkürlich ist; was in der einen Darstellung einer Theorie ein Axiom ist, kann in der anderen ein beweisbares Theorem sein.

Zu den vierzehn gültigen Modi gelangt man, indem man die übrigen Möglichkeiten mit Hilfe von Gegenbeispielen ausschließt. Da die entsprechenden Abschnitte recht schwer zu verstehen sind, wollen wir dazu nur ein typisches Beispiel zitieren:

Wenn aber M von allen N und O ausgesagt wird, kann sich kein Syllogismus ergeben. Begriffe für Zukommen sind Substanz, Sinnenwesen, Mensch, für Nichtzukommen Substanz, Sinnenwesen, Zahl.

Auf diese Art und Weise zeigt Aristoteles, daß in der zweiten Figur keiner der mit ‚Wenn M von allen N und O ausgesagt wird, . . .' beginnenden Modi gültig ist. Ausführlich würde der Schluß folgendermaßen lauten. Gäbe es einen gültigen Modus mit den vorliegenden Prämissen und einer verneinenden Conclusio, so würde jede Belegung der Variablen mit Begriffen, die die Prämissen wahr macht, auch die Conclusio wahr machen, und somit würde dann die Formel ‚N wird von allen O ausgesagt' falsch. (Denn die allgemeine bejahende Aussage ist nicht verträglich mit der allgemeinen *und* der partikulären verneinenden Aussage.) Wenn man aber die Begriffe Substanz, Sinnenwesen und Mensch jeweils ‚M', ‚N' und ‚O' zuordnet, so werden die Prämissen wahr und die allgemeine bejahende Formel falsch; also gibt es keinen gültigen Modus mit den vorliegenden Prämissen und einer verneinenden Conclusio. Wenn es einen gültigen Modus mit den vorliegenden Prämissen und einer bejahenden Conclusio gäbe, so würde in derselben Weise jede Belegung, die die Prämissen wahr macht, auch diese Conclusio wahrzumachen haben und würde infolgedessen die allgemeine verneinende Formel ‚N wird von keinem O ausgesagt' falsch machen. Wenn man aber Substanz, Sinnenwesen und Mensch den ‚M', ‚N' und ‚O' zuordnet, so werden die Prämissen und diese Formel wahr. Also gibt es keinen gültigen Modus mit den vorliegenden Prämissen und einer bejahenden Conclusio. Wie wir sehen, benutzt Aristoteles hier dieselbe Idee, die auch unsere Definition der ‚Folgerung' (Seite 84) motiviert. Um zu zeigen, daß ein Modus nicht gültig ist, konstruiert er eine Interpretation, bei der die Prämissen wahr und die Conclusio falsch sind. Durch raffinierte Belegungen bringt er es gelegentlich fertig, mit einer einzigen Interpretation acht Modi auf einmal auszuschließen.

Platzmangel hindert uns an einer Würdigung des aristotelischen Beitrags zur modalen Logik, d. h. zur Theorie der modalen Operatoren ‚notwendig' und ‚möglich'. Er hatte zu diesem Thema viel zu sagen, doch das meiste davon scheint verstümmelt und durcheinandergebracht zu sein. Unglücklicherweise bleibt der Leser immer darüber im Unklaren, welcher Teil der Schwierigkeiten durch die Natur der Sache bedingt ist, welcher Teil durch die Konfusion des Aristoteles, welcher durch die Verfälschung des Textes und welcher durch das Brett vor dem eigenen Kopf.

Wir wissen sehr wenig über die Geschichte der Logik in der Schule der Peripatetiker nach Aristoteles. Der nächste Vorsteher der Schule, Theophrastus (ca. 372—288 v. Chr.), hat sich anscheinend fast ausschließlich der Weiterentwicklung und der Verbesserung der Entdeckungen seines Meisters gewidmet. Er soll fünf gültige Modi zu der ersten Syllogismenfigur hinzugefügt haben; das deckt jedoch keinen Mangel in der aristotelischen Analyse auf, sondern nur eine Mehrdeutigkeit in dem Begriff ‚erste Figur'. Statt des Musters $AB - BC - AC$, das sich in allen Modi der ersten Figur des Aristoteles findet, zeigen die fünf neuen Modi das Muster $AB - BC - CA$, wie z. B. in

> Wenn A von allen B und B von allen C ausgesagt wird, so muß C von einigen A ausgesagt werden.

Wenn man ihre Prämissen umkehrt, so kommen also gerade die fünf gültigen Modi der vierten Figur heraus. Von Theophrastus sagt man auch, er habe einiges zur Klärung der aristotelischen modalen Logik beigetragen, und er soll sich auch mit den sogenannten hypothetischen Syllogismen befaßt haben. Letztere sind Schlüsse der Form

Wenn A, so B, und wenn B, so C; also wenn A, so C.

oder

Wenn A, so B, und wenn nicht A, so C; also wenn nicht C, so B.

Während die Peripatetiker damit beschäftigt waren, ihr aristotelisches Erbe zu bewahren, entwickelten andere Philosophenschulen, die Stoiker und die Megariker, einen ganz anderen Zugang zur formalen Logik. Sie haben in der Tat den Aussagenkalkül erfunden. Unglücklicherweise sind alle logischen Schriften dieser Autoren verlorengegangen, und folglich müssen wir ihre Lehren aus Fragmenten rekonstruieren, die sich in Schriften finden, die Jahrhunderte später geschrieben wurden. Aus begreiflichen Gründen kann man daher nicht erwarten, daß das Bild, das sich auf diese Weise zusammensetzt, wirklich befriedigend ist; es ist ein Wunder, daß es im großen ganzen widerspruchsfrei ist.

Die megarische Philosophenschule wurde von Euklid (nicht zu verwechseln mit dem Geometer) gegründet, einem Anhänger des Sokrates. Zu seinen Schülern gehören Eubulides (dem die Antinomie des Lügners zugeschrieben wird) und Thrasymachus von Korinth, der der Lehrer von Stilpo war. Stilpo seinerseits war der Lehrer des Zeno (ca. 336—264 v. Chr.), des Gründers des Stoizismus. Von jedem dieser Männer ist nur wenig bekannt, aber wo die Tatsachen aufhören, beginnen die Legenden zu sprießen. Von Zeno wird zum Beispiel erzählt, daß er kein Grieche war, sondern in Zypern geboren wurde und erst später nach Athen kam. Dort erregte er zunächst den lokalen Zorn, weil er vorschlug, die griechische Sprache zu reformieren, und das, bevor er selbst sie sprechen konnte. Nach einer langen philosophischen Laufbahn starb er schließlich im Alter von 98 Jahren, indem er den Atem anhielt. Seine Nachfolger in der Schule der Stoiker waren Cleanthes (er wird als verarmter Berufskämpfer beschrieben, der nach Athen kam, in Zenos Schule eintrat, ihr Vorsteher wurde, Zenos Lehren unverändert weitergab und schließlich im Alter von 99 Jahren freiwillig verhungerte) und Chrysippus (ca. 280—205 v. Chr.). Nach Aristoteles war Chrysippus der produktivste Logiker der Antike. Es gibt dazu einige überlieferte Sprichwörter: ‚Wenn es im Himmel Logik gibt, dann ist es die des Chrysippus' und ‚Hätte es keinen Chrysippus gegeben, so hätte es auch keine Stoa gegeben'; Chrysippus selbst soll zu Cleanthes gesagt haben: ‚Sende mir nur die Lehrsätze, die Beweise finde ich selbst!' Zu einem anderen wichtigen Zweig der megarischen Schule gehörten Diodorus Cronus (gest. 307 v. Chr.) und sein Schüler Philo. Diodorus definierte Notwendigkeit und Möglichkeit mit Hilfe der Begriffe ‚immer wahr' und ‚manchmal wahr'; Philo ist, so weit wir wissen, der Erfinder des extensionalen Junktors ‚wenn ... so'.

Die Stoiker waren sich, im Gegensatz zu Aristoteles, ganz klar über den Unterschied zwischen verwenden und meinen. Sie hatten eine semantische Theorie, die der von Frege ähnlich ist, und machten darin einen Unterschied zwischen einem Zeichen, seinem Sinn und seiner Bedeutung. Der Sinn besteht in dem, ‚was Griechen, aber nicht die Barbaren erfassen können, wenn griechische Worte gesprochen werden'. Der Sinn eines Aussagesatzes ist eine Proposition; nur Propositionen können wahr oder falsch sein; folglich bilden sie den Gegenstand der Logik. Viel Aufmerksamkeit schenkten die Stoiker und Megariker dem Sinn der Verknüpfungen (Junktoren) ‚wenn ... so', ‚und' und ‚oder'. Insbesondere der Streit über die richtige Interpretation der Implikation war so heftig, daß, nach einem lange falsch verstandenen Fragment von Callimachus, ‚sogar die Krähen auf den Dachfirsten über die Frage krächzen, welche Implikationen wahr sind'. In einem sehr interessanten Abschnitt beschreibt Sextus Empiricus (3. Jahrhundert), unsere Hauptquelle für die Logik der Stoa, die vier hauptsächlichen Interpretationen, die in Betracht gezogen wurden. Er ordnet sie in der Reihenfolge von der schwächsten zur schärfsten und gibt für jeden Fall ein Beispiel, das in jedem vorangegangenen Sinn auch zutrifft, aber nicht mehr in dem als nächstes folgenden. (Die eingefügten Ziffern sollen die verschiedenen Standpunkte noch klarer herausheben.)

(1) Philo nämlich nennt eine richtige Implikation eine solche, die nicht mit Wahrem beginnt und mit Falschem endet, z. B. (wenn Tag ist und ich mich unterhalte) ‚Wenn Tag ist, unterhalte ich mich'. (2) Diodor dagegen nennt sie eine Implikation, für die es weder möglich war noch möglich ist, daß sie mit Wahrem beginnt und mit Falschem endet. Nach ihm scheint die genannte Implikation falsch zu sein, da sie, wenn Tag ist, ich aber schweige, mit Wahrem beginnt und mit Falschem endet. Diese dagegen sind wahr: ‚Wenn es keine unteilbaren Elemente des Seienden gibt, so gibt es unteilbare Elemente des Seienden'. Denn sie wird nach ihm immer mit Falschem beginnen, nämlich dem ‚Es gibt keine unteilbaren Elemente des Seienden', und mit Wahrem enden, dem ‚Es gibt unteilbare Elemente des Seienden'. (3) Diejenigen ferner, die den ‚Zusammenhang' einführen, nennen eine Implikation richtig, wenn der kontradiktorische Gegensatz ihres Nachsatzes mit ihrem Vordersatz unverträglich ist. Nach ihnen sind die genannten Implikationen unrichtig, diese dagegen wahr:

‚Wenn Tag ist, ist Tag'. (4) Die nach dem ‚impliziten Sinn' Urteilenden schließlich sagen, eine Implikation sei wahr, deren Nachsatz im Vordersatz dem Sinn
nach enthalten sei. Nach ihnen wird die Implikation ‚Wenn Tag ist, ist Tag'
und überhaupt jedes zur Implikation verbundene doppelt gesetzte Urteil wahrscheinlich falsch sein, denn etwas kann nicht in sich selbst enthalten sein.

(Sextus Empiricus, *Grundriß der pyrrhonischen Skepsis*, II, 110—112[1]))

Philos Definition des extensionalen ‚wenn ... so' kommt häufig
in den Fragmenten vor, gewöhnlich in einer stilisierten Form, die an
eine Wahrheitstafelanalyse erinnert:

Nun gibt es vier mögliche Kombinationen für die Bestandteile einer Implikation — wahres Antezedenz und wahres Sukzedenz, falsches Antezedenz und
falsches Sukzedenz, falsches und wahres und umgekehrt wahres und falsches —
in den ersten drei Fällen ist die Implikation wahr (d.h. wenn das Antezedenz
wahr und das Sukzedenz wahr ist, so ist sie wahr; wenn falsch und falsch, so
ist sie wieder wahr, dasselbe für falsch und wahr); nur in einem Falle ist sie
falsch, nämlich wenn das Antezedenz wahr und das Sukzedenz falsch ist.

(Sextus Empiricus, *Gegen die Mathematiker*, VIII, 247)

Den Verknüpfungen ‚und' und ‚oder' gab man ebenfalls sowohl
extensionale als auch modale Interpretationen, und im Fall des ‚oder'
unterschied man einen ausschließenden und einen nicht ausschließenden Sinn. Man erkannte auch, daß die Verknüpfung ‚wenn ... so'
durch ‚nicht' und ‚und' definiert werden kann und (vielleicht) ‚oder'
durch ‚wenn ... so' und ‚nicht', falls man sich an den extensionalen
Sinn hält. Tatsächlich empfiehlt Chrysippus, daß man der Klarheit
wegen die extensionale Subjunktion ‚Wenn jemand unter dem Hundsstern geboren ist, so wird er nicht im Meer ertrinken' als verneinte
Konjunktion ausdrücken soll: ‚Nicht beides: jemand ist unter dem
Hundsstern geboren und wird im Meer ertrinken'. (Man beachte aber,
daß diese Aussagen in Wahrheit allgemeine und keine molekularen
Aussagen sind.)

Ein Schluß ist nach den Stoikern ‚ein System aus Prämissen und
einer Conclusio'. Das Standardbeispiel ist ein Fall des *modus ponens*:

Wenn Tag ist, so ist es hell;
Es ist Tag;
Also ist es hell.

Ein Schluß wird als korrekt definiert, wenn die zugehörige Implikation
wahr ist; offensichtlich wurde hier eine der schärferen Interpretationen

---

[1]) Übersetzt von Malte Hossenfelder, Suhrkamp Verlag, 1968.

der Implikation verwandt. Der Begriff ‚korrekt‘ wird auch auf Schluß-
schemata angewandt, wie auf

> Wenn das Erste, so das Zweite;
> Das Erste;
> Also das Zweite.

Ein Schlußschema ist korrekt, wenn alle darunterfallenden Beispiele
korrekt sind. Es ist klar, daß die Stoiker ‚das Erste‘, ‚das Zweite‘ usw.
als Variablen für Aussagen verwandten; das steht in scharfem Gegensatz zu den aristotelischen Variablen, an deren Stelle allgemeine Begriffe wie ‚Mensch‘ und ‚Sinnenwesen‘ eingesetzt werden konnten.

Ebenso wie Aristoteles versuchten die Stoiker, alle korrekten
Schlüsse in einer Art von deduktivem System anzuordnen. Sie scheinen
nur solche Schlüsse betrachtet zu haben, die im Sinne des Aussagenkalküls formal korrekt sind. Schlüsse von fünf Typen wurden als
Grundlage genommen, und von allen anderen erklärte man, sie seien
auf Ketten von diesen reduzierbar. Die fünf Grundtypen sind die
folgenden Schemata:

> I. Wenn das Erste, so das Zweite;
> Das Erste;
> Also das Zweite.
>
> II. Wenn das Erste, so das Zweite;
> Nicht das Zweite;
> Also nicht das Erste.
>
> III. Nicht zugleich das Erste und das Zweite;
> Das Erste;
> Also nicht das Zweite.
>
> IV. Das Erste oder das Zweite;
> Das Erste;
> Also nicht das Zweite.
>
> V. Das Erste oder das Zweite;
> Nicht das Erste;
> Also das Zweite.

Beweise wurden in dem System schematisch nach vier Regeln durch-
geführt. Unglücklicherweise ist unsere Kenntnis dieser Regeln und
ihrer Anwendung unvollständig. Auf Grund einiger Beispiele von
Sextus erscheinen gewisse Mutmaßungen plausibel. Betrachten wir,
so sagt er, das folgende Schlußschema:

(1) Wenn zugleich das Erste und das Zweite, so das Dritte;
(2) Nicht das Dritte;
(3) Das Erste;
    Also nicht das Zweite.

Ein Schluß dieses Typs setzt sich aus Basisschlüssen vom Typ II und III zusammen. Aus (1) und (2) erhalten wir mit II

(4) Nicht zugleich das Erste und das Zweite.

Dieses Ergebnis kann nach einer sogenannten ‚dialektischen Regel‘ nun zu den Prämissen hinzugenommen werden. Aus (3) und (4) erhalten wir dann mit III die Conclusio. Die dialektische Regel lautet: ‚Wenn wir Prämissen haben, die zu einer Conclusio führen, so haben wir effektiv auch die Conclusio unter den Prämissen, selbst wenn sie dort nicht explizit genannt ist‘. Somit ist klar, daß die Stoiker ein handliches System von Schlußregeln zu finden versuchten, mit denen man nach einem genau beschriebenen Verfahren die tautologischen Folgerungen aus vorliegenden Prämissen ziehen konnte. Nach Bemerkungen, die von Cicero zitiert werden, scheinen sie ihre fünf Grundregeln für ausreichend gehalten zu haben; wegen unserer unvollkommenen Kenntnis der Einzelheiten können wir zu diesem Anspruch nicht Stellung nehmen.

Die Fragmente enthalten noch einige wenige weitere Schemata, von denen behauptet wurde, sie seien beweisbar.

Entweder das Erste oder das Zweite oder das Dritte;
Nicht das Erste
Nicht das Zweite;
Also das Dritte.

Chrysippus will uns glauben machen, selbst Hunde verwendeten Schlüsse nach diesem Muster. Er behauptet, folgendes beobachtet zu haben. Wenn ein Hund ein Tier jagt und er zu einer Stelle kommt, wo der bislang verfolgte Weg sich in drei gabelt, und er zuerst an zwei Wegen schnuppert, die das gejagte Tier nicht eingeschlagen hat, so wählt er unverzüglich den dritten Weg, ohne sich mit weiterem Schnuppern aufzuhalten. Nach Chrysippus schließt der Hund wie folgt:

Entweder nahm es diesen Weg, oder jenen Weg,
    oder den dritten Weg;
Es nahm nicht diesen Weg;
Es nahm nicht jenen Weg;
Also nahm es den dritten Weg.

Zu diesem Schluß soll Schema V mehrfach verwendet worden sein.

Origen verdanken wir ein weiteres amüsantes Beispiel stoischer Schlußweise:

> Wenn man weiß, daß man tot ist, so ist man tot;
> Wenn man weiß, daß man tot ist, so ist man nicht tot;
> Also weiß man nicht, daß man tot ist.

(Da die Prämissen analytisch sind, ist natürlich auch die Conclusio analytisch.) Origen nennt auch das Schema

> Wenn das Erste, so das Zweite;
> Wenn das Erste, so nicht das Zweite;
> Also nicht das Erste,

aber er sagt uns nicht, wie es nach den fünf Grundtypen zerlegt wurde.

Zum Schluß wollen wir noch das Interesse der Stoiker an Paradoxien und Antinomien erwähnen. Die berühmteste unter ihnen war die Antinomie des Lügners; in einer Fassung lautet sie folgendermaßen: der Mann, der sagt: ‚Ich lüge', lügt und spricht gleichzeitig die Wahrheit. Diese wichtige Antinomie wurde in der Antike sehr ernstgenommen, und dasselbe gilt auch für das Mittelalter und die Neuzeit; Chrysippus schrieb ganze Bücher darüber, und auf dem Grabstein des Philites von Kos steht

> Wanderer, ich bin Philites,
> das Argument, das lügende, hat mich getötet,
> und das tiefe nächtliche Nachdenken[1]).

In den auf Chrysippus folgenden tausend Jahren hat, soweit bekannt ist, niemand einen besonders originellen Beitrag zur Logikwissenschaft geleistet. Die Autoren, die es wert sind, genannt zu werden, sind nur deshalb wichtig, weil sie die Lehren der Antike bewahrten und es damit möglich machten, sie ins Mittelalter und dadurch auch in die moderne Zeit zu überliefern. So gibt uns der große Redner Cicero (106—43 v.Chr.) einige Informationen über die Logik der Stoiker, und er ist auch verantwortlich dafür, daß viel von der logischen Terminologie der Griechen ins Lateinische übersetzt wurde.

---

[1]) Übersetzung der Inschrift aus I. M. Bocheński, *Formale Logik*, Freiburg 1956.

Aus dem zweiten nachchristlichen Jahrhundert haben wir zwei ‚Einführungen in die Logik‘, angeblich geschrieben von Apuleius von Madauros (der oben schon im Zusammenhang mit dem logischen Quadrat erwähnt wurde) und dem griechischen Arzt Galen (131—201). Diese und ähnliche Bücher scheinen insofern eine wichtige Rolle gespielt zu haben, als sie die Zerstörung und das Verschwinden der antiken Entdeckungen verhinderten. Sie zeigen jedoch auch, daß die unvermeidliche Konfusion aristotelischer und stoischer Elemente um die Mitte des zweiten Jahrhunderts bereits weit fortgeschritten war. Zu Beginn des dritten Jahrhunderts schrieb Alexander, der Kommentator des Aristoteles, eine sehr nützliche Exegese der logischen Schriften des Aristoteles, in die er auch einige Information über die Stoiker einarbeitete. Später haben wir Sextus Empiricus und Diogenes Laertius, unsere beste Quelle für die Logik der Stoiker. Eine lateinische Übersetzung des *Grundriß der pyrrhonischen Skepsis* des Sextus hat vielleicht schon im zwölften Jahrhundert zur Verfügung gestanden und kann daher in der Entwicklung der Logik des Mittelalters eine Rolle gespielt haben. Zu Beginn des fünften Jahrhunderts lebten Boethius (470—524) und Martianus Capella, die sich beide der Aufgabe widmeten, ein Bild der logischen Tradition ihrer Tage aufzuzeichnen. Boethius übersetzte die aristotelischen Schriften der *Kategorien* und der *Lehre vom sprachlichen Ausdruck* ins Lateinische und schrieb auch Kommentare zu diesen Werken und zur *Einleitung* in die *Kategorien,* die im dritten Jahrhundert von dem griechischen Kommentator Porphyrius verfaßt worden war; außerdem noch schrieb er Abhandlungen über den kategorischen und den hypothetischen Syllogismus. Seine Werke zeigen, daß er im großen ganzen wußte, worum es ging, und bis zur Mitte des zwölften Jahrhunderts waren sie die Hauptinformationsquelle für die Logik der Antike, aber mehr kann darüber auch nicht gesagt werden. Als Logiker ist Martianus Capella sogar noch weniger eindrucksvoll, aber als Überlieferer der Tradition verdient er Beachtung.

2. Logik im Mittelalter

Wie I. M. Bocheński aufgezeigt hat, hat sich die Logik von Aristoteles her nicht gleichmäßig bis in die Neuzeit weiterentwickelt, sondern statt dessen gibt es drei Höhepunkte — jeder von relativ kurzer Dauer — zwischen denen lange Perioden des Niedergangs lagen. Den ersten dieser Höhepunkte finden wir im dritten und vierten vorchristlichen

Jahrhundert, den zweiten im zwölften bis vierzehnten Jahrhundert, und der dritte begann am Ende des neunzehnten Jahrhunderts und ist, wenn man Optimisten glauben darf, zur Zeit noch in vollem Gange. Natürlich ist das eine grobe Verallgemeinerung, und es gibt einige wenige wichtige Logiker — Leibniz ist ein hervorragendes Beispiel — die sich nicht in eine dieser drei Perioden einordnen, aber im großen ganzen trifft sie den Kern der Sache.

Der Beitrag des Mittelalters zur Logik liegt, so wichtig er auch war, nicht so sehr in eigentlicher logischer Theorie,sondern eher in der ‚Philosophie der Logik'. Allerdings kann man das nicht mit letzter Sicherheit sagen, denn zur Zeit ist über die Logik des Mittelalters noch weniger bekannt als über die Logik der Antike. Zahllose Manuskripte sind noch niemals von kompetenten Historikern gelesen worden, viel weniger herausgegeben, und vielleicht enthalten sie wichtige Neuerungen. So weit man es jedenfalls jetzt sagen kann, brachte das Mittelalter kein neues Axiomensystem hervor, keine Zunahme an Strenge im Vergleich zu Chrysippus oder Aristoteles und allgemein auch keinen Fortschritt auf dem Niveau, das von den Besten der Antike gesetzt worden war. Sein Beitrag waren Forschungen zur Semantik und Logik der lateinischen Sprache und viel scharfsinniges Philosophieren über zahlreiche intuitive Fragen, die einer formalen Entwicklung des Gegenstandes vorangehen. Als Beispiel dafür könnte man die gründliche Untersuchung der Frage anführen, ob aus einem Widerspruch jede Aussage folgt; verschiedene Gelehrte machen die nützliche Feststellung, daß man, um von diesem etwas merkwürdigen Resultat freizukommen, eine Reihe von Schlußweisen aufgeben müßte, gegen die sonst überhaupt nichts einzuwenden ist. (Siehe Seite 33, Übung 2.)

Bevor wir uns einzelnen Autoren zuwenden, möchten wir betonen, daß der bedeutendste Einzelfaktor, der die Natur der scholastischen Logik in den verschiedenen Perioden ihrer Geschichte bestimmte, darin bestand, welches Quellenmaterial aus der Antike verfügbar war. Bis in die Mitte des zwölften Jahrhunderts waren die *Kategorien* und die *Lehre vom sprachlichen Ausdruck* des Aristoteles, die *Einleitung* des Porphyrius und verschiedene Sekundärliteratur von Boethius und Martianus Capella die einzigen Werke, zu denen man allgemein Zugang hatte. Da man in diesen Zeiten der Tradition eine große Bedeutung zumaß, spiegelt sich dieser Mangel an Quellenmaterial in einer entsprechend eingeschränkten Weite und Tiefe der Diskussion. In der zweiten Hälfte des zwölften Jahrhunderts war jedoch der Wunsch zu lernen so weit wieder aufgelebt, daß die Gelehrten sich angetrieben fühlten, so viel wie möglich aus dem antiken Erbe zu durchforschen, und dazu gehörte auch der Rest aus dem *Organon* des Aristoteles. Von diesem Zeitpunkt an wurden die Beiträge der Scholastiker zahlreicher und scharfsinniger.

Die erste große Gestalt in der Geschichte der mittelalterlichen Logik ist Petrus Abälard (1079—1142). Zwar stimmt es, daß Alkuin, der zu Ende des achten Jahrhunderts in York lehrte und später Leiter der Palastschule Karls des Großen wurde, ein Buch mit dem Titel *Dialectica* schrieb, aber dieses Werk enthält nicht mehr als eine Diskussion der *Kategorien* des Aristoteles. Im neunten und zehnten Jahrhundert hat es dann wohl noch einige wenige weitere Bücher dieser Art gegeben. Aber erst bei Abälard und seiner Schule finden wir eine gründliche und klare Diskussion vieler Themen, die mit Logik zusammenhängen. Ein erstaunlich großer Teil an Stoff und an Methode der mittelalterlichen Logik beginnt in den Schriften des Abälard. Obwohl der große Universalienstreit nicht von ihm ausging, so gab er ihm doch seinen ersten starken Impuls. Sein Standpunkt lag irgendwo zwischen dem Realismus (Platonismus) und dem Nominalismus. ‚Individuelle Menschen, die voneinander verschieden sind‘, behauptet er, ‚stimmen darin überein, daß sie Menschen sind; ich sage nicht, daß sie *im Menschen* übereinstimmen (*in homine*), denn nichts ist ein Mensch (*sit homo*), es sei denn, es ist ein Individuum, sondern daß sie darin übereinstimmen, *Menschen zu sein*. Denn Mensch zu sein, ist nicht Mensch (*non est homo*) oder sonst irgend etwas‘. In seinem Werk *Sic et Non* legte er die mittelalterliche Form fest, philosophische Diskussionen unter der Überschrift *quaestiones* abzufassen; eine *quaestio* wird gestellt, das Für und Wider systematisch abgehandelt, und schließlich wird die *solutio* gegeben und auf die vorher verwendeten Argumente angewandt. Diese Methode ist starr und stilisiert, aber sie pflegt den Aufbau dessen, was ein Autor zu sagen hat, recht klar zu machen. Eine weitere Neuerung von Abälard war die Unterscheidung zwischen Implikationen (*consequentiae*), die vermöge ihrer Form (*ex complexione*) wahr sind, und solchen, die auf Grund von Tatsachen (*ex rerum natura*) gelten. Wahre Implikationen der zuletzt genannten Art (und auch die ihnen entsprechenden Schlüsse) sah er in gewisser Weise als unvollkommen an. In einer vollkommenen Implikation, so sagt er, muß der Sinn des Sukzedenz in dem des Antezedenz enthalten sein.

Abälard widmete dem Verb ‚ist‘ viel Aufmerksamkeit; er argumentierte, daß der Inhalt jeder kategorischen Aussage durch eine

18*

Aussage der Form ‚*A* ist *B*‘ (*A est B*) ausgedrückt werden könne. Sogar ‚Sokrates existiert‘ (*Socrates est*) kann durch ‚Sokrates ist etwas Existierendes‘ (*Socrates est ens*) dargestellt werden. Vielleicht weist dieses die Spur zu der Möglichkeit, die Zahl der Prädikate unserer Sprache auf eins zu reduzieren — zu dem ‚∈‘ der Mengenlehre — und Existenz als Bestehen der Elementbeziehung zur Allmenge darzustellen. Abälard widmete auch viel Raum den Modalitäten und stellte Fragen, die noch heute in der Diskussion sind.

In den Schriften Abälards finden wir keinen Hinweis darauf, daß er außer mit den *Kategorien* und der *Lehre vom sprachlichen Ausdruck* noch mit anderen Werken Aristoteles' vertraut war; sein spärlicher Bericht über die Syllogistik ist offenbar Boethius entlehnt. Nachdem der Rest von Aristoteles' *Organon* allgemein zugänglich geworden war, erschienen zahlreiche *summulae* der Logik. Das älteste von diesen, das gedruckt wurde, ist das Werk des William von Shyreswood (gest. 1249). Es enthält neben verschiedenen interessanten Dingen zwei mnemotechnische ‚Gedichte‘, die hier genannt werden sollen. Das erste ist das berühmte

> Barbara Celarent Darii Ferio Baralipton
> Celantes Dabitis Fapesmo Frisesomorum;
> Cesare Campestres Festino Baroco; Darapti
> Felapton Disamis Datisi Bocardo Ferison.

Diese Verse nennen die gültigen syllogistischen Modi der drei Figuren (die fünf zusätzlichen Modi des Theophrastus wurden zu denen der ersten Figur hinzugefügt). In den Namen der Modi sind die meisten Buchstaben bedeutungsvoll. Die ersten drei Vokale charakterisieren die Komponenten des Syllogismus; Barbara besteht also aus drei *A*-Aussagen, deren Begriffe nach dem Muster der ersten Figur erscheinen. Die Konsonanten geben Anweisungen, wie man den Syllogismus auf die ersten vier reduzieren kann: der Anfangskonsonant nennt den Modus, auf den reduziert wird (so werden Baralipton, Baroco und Bocardo auf Barbara reduziert); wenn ein ‚*s*‘ vorkommt, so heißt das, daß die von dem vorangegangenen Vokal bezeichnete Aussage einfach konvertiert wird; ähnliches gilt, wenn ein ‚*p*‘ vorkommt, nur daß die Konversion nicht einfach ist; Vorkommen von ‚*m*‘ besagt, daß die Prämissen ausgetauscht werden sollen, und ‚*c*‘ besagt, daß indirekte Reduktion zu benutzen ist. Vielleicht probiert der Leser selbst einmal aus, ob diese Anweisungen funktionieren.

In dem anderen ‚Gedicht‘ steckt der Inhalt unserer Regel Q:

> Aequivalent *omnis, nullus - non, non - aliquis - non,*
> *Nullus, non - aliquis, omnis - non* aequiparantur.
> *Quidam, non - nullus, non - omnis - non* sociantur.
> *Quidam - non, non - nullus - non, non - omnis* adhaerent.

Es erinnert uns übrigens noch einmal daran, daß unsere Quantoren *alle* und *einige* (es gibt ein) auch mit Hilfe eines Quantors mit dem Sinn von *kein* hätten definiert werden können.

Petrus Hispanus (ca. 1210—77), der wahrscheinlich unter William von Shyreswood studierte, als dieser in Paris lehrte, und der später Papst Johannes XXI. wurde, schrieb nur ein weiteres Buch der *summulae*, das in einer modernen Ausgabe zugänglich ist. Zu seiner Zeit wurde es als eine Art Klassiker angesehen, und bis ins siebzehnte Jahrhundert blieb es in Gebrauch. Sein Inhalt war dem des Handbuchs von William ähnlich, nur hatte es noch mehr und auch bessere mnemotechnische Verse; daher und aus der hohen Stellung des Autors rührt wohl seine größere Popularität. Es enthält Abschnitte über Propositionen, die fünf Prädikabilien des Porphyrius (Gattung, Art, artbildender Unterschied, wesentliches Merkmal und unwesentliches Merkmal), die Kategorien, die Syllogismen, Schlußregeln und Trugschlüsse; ferner gibt es noch eine Reihe von Schriften, die ‚De terminorum proprietatibus‘ genannt werden.

Die Lehre von den *Eigenschaften der Begriffe* (*Terme*) tritt überall in der späteren mittelalterlichen Logik auf und wird oft als ihr originellster Beitrag angesehen. Unglücklicherweise geben verschiedene Autoren verschiedene Berichte, und wir warten immer noch auf eine wirklich klare Exegese eines jeden. Die meistgenannten Eigenschaften sind *significatio, suppositio, copulatio,* und *appellatio*; sie sollen verschiedene Aspekte charakterisieren, wie Begriffe in lateinischen Sätzen, so wie sie tatsächlich benutzt werden, funktionieren. In diesem Zusammenhang versteht man unter ‚Begriff‘ allgemeine Substantive (z. B. ‚Mensch‘), Verben (z. B. ‚ist‘ oder ‚läuft‘) und Adjektive (z. B. ‚weiß‘). Jeder Begriff hat eine *significatio*, die praktisch das zu sein scheint, was man ‚Wörterbuchbedeutung‘ nennen könnte, und die nach den Realisten immer eine Form ist. Aber so wie er in einem Satz benutzt wird, braucht ein Begriff nicht für sein *significatum* zu stehen. Wenn er eine *suppositio materialis* hat (wie der Begriff *Homo* in *Homo est disyllabum*), steht er für sich selbst; sonst hat er eine *suppositio formalis*. Diese letztere kann *simplex* sein (wie in *Homo est species*), wo man mit dem Begriff auf sein *significatum* Bezug nimmt, oder *personalis* (wie in *Homo currit* oder *Omnis homo est animal*), wo er auf ein oder mehrere Individuen Bezug nimmt, die unter die Form fallen, die sein *significatum* darstellt. Die Klassifizierung der Typen der *suppositio* wird noch viel weiter ausgearbeitet, und zwar immer auf Grund von Unterscheidungen, die interessant erscheinen, aber schwer zu erklären sind. Die *copulatio* (Bindung) ist, wie zuerst von Abälard ausgeführt, diejenige Eigenschaft der Verben, die es ermöglicht, Subjekt und Prädikat zu verbinden, um einen kategorischen Satz zu formen; andere Autoren definieren sie ganz anders. Die *appellatio* eines Begriffs soll ihr Bezug auf Dinge sein, die gegenwärtig existent sind. Allgemein kann man, solange dieser Gegenstand noch nicht weiter erhellt ist, nur vermuten, daß die Eigenschaften der Begriffe, sofern man sie richtig verstanden hat, eine Reihe von semantischen Begriffen darstellen, die nützlich bei der Erklärung verschiedener logischer Rätsel sind (z. B. dabei, warum ‚Sokrates ist ein Knabe gewesen‘ nicht zu ‚Irgendein Knabe ist Sokrates gewesen‘ äquivalent ist).

Die hauptsächlichen Logiker des vierzehnten Jahrhunderts waren Wilhelm von Ockham (ca. 1295—1349), Johannes Buridan (kurz nach 1358 gestorben), Albert von Sachsen (ca. 1316—90) und ein unbekannter Autor, den wir Pseudo Scotus nennen, weil seine Schriften lange Zeit Duns Scotus zugeschrieben wurden. Ockhams Rasiermesser (‚man darf die Zahl der Gegenstandsarten nicht unnötig vermehren‘) und Buridans Esel (ein unglückseliges Tier, das Hungers starb, weil es sich nicht zwischen zwei gleich weit entfernten Heustapeln entscheiden konnte) werden solchen Lesern wohlbekannt sein, die mit der Philosophiegeschichte vertraut sind. In der Geschichte der Logik jedoch beruht die Bedeutung von Ockham und Buridan und der beiden übrigen vor allem auf ihrer Fortführung der Theorie der *consequentiae*.

Eine *consequentia* bedeutet, wie Pseudo Scotus definiert, eine hypothetische Proposition, die sich aus einem Antezedenz und einem Consequenz — verbunden durch einen Junktor — zusammensetzt, und mit dem Junktor meint er nicht nur ‚wenn ... so‘, sondern auch ‚also‘. Zu Beispielen für eine *consequentia* gehören also

> Jeder Mensch ist ein Sinnenwesen; also ist jedes Sinnenwesen ein Mensch.

> Sokrates existiert, und Sokrates existiert nicht; also existiert Sokrates nicht.

Für die Korrektheit einer *consequentia* gibt man gewöhnlich eine Bedingung an, die etwa folgendermaßen lautet: eine *consequentia* ist dann und nur dann korrekt, wenn es nicht möglich ist, daß das Antezedenz wahr und das Consequenz falsch ist. So sieht jedenfalls der Leitgedanke aus, wenn auch manchmal kleine Veränderungen angebracht werden, um gewisse Paradoxa auszuschließen, die bei der genannten Bedingung auftreten könnten. Obwohl die Korrektheit hier so allgemein gefaßt ist, werden praktisch nur formal korrekte *consequentiae* betrachtet, und von diesen auch nur solche, die man heutzutage zum Aussagenkalkül hinzurechnet (manchmal ergänzt durch die modalen Operatoren ‚notwendig‘ und ‚möglich‘).

In ihren Aufzählungen korrekter *consequentiae* benutzen die Autoren des Mittelalters metasprachliche Kennzeichnungen statt Schemata mit Variablen. An Stelle von Formeln wie

$$P; \text{ also } P \text{ oder } Q$$
$$Q; \text{ also } P \text{ oder } Q$$

und

$$P \text{ und } Q; \text{ also } P$$
$$P \text{ und } Q; \text{ also } Q$$

lesen wir

> Es gibt eine korrekte *consequentia* von jedem Teil einer bejahenden Disjunktion zu dieser bejahenden Disjunktion, von der sie ein Teil ist.

und

> Jeder Teil einer Konjunktion folgt aus der Konjunktion, von der sie ein Teil ist.

E. A. Moody hat eine große Zahl derartiger Charakterisierungen zusammengestellt, die hauptsächlich bei den vier obengenannten Autoren gefunden wurden, und er hat sie systematisch mittels Formeln in moderner Notation dargestellt. Zu demselben Zweck dürfen wir AK-Formeln unserer formalisierten Sprache $\mathfrak{L}$ benutzen, wobei letztere nur dazu dienen sollen, anzuzeigen, daß die entsprechenden metatheoretischen Behauptungen vorkommen. Den beiden oben zitierten Behauptungen würden also die AK-Theoreme 25, 26, 47 und 48 aus Kapitel 6 entsprechen.

Weitere AK-Theoreme, zu denen es in ähnlicher Weise entsprechende Kennzeichnungen von Familien gültiger *consequentiae* gibt, sind die Theoreme mit den Nummern 1, 2, 3, 11, 12, 15, 42, 43, 45, 46, 49, 50, 66 und 73; zu ihnen kann man noch die Theoreme rechnen, die aus

Nummer 1, 9 und 15 durch Anwendung des Importationsgesetzes folgen. Wir finden auch Analoga der folgenden Formeln:

$$(P \to Q) \to (\neg (P \to R) \to \neg (Q \to R))$$
$$(Q \to R) \to (\neg (P \to R) \to \neg (P \to Q))$$
$$(P \wedge \neg Q) \to \neg (P \to Q)$$
$$P \to (Q \vee \neg Q)$$
$$(P \vee (Q \wedge \neg Q)) \to P$$
$$\neg P \to \neg (P \wedge Q)$$
$$\neg Q \to \neg (P \wedge Q)$$
$$(P \wedge ((P \to Q) \wedge (Q \to R))) \to R$$
$$(P \to Q) \to ((Q \to \neg R) \to (P \to \neg R))$$
$$(P \to Q) \to ((P \wedge R) \to (Q \wedge R))$$
$$(P \to Q) \to (((P \wedge Q) \to R) \to (P \to R))$$
$$(P \to Q) \to (((Q \wedge R) \to S) \to ((P \wedge R) \to S))$$
$$((P \wedge Q) \to R) \to ((P \wedge \neg R) \to \neg Q)$$
$$((P \wedge Q) \to R) \to ((Q \wedge \neg R) \to \neg P)$$
$$((P \wedge Q) \to R) \to (\neg R \to (\neg P \vee \neg Q))$$

Ferner werden noch einige korrekte *consequentiae* mit modalen Operatoren erwähnt. Nur um ein Beispiel zu nennen:

> Für die Möglichkeit einer Disjunktion ist hinreichend, daß einer der Teile möglich ist.

Bevor wir dem Mittelalter den Rücken kehren, müssen wir noch auf ein bemerkenswertes Argument eingehen, das Pseudo Scotus gegen die Standardcharakterisierung einer korrekten *consequentia* erhob: in ihr ist es ja unmöglich, daß das Antezedenz wahr und das Consequenz falsch ist. Er stellt zunächst heraus, daß auf dieser Grundlage jede *consequentia* mit einem notwendigen Consequenz korrekt wäre; dann bietet er sich an, ein Beispiel einer unkorrekten *consequentia* zu geben, in der sowohl das Antezedenz als auch das Consequenz notwendig sind, nämlich:

> Gott existiert; also ist diese *consequentia* nicht korrekt.

Diese *consequentia* ist, so sagt er, sicherlich unkorrekt, denn sonst hätten wir eine korrekte *consequentia* mit einem wahren Antezedenz und einem falschen Consequenz. Da wir diese Unkorrektheit einfach dadurch bewiesen haben, daß wir nur die notwendige Wahrheit, daß Gott existiert, verwendeten, ist diese Unkorrektheit notwendig. Also hat die *consequentia*, obwohl sie unkorrekt ist, ein notwendiges Consequenz. Wir überlassen es dem Leser, diesen Schluß selbst zu durchdenken, und wollen nur bemerken, daß man die Prämisse ‚Gott existiert' auch durch ‚2 + 2 = 4' oder irgendeine andere notwendige Wahrheit ersetzen könnte.

3. Logik in der Neuzeit

Mit der Renaissance und ihrer Reaktion gegen die mittelalterliche Scholastik beginnt eine weitere Periode verhältnismäßig geringer Aktivität in der Geschichte der Logik. Den Humanisten, die die Schönheit klassischer griechischer und lateinischer Literatur wiederentdeckten, erschienen die Schriften der Logiker nicht nur langweilig und trivial ihrem Inhalt nach, sondern auch barbarisch in ihrem Stil. Diese Gefühle wurden von Männern mit wissenschaftlicher Neigung geteilt, die außerdem noch fanden, daß die aristotelische Syllogistik und alles, was dazu gehört, für ihre Zwecke schlimmer als nutzlos wären. Unter diesen Umständen überrascht es kaum, daß die Logik für die begabten Köpfe keine Anziehungskraft mehr besaß und daß sie allmählich völlig vernachlässigt wurde. Erst als Boole, De Morgan und Frege mehr als vierhundert Jahre später erschienen, erholte sie sich von dieser Zurücksetzung und erlebte eine eigene Renaissance. Mit Leibniz als einziger Ausnahme müssen wir die Logiker dieser Zwischenperiode als unbedeutend einstufen.

Der erste unter ihnen war Petrus Ramus (1515—72), der eine Anzahl von Schriften über Logik verfaßte und hauptsächlich als Gegner des Aristoteles bekannt war. Die gewaltige Popularität und der große Einfluß seines Werkes erscheinen kaum gerechtfertigt; vielleicht sind sie aus der Tatsache zu erklären, daß er in dem Blutbad der Bartholomäusnacht ermordet und hinterher von den Protestanten als Märtyrer angesehen wurde. Jedenfalls leistete er der Logik den großen Dienst zu fragen, ob Aristoteles nicht solche Syllogismen wie ‚Octavius ist Cäsars Erbe; ich bin Octavius; also bin ich Cäsars Erbe' ausgelassen hätte. Die Verteidiger des Aristoteles fanden sich in der verzweifelten Lage, argumentieren zu müssen, diesen Syllogismus solle man folgendermaßen umformulieren: ‚Was immer Octavius ist, ist Cäsars Erbe; was immer Ich ist, ist Octavius; also ist, was immer Ich ist, Cäsars Erbe'.

Der Philosoph Thomas Hobbes (1588—1679) verdient kurz erwähnt zu werden; er vertrat nachdrücklich den originellen Standpunkt, daß notwendige Wahrheiten einfach auf Grund der Art und Weise, wie ihre Bestandteile benutzt werden, wahr sind. „„Der Mensch ist ein Lebewesen' ist wahr", sagt er, „aber einfach deswegen, weil es den Menschen gefällt, dasselbe Ding mit diesen beiden Namen zu belegen". Die These, daß logische Wahrheit auf sprachlicher Konvention beruht und nicht auf der Existenz notwendiger Zusammenhänge in der Natur der Dinge, hat zweifellos beträchtlichen Einfluß auf die Entwicklung der Logik gehabt, obwohl anerkanntermaßen eine gewisse Unklarheit die Begriffe ,sprachliche Konvention' und ,notwendiger Zusammenhang in der Natur der Dinge' umgibt.

Im siebzehnten Jahrhundert entstehen mehrere einflußreiche Lehrbücher, die beachtenswert sind. Eines von ihnen ist die *Logica Hamburgensis*, die 1638 von Joachim Junge (1587—1657) veröffentlicht wurde. Junges Werk wird von Leibniz häufig und anerkennend erwähnt, gewöhnlich im Zusammenhang mit seiner Betrachtung der sogenannten Schlüsse *a recto ad obliquum*. Beispiele dafür sind die folgenden:

> Ein Kreis ist eine Figur; wer also einen Kreis zeichnet, zeichnet eine Figur.

> Ein Reptil ist ein Tier; wer also alle Tiere erschuf, erschuf alle Reptilien.

Schlüsse dieser Art sind nicht Junges Entdeckung gewesen; im wesentlichen ähnliche Fälle wurden schon von Ockham betrachtet, z. B.

> Alle Menschen sind Sinnenwesen; Sokrates sieht einen Menschen; also sieht Sokrates ein Sinnenwesen.

Ein weiteres solches Lehrbuch wurde 1662 von Arnold Geulincx veröffentlicht; es trägt den Titel ,*Logica fundamentis suis, a quibus hactenus collapsa fuerat, restituta*'. Es enthält eine Reihe verhältnismäßig klarer Abhandlungen über Standardthemen; zu ihnen gehören die Theorie der *suppositio*, die Verbindung von ,nicht' mit ,alle' und ,einige', De Morgansche Gesetze und der kategorische Syllogismus. Außerdem finden wir dort eine Diskussion des sogenannten Antisyllogismus, z. B.

> Peter ist kein Sinnenwesen; also nicht beides: Peter ist ein Mensch, und alle Menschen sind Sinnenwesen.

Das berühmteste und einflußreichste Lehrbuch dieser Periode ist jedoch *La logique ou l'art de penser* (besser als *Logik von Port Royal* bekannt), die 1662 von Antoine Arnauld und Pierre Nicole veröffentlicht wurde. In seiner Art, die Logik als Kunst des richtigen Denkens anzusehen, ist es ein hervorragendes frühes Beispiel für dieses Genre.

Damit soll nicht gesagt sein, daß es ein schlechtes Buch ist, nur daß der größte Teil seines Inhalts nicht unter das fällt, was man heutzutage unter Logik (d.h. formaler Logik) versteht. Am besten bekannt ist es wegen seiner Unterscheidung zwischen dem Umfang und dem Inhalt allgemeiner Begriffe. Der Inhalt eines allgemeinen Begriffes ist die Menge aller derjenigen Attribute, von denen man keines weglassen kann, ohne den Begriff zu zerstören; der Umfang besteht aus der Menge aller Objekte, die ‚unter' diesen Begriff fallen. Für den Fall des allgemeinen Begriffs ‚Dreieck' erklären uns die Autoren, daß zum Inhalt folgendes gehört: Ausdehnung, Gestalt, drei Seiten, drei Winkel zu haben; Übereinstimmung der Summe dieser drei Winkel mit der Summe zweier rechter Winkel, usw. Der Umfang besteht vermutlich aus allen speziellen Dreiecken, obwohl sich die Autoren hierüber nicht ganz klar ausdrücken. Offensichtlich ist diese Unterscheidung mit der zwischen Sinn und Bedeutung verwandt; letztere wurde erstmalig von den Stoikern genannt und später in befriedigenderer Weise von Frege wieder aufgenommen.

Der große Philosoph und Mathematiker Gottfried Wilhelm von Leibniz hatte höchstes Interesse an der Logik und brachte eine Reihe von Ideen hervor, in denen Entwicklungen, die erst zwei Jahrhunderte später zum Durchbruch kamen, ihren Anfang hatten. Sein wichtigstes Werk blieb jedoch unveröffentlicht; deswegen (und auch noch aus anderen Gründen) war sein Einfluß auf die Geschichte der Logik nicht so groß, wie er hätte sein sollen. Noch bevor er zwanzig Jahre alt war, entwarf Leibniz das Projekt einer *lingua philosophica* oder *characteristica universalis*, einer künstlichen Sprache, in deren Aufbau sich die Struktur des Denkens widerspiegeln würde. Er war überzeugt, daß die Umgangssprache mit ihrem Vieldeutigen, Unsicheren, Ungeschickten und Überflüssigen nicht das geeignete Werkzeug zur Kommunikation oder gar zum Denken sei. Der Gedanke an eine Kunstsprache war selbst nicht neu, aber Leibniz schlug mehr als nur ein System bezeichnungstechnischer Abkürzungen vor. Der wesentliche Punkt seines Vorschlags war eher die Vorstellung, daß es im Bereich des Denkens, wie in dem der Sprache, zusammengesetzte und einfache Bausteine gibt und daß es im Prinzip möglich sein müßte, den elementaren Bausteinen des Denkens in solcher Weise einfache Zeichen zuzuordnen, daß die Zeichen zusammengesetzter Gedanken immer in eindeutiger Weise sich aus den Zeichen für ihre Bestandteile aufbauen lassen. In einer solchen Sprache wären die sprachlichen Ausdrücke die Bilder der von ihnen dargestellten Gedanken. Leibniz glaubte, daß damit Denken und Kommunikation sehr vereinfacht würden und auch mechanische Regeln aufgestellt werden könnten, mit denen man alle Fragen über Widerspruchsfreiheit oder Folgerung entscheiden könne. Natürlich konnte Leibniz dieses Programm nicht durchführen, obwohl er mehrere Ansätze unternahm, formale Kalküle zu entwickeln. In einem davon stellte er Teile einer Theorie der Identität dar, die auf dem Leibnizschen Gesetz basieren (‚Dinge sind miteinander identisch, wenn sie überall gegeneinander ausgetauscht werden können, ohne daß sich die Wahrheitswerte ändern‘) und in denen dieselben Beweisarten verwendet werden, die wir in dem formalen System von Kapitel 9, Abschnitt 1 benutzten. Es ist bedauerlich, daß Leibniz diese Richtung nicht weiter verfolgte.

Der italienische Mathematiker Gerolamo Saccheri (hauptsächlich bekannt wegen seiner Vorwegnahme der nicht-euklidischen Geometrie) verdient hier Erwähnung, weil er das Gesetz von Clavius (siehe Seite 135) untersuchte und in geschickter Weise in seinen Beweisen verwendete. Sein kleines Logikbuch, *Logica Demonstrativa* (1697), enthält einige bemerkenswerte Schlüsse; um zu beweisen, daß ein vorliegender syllogistischer Modus ungültig ist, konstruiert er in diesem Modus einen Syllogismus mit wahren Prämissen und einer Conclusio, die aussagt, daß der vorliegende Modus ungültig ist. Dann schließt er: wenn der Modus gültig wäre, wäre die Conclusio dieses Syllogismus wahr und der Modus ungültig; also ist der Modus ungültig. Bemerkenswert an Saccheri ist auch die relativ sorgfältige Art, wie er Definitionen verwendet; er hielt es für notwendig, die Existenz und die Eindeutigkeit eines Objektes zu beweisen, bevor er einen Begriff zu seiner Kennzeichnung einführte.

Mehr als hundert Jahre später begegnen wir Bernard Bolzano (1781—1848), der ein umfangreiches Werk mit dem Titel *Wissenschaftslehre* schrieb. Verstreut in seinen vielen Bänden finden sich zahlreiche originelle Beiträge, die erst kürzlich die Aufmerksamkeit auf sich gezogen haben, die sie verdienen. Einer davon läuft auf den ersten verhältnismäßig exakten Versuch hinaus, Analytizität und Folgerung mit Hilfe von Interpretationen zu definieren. Unglücklicherweise spricht Bolzano in seinen Definitionen von Propositionen, die den Aussagen gegenübergestellt werden. Er spricht davon, die eine Proposition aus der anderen zu erhalten, indem für ihre Bestandteile Ersetzungen vorgenommen werden. Aber es wird kaum klar, was ‚Ersetzung‘ bedeuten kann, wenn sie auf Gegenstandsarten angewendet wird, die nicht-räumlich und nicht-zeitlich sein sollen. Obwohl seine Grundidee gut ist, waren also wesentliche Klarstellungen notwendig, ehe sie in strenger Weise genutzt werden konnte.

Bolzano definiert Analytizität in einem weiteren und einem engeren Sinne. Eine Proposition ist allgemeingültig in bezug auf einen bestimmten Bestandteil (oder auf bestimmte Bestandteile), wenn das Ergebnis jeder Ersetzung dieser Bestandteile durch andere Begriffe wahr ist; sie ist allgemein ungültig in bezug auf die vorliegenden Bestandteile, wenn ein jedes derartiges Ergebnis falsch ist. So soll die Proposition ‚Der Mensch Caius ist sterblich‘ allgemeingültig sein in bezug auf den Bestandteil Caius. In bezug auf einen bestimmten Bestandteil ist eine Proposition (im weiteren Sinne) analytisch, wenn sie allgemeingültig oder allgemein ungültig ist; sonst ist sie synthetisch. Wenn eine Proposition in bezug auf alle Bestandteile mit Ausnahme der logischen analytisch ist, dann ist sie analytisch im engeren Sinne. Das ist der Begriff, der uns wertvoll erscheint, aber wegen der Schwierigkeit, eine klare Unterscheidung zwischen logischen und nicht-logischen Bestandteilen zu treffen, macht Bolzano nicht viel daraus. Er fährt fort, Widerspruchsfreiheit im wesentlichen wie folgt zu definieren: eine Gruppe von Propositionen ist widerspruchsfrei, wenn es eine Ersetzung für ihre nicht-logischen Bestandteile gibt, bei der alle Propositionen wahr werden. Und eine bestimmte Proposition ist eine Folgerung aus einer Gruppe von Propositionen, wenn sie bei jeder Ersetzung von Bestandteilen wahr wird, bei der alle Elemente der Gruppe wahr werden. Der enge Zusammenhang zwischen diesen Vorstellungen und den Methoden, die wir in Kapitel 4 verwendet haben, liegt auf der Hand.

Die moderne Entwicklung der Logik beginnt endgültig mit dem Werk von George Boole (1815—64) und Augustus De Morgan (1806—71). Diese beiden Männer entwickelten beinahe gleichzeitig die Grundzüge der sogenannten Algebra der Logik, die aus der Klassenalgebra (Boolesche Algebra) und der Algebra der zweistelligen Relationen besteht. Sowohl Boole als auch De Morgan war aufgefallen, daß zwischen gewissen logischen Gesetzen und entsprechenden Formeln der gewöhnlichen Algebra der Zahlen eine offensichtliche Ähnlichkeit im Aufbau besteht. In der Ausarbeitung ihrer logischen Systeme versuchten sie aber nicht, diese Systeme vollständig zu charakterisieren, sondern nur, die Punkte aufzuzeigen, in denen sie sich von der gewöhnlichen Algebra unterscheiden. Befriedigendere Darstellungen der Algebra der Logik wurden erst später erreicht. In dem vorangegangenen Kapitel haben wir eine solche Darstellung der Klassenalgebra gegeben. Ein weithin bekanntes und eleganteres Axiomensystem, das im wesentlichen von dem amerikanischen Mathematiker E. V. Huntington stammt, erhält man aus unserem System, wenn man die Axiome 3—6 durch die Theoreme 16 und 17 ersetzt. Die Algebra der zweistelligen Relationen, hervorgebracht von De Morgan und Charles Sanders Peirce (1839—1914), ähnelt der Klassenalgebra, nur daß wir statt drei Operationszeichen deren sechs haben, die als Vereinigung, Durchschnitt, Komplement, relative Summe, relatives Produkt und Konversion beliebiger zweistelliger Relationen interpretiert werden. Axiome für die Relationenalgebra wurden von Tarski aufgestellt.

Die Klassenalgebra darf nicht mit der Mengenlehre verwechselt werden, von der sie nur ein kleiner Teil ist. Letztere, die man ebensogut als allgemeine Theorie der Elementbeziehung bezeichnen könnte, wurde von dem Mathematiker Georg Cantor (1845—1918) geschaffen. Zu Cantors Theorie gehören auch Untersuchungen über Kardinal- und Ordinalzahlen, über das Unendliche und über viele andere Begriffe, die in der modernen Mathematik von Bedeutung sind; insbesondere entwickelte er als erster eine Theorie der unendlichen Kardinalzahlen und bewies, daß für jede endliche oder unendliche Menge $\mathfrak{m}$ die Menge ihrer Teilmengen eine größere Kardinalzahl hat als die Menge $\mathfrak{m}$. Es zeigte sich dann, daß Cantors Theorie in ihrer einfachsten Form die Ableitung der Russellschen Antinomie gestattet, und folglich ist ein enormer Aufwand an Arbeit auf Bemühungen verwendet worden, widerspruchsfreie Untertheorien zu finden, die von der ursprünglichen Theorie so viel wie möglich an Inhalt erhalten.

Wir kommen nun zu Frege. In *einem* Punkte stimmen alle neueren Historiker der Logik überein: in ihm geht es um die hervorragende Stellung, die Gottlob Frege (1848—1925) unter denen einnimmt, die wesentliche Beiträge zur Entwicklung der Logik geleistet haben. Alonzo Church sagt schlicht, daß Frege ‚ohne Frage der größte Logiker der Neuzeit ist‘; I. M. Bocheński nennt Frege denjenigen Denker, ‚der sich unzweifelhaft auf dem Gebiet der mathematischen Logik am meisten ausgezeichnet hat‘, und er sagt, daß die *Begriffsschrift* von Frege ihrer Bedeutung nach nur mit einem einzigen anderen Buch in der ganzen Logikgeschichte verglichen werden kann, nämlich mit den *Ersten Analytiken* des Aristoteles; William und Martha Kneale finden, daß ‚das Ableitungssystem oder der Kalkül, den er ausarbeitete, die größte Einzelleistung in der Geschichte der Logik ist‘.

Freges Leistung besteht mit einem Wort darin, daß er die Logik in ihrer modernen Form erfand. In seinem kleinen Buch, der *Begriffsschrift*, erscheint zum ersten Mal eine vollständig formalisierte axiomatische Darstellung des Aussagenkalküls, die widerspruchsfrei und vollständig ist. Er benutzt die Negation und die extensionale Subjunktion als Grundbegriffe und benötigt sechs Axiome, welche in unserer Bezeichnung die Theoreme 4, 5, 7, 10, 11 und 15 aus Kapitel 6 sind; ferner benutzt er den *modus ponens* und die Einsetzung als einzige Schlußregeln. Noch bedeutungsvoller ist die Art, wie Frege Quantoren in sein formales System einführt; durch Einführung zusätzlicher Axiome und Regeln dehnt er es zu einem vollständigen System des Prädikatenkalküls erster Stufe aus. Die gesamte Darstellung ist im Einklang mit seinem eigenen strengen Konzept einer in befriedigender Weise formulierten Theorie: sie sollte im Rahmen einer künstlichen formalisierten Sprache geschehen, innerhalb derer eine (korrekt gebildete) Formel nur unter Bezugnahme auf die äußere Gestalt der vorkommenden Ausdrücke erklärt wird; die Grundzeichen müssen explizit aufgeführt werden und alle anderen mit ihrer Hilfe gebildet werden; alle Formeln, die ohne Beweis behauptet werden, müssen unter den Axiomen genannt werden; die übrigen behaupteten Formeln müssen aus diesen unter Anwendung formaler Schlußregeln abgeleitet werden, wobei sämtliche Schlußregeln im voraus anzugeben sind. Die Anzahl dieser Regeln, ebenso wie die der Axiome und Grundbegriffe sollte so klein wie möglich gehalten werden. In Freges Augen bestand das Allerwichtigste darin, daß die Ableitungen lückenlos seien; er glaubte, daß dieses Ziel am ehesten dadurch erreicht werden könne, daß man möglichst wenige und möglichst einfache Schlußregeln zuließe.

„Man darf sich also beim Übergange zu einem neuen Urtheile nicht daran genügen lassen, wie es die Mathematiker bis jetzt wohl fast immer thun, daß er als richtig einleuchte, sondern man muß ihn in die einfachen logischen Schritte zerlegen, aus denen er besteht, und das sind oft gar nicht wenige." Bemerkungen wie diese machten Frege bei seinen Mathematikerkollegen nicht beliebt, aber er war immer bereit und in der Lage, Beispiele anzugeben, in denen mathematisches Denken Irrwege ging, und zwar gerade auf Grund derjenigen Mängel, die er zu beheben versuchte.

Freges zweiter Hauptbeitrag zur Logik geht über den Prädikatenkalkül der ersten Stufe hinaus und befaßt sich mit Quantifizierungen über Prädikats- (oder Klassen-)variablen. Seine bemerkenswerte Ent-

deckung bestand darin, daß sich die Arithmetik (und mit ihr weitere
große Teile der Mathematik) auf die Logik zurückführen ließe. Diese
Zurückführung geschieht dadurch, daß die Grundbegriffe der Arithmetik allein mit logischen Begriffen definiert werden. Im wesentlichen
besteht die Fregesche Methode in folgendem. Er definiert zwei Mengen als *gleichzahlig*, wenn es eine eineindeutige Beziehung zwischen
ihnen gibt. Dann definiert er als Kardinalzahl einer Menge α die Menge
aller Mengen, die zu α gleichzahlig sind. Also ist die ganze Zahl 1 die
Menge aller Mengen α, die der Bedingung

$$\vee x \wedge y\,(y \in \alpha \leftrightarrow y = x)$$

genügen; die Zahl 2 ist die Menge aller Mengen α, die der Bedingung

$$\vee x \vee y\,(x \neq y \wedge \wedge z\,(z \in \alpha \leftrightarrow (z = x \vee z = y)))$$

genügen, usw. Die Summe $p + q$ der beiden ganzen Zahlen p und q
ist die Menge aller Mengen γ, die die Bedingung

$$\vee \alpha \vee \beta\,(\alpha \in p \wedge \beta \in q \wedge \alpha \cup \beta = \gamma \wedge \alpha \cap \beta = \Lambda)$$

erfüllen. Die Menge aller positiven ganzen Zahlen kann man dann als
den Durchschnitt aller Mengen α definieren, die die Bedingung

$$1 \in \alpha \wedge \wedge n\,(n \in \alpha \rightarrow n + 1 \in \alpha)$$

erfüllen. Auf diese Weise können die Grundbegriffe der Arithmetik
allein mit Hilfe logischer Begriffe definiert werden, und die Gesetze
der Arithmetik werden zu Gesetzen der Logik. Im ersten Band seiner
Grundgesetze der Arithmetik (1903) führt Frege diese Ableitung der
Arithmetik aus der Logik durch; sein System war zwar der Russellschen Antinomie ausgeliefert, doch es kann auf verschiedene Weisen
zurechtgerückt werden, und die Korrektheit seiner Grundideen bleibt
unangefochten.

In der Sprachphilosphie ist Frege wegen seiner Unterscheidung von
Sinn und Bedeutung von Wichtigkeit (siehe Seite 100/101). Wie auf
allen Gebieten, die er anschnitt, war auch hier sein Wirken außerordentlich anregend für spätere Forscher.

Viele der Einsichten Freges kann man auch, allerdings weniger
systematisch ausgearbeitet, in den Schriften des amerikanischen Logikers Charles Sanders Peirce finden. Völlig unabhängig von Frege
erfand Peirce einen für die gesamte Logik adäquaten Symbolismus,
arbeitete Teile der Quantorentheorie aus (einschließlich pränexer
Normalform) und bewies wichtige Resultate der Relationentheorie.

Die nächste große Erscheinung in der Geschichte der Logik ist Bertrand Russell, der zusammen mit Alfred North Whitehead (1861—1947) das monumentale Werk *Principia Mathematica* schrieb. Mit Hilfe der Typentheorie (einem Hilfsmittel, das zur Ausschaltung der Widersprüche in Freges System erfunden wurde) vollendet dieses dreibändige Werk zum großen Teil das Fregesche Programm, die Mathematik aus der Logik abzuleiten. In gewisser Hinsicht, vor allem dort, wo die Unterscheidung zwischen verwenden und meinen zum Tragen kommt, fällt es gegenüber dem hohen Standard an Strenge, der von Frege gesetzt wurde, ab. Trotzdem ist es ohne Zweifel ein klassisches Werk und hat zum großen Teil die folgende Entwicklung bestimmt.

Zum Schluß wollen wir kurz das Werk von Kurt Gödel und Alfred Tarski erwähnen. Gödel verdanken wir den ersten Beweis für die Vollständigkeit der elementaren Logik und den noch eindrucksvolleren Beweis für die Unvollständigkeit der Logiken der höheren Stufen. Im Beweis des zuletztgenannten Theorems zeigt er, daß es kein vollständiges und widerspruchsfreies Axiomensystem für die elementare Arithmetik der natürlichen Zahlen geben kann. (Diese Theorie ist im Prädikatenkalkül der ersten Stufe mit Identität und Operationszeichen formuliert; das nicht-logische Vokabular besteht aus zwei zweistelligen Operationszeichen; die Sätze sind alle Aussagen der Theorie, die wahr sind, wenn die Variablen Variable für natürliche Zahlen sind und die Operationszeichen Addition und Multiplikation darstellen.) Gödels Unvollständigkeitssatz hatte eine große Wirkung auf die Philosophie der Mathematik, denn er zeigte ein für allemal, daß man mathematische Wahrheit nicht mit Ableitbarkeit aus einem speziellen Axiomensystem identifizieren kann.

Alfred Tarskis Werk erstreckt sich über das gesamte Gebiet der Logik von der philosophischen bis zur mathematischen Seite. In der Semantik konnte er vollständig präzise Definitionen mancher Begriffe (vor allem der Wahrheit) geben, die man früher auf den Kehrrichthaufen philosophischer Konfusion verwiesen hatte; ja man kann sagen, daß er die Semantik im wissenschaftlichen Sinne eigentlich erst geschaffen hat. Er lieferte fernerhin tiefgründige Beiträge zur Mengenlehre, und in der Metamathematik erzielte er zahlreiche wichtige Resultate, die die Entscheidbarkeit verschiedener mathematischer Theorien betreffen. Mit seinen vielen Schülern und Anhängern muß Tarski als eine der stärksten Einzelkräfte angesehen werden, die die Wissenschaft von der Logik heute vorantreiben.

Literatur

Wir stellen im folgenden einige Bücher zusammen, die sich ebenfalls mit dem Gegenstand des vorliegenden Buches befassen.

Lehrbücher

Beth, E. W.: *Formal Methods.* Dordrecht 1962.
Bocheński, I. M.: *A précis of Mathematical Logic.* Dordrecht 1959.
Carnap, R.: *Einführung in die symbolische Logik.* Wien 1954.
Church, A.: *Introduction to Mathematical Logic*, Vol. I. Princeton 1956.
Copi, I.: *Symbolic Logic.* New York 1954.
Curry, H. B.: *Foundations of Mathematical Logic.* New York 1963.
Fitch, F. B.: *Symbolic Logic.* New York 1952.
Hermes, H.: *Einführung in die mathematische Logik.* Stuttgart 1963.
Hilbert, D., und W. Ackermann: *Grundzüge der theoretischen Logik*, 4. Auflage. Berlin 1959.
Hilbert, D., und P. Bernays: *Grundlagen der Mathematik*, 2 Bde. Bd. I, 2. Auflage Berlin 1968, Bd. II, Berlin 1939.
Kalish, D., und R. Montague: *Logic: Techniques of Formal Reasoning.* New York 1964.
Kleene, S. C.: *Introduction to Metamathematics.* New York 1952.
Kutschera, F. von: *Elementare Logik.* Wien 1967.
Prior, A. N.: *Formal Logic.* Oxford 1955.
Quine, W. V.: *Mathematical Logic.* New York 1950.
Quine, W. V.: *Methods of Logic.* New York 1950.
Rescher, N.: *Introduction to Logic.* New York 1964.
Rosenbloom, P. C.: *The Elements of Mathematical Logic.* New York 1950.
Rosser, J. B.: *Logic for Mathematicians.* New York 1953.
Scholz, H., und G. Hasenjaeger: *Grundzüge der mathematischen Logik.* Berlin 1961.
Suppes, P.: *Introduction to Logic.* New York 1957.
Tarski, A.: *Einführung in die mathematische Logik*, 2. Auflage. Göttingen 1966.

Geschichtliche Werke

Bocheński, I. M.: *Formale Logik*, 2. Auflage. Freiburg 1956.
Boehner, P.: *Medieval Logic.* Manchester 1952.
Church, A., u. a.: *Logic, History of*, in der *Encyclopaedia Britannica*, 1956.
Kneale, W., und M. Kneale: *The Development of Logic.* Oxford 1962.
Łukasiewicz, J.: *Aristotle's Syllogistic.* Oxford 1951.
Moody, E.: *Truth and Consequence in Medieval Logic.* Amsterdam 1953.
Scholz, H.: *Abriß der Geschichte der Logik*, 2. Auflage. Freiburg 1959.